U0142853

The Psychology of Aging
An Introduction

老人心理學
導論 |第二版|

伊恩‧史托特－漢米爾頓（Ian Stuart-Hamilton）————著
何雪綾、陳秀蓉、陳晉維
彭大維、黃薏靜、潘宣露————譯
（依譯者姓名筆畫排序）

五南圖書出版公司 印行

作者序

　　本書第一版誕生於 1991 年。因此，當它的第四版在 2006 年出版時，在英國法律下它已達成年，擁有投票權、能在公眾場所購買酒精性飲料、不需要父母的同意便可結婚。再過短短幾個月，它還能成為議員候選人。本書的概念來自一個超現實的星期四的午後經歷。記得這天我正參加劍橋大學學院 [1] 的學術研討會。那天我去擔任一張海報的報告者，雖然我並不記得自己曾經投稿。午餐時我在學院花園安靜閱讀 James 博士的偵探小說，發現閱讀段落描述的正是一個人安靜地閱讀著——在我所在的同一個學院花園裡的同一個位置上。爾後，晚上由學術財團出版社主辦的雞尾酒招待會中，出版商代表問我現有的書籍有沒有任何的不足。空腹飲酒是毫無益處的，於我更是如此，因為我根本不擅長飲酒。我記得自己用了很學術的方式，解釋為什麼我們需要一本概論性的老化心理學教科書。當時聽起來如何我已不敢回想，只是模糊記得寫下了自己的聯絡方式。幾天後我很驚訝地收到來自潔西卡‧金思利出版社（Jessica Kingsley Publishers）的信，邀請我提出寫作計畫以及內容樣本。我確實寄回了樣本（有趣的是，這些內容實際上不會出現在最後出版的版本中），並獲得認可，後來也被邀請訪問潔西卡‧金思利出版社的總部。

　　我那時對出版商的印象，都是來自《私家偵探（Private Eye）》雜誌裡的下流八卦報導。於是我想像潔西卡‧金思利應該也是菸不離手的暴躁女人，在我抵達早晨約會之前，她可能就已經喝完半瓶威士忌酒了。但相反的，我發現她是個迷人、博學的女士，傾聽我的喋喋不休，彷彿我是很有意思的人。她提供我珍貴的建議，不著痕跡地糾正了我過於瘋狂的想法，引導我形成可行的提案。就我所知道的，潔西卡備受其他出版商同僚推崇與讚許，仁慈而有耐心地引導許多作者產出閱讀性與感觸性高的文章。過去二十

1　與這裡所描述的罕見事件一樣，這個名字後來也改掉了。

多年來，擁有她的支持與友誼，對我來說一直是份極大的特權。

第一版大多完成於 1990 年夏天的一陣忙亂書寫。當時我才結婚，同時還要為三個大學部課程撰寫課程演講綱要。這份初稿所得到的批評極為寬容（我覺得無法理解）。第一版的內容在最新版本中大多已不復見，主要的原因除了是反映有許多更新的資訊，也是因為經過這麼多年，我對於第一版裡略嫌嚴肅的語調漸漸覺得不滿意。其中的例外是本書的最後一章——我對老化心理學未來的看法。我花了兩小時的時間，用手寫的方式完成（我回想起打字之前，我得先破解自己的手寫稿，即使在狀況最好的時候，那仍是相當折騰）。那天是很悶熱的天氣，窗子是開著的，伴著我書寫的是隔壁做日光浴的年輕小夥子，開著收音機播放大聲的樂曲。重讀這個章節激起我強烈的記憶，想起 1990 年代的流行音樂。我決定讓這一章多少保留它原來的樣子 2，這麼做不是為了我個人的懷舊之情（1990 年代早期並不是個品味流行音樂的最佳時期），只是單純想要說明任何對未來研究方向的預測都是很容易出錯的。

寫本書第一版時，我顯然必須先做許多準備性的閱讀。當時有人建議我嘗試電子資料庫搜尋這個新奇的方法。這方法即使到現在還是令人驚訝，它需要先向專業圖書館員預約，提供關鍵字讓他為我搜尋資料。印出來的結果（印在報表紙上，這是個 40 歲以下的人聽了會一頭霧水的名詞）共有 100 頁。而今日電腦搜尋 *PsycINFO* 或 *Medline* 資料庫，單單老化心理學底下的一個主題，印出的量就超過這個，這個題材的文獻如雨後春筍般數量暴增，不只是我個人有此觀察。同事們也注意到相同的現象。我可以引用這個領域的傑出學者 Tim Salthouse 教授的話來支持我的觀察：

不過 10 年前，一位文獻作者還能試圖調查研究領域〔 … 〕，能期望僅僅聚焦在三或四個主要期刊上的所有文章，就能使調查具備足

---

2 針對希望深入了解特定主題的讀者，我補充了一些近期參考文獻，其他部分則保持不變。

夠的完整性。但是現在這樣的努力僅能涵蓋有關文獻的一小部分，因
為研究〔 … 〕是發表在心理學、神經科學、神經學、放射學、健康
心理學、心理藥物學、流行病學、公共健康、內分泌學及其他更多不
同學科的期刊之上（Salthouse, 2010, pp. vi-vii）。

值得注意的是，Salthouse 在談老化心理學時純粹是從認知心理學家及神經
心理學家的角度論述。如果納入其他心理學領域，這個議題就更明顯了。

　　除去在閱讀準備時的種種負擔與不便，拓展研究報告的視野應該是好
事。更多的準備應該也意味著我們能就這個主題有更多更深入的學習，但是
需注意上面兩句話裡對「應該」這個字的使用。論理上，多做考察是好的；
可是實際上，大量進行這類考察是單調沉悶地在同一小塊範圍內反覆檢選，
探究那些起先有點無趣的研究主題，看看能否找到更好的議題研究方法。過
去心理學領域經常可見某個現象掀起研究的地盤戰爭，研究者針對同一論點
的驗證，爭相提出最有效的實驗或分析方法。因此在第五版的書寫裡，我縮
減了閱讀份量以使其內容基本上與第四版一致，僅就既有論點補充新的支持
文獻。

　　這並不意謂著在此領域沒有進步，也絕非用來否定或質疑這個主題的藉
口。不論參與研究的人員多或少，許多成果的發現都是重要的（如：有關晚
年智力衰退原因的議題）。在其他例子裡，已經有許多進步，發現的新主題
也值得被關注。像是分子心理學（molecular psychology）是新領域，在未來
可望提供晚年心理改變豐碩的有益訊息。我個人相信我們正處於老人心理學
急速轉換的邊緣，過去傳統的觀點已逐漸沒落，支配著它們的仍是認知心理
學典範。但是先前已經提到，預測是危險的。因此如同前一個版本的安排，
我納入一個章節批評當前的研究方法與取向。除了批判當前文獻，並提醒讀
者對其保持警覺。我對各章主要內容的書寫也儘可能保持中立。但專為評論
的那個章節，行文的立場則是毫無掩飾。讀者可憑其喜好決定是否接受這些
論點，但我想表達的是，這個領域並非完美無缺，我們有相當的立場去質疑
當前研究所倚賴的方法及假設。

在修訂本書時，我嘗試至少移除部分內容，以緩和前幾個版本（意外顯現）的悲觀氛圍。我現在已經 50 多歲，過去在第一版我對某些主題討論得過於輕率，例如，老花眼與記不住人名等問題，這些都是我自己現在正經歷的事。我無意悲觀看待老化，只是逐一描述可能出現的問題就足以營造出這種情緒氛圍。多年前在我的老年心理學課堂上，一名學生在課堂開始前問我「這星期我們又會有哪些毛病？」，這個提問為我做了個總結。因此我避免抱持過分樂天的心態（那是愚蠢又傲慢的），嘗試強調研究所發現的衰退都是相對性的，並非絕對。許多研究（特別是基於認知與心理計量的研究）會讓人產生「老年人的分數下降代表『失敗』」的印象。本書多次強調，實驗室的測驗與真實生活的對應有限，在測驗中表現不佳實在不必放在心上。此外，我也較深入探索晚年期生活型態的有關議題，以及此方面的正向意涵。

在本書添加了新的章節談論死亡、瀕死與哀慟，這與前面的論述有些矛盾。但其實十分簡單，談論老化心理學的書籍有些包含這樣的篇章，有些則無。直到今天我對於把這個主題放進書中還是抗拒的，因為我不全然認為從老化的角度探討這個主題是最適合的。在世界上有許多地方，人們經常是在年老之前就得要面對死亡，而在工業化國家能領到退休金的比率也遠低於想像。但因為這些年來，有許多學生表達了對研究此主題的興趣，而他們並非只是熱衷於哥德風格的裝扮[3]，因此我加入了此章。

按照往例，最後我希望感謝我的家人及同事，謝謝他們長期承受種種辛苦，使我在書寫此書的過程中能保持快樂、耐心與滿足的心情。

史托特 - 漢米爾頓
Ian Stuart-Hamilton
葛拉摩根大學發展心理學教授

3　譯注：多為黑色，風格為死亡搖滾、龐克等。

譯者序

本書第一版誕生於 1991 年，第四版在 2006 年出版，五南圖書已有中文翻譯，不過，由於許多文獻如雨後春筍般增加，研究者對同一觀點的驗證，提出了更有效的實驗或分析成果，因此，2012 年又出了第五版，在這版本中作者補充了新的文獻與支持論述，修正了舊的資訊，全書也增加新的篇章。有鑑於此，五南圖書的王俐文副總編輯跟我提起翻譯此書的建議，看完本書後，我認為國內需要一本最新、完整且具教科書等級的老年心理學的書，這對於即將進入高齡社會的臺灣，不論在社會或個人層面的知識協助都是相當有意義且需要的，於是催生了第五版的全新翻譯。

本書作者史托特 - 漢米爾頓（Ian Stuart-Hamilton）為英國葛拉摩根大學（University of Glamorgan）的發展心理學教授。他認為人並不是在某個時刻突然變老，大部分的人約在 60 至 65 歲之間，心理與生理功能確實會出現明顯（但不是戲劇性誇大）的變化，這意謂「老年」可以 60 至 65 歲作為分期的閾限年齡（threshold age），但隨不同世代的演進，人們預期壽命越來越長，含跨老年期的時距更長了，要討論清楚影響老化的原因或能帶來優質老化的條件等議題，可以說是浩繁工程。而作者在撰寫本書時，面對多元又豐富的資料，卻能以系統化、趣味化及實用性的方式，整理出過去及當今研究學者對老年期老化過程中，影響個人各層面重要的心理發展特徵。

翻譯完本書，最大的感想在於因為科技進步、壽命延長、死亡議題浮現等不同的考量，在調適老化歷程終將面臨更多的挑戰，但老化的心智（mind）更需要被視為是一個互動的歷程而非一組獨立的系統。事實上在生理、心理及社會系統中，長者遇見的議題經常是雙面刃的。醫療保健雖改善，但長者依然需要忍受造成老年人痛苦的疾病，例如，生活型態導致罹癌的風險增加；過去一百多年來技術和科技的進步，使工業化國家人們的生活方式產生巨大的變化，老年人捲入這波變化的浪潮之中，究竟 AI 對他們有利，還是有威脅？網路診療適當嗎？美國心理協會在年會上報告的研究指

出，社交孤立與過早死亡風險有關。所以理論專家呼籲外在條件再怎麼好，都需要回到長者對老化的態度，以及是否仍擁有好的心理效能，例如，自主性與連結性這兩個心理特質可以協助適應老化，能在失落時轉化不同的自我生活與生命發展，我們希望這些觀點能更早應用在預防老化失調的人們身上。

　　本書共分九章，每一章的編排與單元包括：名詞界定、現象陳述、觀點剖析，並針對觀點引導思辨，協助讀者看懂老化研究帶來的學習，以及需要有的反思。希望讀者對每一個議題保持開放的理解，同時能繼續關注該議題未來的發展。各章包括：第一章：什麼是老化？第二章：測量晚年智力的改變；第三章：老化與記憶；第四章：老化與語言；第五章：老化、人格與生活型態；第六章：晚年的心理健康；第七章：老人心理狀態的測量問題；第八章：死亡、瀕死與哀慟；第九章：正視老化的未來。

　　最後翻譯完，有鬆口氣的感覺，像是交代一份作業，但這份作業可以帶給大家更多的知識時，反而覺得很感恩有此機會與本書相遇。最後要感謝我們翻譯團隊的夥伴：感謝國立臺灣大學何雪綾臨床心理學博士，她除了協助翻譯三個篇章之外，還幫忙進行審閱修稿，沒有她的參與這本書大概無法有一定的水準；也感謝國立臺灣師範大學學生輔導中心黃蕙靜心理師抽空譯書；以及謝謝我學生的參與，他們是國立臺灣師範大學教育心理與輔導學系諮商心理碩士班大維、靖維及宣露。

陳秀蓉

於師大

┍目 錄┑

第一章

什麼是老化

陳秀蓉譯

本書第一章將提供一些關鍵的背景訊息，以便建立本書其他各章的重要背景脈絡。因此本章內容並不直接探討老化心理，而是著重討論對各層面之老化心理具影響力的議題，例如：如何界定老化、老年人口改變、老年生物性改變等。本章主要目的僅在做一個精簡的指引，詳細的內容建議可以仔細閱讀本章最後一節推薦的書目資料。

⦿ 老化界定

我們的年齡量測是以「年」來探計的，換句話說，從出生開始，地球繞行太陽幾圈，那你就有幾歲。這部分被稱之為**實足年齡**（**chronological age**），但是如果你想要知道更多有關這個個人，僅以這筆資料做參考，其實並不是全然可靠的測量，這是因為擁有相同實足年齡的人們，彼此在生理、心理上卻存在差異，而且這樣的差異在人年紀漸長之後更是明顯。例如，我們可以想見 70 歲在刻板印象中應是老態龍鍾（灰色頭髮、皺褶的皮膚），但是我們也可以想得到有些人保養得宜，根本沒有上述年老的特徵（**駐顏，agerasia**）；當然也有外觀提早老化的年輕人。在非常稀有的例子中這種情況非常誇張，例如，**紫質症**（**progeria**）（或稱為哈金森—吉爾福德症候群，**Hutchinson-Gilford syndrome**），這類患者在兒童早期就快速老化，通常在青春期死亡。另外**維爾納氏症候群**（**Werner's syndrome**）患者的外貌在青春期開始提早老化，多數在 40 多歲死亡。究竟這些狀況確實是快速老化所導致，或只是碰巧看起來像是老化，仍有待

1

討論（Bergeman, 1997; Hayflick, 1994）。無論如何，縱使有這些不尋常的案例，實足年齡本身也完全不是個絕對正確的老化指標。

　　儘管實足年齡並不可靠，人們對此仍然相當重視。最能說明此狀況的就是社會年齡（**social age**），它指的是在特定實足年齡上，一般社會大眾覺得什麼是「可以接受的行為」。換句話說，我們不會預期爺爺去玩滑板，我們也不預期青少年需要拄枴杖。社會年齡甚至形塑了世代間的合宜行為，例如，如果一段性關係的兩方伴侶有很大的年齡差距，很容易讓人覺得是不恰當的。因此，實足年齡不論量測可靠與否，會帶來相應於某個年齡的沉重期待。在這些期待中，包括深入人心的「老年和先前的生命時期有質上的不同」之想法。這樣的想法在許多文化中根深柢固地存在著。例如在古代，長壽被認為是虔誠行為的獎賞（Minois, 1989; Thane, 2000）。兩種常見的相關表述，一為上古老化神話（**antediluvian ageing myth**），一為許珀耳玻瑞亞神話（**hyperborean ageing myth**），分別相信在上古時代或遙遠的極北大陸，有種族因為其具有高尚美德的行為，獲得不可思議的長壽生命。現代工業化的社會則有稍微不同的觀點，晚年被視為是工作了大半輩子之後得以休閒的時刻。傳統以金錶作為退休禮物，恰好象徵了這種轉換，既彰顯過去工作服務的時光，也說明了「黃金年代」即將到來。然而諷刺的是，晚年生活也意味著個人被迫離開本來的受薪工作。在許多國家，個人到了一定年齡就必須從受雇職場退休，或是實際上也會因為面臨種種限制而退出。

　　退休必然能夠領取退休金（至少也會由國家提供），在工業化國家是習以為常的觀念。但其實退休金制度是遲至 19 世紀末才由德國發明，在 20 世紀初的幾十年間才快速擴及其他許多國家[1]。在這之前，多數人並沒有這種觀念（Thane, 2000）。「國家退休金」也並不像乍聽之下那樣具

---

[1] 國家退休金制度是由俾斯麥（Bismarck）提出，基本上是為了削弱日益壯大之社會主義運動的勢力（參見 Steinberg, 2011）。

有博愛精神。它是迫使年老工作者（包含被視爲較孱弱且較不容易再培訓的那些）離開的有效方式——離開工作場域，讓路給年輕人。此外，這個方案剛開始實施時，少有人能活得夠久以領到他們的退休金（本章稍後會再提），所以從這個制度獲得的稅金或其他收入，其實比付出去的退休金多（見 McDonald, 2011）。

　　國家的退休金給付方針之中，必須清楚界定退休的年齡。所幸早期政策制定者對於幾歲開始才稱爲老年已建立了共識。早在 1836 年 Adolphe Quetelet 就嘗試界定一般人的特徵。他的成果根據的是大量人類特徵的統計測量資料，這也是人類計量學（anthropometry）的早期嘗試。在這個研究提出的大量客觀事實中，有一些詮釋相當可疑，其中包括「人的生命活力會在 60 至 65 歲之間大量流失能量，也就是說，生命的可能性變得極爲限縮」（Quetelet, 1836, p.178）。這種陳述至少可說是令人疑惑的（雖然諷刺的是，Quetelet 本人在 59 歲時中風，使得他之後的各種活動都十分地受限）。但無論如何，在 Quetelet 所處的時代，人們大多將這樣的主張視爲事實，到了 1840 年代，「老年期始於 60 至 65 歲之間」的觀念廣爲流傳（Mullan, 2002）。

　　儘管 Quetelet 的推論過程並不正確（如我們接下來會提到的，沒有證據支持他所描述的災難性失落），但他所選取的年齡範圍仍相當合理。因爲人並不是在某個時刻突然變老，大部分人約在 60 至 65 歲之間，心理與生理功能確實會出現明顯（但不是戲劇性誇大）的變化，這意謂著以 60 至 65 歲作爲老年的**閾限年齡**（**threshold age**）仍是合理的，也是被大部分現代的老年學專家（研究老年的學者如：Bromley, 1988; Decker, 1980; Kermis, 1983; Rebok, 1987; Stuart-Hamilton, 2011; Ward, 1984）採用。

　　也有些評論者將長者再區分爲**年輕長者**（**young elderly**）、**老年長者**（**old elderly**），或稱年輕老者（young old）與高齡老者（old old）。但確切的年齡會依據不同作者的分類方式有些差異。有些學者認爲年輕長者描述的年齡介於 60 至 75 歲間；而老年長者高於 75 歲；但其他學者

的年齡區間分法又有不同（例如分別有將 60 至 80、65 至 80 或是 65 至
75 劃為年輕長者）。所以要小心在閱讀這類報告時使用的名稱與實際內
容。Burnside、Ebersole 和 Monea（1979）建議分類為：年輕老者（young
old，60-69 歲）、中耆老者（middle-aged old，70-79 歲）、高齡老者（old
old，80-89 歲）、超高齡老者（very old old，90 歲以上）。這看起來似
乎只是提出一組 60 多歲、70 多歲、80 多歲、90 多歲的同義詞。另一種
分法是將 65 歲以上劃為**第三年齡期（third age）**或第四年齡期（**fourth
age**）。第三年齡期描述在晚年時期主動且獨立的生活型態，而第四年齡
期則是指在晚年需要依賴他人的（最後）時期。這樣分法較能被接受，因
為它不像「老」或「年紀大」等用語會令長者感覺帶有輕蔑意味。但這還
是沒有解決問題，因為像「第三年齡期」這樣的分類方式，實際上依據的
是長者有多需要他人的幫助。也需要注意，老年學者所使用的區分名詞，
不一定是老年人會採用的（或說，他們不一定喜歡被這麼稱呼）（如：
Midwinter, 1991）。

　　另一個晚年生命時期的分類是考慮功能性年齡（**functional age**）。
這種年齡的定義差異性很廣，但是基本上是指個人所展現出的能力水準所
對應的平均實足年齡。此概念在發展心理學中已被延用超過一世紀，它可
以很有用並快速地引導理解兒童目前的發展情形（如：一位 12 歲的兒童
只有 8 歲的心智年齡，那麼他或她顯然有智力方面的問題）。但是，這種
用法對年長者就不那麼適合，例如，某些人年老後智力會逐下降至兒童的
水準（見第 2 章）。原則上，我們確實可說這些長者目前擁有兒童的功能
性年齡，這雖然是正確的，但卻引發令人不悅的聯想：老年人進入了「第
二個兒童期」，這同樣的會令大家質疑使用功能性年齡是否合適。此外矛
盾的是，本來希望創造新的分類方式以取代實足年齡，但這個新的分類又
以實足年齡為其定義關鍵（功能性年齡是個人展現的能力水準所對應的平
均實足年齡）。雖說利用與年齡無關的量化測驗結果來定義人的表現有許
多好處（如：可以記得的最長數字列表、可以聽見的最高音頻），但這也

不過是鼓勵「用測驗分數來評定人的等級」。此種做法細緻一點的版本，是宣稱任何人只要通過某個能力的測驗標準，就表示此人具備某種活動功能（如：能記住超過某個長度的列表、能聽見某個頻率以上的聲音），但這樣做終究不過是將臨床醫師與護理師用於測量日常生活能力的測驗結果換句話說而已，而且這些概念也不一定能延伸作爲臨床場域之外的日常活動的測量。在臨床場域中，暫且先不論是否可能設計出一個簡單正確的測量，補償策略（見第 2 章）對某些技能衰退的抵銷作用也是需要考量的議題。

其他有些方式避開了對實足年齡的考量，例如透過衡量可能影響一個人發展的歷程來測量老化。這些影響歷程可區分成較遠端的事件（如因爲兒童期的小兒麻痺症而使移動力受損），稱爲遠端老化效果（**distal ageing effects**），而比較近期的事件（如因爲摔斷了腿而使移動力受損）則稱爲是近端老化效果（**proximal ageing effects**）。再者，老化亦可以具備某些晚年特徵的程度來定義。普遍老化（**universal aging**）特徵是指所有年長者或多或少都會有的一些展現（如：皺摺的皮膚），然而可能老化（**probabilistic aging**）特徵是指有所可能但非普遍性的變化（如：關節炎）。這些用詞可與初級老化（**primary aging**）（身體方面的年齡改變）與次級老化（**secondary aging**）（較常見的改變，但不必然一定出現）等類似的概念相互對照。有些學者加入第三個用詞——三級老化（**tertiary aging**）——指的是在死亡前極快速及顯著的生理毀壞。以上這些概念，在各自的相關領域中都是有用的測量，但是問題在於這些用詞（因爲各有其瑕疵）應用範圍都不及實足年齡廣泛。僅在少數例子裡，以初級老化及次級老化的特徵數量劃分人的老化狀態，能作爲年齡差異的研究中一個有意義的分組方式。

可以這麼說，沒有哪個編寫老年經驗的方法是完美的。每種說法都能描述老化的主要經驗，但也都無法全部涵括。這並不令人驚訝，定義上而言，老化就是一個持續的歷程，嘗試界定這個歷程是試圖挑戰不可能：

以靜態的形式完整說明老化。這樣就好像試圖去判斷究竟從哪一個點開始溪水變成為河流一樣，無論測量方式是哪一種，其判斷依據實際上都是人為的——如果我們說河流是從 x 點開始，並不代表在我們想像中的那條界線兩邊的水有什麼不同；水流是持續的，且我們的區分對它並沒有任何影響。不論如何，儘管從此點來看，所有老化分類嘗試都顯得有點愚蠢，但別忘了這些嘗試仍有其理由。若能先探勘較大河流源頭的一小段水域，便有機會在它流入大海的時候，區分它與河流的差異。類似的，雖然老化是連續的，一個人 10 幾歲與 80 幾歲時的狀態還是有所不同。因此，將年齡這類的連續變項，切分為一個個的單位也不是不合理的，雖然仔細檢視便會發現這些區分基本上是武斷的。

因此，本書將以 Quetelet 的習慣用法（不論他原本的推論瑕疵）為主，假設老年「開始於」大約 60 至 65 歲。但也必須強調：(1) 沒有哪一個時間點是人會自動變「老」的；(2) 實足年齡在任何例子中，本質上都是一種人為決定的測量。

⦿ 老化的盛行率—高齡化人口

老化不是現代特有的現象，而是直到過去數百年才普遍起來。根據估計，在史前時期長壽者相當稀有，甚至到 17 世紀超過 65 歲的老年人口可能也僅占 1%，到 19 世紀，老年人口比例提升至約 4%（Cowgill, 1970）。現在的英國約有 1,100 萬人（約佔 16%）年齡達 65 歲以上。從另一個觀點來看——英國老年人口比例在歷史上首度超過 18 歲以下人口比例，是發生在 2007 年（www.statistics.gov.uk），其他工業化國家也出現相似的現象（OECD, 1988; 見 www.oecd.org）。雖然大家都同意年老是個普通的經驗（因此用**高齡化人口**（**greying population**）是正確的），但是完整故事也並不如表面上看來簡單。

第一，很重要的是要界定何謂「活得久」。一般測量採用的是**預期壽**

命（**life expectancy**），這個概念本身就容易造成誤解。預期壽命是指一個人預期還能活多久，這個概念十分直觀，但測量時卻複雜得多。不同的人有不同的測量方式，它可能是某人所屬的年齡組之中，所有人剩餘存活時間的平均值，亦可能是這些人剩餘存活時間的中位數。雖然這種界定方式經常使得統計學家感到困擾，因爲平均值（mean）實際上就等於平均數（average）。中位數標記的是群體之中百分之 50 的位置——一半的資料大於這個值，另一半資料小於這個值。也就是說，預期壽命指的可能是一個人可預期還能繼續活過的「平均」生命時間，或者是在自己年齡組內超過一半的人先於他死亡的那個時間點距今還剩多久。這表示用平均值及中位數計算而得的預期壽命會有不同，但還有比這更大的問題。亦即，不論用哪種方式計算，預期壽命都會給人一種錯覺，以爲現代人活得越來越久，但其實是「越來越少人在年輕時就死亡」。

　　上面這段陳述可能看似無意義，但在數學上它是有效的。爲了解釋理由爲何，讓我們一起檢視 1400、1841、1981 年於英國出生的人們的預期壽命資料。在 1400 年預期壽命的估計值是 35 歲，1841 年是 40 歲，到了 1981 年預期壽命的估計值則像坐火箭一般攀升到 71 歲（超過 1400 年的兩倍）。如果只是大略看過，會認爲這些數值意謂著在 1400 年幾乎沒有人可能長壽，人們大多在 35 歲前就過世了，某些人可能不由自主形成一種印象，在 1400 年所謂「老年」大概就是 40 多歲。但這是錯誤的解讀，1400 年預期壽命較低的主因在於，嬰幼兒或兒童期死亡的情形比現在多出太多。如果樣本中有許多人是在年紀極輕的時候過世，它就會急遽地拉低團體的平均數或中位數，但這不意味著那些活過兒童期的人，剩餘的預期壽命仍是那麼低。爲了說明這點，讓我們再看看這些不同時期已經活到 60 歲的人的預期壽命。在 1400 年這些人的預期壽命是 69 歲，1841 年是 73 歲，1981 年是 76 歲。1400 年與 1981 年的差異在於前者出生時剩餘的預期壽命是 36 年，到了 60 歲時則是 7 年。這明顯說明了不同時代預期壽命出現落差的原因：是因爲在兒童期死亡的人變少，而不是成年人活得更

久了。

　　當然這樣的論點也可能言過其實。雖說一個 60 歲的人，在 1981 年的預期壽命比在 1400 年同年齡的人「只」多了 7 歲，但 7 歲仍是個明顯的差異。再者，1911 至 1915 期間，英國 75 歲以上的人口每年每千人有 137 人死亡，而 2006 至 2007 期間，死亡率下降到千分之 83（www.statistics.gov.uk）。就歷史推進來看，各個生命階段的預期壽命都有增加——並不是醫學科學「無法」為老年人增加更多的預期壽命，而是儘管如此，就歷史的角度來看，最大的改變還是發生於生命早期階段。

　　在歷史上，使預期壽命得以延長的理由眾多。有些是與疾病及傷害的對抗與處置有關——如抗生素或是其他藥品、更好的手術（因為麻醉技術進步而提升品質）等。其他則是與一開始的疾病預防有關——接種疫苗就是最明顯的例子，但還有乾淨的飲用水供應、飲食衛生與儲存的改善、更好的住所品質，或其他相似的生活措施等，都扮演了重要的角色。無論如何，大部分上述指出的改變都是發生在過去大約 150 年間，也正是預期壽命增加最大的時期。若再回頭看看預期壽命的歷史演進，可以看見相較於 1841 至 1981 年間的急遽攀升，1400 至 1841 年間的改變已是相當和緩的。這導致 Oeppen 與 Vaupel（2002）開始探討**最佳實際預期壽命（best practice life expectancy）**，這指在某個時間點，世界上所有國家之中可發現的最高預期壽命。Oeppen 與 Vaupel 發現這個數值，從 1840 年瑞典人的 45 歲到 2000 年日本人的 85 歲，呈線性上升（亦即顯示穩定直線的圖）。持續 160 年，預期壽命穩定每年增加 3 個月。這樣高度穩定的數值變化，讓人不由得推斷未來也可能以這樣的趨勢持續發展。換言之，預期壽命可以不斷成長再成長，這就是 Oeppen 與 Vaupel 的論點（而他們不是唯一這樣主張的人）——提醒習慣嘩眾取寵的大眾媒體，我們大多數人未來將如何活過 90 歲，甚至更多。

　　無止境地延長壽命是很吸引人的事，但令人遺憾的是我們無法保證。持續 160 年每年 3 個月的成長率是很誘人，但主要的原因是嬰兒死亡率

下降；雖然年長者的剩餘預期壽命亦有增加，但這個部分的比重並不足以解釋這樣的成長率（見 Post and Binstock, 2004）。過去 160 年關於公共健康的資料顯示，最大的改變在傳染病防治成果上，而兒童是最大的受益者——傳染病通常好發於兒童時期，先前提到的各種因素都能幫忙對抗或預防。但最終，透過維持兒童的存活來提升整體預期壽命，其效益仍有極限；當到了這極限後，原本不斷攀升的預期壽命就無法維持這種令人讚嘆的成長率。屆時，就需仰賴延長壽命技術的發展，但如果沒有，那最佳實際預期壽命就不可能繼續以相同速率提升。

　　事實上，讓未來預期壽命出現不確定性的還有其他因素。歷史資料中這些因素的缺席是件棘手的事，但從數學的角度來說，其實過程很簡單。所有資料都已存在（我們已經知道人們活了多長），研究者所需要做的只是將數值輸入電腦中跑程式。但對於還活著的人們，他們未來的預期壽命卻無法這樣計算。舉例來說，若報告指出，出生在今日的嬰兒將有的預期壽命是 85 歲，沒有任何方法可驗證這種說法絕對是正確的。這個預期壽命是從歷史資料推論而來，再加上預期中健康照顧的改變可能造成的影響。然而，這個預測僅在我們從模式推估的改變是正確的情況下，才會是正確的。依據一般作法，研究者通常會允許計算上的誤差——研究者所提供的是他們認為的最大可能結果，但同時也會納入一段誤差範圍，以此計算一個有最大估計值與最小估計值（新聞媒體為了報導能引人注目，防止報導變成枯燥無趣的統計故事，經常會呈現可能結果中最極端的部分）。問題是我們並沒有可靠方法判斷影響未來預期壽命的許多關鍵因素。另一方面，肥胖可能會造成一些長期性的影響——工業化國家人民過重的比例前所未有，再加上現在的人們比過去更缺乏運動、工作型態及每日生活的體力要求也較少（www.statistics.gov.uk）。這些因素的長期效果還不十分確定，但是幾乎可以肯定對預期壽命會有負向的影響（Olshansky et al., 2005）。但是與此相對的，基因治療有相當驚人的潛力，說不定將來可以根絕許多關鍵的健康問題。那我們怎樣可以預測上述

兩項因素平衡後的影響？最簡單的回答是：相當難預測。意思是說，爲現代人預測未來的預期壽命，會比以前有更多的不確定性。我們若用不同的預測模式畫出預期壽命的線性圖表，可能會發現這些線之間隨著所預測的時間點離現在越遠，彼此之間也就越分散開來（即如扇形展開）。因此，這個壽命扇形圖（longevity fan）在未來的時間點擴展的範圍越大，我們會越無法確定老年人在整體人口中的比例（見 Dowd, Blake, and Cairns, 2010）。在英國，主張精算的連續死亡率調查機構（Continuous Mortality Investigation）呼應其他國家的研究，提醒在預測未來的預期壽命時要更小心，同時，相關的財務流程規劃（如退休金）亦是如此（Continuous Mortality Investigation, 2006a, b）。

　　預測預期壽命有這些問題存在，於是，因爲太多不確定性而捨棄這整個過於含糊的議題，也是種誘人的想法。然而，即便抱持著懷疑，大部分意見仍主張老年人口比例會繼續上升。有些估算到 2060 年英國老年人口會達到 1,700 萬的高峰（總人口的 25%），而其後則會隨其他人口學條件變化導致相對下降（Shaw, 2004）。在這之中，已開發國家最值得注意的狀況是「最老長者」（85 歲以上）的增加。例如，在英國這群人從 1984 年的 66 萬，到 2009 年成長爲 140 萬，並預期到 2034 年會躍進到 350 萬（或總人口 5%）。於是，英國人口中位數預測可能由 1984 年的 35 歲，成長爲 2034 年的 42 歲（Office for National Statistics, 2010a），也就不太奇怪了。用另一種方式來說，當代西方人口大約有 70% 預期可以活超過 65 歲，30 至 40% 可活過 80 歲。到了 2050 年，幾乎一半的人口可活超過 85 歲。雖然，如同我們前面所看見的，要小心不要太相信文獻提供的這些未來景象，但我們幾乎可以確定對未來的老年族群而言，事情是會越變越好的。在 1900 年，只有 25% 的人口可以期待過 65 歲的生日（Brody, 1988; Sonnenschein and Brody, 2005）。廣泛地說，這意謂著我們正從金字塔社會（pyramidal society）朝向矩形社會（rectangular society）。因爲現代世界在每 10 年爲組距的人口估算，幾乎各組人口數

都相同（如有相同的人數分布在 0 至 9 歲組、10 至 19 歲組等等），因此
以各組存活人口數所繪出的柱狀圖外觀（再加上些許藝術眼光），看起來
就像一個長方形。相較之下，1900 年的人口圖則像是金字塔（年輕世代的
人口最多，到年老人數則漸漸減少）。

　　以上圖像到目前為止所描繪的，都是英國人口之中假設為最典型的族
群（這些資料在任何其他工業國家將非常相似）。然而，不同的性別、職
業、社經地位、文化或其他人口學變項的群體之間會有相當大的不同。這
議題在下一節將再討論。

● 老化的盛行率—差異性

　　工業化／高收入國家與發展中／低收入國家間的預期壽命有很大的
不同。例如，在 2010 年，預期壽命在全世界的平均為 69 歲，在工業化
／已開發國家平均預期壽命是 77 歲，較未開發的國家為 67 歲，最低度
開發的國家則為 55 歲。北美的預期壽命為 78 歲，拉丁美洲為 74 歲，歐
洲為 76 歲（歐盟國家則為 79 歲），亞洲 70 歲，非洲 55 歲（Population
Reference Bureau, 2010）。整體而言，這些差異主要可以歸因於嬰兒死
亡率以及（與此極為相關的）感染性疾病的盛行率（經常與疫苗接種和公
眾衛生因素有關）。它也意謂著已開發國家的死亡原因已轉向慢性（即長
期性的）疾病，例如癌症、長期心血管與肺部問題。Lopez、Mathers 和
Ezzati 等人（2006）估計到了 2030 年，有 90% 的健康負擔都會是由這些
問題構成。然而，在開發中國家，這些問題僅占 54%。相對地，傳染疾
病、營養問題及產期前後相關的健康問題，在已開發國家僅占健康負擔
的 3%，但在開發中國家則高達 32%。這些現象對預期壽命的估計是非常
重要的。根據已開發國家的歷史經驗，一旦開發中國家能控制前述傳染疾
病、營養問題及產期前後相關的健康問題，預期壽命應該可以火速成長。
確實已有清楚的跡象證實這件事正在發生。目前預期在 2050 年，65 歲

以上人口的成長率在開發中國家將是已開發國家的兩倍（United Nations Economic and Social Council, 2006）。然而，儘管這些數值確實值得欣喜，仍應該留意在那些因愛滋病（AIDS/HIV）問題而持續蒙受大量損失的開發中國家（特別是撒哈拉以南非洲區域），類似上述的進展是不太可能發生的（United Nations Economic and Social Council, 2006）。

雖然國家間有著明顯差異，但亦要記得即便同一國家內的不同區域之間，預期壽命也有很大的變異（Blake, 2009）。英國國內，於本書書寫的時候，出生預期壽命最低的區域在東北英格蘭（76.8 歲），最高的區域在西南英格蘭（79.2 歲）。如果我們考慮英國國內的其他小範圍區域，則其間差異更令人驚訝。在肯辛頓（Kensington）與切爾西（Chelsea）（倫敦非常繁榮的區域）出生的的男性有最高的預期壽命 84.4 歲，最低的在格拉斯哥城（Glasgow）（71.1 歲）。其間相差了 13 年，這相當於 50 年間的最佳實際預期壽命的差距。僅提出這些差異資料的英國政府，並未探討造成差異的原因（Office of National Statistics, 2010b）。但很明顯的，這些預期壽命較高的區域（如：肯辛頓、切爾西、西敏、愛普森、尤厄姆等），平均收入與金融資產也遠高於預期壽命較低的區域（格拉斯哥城、西敦巴頓、因弗克萊德等）。其他發現相似區域差異型態的國家也一樣，大致上都與社經地位有關（見 Griffiths and Fitzpatrick, 2001）。就根本來說，較不富裕的社會群體，其預期壽命與預期的健康生活都會偏低（如：Kawachi and Kennedy, 1997; Luo and Waite, 2005; Macintyre, 1994; Mackenbach et al., 2008; Marmot. 2001; Roberge, Berthelot, and Wolfson, 1995; Schwartz et al., 1995; Singh and Siahpush, 2006）。學者提出許多理由嘗試解釋上述現象，這些理由至少包括壓力程度、營養和健康照顧的可取得性。預期壽命的差異並不僅出現在差異相當大的團體之間。Marmot 與 Feeny（1997）針對英國公務人員的研究指出，縱使在這個職業群體內部（幾乎都可以描述為經濟上是寬裕的），仍可發現收入較高的那群人，預期壽命還是明顯高出許多。

　　然而，將所有預期壽命的差異歸因於財富可能會造成誤導。其他不特別與金錢有關的生活型態因素，其實也扮演一定的角色。一個明顯的例子是**羅賽托效應（Roseto effect）**（見 Egolf et al., 1992），這命名是來自於一個位於賓州羅賽托的義大利裔美國人社區。該社區隨著生活型態變得愈加美國化，其成員對心臟病的易受感染性也增加。最直覺的反應是假設這和飲食議題有關，因為義大利食物被視為是遵從地中海飲食習慣的理想食物，攝取較少的飽和脂肪。但其實不然──羅賽托社區偏好的食物，包括大量足以引起動脈阻塞的飽和脂肪（居民也喜好喝酒、吸菸）。這個區域對於心臟疾病的抵抗性較高是來自於羅賽托社區本身：他們富有但不招搖，人們彼此支持，且社會生活型態以家庭為中心。然而，隨著時代演進，成員的觀念逐漸從重視群體，轉變為看重個人。在這樣的轉變愈加明顯時，一個針對羅賽托社區所進行的研究，預測心臟病的發生率也會伴隨增加（Lynn et al., 1967）──後來的資料證明這樣的預測實在太正確了。但應該補充一點，羅賽托的居民受觀念轉變影響的程度也不是完全一致的，其中年輕男性與年老女性，是明顯受到較嚴重影響的兩個群體（Egolf et al., 1992）。

　　羅賽托之例並非唯一──許多其他移民社區也被發現有較長的預期壽命（見 Leader and Corfield, 2007）。無庸置疑，和諧支持性的社區在某些例子裡確實可以增加預期壽命，但這不太可能是全部的理由。在每個如同電影《風雲人物（It's a Wonderful Life）》中的那種支持性社區裡，人與人之間緊密的關係也可能是充滿窺探、批判，而因此更有壓力的。有時候社區內的支持與干擾間能達到良好的平衡，不過這似乎並不容易，羅賽托這個地方其實是個很罕見的例子（這城鎮原初被選擇做研究就是因為他們非常獨特）。而雖然活得較久，但終其一生都待在一個個人的個性被壓抑，且人們彼此熟識的社區中，究竟是種祝福抑或是詛咒，則是值得辯論的點。這並不是要否認從羅賽托這類社區所發現的結果──社區支持無疑可以在某些狀況下延長預期壽命，但我們亦不能毫無疑問地就接受這些研

究結果。

討論至此，值得提醒之處是有些研究宣稱某些小型社區的居民壽命較長，但與羅賽托社區不同，這些資料後來發現可能是造假或刻意欺騙。最著名的例子是來自喬治亞（在前蘇聯）的一個群體，研究報告該群體擁有超乎比例的百歲人瑞，然後許多解釋紛紛提出（許多與健康食物或節制飲食有關），但事實是那裡根本沒有百歲人瑞。那是因為有些較老的居民當初為了躲避蘇聯軍隊的徵兵，使用了父母的出生證明，於是比自己的實際年齡多報了 20 歲到 30 歲。這些逃兵最終還是不能如願，因為幾年之後，蘇聯當局還抓住這群維持得很好的「老人」，做為吸引觀光客以及宣傳的工具。仔細的醫療檢驗戳破了這個故事。其他在巴基斯坦與厄瓜多的長壽社區，則有更簡單的理由：當地人普遍未受教育，再加上人口記錄制度的缺漏，導致年齡的計算可說是錯誤百出（見 Schaie and Willis, 1991）。雖然有些學者仍衷心相信這些長者真的相當長壽，但大部分的證據則證實了沒有神奇的「長壽社區」。

不管怎樣，「有辦法可以維持年輕」的想法對於大部分人的想像來說，仍有著強大的力量。社會學家與社會心理學家解構各種承諾了「年輕外表」的化妝品廣告，他們提到能除去皺紋與灰白的頭髮，能讓跑去過多的身材再度緊實。這種訊息利用了**青春之泉（fountain of youth）**的想像——相信有些地方有特別的食物或飲水讓一個人青春永駐。雖然形式上可能有所不同，但幾乎每個文化中都有類似的神話，並且定期成為現代大眾娛樂裡的一個主題（如書籍《消失的地平線（Lost Horizon）》，電影《捉神弄鬼（Death Becomes Her）》或《星際迷航：星際叛變（Star Trek: Insurrection）》）。幾乎沒有哪個星期是，報紙上完全不會提到飲食／運動如何能讓我們看起來更年輕或活得更久的訊息。

我們想要活得更久，但並不是不惜任何代價，這點可以用兩個古老的寓言故事來說明。第一個是來自古羅馬詩人奧維德（Ovid）（雖然這可能

可以連結到更老的神話）對費萊蒙與鮑西絲這對夫妻的描寫[2]。當其他村民都不願理會假扮成乞丐的主神宙斯與赫密士時，只有這對夫妻願意友善的招待他們。兩位神給他們的獎賞是，將他們的簡陋小屋換成了華麗的殿宇（同時村落的其他房子──包括村人們──都被剷平）。費萊蒙與鮑西絲也被賦予長生，但是有趣的是，他們倆要求了一個條件，那就是當他們其中一人死亡時，另一個也要同時死亡。所以，當長壽能不必承受失去所愛的痛苦時，才是人們真正想要的。另一個可以說明此觀點的是關於提托諾斯（Tithonus）的古希臘神話。神賜給提托諾斯長生不死，但卻沒有永保青春，當他越來越老但卻不會死亡，長生不死反而變成了可怕的命運。後來**提托諾斯神話（Tithonus myth）**一詞被用於描述我們（誤）以為老人學家或醫療專家們希望不計任何代價延長壽命。說到底，這些研究者只不過是希望能用某些非常手段來騙過老化與死亡。

那麼，我們如何能夠用一種愉悅又能免於痛苦的方式來延長生命呢？有兩個答案，一是選擇正確的生活型態，二是選擇古老祖先的長壽生活。儘管不是絕對的，但作為女性對於長壽也有很大的幫助。

在選擇正確的生活型態方面，要做的多半是大家所討厭的：多運動、少吃、少喝酒、不要吸菸等。例如：美國本世紀的所有死亡數據之中，估計就有 35% 的原因是懶惰不動、吸菸及糟糕的飲食（Centers for Disease Control and Prevention, 2007）。基於這類發現的建議書陸續提出，提醒民眾增加運動量、戒菸，並且在飲食方面更加注意，例如美國的「2010健康人計畫」（US Department of Health and Human Services, 2000）、英國「生活得更美好」（National Health Service, 2011）。這些一般性的建議都有充分的實證研究支持，少有爭議（Ostwald and Dyer, 2011）。

然而上述的意思也並非意謂著有關細節已有清楚整理。經常被引用的

2　譯注：費萊蒙與鮑西絲是古羅馬詩人奧維德所著之《變形記（Metamorphoses）》裡的一對老夫婦。

研究——哈佛校友研究（**Harvard Alumni Study**）可作為說明，該研究在哈佛校友身上發現運動幾乎就等同於長壽。對於這個整體發現，沒有人有異議，但是這關係並非在所有情況中都一體適用。例如，每週燃燒 1,000 至 2,000 大卡的規律運動，可顯著地降低中風的危險，若運動量增加至每週燃燒 2,000 至 3,000 大卡，能降低更多風險。但超過此程度的運動量似乎就無法額外再降低任何風險（Lee and Paffenbarger, 1998）。但與此相反，Sesso、Paffenbarger 和 Lee（2000）的研究結果卻發現越多劇烈的運動越能降低罹患心血管疾病的風險（也就是，每週燃燒 4,000 大卡，平均比每週燃燒 2,000 大卡更具保護力）。一般來說，週間規律的運動對長壽最有幫助，但是哈佛校友研究也發現，只要避開潛在的危險因子「週末戰士」行為（將運動量集中在一到兩個較短的時段內密集地完成）同樣有幫助（Lee et al., 2004）。整體而言，哈佛校友研究的結果「為當前強調中等強度活動的建議提供了部分支持證據；同時也清楚指出劇烈的活動亦有效益（Lee and Paffenbarger, 2000, p.293）。如同剛才提到的，幾乎所有研究都發現運動與健康之間有強烈的關係，儘管對於何謂適當的運動量仍有爭議（見 Lee and Paffenbarger, 2000），但卻少有研究質疑運動是好事。

然而，我們讚頌運動帶來養生好處之餘，也要小心不要忽視一些混淆因子。例如，有些有潛在致命狀況的人可能傾向避免運動，即便醫療檢測上並未顯示有任何罹患疾病的可能徵象。同樣的，能有休閒時間從事運動的人，多半經濟狀況比較好，諸如此類。這些相反論點並不能當作是放任懶惰不運動的人繼續毫無作為的理由（任何一個長時間懶散不活動的人，在認真想開始運動之前，都應諮詢合格的教練），但它們仍說明了運動可能不如一開始看來的那麼有益處。

吸菸（不論量的多寡）和酗酒，毫不意外地都會使預期壽命減少 10 年以上。例如，過度飲酒與血壓的升高及其他威脅生命的狀況有關（例如，Huntgeburth, Ten Freyhaus and Rosenkranz, 2005），而吸菸與許多致命性疾病（如肺癌及心臟病）的關係也已明確記載。但飲食有關的證

據則尚無定論。雖然肥胖已知會降低預期壽命（例如，Olshansky, et al., 2005），但關於吃什麼以及吃多少才是適當，則還有許多討論空間。例如，自 1930 年代便已經發現，限制卡路里的攝取可增加許多物種的壽命（例如，Masoro, 1988, 1992）。但這個論述是有條件的，首先，限制飲食僅在某個年齡以後才有效用，若太早開始將會加速老化，而非減緩（Aihie Sayer and Cooper, 1997; Gage and O'Connor, 1994）；第二，此方面最可信的研究結果都是來自針對齧齒類動物和果蠅的研究，在人類研究方面，其證據力就需要謹慎看待；第三，限制飲食對於不同物種及次物種的影響不同——效益並非普遍存在（見 de Magalhaes, 2011）。

　　某些形式的飲食調整也被認為有「延長壽命」的功效。例如，增加堅果類攝取可以預防缺血性心臟病（Sabate, 1999）。此外，素食者的壽命比起生活葷素雜食的人明顯長一些，可能是因為他們較不易罹患某些疾病，特別是心臟病或部分癌症（見 Dwyer, 1988）。但這或許不全是不吃肉類的功勞，相似的結果亦可見於肉類進食比例極低，但並非完全不吃肉的葷素雜食者身上（見 Dwyer, 1988; Nestle, 1999）。更確切地說，若我們排除某些特殊飲食方式，僅考慮人們實際吃的東西，會發現一個令人擔憂的情況：只有少數老年人的飲食是均衡適當的。例如，Ervin（2008）發現低於三分之一的美國長者，所攝取的肉類、穀物、水果及蔬菜量達到專家建議的標準。實際上，整體而言，老年族群之中僅有很小一部分是吃得足夠營養的（Ostwald and Dyer, 2011）。

　　對於那些不願接受運動和以青菜豆腐為主的低卡洛里飲食，只期盼醫學研究能找到抗老療法的人，眼前還有一段漫長的等待。老化涉及多種生化歷程的改變，單只治療任一部分，實際上都不會有幫助（這就像我們更換老屋的窗框以及失修的地板，但卻對於老舊的配線與設備供應置之不理）。因此，即使抗老化研究明天就有重大突破，研究者也還是得等待其他領域追上進度，才能著手研發這些有效的抗老化治療（見 Rose, 1999，對此議題有極精彩的回顧）。就算真能研發老化的「治療方法」，它所製

造出來的問題也會比所解決的多，尤其如果所有人都不會老，必定會導致人口爆炸。如此一來，抗老治療要不是限量提供，就是被迫禁止，不論何種情況都會造成更大的社會動盪（見第 9 章）。

但仍需要提醒，環境與生活型態因素都無法單獨解釋長壽。儘管媒體大肆宣傳延年益壽的許多妙方，但這些說帖大多還停留在理論層次，僅是基於研究而得的推論，並非真實生活的觀察（見 Bernarducci and Owens, 1996）。再者，其他面向的生活型態也會影響。例如，我們已經知道某些特定社區（如 Roseto）可提供一定程度的保護力，使居民免於某些類型的心臟疾病。此外，Giles 等人（2005）追蹤 1,500 位老年人 10 年之久，發現研究之初表示擁有 5 位以上朋友的人，在研究期間死亡率比其他人低了 25%。這也表示，僅看單一因素（例如單一身體健康指標）並不是明智之舉，我們需要關注更大的圖像。某些人的醫療歷史或許較不利，但卻可能因為好的社交生活讓他們較少有壓力，而比那些身體看似較健康的人活得更久。此外，針對不同的預期壽命的研究發現也呈現了整個群體的趨勢：屬於哪個族群並不直接決定人的命運。不是每一個生活型態健康的人都能長命百歲，也不是每個生活貧困的人都會早死。**溫斯頓・邱吉爾論點**（**Winston Churchill argument**）可說明這點：有些人不遵守現代醫學的勸告，他們仍能長壽。邱吉爾在他的一生之中，大部分時候體重都是過重的，吸菸、飲酒過多、有心臟病史，而且在充滿壓力的情境下擔負重責大任，但是他還是活到了 90 幾歲（相較於此，希特勒則是素食主義者，而且不吸菸也不喝酒）。大部分的人都可以舉出類似的例子（例如本書作者自己的兩位祖母，都能獨立在巴羅因弗內斯小鎮開糖果小舖持續經營，兩位都活到將近 90 歲），但這不是個人採用這種生活型態的理由，因為第一，這些人如果能以更健康的方式生活，或許還能活得更長久，第二，「不健康」的生活型態幾乎確定會降低大多數人的壽命。

除去環境因素，預期壽命亦某種程度受遺傳基因決定。最顯而易見的就是長壽的人常有長壽的下一代（Murphy, 1978）。再者，也有許多

同卵雙胞胎（擁有相同基因）研究可以證明，死亡率以及某些疾病罹患機率背後存在強烈的基因影響（Iachine et al, 1998; 亦可見 Korpelainen, 1999）。目前已經清楚的是，遺傳基因如何透過某些較爲「明顯」的因子（如先天性心臟衰弱）影響預期壽命，但其他作用方式就較不明確，像是身高對壽命的影響（一般來說，矮個子可能因爲血壓較低，所以壽命比高個子長；見 Samaras and Elrick, 1999）。

　　長壽遺傳的研究有很高的比例僅侷限探討少數物種：果蠅、老鼠、特定的昆蟲及酵母菌，因爲牠們體積小且繁殖快速，因此比較容易看到基因改變的世代遺傳效果。一般邏輯上會認爲果蠅與人類相當不同，要從中推論人類的情形有其困難，但是事實上這些物種與人類基因的共同之處出乎意料的高。在這些物種之中，已發現超過 500 種基因與預期壽命有關（de Magalhaes, 2011）。這些基因的運作有許多方式，但是許多都與一個名爲 ICF1 路徑的成長因子之荷爾蒙運作控制有關（Kenyon, 2010）。這些發現不能直接套用在人類身上，但無論如何，仍是一大進展（見 de Magalhaes, 2011）。然而如同對待環境影響的證據資料，在此小心謹愼也是必需的。尤其試圖去拆解環境與基因因素分別對於延長壽命造成何種影響，這是相當困難的事（見 Yashin et al., 1999）。

　　實證支持老化的差異可同時歸因於生活型態與基因兩者。不熟悉這領域的讀者可能會有在劫難逃的感受，因爲所有令人愉快的事物好像都會縮短壽命，那些有親屬英年早逝的人也會覺得不論自己怎麼做，死神都會提前上門。但還是得再次強調，事情是相對的。擁有良好的生活型態只是延長老後的時光，相對於一般人的一生，那只是很小的一部分，畢竟沒有人是長生不老、完全不菸不酒、狂熱於健身的絕對素食主義者。

　　另一個主要影響預期壽命的是性別。在和平的社會裡（指的是那些未因嚴重戰爭導致人口分布極度扭曲），男性與女性人口在 45 歲之前大約都是相等的。之後男性死亡的速度變快，到了 70 歲左右，女性與男性比例大約是 6 比 5；80 歲左右比例變爲 4 比 1。男性較早死亡有許多可能的

理由。最普遍看法是，男性的生活傳統上較耗費體能。不過，這個理由似乎微不足道，因為比較身體勞動程度相當的男性與女性，其在死亡率仍有強烈的差異存在。一般認為，因為在人類以及許多不同物種身上都能發現這樣的性別差異（如：Shock, 1977），代表這些差異與基因的關聯大過與環境的關聯。但較晚近的研究對這個看法提出質疑（Austad, 2006）。也有人提出其他生物性解釋，包含不同性別在 IGF1 路徑上的差異。不過，仍然沒有任何一個解釋是令所有人信服的（Austad, 2006）。其他研究找到生理與環境因素間的複雜互動，而不同性別社會行為的差異（例如男性冒險傾向較高，且飲食習慣較差）也可能扮演關鍵角色（見 Lang, Arnold and Kupfer, 1994; Zhang, Sasaki and Kesteloot, 1995）。另一個較無關的是，Tsuchiya 與 Williams（2005）認為預期壽命的性別差異，有部分可能來自對女性長者及男性長者的差別對待。他們指出低社經地位女性的預期壽命，大約與高社經地位男性的預期壽命接近。目前證據的最合理結論也許是，眾多解釋可能都分別為此差異提供了部分解釋。

所以預期壽命的變異性受到多重因素影響——並非僅取決於整個群體所屬的國家為何，也需考量是該國家的哪個地區、所屬社經地位、社區支持度；此外，個人層面中之生活型態、基因與性別也有其角色。然而，儘管在一般層面這些因素都是有效的，但是目前的研究發現仍屬不足，尚無法據此提出更詳盡的論點。

延長壽命至今仍是令人嚮往的事，但活得長久不必然等同於快樂，下一節的討論會讓大家明白。

◯ 長壽的代價

活久一點是件很棒的事情，去質疑這點好像很愚蠢，但其實長壽的好處也並非如此直觀。首先，額外的壽命對許多現代人來說並不見得是福氣。Wilkins 與 Adams（1983）從加拿大精算數據中得知，對年長者來

說，在這段「延長的壽命」期間，大約有百分之 75 需承受至少一種以上生理失能及相關不適之苦。Brattberg、Parker 和 Thorslund（1996）提出類似的數據：有近 73%70 多歲接近 80 歲的瑞典人報告他們面臨輕微或嚴重的疼痛問題。這些思考帶出了**活躍預期壽命（active life expectancy）**的概念，它原本的含意是描述「未居住於機構之老年人，預期日常生活活動中可展現良好功能狀態的剩餘生命年數」（Katz et al., 1983, p.1218）；換言之，是人們可預期仍能以積極活躍的方式生活的平均剩餘年數。不意外的是，人的年紀越大活躍預期壽命就越短（Katz et al., 1983）。從出生開始，工業化國家公民的人生之中，平均至少有 10% 的時間需花費在承受明顯失能所帶來的痛苦（World Health Organization, 2004）。如果這還不令人沮喪，在這種狀況發生的前幾年，嚴重的慢性疾病（雖未立即導致失能，但明顯干擾生活品質）很可能就已經顯現（World Health Organization, 2004）。

然而並非所有學者都抱持這麼悲觀的看法（有時這被稱為**病態擴張理論（expansion of morbidity theory）**，或可說一般人是用受更多苦來「換取」額外壽命）。這很容易被當作是針對**提托諾斯神話（Tithonus myth）**的辯護──人們得用痛苦為代價換取額外的壽命。但事情並不必然這麼悲觀，有些學者，像是 Fries（例如 Fries, 2000）就提出了**病態壓縮理論（compression of morbidity theory）**。該理論指出隨著醫學進步，過去的致命性疾病已經根除或是受到控制，可導致人們死亡的疾病或臨床狀況範圍已有縮減。因此機率上來說，人們罹患某種醫療無法處理的病況之前，平均可存活的時間會比過去更久。此外，許多無法治癒的疾病也可事先透過一些方法預防，如注意飲食與運動。因此，在適當的介入之下，晚年避免太快進入失能狀態是可能的。儘管致命性疾病仍無可避免，Fries 與其他學者主張與過去世代相比，當代的嚴重失能與受苦已可被壓縮在較短時間內發生。

一般認為，病態擴張理論代表許多長者當前（處在令人不快）的健

康狀態，而病態壓縮理論則描述未來應有的常態。Fries 提出證據認為上述的健康目標是可以達成的，這觀點亦得到許多研究觀察的支持。他們發現老年患者嚴重失能的比率已有顯著下降趨勢（如：Gorin and Lewis, 2004; Laditka and Laditka, 2002）。此外，一份美國的研究資料顯示，活躍預期壽命占預期壽命的比例在近 10 年已明顯增加，且預期將繼續提升（Manton, Gu, and Lamb, 2006; Manton, Gu, and Lowrimore, 2008）。然而在德國一個針對大約相同時期之長者進行的研究，Unger（2006）觀察到活躍預期壽命的長短取決於對這個名詞的定義。若僅考慮嚴重影響或干擾積極生活的因素，活躍預期壽命才會有明顯的躍進；如果將中等程度的限制也納入考量（可能影響，但不至於完全阻礙積極的生活型態），那麼生活型態的改善就不是那麼明顯了。但是不管如何，縱使一些研究發現的證據不是那麼正面（如：Hubert et al., 2002），整體的研究結果仍偏向病態壓縮觀點，至少在工業化國家是如此。

不管上述評論如何，在人口中老年人口的平衡已經轉變，這造成潛在的社會與經濟問題。若老年人口比例增加，那相對就表示年輕人口比例減少。這樣表示需靠少數的人口工作及負擔稅賦（所得稅及國家保險等）。這種稅收制度構成福利制度的基礎，支持像是退休金與（大多數國家的）國家健康照護計畫。老年人仰賴退休金，與兒童一起成為國家健康照顧的主要受益者。因此「銀髮潮（grey shift）」將使這些仰賴逐漸減少之工作人力挹注資源的公共服務系統承受越來越多的壓力。我們可用一個簡單的方法來描述這個問題：**老年依賴人口比例（old age dependency ratio**，又稱扶老比），即已達請領退休金年齡的人口數除以工作年齡的人口數。目前大部分工業國家，老年依賴人口比例大約為 1/5，到 2040 年預計會提升到 1/3 以上。在英國目前比例約為 27%，到 2050 年預計會提升至 50%（OECD, 2004）。這是人口統計定時炸彈（**demographic time bomb**）─銀髮族將為未來幾十年的經濟帶來最大的、甚至災難性的財務負擔。

多數政府單位已經將如何解決此問題視為關鍵議題。完整的故事太過

冗長，難以在此一一說明，除了其必然超過本書的範圍，也因為在本書寫作的當下，該議題變化之迅速，將可能使任何詳細的說明都馬上過時。但不論如何，基本上政府都必須處理退休金、健康與福利經費比例大幅增加的問題，策略之一就是延後退休年齡。許多國家已經著手執行（如：英國預計在 2044 年之前，將退休年齡從 65 歲提高到 68 歲；德國預計在 2031 年之前，從 65 歲提高到 67 歲；美國預計在 2027 年之前，從 65 歲提高到 67 歲），雖然抗議是無可避免的。例如，法國在 2010 年時，將公務員請領退休金的年齡從 60 歲提高至 62 歲；能領到全額退休金的年齡則是從 65 歲改至 67 歲，結果引發全國性罷工與抗議。另外一種處理方式是縮減現有的退休金給付（不再依據退休時的薪資）──這個作法從財政上看來合理，但對那些過去誠信繳納退休保險金的屆臨退休工作者而言，卻是道德上不可接受的。另一個作法是提出一個新的、較節約的退休金給付方案。這是個好的作法，但仍需要等待 10 多年後那些適用此方案的工作者退休之後才能產生效用。另一個方法是提高目前退休金的提撥比例，但這樣就是在薪資成長有限、物價持續上揚的情況下，要工作者一次付出更多的金額。最後，可能也是最糟糕的問題，在於股票市場狀態險峻，退休基金極度仰賴股票與債券，低獲益意味著退休基金的財源縮減。2008 年之後許多重要銀行的倒閉帶來了金融危機，使得本來極需景氣刺激的投資環境更形艱困。

　　雖然人口統計定時炸彈和退休金危機都是嚴重的問題，但仍必須合理檢視這些議題。第一，老年健康照顧的花費可能因現行計算方式而有誇大（Sanderson and Scherbov, 2010；Seshamani and Gray, 2004；Yang, Norton, and Stearns, 2003）。第二，目前我們討論的都是工業化國家。需知道對於發展中的國家而言，嬰兒死亡率比起已開發國家還是很普遍的（World Health Organization, 2004），因此以 1900 年的數據來描述這些國家的現況可能更為貼切。此外，預估的老年人口依賴比率在不同國家有很大的不同，所以到了 2050 年，此比率在日本可能達到 1，美國為

3，而在量尺上另一端的尼日則是 19（United Nations Population Division, 2009）。無論如何，還是得再次重申先前討論壽命扇形圖時有過的提醒——很簡單，我們可能嚴重高估了許多工業化國家未來的老年人口比例，或是另一方面，也可能嚴重低估。唯一的方式就是等待未來事後的計算。

最後第三點是，針對提高退休年齡的反彈，背後有一個錯誤的假設：認為退休金是不可剝奪的權利。首先，如同前面已經提及的，在歷史上退休制是近代的發明。國家退休金制度最初是希望提供工作者晚年的基本生計。這個制度並非設計用以支撐總人口之中，這麼大比例的人維持 20 年以上的休閒生活。如此看來，當預期壽命延長，提高請領退休金的年齡並非不合理的作法。其次，無論如何退休年齡的決定都是武斷的，從早先提到的法國例子就可清楚了解，該國的退休年齡提高到 62 歲——還比英國現行制度少了 3 歲（也難怪法國的抗爭行動沒有得到太多英國人的同情）。法國人的憤怒是著眼於他們原有的權利受到侵犯，但在英國人的眼中那樣的制度仍屬提早退休。因此何謂「正確的」退休年齡，就像老年概念本身一樣，某種程度是人為界定的結果。

到目前為止，本章已經檢視如何測量老化與預期壽命，以及這些測量可能有的隱憂。此外，我們也仔細探討了提高預期壽命可能衍生的其他問題，包含個人與財政的花費。無論如何，這些議題引發了一個思考——究竟為什麼我們會變老？是什麼歷程決定了老化、為何會有這些歷程、它們對身體造成了什麼影響？接下來本章要花些篇幅討論這部分的議題。

◯ 生物性老化的原因

生物年齡（**biological age**）描述的是生理發展／衰退過程中的身體狀態，一般而言，這名詞是較鬆散、整體地描述人的身體。另外還有許多更特定的名詞使用範例，包括：**解剖年齡**（**anatomical age**，骨骼結構及體

格的整體狀態描述）、**腕骨年齡**（**carpal age**，描述手腕骨的狀態）及**生理年齡**（**physiological age**，描述生理歷程的狀態，如代謝率），下面在本節的例子裡，這個名詞隱含的通常是一般性內涵。

老化是每一個健康或未遭逢意外的個體必須經驗到的最後一個發展階段，但是，需要小心不要過度延伸「發展」這詞的意思，以為老化必然涉及進步。實際上有一位評論者將晚年歸類為**後發展**（**post-developmental**）階段，以強調此觀念：「所有潛在發展能力都已經被實現了，僅剩造成傷害的晚期作用潛在可能性」（Bromley, 1988, p.30）。雖然病態壓縮理論認為這些傷害最終會縮減至最少，但無論如何，若沒有醫療介入，老化就是一個生理上虛弱與衰退的時期。

為什麼會有這些改變發生？許多理論提出了觀點—Medvedev（1990）的估計是超過 300 個理論，時至今日必定已經超過此數字。我們並不關心這些對立模式之間錯綜複雜的關聯，因為此並非本書想要探討的範圍。不過，仍提供簡短的回顧，因為身體中生物性改變、為何改變，皆深深影響心理的功能。

第一個需要建立的觀念是細胞並非不朽——大約 7 年之內大部分細胞就會死亡，被新細胞取代或喪失。明顯的細胞喪失始於成人早期，大部分的身體系統在 30 歲之後，其細胞每年會減少 0.8-1%（Hayflick, 1997）。導致這些喪失的時程非常緩慢，且大部分身體系統本就會過度生產，因此是在 60 歲的人身上才第一次無意中觀察到的明顯變化。Botwinick（1977）注意到若涉及複雜功能，此細胞減少的現象會比涉及簡單功能時明顯。原因可能是較簡單的功能個別來看都只有微量減少，但當這些功能共同應用到更複雜的動作時，細胞減少的影響就加乘在一起。誠如所見，這種在複雜功能上細胞減少的程度遠超過簡單功能的現象，會在身體與心理的老化上反覆出現。

當然不是所有細胞的死亡最終都會導致細胞喪失。許多細胞會被取代，只是隨著時間，細胞的取代也會變得漸無效率，因此原有的細胞僅能

以較次等的複製品取代（稱爲老化的細胞體突變理論，**somatic mutation theory of aging**）。此過程可以一個類比粗略說明：複印一個複雜的影像之後，將原始影像拋棄，接著再複印這個複製版，然後反覆再以複製版產生複本，一直下去……複印出來的複本與原版相比會越來越弱、越來越不明顯，直到最後無法再複製出影像，只得放棄不再複製（見 Holliday, 2007）。確定的是年老的動物，它們細胞內的 DNA 有比較高的毀損比例（Bohr and Anson, 1995）。

上述理論是用以描述，而非解釋老化身體內部所發生的變化。其他也有理論嘗試解釋造成變化的原因。這些理論相當多樣化，基本上可用於解釋老化歷程的不同部分，不必然相互對立（見 de Magalhaes, 2011; Hayflick, 1994; Holliday, 2007）。例如，老化的自體免疫理論（**autoimmune theory of aging**）認爲老化可能是來自身體免疫系統出了問題。另一論點（細胞垃圾理論，**cellular garbage theory**）是老化的發生是因爲正常細胞活動產生的毒素。這個理論的另一變形是自由基理論（**free radical theory**）（Harman, 1956），認爲損害來自於細胞代謝歷程中生成的化學物。疾病雖然未見得是老化的原因（見 de Magalhaes, 2011），但不論如何，還是可能惡化或加速某些老化歷程（見 Birren et al., 1963; Botwinick, 1977; Kermis, 1983）。同樣的，長期暴露在毒素或壓力情境中，也會有相似的效果。

這些理論假設身體老化是因爲無法因應有害化學物質的攻擊。另一個取向則認爲，身體細胞本身已預先設計了死亡機制。細胞能被取代的次數有限就是這觀點的最佳證據。海佛利克現象（**Hayflick phenomenon**，以發現者爲名，見 Hayflick, 1985, 1994, 1997）是描述從身體取出並培養於試管中的活細胞，在死亡前僅能以有限的次數自我複製（稱爲海佛利克限制，**Hayflick limit**）。換言之，細胞似乎預先設計了死亡機制，背後原因尚待討論。廣被採用的一項合理解釋是與端粒（**telomere**）有關，那是位於染色體末端的 DNA 序列。常見的比喻是，如果染色體是一條鞋帶，

端粒就是鞋帶尾端防止磨損的塑膠小段。這比喻相當適當，因爲端粒正是維持染色體結構完整的關鍵成分（見 Cong, Wright and Shay, 2002）。

　　本書的前一版對端粒角色的描寫還是比較直接的。每經過一次細胞的自我複製，端粒就會縮短，如果變得太短，細胞就會死亡。細胞死亡的原因很簡單——如果細胞不死亡而是繼續自我複製，這個細胞所攜帶的遺傳訊息就會有所扭曲，最終可能長成癌細胞。因此端粒是個安全機制，可以減少罹癌的危險——但也付出沉重的代價，導致細胞喪失以及許多明顯的老化徵象（Stuart-Hamilton, 2006）。從此，發表的研究多傾向駁斥，或至少質疑端粒的角色是否真如理論描述的那麼單純。儘管端粒很可能扮演了核心角色，但還未有定論（見 de Magalhaes, 2011; Holliday, 2007）。

　　演化理論學家採取的是另一個不同的取向，他們主張設定衰老（**programmed senescence**）理論，認爲老化是演化力量驅使，是經過設計必然發生的（信仰神造論的讀者建議可跳過這段）。這論點的證據第一時刻看似合理。最爲人知的部分就是，身體的內建程式讓個體衰老、死亡，好讓出空間給物種內的年輕成員，因而避免了過度擁擠的問題。其它的解釋版本則納入一個概念：逐漸變弱的個體更容易成爲被掠食的目標，從而保護（仍有能力傳宗接代的）年輕成員，不使其成爲目標。這樣的論點仍被少數評論者接受，但是卻因爲一個簡單的事實而受到質疑：很少有動物在自然狀態下活到老年。因爲在大自然中年老的動物相當稀有，所以演化壓力不太可能就此創造出這樣一個物種自我挑選的方法——掠食者、疾病以及意外本身就已足夠（見 Hayflick, 1998; Kirkwood, 1988; Medawar, 1952）。

　　較合理的論點是突變累積理論（**mutation accumulation theory**）（Medawar, 1952），認爲老化效果之所以發生，是因爲它們並未被演化力量選擇淘汰。讓我們假設有一種基因潛在特性，使得曝曬於烈日下會導致物種死亡，且這個特性在物種一出生就已顯現。擁有此種基因的物種，幾乎不可能活到青春期繁衍下一代，因此這種基因不可能留存下來，傳遞

給後代子孫。但是，假設這個「陽光殺手」基因是在人存活到 60 歲之後才開始發生效應呢？若絕大多數的人類都有很高的機率在 60 歲前死亡，那麼第一，這個基因幾乎不會出現，第二，若這個基因真的出現，它對存活率的影響也會非常有限。因此，在生命晚期才發揮作用的遺傳突變，能夠避開各種強烈的演化壓力之篩選而累積下來。

結抗性多效理論（**antagonistic pleiotropy theory**, Williams, 1957）的論點與上述突變累積理論相近，都認為演化壓力造成了晚年的有害變化，背後是因為少有種族成員能存活得夠久而經驗這些變化。另外，這個理論也認為某些基因在早年對個體是種優勢，但是到了晚年可能變成不利的因素。這些基因即便在晚年會造成傷害，也可能因為早年優勢而獲自然選擇。因此，假設在年輕時有種基因能製造大量睪固酮，讓個體更容易增加體重，這對於嘗試藉由攻擊力與體力取得支配地位的男性來說，是種有利因素。但到了晚年，這些特性反而增加心血管問題的風險，導致無可避免的死亡。直至晚近，這類交易的代價才被證實。因為大部分動物在年輕時即已死亡，這類基因在晚年的效應較少被觀察到，對成功繁衍後代的影響也較小（尤其因為當這些基因的影響顯現的時候，動物可能已經超過生育年齡）。為了證實結抗性多效理論，許多研究以果蠅進行實驗。如果某個早年的有利條件是搭配著某個晚年的不利條件，那麼透過早年某部分基因的控制應該會影響晚年的狀態。一個研究發現，製造某個早年的不利條件（例如：讓果蠅達到性成熟所需的時間拉長）之後，晚年的有利影響確實出現——果蠅的壽命增加了（Rose, 1984）。

上述論點更進一步的變形是老化的細胞體拋棄理論（**disposable soma theory of aging**, Kirkwood, 1988）。現代演化理論主張有機體被驅使儘可能地繁衍後代，這件事優先於個人的生存。有機體所攜帶的基因能夠存活下來才是重要的（基因附在什麼樣的身體裡倒是其次）。因此根據此理論，一個男性生了 30 個小孩，然後在 20 歲死亡，比活到 100 歲卻沒有生任何小孩要好（見 Dawkins, 1976）。細胞體拋棄理論承接此想

法，並加以修改。身體細胞死亡後必須不斷被取代，若無法被取代，與這些細胞有關的身體部分就會衰退、變得沒有效率。但是要讓所有的細胞代換都維持同樣的效率是不可能的。細胞體拋棄理論認為最佳的演化策略是犧牲（不具生殖能力的）身體部分，讓生殖器官維持在最佳的狀態。如此說來，越多能量投注在生殖繁衍，則會造成越顯著的身體衰退。若採取較極端的立場，這理論聽來像是維多利亞時期的說教，但若採取較溫和的說法，它其實頗具說服力，Kirkwood（1988）提出了強烈支持證據，推薦給讀者參考。

　　上述理論提供基於演化論的老化說明。雖然各有區分，但他們對演化的關注，認為在世界尚未充分發展之前，少有人能活到老年的共同假設，使他們成為性質相似的理論家族。一般認為，這些理論在不同情景下可能都是正確的。如果一人接受這些理論，就得承認自然選擇對老年的「規劃」程度不及對生命早期完善。換言之，當我們思考老年人的狀態，很難認為他們的行為或身體功能的特殊變化是被「設計好」要發生的。變皺的皮膚、脆弱的骨骼、記憶廣度下降或反應速度變慢，可能都不是刻意規劃的結果。這些特徵出現是因為沒有演化壓力來預防它們的發生（突變累積理論）；是因為它們與早年有利條件是一體兩面（結抗性多因理論）；或因為早年的資源主要投注在生殖（細胞體拋棄理論）。在「自然」環境下，大部分個體在這些明顯特徵有機會出現之前就已經死亡（見 Zwaan, 1999）。對現代生活而言，能見到演化用此種方式進行欺騙既是個詛咒，也是種特權。

　　Hayflick（1994）提出一個有用的類比，說明生命歷程，以演化的用語，就像是人造衛星被發射到遙遠的星球去執行探測任務。一旦完成任務、傳回探測目標的圖片，它就繼續進入太空、持續傳送訊號，直到發生意外或是單純的腐壞中止了它的活動。相同地，個人一旦完成傳宗接代的目標，會持續生活直到意外或是生病結束他的生命。然而，人造衛星在傳送目標照片回地球之後的生命，或者個人在完成繁衍任務之後的生命，都

是種偶然。系統會內建「過度設計（over-engineering）」的機制，來確保達成任務之外還留有餘裕。我們將這些過度設計所提供的額外壽命解釋為生命週期「自然的」一部分，但是事實上從演化的角度，這是一個意外的禮物，不是權利。然而，從另一角度主張高齡「打敗」了演化，也是不對的——實際上的情況只是呈現出演化壓力對於老年的看法。意思是說，以演化的說法，老化是一個對物種存活之效用空前低落的時期，因此各種衰退都在這個時候顯現，打擊那些成功繁衍基因之後沒能成功「死去」的人們。

◉ 老化的身體

老化的整體身體變化是個不怎麼吸引人的圖像，例如，在組織層次，皮膚與肌肉變得沒有彈力；在細胞層次，粒線體（可在細胞內產生能量）的運作會失去效率；在分子層次，有關老化的改變，老化的細胞體突變理論與端粒研究前面都已提到。不意外的，這些改變會為身體系統功能帶來損壞性的影響。例如：泌尿系統變慢，排除毒素或其他身體廢物的效率變差；腸胃系統吸收養分的效率變低；肌肉質量與肌力的強度變弱；呼吸系統吸入的氧氣量降低；心臟血管系統則面臨雙重打擊——心臟力量下降，同時動脈也硬化與萎縮，使傳送血液到全身需要消耗更多的能量，結果導致 75 歲長者的平均心輸出量僅達 30 歲成人的 70%（Aiken, 1989; Holliday, 2007; Kermis, 1983）。

這些改變對大腦功能極其不利，還會因此影響到心理作業表現。心血管疾病除了導致正常老化的衰退，也會對大腦功能產生不利的影響（Kermis, 1983），且生理健康與認知功能指標之間的關聯也已確立（如：Deary et al., 2006; Renaud, Bherer and Maquestiaux, 2010）。最需注意的危急狀況是中風（**stroke**），起因是大腦某部位血液輸送受阻，導致該部位大腦組織壞死。不那麼危急的影響則像是，有些高齡者會因為氧氣供應

不足，以致於用完餐後出現昏睡狀況，因為消化作用需要的能量，剝奪了讓大腦維持清醒所需的氧氣供給。其他系統的改變影響就較細微，例如，泌尿系統衰退代表身體累積的毒素較高，進而影響神經功能運作。如果老人家正在接受藥物治療，無法即時從系統中排除藥物，就會導致過度劑量殘留體內的問題，包括譫妄（**delirium**）（見第 6 章）。腸胃系統的衰退，也會導致類似的深遠影響。如果這些衰退導致高齡者對食物缺乏興趣，那就易發生營養不良。如果一個人因此缺乏維他命 B_{12}，從心理學的觀點會認為尤其嚴重，因為這會誘發類似失智症的症狀。

　　另一個身體老化歷程的影響，是可能使人們重新評估他們自身的狀態，但不見得是嚴肅以待。知道骨頭變得易碎、肌肉力量變弱，可能使人雖然不情願，但實際上還是更加小心；另一方面，這些生理徵象也可能導致憂鬱（Raskin, 1979）。Weg（1983）及其他研究者主張，大多數高齡者仍然有足夠的能力（**capacity**）可處理日常生活事務。然而，他們是否願意去做是另外一回事。

⌒ 老化的感官系統

　　大腦對外在環境的接觸是透過感官，因此任何感官的衰退都可能阻礙心理運作。年齡相關的知覺衰退會使大腦無法完整經驗世界，不過若我們假設這種知覺衰退是老年時期才開始出現，那也是不符實際的。如同許多年齡相關的衰退，改變經常始於成年早期，閱讀這段落時請大家銘記這點。

視覺

　　高齡者經常抱怨視力不如從前，這通常是真的：除了原本較單純的近視與遠視問題，65 歲以上的長者約有三分之一罹患影響視力的疾病（Quillan, 1999）。常見的問題是視覺調節（**accommodation**，隨著距離

調整焦距的能力）衰退，導致老花眼（**presbyopia**，老花的「presby」就代表「老」），其特徵類似遠視。這可能是因爲老化的水晶體喪失了部分彈性，以致於聚焦能力受到影響。大部分的人所經歷最嚴重的視力缺失是失去視覺敏銳度（**acuity**，其定義爲「在一定距離清楚看到物體」或「聚焦於細節的能力」）。Bromley（1988）估計大約 75% 的高齡者需要戴眼鏡，其中許多人即使戴上眼鏡也無法有完整視力。Holden 等人（2008）依據 2005 年針對多個人口群的調查，估計有 10 億 4 千萬的人口有老花眼，其中 5 億 1 千 7 百萬人未配眼鏡或是配了不合用。這 5 億 1 千 7 百萬人之中，有 80% 的人無法操作需要近距離視物的工作，這會導致大量日常活動受阻。如同這些情況的多元，不同國家之間也存在大量差異，在未開發的國家估計有 94% 的人需要仰賴眼鏡過生活。

敏銳度的一個有趣特徵是，它涉及影像尺寸與影像對比間的交互作用，可用**對比敏感度函數**（**contrast sensitivity function, CSF**）表示之。這原則是極小的影像在對比度較低的時候不易被看見（如：黑灰背景下呈現的黑色影像），但相同影像若對比度較高則較容易被看見（如：在白色背景下呈現的黑色影像）。由此可計算出，在特定亮度與對比的條件之下，影像可被偵測的最小尺寸爲何。老年人看較小東西的困難，可以透過調整物體的光度對比來減緩（見 Corso, 1981），如此作法可以使長者的視力回復到接近年輕視覺的程度（Haegerstrom-Portnoy, Schneck and Brabyn, 1999）。但是在現實環境中無法總是維持理想的亮度，CSF 不佳已經在老年長者身上與許多問題產生關聯，包括跌倒的風險明顯增加（Lord, Smith and Menant, 2010; Pijnappels et al., 2010）。再者，人到了 60 多歲，比起在 20 多歲時，日常閱讀印刷品平均需要的亮度增加爲 3 倍（Beers and Berkow, 2000）。這顯見 CSF 也是一般視覺健康的關鍵測量指標。例如，Schneck 等人（2004）追蹤一群長者超過 4 年期間，他們發現一系列視力測量（如：炫目恢復、閃爍敏感度）之中，僅有「偵測低對比圖形的能力」能顯著預測參與者大約 4 年後的視覺敏感度喪失情形。若

參與者在圖形尺寸放大兩倍之後才能看得清楚，那麼這些參與者 4 年之後的視覺喪失機率會增加超過兩倍。

除了 CSF，實際上視覺的所有其他部分都會在老年晚期變差（Haegerstrom-Portnoy et al., 1999）。這也導致用以確保長者安全進行視覺作業（例如駕駛）的視力測試方式面臨嚴重問題。僅測量視覺敏銳當然是不夠的（見 Bohensky et al., 2008），例如，視覺閾限（能看見的最暗光線）會隨年齡提高——換言之，年長者無法像年輕人看到那麼暗的東西（Elias, Elias, and Elias, 1977; McFarland and Fisher, 1955）。人們在低度光線情境的調節能力（黑暗適應）也同樣會隨年齡下降（Domey, Mcfarland, and Chadwick, 1960）。相反的能力（從刺眼強光恢復的能力）也減低了，有時差別高達數倍（Carter, 1982）。這種發現在實用上有其重要性（例如夜間駕駛）。晚年亦會因爲水晶體形狀的改變，使得看到的影像略爲扭曲（Athaide, Campos, and Costa, 2009）。另一個重要的改變是顏色的知覺：老年人知覺到的世界會較偏向黃色。光譜上黃色那端的顏色（紅、橘、黃）長者通常都看得清楚，但是綠色、藍色與紫色就比較難區別（請注意此問題在 80 多歲前並不明顯）。許多學者認爲這是因爲水晶體隨年齡變黃所致，但這種解釋並不完整，因爲有些已經將水晶體透過手術摘除的病患，他們看到的世界仍屬於黃色色調。因此，眞正理由可能是來自神經系統的改變（Marsh, 1980; 也可見 Jackson and Owsley, 2003）。另外視野的大小也會降低。一個較輕微的問題是，年長者眼球向上轉動的幅度不像年輕人那麼大，使老年需轉動頭部才能看到上方物體。較嚴重的問題是喪失邊緣視野（指視覺範圍的寬度），這種衰退在中年時期就已開始，但是到 75 歲後更爲明顯（Jaffe, Alvarado, and Juster, 1986）。

上述問題對於長者而言，可能相當嚴重且造成困擾。某些視覺改變的幅度可能大到足以阻礙重要的日常活動（如開車），但也不必然使人完全無法從事。此外，許多視覺問題的發生早於晚年，某些情況甚至會早至 30 幾歲（Corso, 1987）。所以將老年時期的視覺問題視爲純粹由老化

引起，是種誤導。但這並非否認年齡相關的視力問題確實帶來了困擾，像是容易跌倒或開車遭遇的問題已經被提到。幸好查爾斯‧班奈特症候群（**Charles Bonnet syndrome**）較爲少見，罹患此病除了視幻覺，沒有任何其他心智問題的有關症狀。此症發生的頻率隨著年齡增加，通常出現在本身已有視覺障礙的年長者身上（例如 Rovner, 2006）。Teunisse 等人（1995）估計視覺障礙的患者之中有 11% 會出現此症候群，比起年輕成人，它也比較易發生在年長者身上。目前此症候群的病例報告數量幾乎可確定少於實際病例數（Schadlu, Schadlu, and Shepherd, 2009），原因包括臨床工作者對於這個問題警覺性不足，而受此症所苦的個案可能也因爲害怕被當作是心理疾病，所以避而不談。但無論如何，此症的病例報告數量，隨著人口老化可能會逐漸增加（Rovner, 2006）。

大約 7% 65 至 74 歲的人以及 16% 超過 75 歲的長者，處在失明狀態或是罹患嚴重的視覺障礙（Crandall, 1980）。在英國，大約 20% 年齡超過 75 歲與 50% 90 多歲的長者有嚴重的視力喪失（Royal National Institute for the Blind, 2011）。造成視力喪失的主因是白內障（**cataracts，**水晶體變混濁）、青光眼（**glaucoma，**眼球內過多眼液增生的壓力導致神經和接收細胞永久性的破壞）、黃斑部病變（**macular degeneration，**視網膜上具有最佳視覺敏銳度的黃斑點出現退化；見 Sunness et al., 1999）、糖尿病性視網膜病變（**diabetic retinopathy，**因糖尿病而導致的視網膜血管損壞），這些疾病並不僅見於生命晚年，但是在此時期確實較爲常見（Corso, 1981; Pelletier, Thomas, and Shaw, 2009）。需注意的是，若能早期發現這些問題，便有機會預防，或是至少避免最糟糕的後果（見 Pelletier et al., 2009）。例如，罹患青光眼的個案，過去越久沒有接受眼科醫師的診治，其發現罹病時的病況就越糟糕（Fraser, Bunce, and Wormald, 1999）。

聽力

聽力的喪失是長者最刻板印象的問題，也是許多年齡歧視的玩笑話常見的主題。聽力問題（像是無法聽見年輕人可以清楚區辨的微弱聲音），在許多人接近 50 歲的時候開始出現（Bromley, 1988），然後接著可能會出現更顯著的問題。若要嘗試在人口中確定聽力喪失的圖像要仰賴「喪失」的定義。若我們考慮的是嚴重聽力喪失（即一個人耳聾或通常需助聽器協助才能維持基本聽力），那麼僅 2% 的人在他們 20 或 30 歲時屬於聽力喪失，到 70 或 80 歲族群有三分之一（Stephens, 1982），大約 80 多歲或更年長者則有一半的比例（Herbst, 1982）。如果我們考慮的是年齡有關的聽力喪失（**age-related hearing loss, ARHL**），也稱為**重聽**（**presbycusis**），那麼 65 歲以上的長者有某種程度 ARHL 的比例估計會有 50%（Gordon-Salant et al., 2010）。其他研究者用較寬鬆的標準，認為大約有 70-80% 有此現象（Sprinizi and Riechelmann, 2010）。不論確切比例大小為何（聽力喪失的比例相當受到研究者採取的問題判定閾限值所影響），較少人懷疑重聽 /ARHL 是長者最常見的感覺失常（Someya et al., 2010）。

必須強調，聽力喪失並非只是單純無法聽到非常小的聲音，例如，重聽有許多種形式（Cohn, 1999; Schuknecht, 1974），但是共同的問題是接收高頻聲音的能力損失較為明顯。初聽之下，上述意思簡單來說是，世界的聲音會有一點像是被隔開、聽不清楚，很像是音響的高保真（hi-fi）系統被調低 3 倍。然而，問題不僅於此，還更嚴重。由於語音之中有許多關鍵差異是在高頻部分，因此聽力喪失使人難以區辨他人說了什麼。此外，其他聽力技巧，如聲源辨識（有能力偵測聲音從何而來）受損（見 Rakerd, Van der Velde and Hartmann, 1998），這些問題可能嚴重影響處理聽覺訊息的能力，例如，Tun、McCoy 與 Wingfield（2009）的研究請參與者記住一段他們聽到的單字列表，並同時做另一個心智作業。重聽長者

的表現相當劣勢，他們需要花費額外的心力處理聽覺訊息，因而沒有足夠的「心智能力」有效記住單字並完成同時作業。

聽力喪失的導因極多，人們常歸因於長久處於噪音工作環境下。雖然這是顯著的因素（見 Ohlemiller, 2008; Sekuler and Blake, 1985），但還有其他許多因素，包括基因（Van Eyken, Van Camp and Van Laer, 2007）、飲食（Houston et al., 1999; Someya et al., 2010）、自由基（Someya and Polla, 2010）、心血管問題（Hull and Kerschen, 2010）及一般健康狀態（Huang and Tang, 2010）。性別也有影響，男性聽力退化較快（Chao and Chen, 2009），但對低頻（小於 1000 赫茲）聲音敏感度較佳（雖然聽力喪失的形式仍有相當大的個別差異，Pearson et al., 1995）。一般認為是因為男性較常處在吵雜的工作環境，然而，證據顯示即使是同在安靜的職業環境中工作，仍具有性別的差異存在（Pearson et al., 1995）。

從耳朵外部往裡面理解運作情況，可以發現許多與年齡有關的改變。在老年醫學中有一個令人費解的發現，老化後的耳垂尺寸會有幾公分的增加（Tsai, Chou and Cheng, 1958），此改變在功能上有何重要性還有待釐清。長者耳道可能被耳垢阻塞，造成聽力不良，所幸這很容易處理。在中耳部分的改變則較嚴重且不易解決。中耳的聽小骨，即槌骨（malleus）、鉆骨（incus）、鐙骨（stapes），會隨年齡鈣化或發炎而變得僵硬（見 Moon and Hahn, 1981）。這會影響到聲音的傳導，特別是高頻的聲音，且此問題會因為內耳的細胞損失（以高頻受器為主）而更加嚴重。內耳連結到大腦的聽覺神經，這束神經纖維會隨著年齡變細。神經纖維的萎縮可能是血流供給不足以及周邊骨頭的增長，限縮了神經通道所共同導致的結果（Corso, 1981; Park, Back et al., 2010; Someys and Prolla, 2010）。

重聽有許多已知原因，因此完全治癒的方式勢必涉及多種治療。雖然目前可行的作法仍然有限，但還是持續進步當中（見 Bielefeld et al., 2010; Sprinzi and Riechelmann, 2010）。無論如何，重要的是已有可信的證據顯示，即便先前提到的種種問題都能找到治療方式，仍無法完全解決

老年人面臨的聽力問題，因為老年人在某些聽力技術測量的表現（如偵測兩個聽力訊號之間安靜無聲的間隔），是受到年齡的影響，而非聽力喪失程度影響（Fitzgibbons and Gordon-Salant, 2010）。由於對聲音的時間特性解析能力在語言知覺上是關鍵元素，因此這會對日常溝通造成顯著影響，單憑聽覺喪失的程度無法全面性說明在晚年聽力技巧上的變化（更進一步的回顧，請見 Gordon-Salant et al., 2010）。需記得的是，重聽並非晚年唯一的聽力問題，其他變差的還有音高區辨、音源辨識以及對聲音時間特性的知覺（見 Marsh, 1980; Schneider, Speranza and Pichora-Fuller, 1998; Strouse et al., 1998），此外高達 10% 的長者受苦於耳鳴（**tinnitus**）問題，雖然有點不精準，但也經常被稱為「耳朵裡的鈴聲」（Eggermont and Roberts, 2004; Lasisi, Abiona, and Gureje, 2010）。此狀況除了阻礙其它聽覺訊號的接收，本身也是種痛苦的感覺。

　　晚年聽力進一步的問題是，聽力衰退其實是**年齡與複雜度的交互作用**（**age x complexity effect**）。一般而言，語言訊號越複雜對長者就越不利（Corso, 1981）。例如，在有噪音或存在其他競爭性訊號的情形下偵測訊號，比在安靜背景之下偵測訊號，前者就是一個不利於年長者表現的例子（Bergman et al., 1976; Dubno, Dirk, and Morgan, 1984; Pichora-Fuller, Schneider and Daneman, 1995）。但如果訊號是熟悉的片語或熟悉的概念內容，那就幾乎沒有年齡上的差異了（Hutchinson, 1989）。再者，Orbelo 等人（2005）發現，即使長者在理解情緒性語言內容時顯得較力有未逮，但此與聽力損失程度並無關係（也與認知衰退無關—此研究報告的作者歸因為右腦中與年齡有關認為的缺陷）。

　　聽力喪失也常帶來情緒的負擔。Herbst（1982）觀察大部分社會早自有紀錄的年代開始，就對聾人抱持評價的態度。遠古希臘「聾（deaf）」與「笨（stupid）」是同義字。在基督文明早期，耳聾是被詛咒的，因為在文字發展出來之前，這樣的人並無法從事聖經教導。現代社會裡，這種偏見仍持續著，聾啞（dumb）這詞就被用來描述智力有限。聾人慈善組

織收受到的捐款要少於對盲人組織的捐款。Herbst 認為視盲切斷了一個人與事物的連結，而耳聾則切斷一個人與其他人的連結。這個論點或許還有許多不足之處，尚無法獲得整體支持，但無論如何仍有些許參考價值。

味覺

人類的味覺可分為 4 種主要類型：苦、酸、鹹、甜。研究者大致都發現人對這些味道的敏銳度因老化而衰退，但不同研究之間細部發現不一，例如，Engen（1977）的研究雖然發現長者的味覺有整體性的衰退，但對苦的敏感度卻是增加的。然而，Schiffman 等人（1995）的研究結果卻發現長者喪失對苦味的敏感度，而 Cowart、Yokomukai 和 Beauchamp（1994）則是發現敏感度下降的情形只出現在某些有苦味的東西，並非全部。Weiffenbach、Baum 和 Berghauser（1982）發現長者對苦味及鹹味敏感度都下降，但甜味及酸味的敏感度沒有改變（不過也有研究在百歲人瑞身上，發現甜味及酸味敏感度仍有衰退，見 Receputo et al., 1996）。更令人困惑的是，Mojet、Heidema 和 Christ-Hazelhof（2003）發現雖然判某種味道濃度是否強過另一種味道的能力沒有年齡上的差異，但年長者在判斷同一種味道之不同強度的能力卻有缺損。Nordin 等人（2003）發現，長者對某些東西的味道強度區辨能力明顯變差。Watanabe、Kudo 和 Fukuoka（2008）發現嚐出鹹味的能力未見衰退，但是 Fukunaga、Uematsu 和 Sugimoto（2005）發現對所有味道的偵測能力都有下降。研究結果會這麼歧異，可能有許多原因：例如，在舌的不同部位進行測試（舌的不同位置有不同的敏感度），以及可能的文化差異（終其一生偏好某種口味可能會影響敏感度）。但不論如何，整體來說長者的味覺確實有明顯的衰退。

偵測複雜味道的研究結果就比較明確清楚（謝天謝地），這些資料顯示，年長者嚐出日常食物味道的能力有顯著衰退（見 Bischmann and Witt, 1996; Murphy, 1985; Ng et al., 2004; Schiffman, 1977），從其他食品的混

和味道之中判斷主要味道的能力也有下降（Stevens, 1996）。但不論長者是否能夠嚐得出味道，在某些情況下，他們沒能選對或適當地代謝健康的食物。因為像是 Clarke 等人（2004）的研究就發現，65-74 歲的長者之中有 5% 的人缺乏維他命 B12，這個比例在 75 歲以上的樣本群上升到10%。雖然這些影響的細節尚未釐清，但明顯可知的是，營養對於晚年認知狀態的維持扮演關鍵的角色（見 Ordovas, 2010）。

嗅覺

十分健康的長者，其嗅覺相對少有改變（如 Corso, 1981）。然而因為大多數長者都至少會罹患一兩種疾病，因此若說大部分長者的嗅覺多少都有衰退，這可能是比較能代表整體人口實際狀況的論點（見 Doty, 1990; Finkelstein and Schiffman, 1999）。許多研究認為，嗅覺能力的改變與飲食習慣改變有關（見 Drewnowski and Shultz, 2001）。再者嗅覺能力的下降與長者典型老化認知衰退也有關聯（Swan and Carmelli, 2002; Wilson et al., 2006），在阿滋海默症的失智症患者身上也可看見此方面明顯的能力缺失（Moberg et al., 1997; Murphy, 2008; Weilge-Lüssen, 2009）。研究發現，至少在非失智長者身上，嗅覺與認知功能之間的關聯似乎受到基因因素的中介影響，因為在同卵雙胞胎身上這方面的改變型態是一致的（Finkel, Pedersen and Larsson, 2001）。

觸覺

長者的觸覺閾限較高（意思是要對皮膚施以更強的力道，才覺察到這個刺激，見 Saizano et al., 2010; Stevens and Patterson, 1996; Thornbury and Mistretta, 1981），同樣的，長者對物體溫度的敏感度也有下降（見 Heft and Robinson, 2010）。由於觸覺感測器位於皮膚上，因此我們很容易認為長者觸覺敏感度的下降，與他們的皮膚開始變薄及產生皺褶有關。這可能是理由之一，有一些證據顯示敏感度下降，至少有部分是因為皮膚

的觸覺感測器數目減少所致（Gescheider et al., 1994）。

痛覺

有些研究報告指出長者的痛覺閾限增加，換句話說，他們可以忍受更極端的刺激而不覺得疼痛（如：Benedetti et al., 1999; Gibson and Farrell, 2004; Lasch, Castell and Castell, 1997）。晚年感官受器的數量減少可以解釋這個現象。但是其他研究者並未發現痛覺的年齡差異（見 Bromley, 1988），甚至在疼痛刺激經驗當下的臉部表情也沒有不同（Kunz et al., 2008）。研究能否發現年齡差異，有一部分可能取決於疼痛刺激所施加的身體部位為何，但也要注意基於倫理考量，疼痛刺激的強度及持續時間都需要被嚴格限制，而當然這些都會影響研究能否找到貼近實際狀況且有意義的發現。儘管有這些考量，引發疼痛的情境在晚年還是有所增加（Hill-Briggs, Kirk and Wegener, 2005）。很可能是因為疼痛的情緒意義在不同年齡不盡相同，例如，長者比較不會為了疾病疼痛造成的行動力下降感覺沮喪，因為他們通常對於在自己的年齡能夠或「應該要」做到什麼，抱持比較低的預期（見 Williamson and Schulz, 1995）。同時 Yong 等人（2001）的研究發現，長者對疼痛報告比較節制，也不願意把那些不舒服的刺激描述為痛苦。再加上，護理人員的疼痛管理知識也可能明顯不足（如 Zwakhalen et al., 2007）。

✍ 綜論

上述對感官老化的簡要描述清楚提到：訊息從周邊環境傳遞到達大腦，有其一定範圍的限制、較缺乏細節，且因為神經系統運作變慢，須更長時間才能到達。這些運行困難並不表示智力的老化（見 Glisky, 2007; Lindenberger and Baltes, 1994）；即便使長者的自我意象受到影響，也不表示人格會有變化（已知在長者身上，生病經驗與某種程度的憂鬱有關

聯，見 Williamson and Schulz, 1992）。但值得一提的是，老化的大腦會因為這些困難而無法充分利用所接收的感官訊息。最明顯的老化知覺歷程退化型態，是年長者無法熟練地將多元感官訊息整合為融貫的整體經驗（例如，複雜的味覺相對於簡單的味覺，複雜的聽覺相對於簡單的聽覺）。誠如這章前面提及的，當諸多簡單的歷程需同步運作，老化主要的缺陷就會顯現出來。

⊙ 晚年神經系統的改變

關於晚年神經改變的心理影響將分散在本書各章節介紹，但是在此先有個摘要綜論將非常有用。不熟悉神經解剖學的讀者，我們在附錄一提供簡短的介紹。

我們一直都知道，即便是健康、功能良好的人，大腦容量到了晚年都會變小。早期的測量（仰賴粗糙的大腦秤重）發現，未失智的一般老化歷程中大腦重量會減少 10-15%（Bromley, 1988）。最近研究運用核磁共振造影（magnetic resonance imaging, MRI）掃描，已經發現大腦容量縮減、腦室（大腦內充滿液體的空間）變大。這些並非一致性的改變，容量損失最大的是顳葉與額葉，在殼核、視丘及伏隔核也有發現。平均而言，每年的容量損失介於 0.5 至 1%（Fjell and Walhovd, 2010）。直覺上我們很容易認為容量減少是因為神經元與其他細胞喪失，但主因其實是神經元的萎縮，以及神經元之間的相互連接變少。無論如何，晚年大腦的改變形式有相當大的個別差異（Caserta et al., 2009）。一般而言，晚年智力下降與大腦容量減少有關（Caserta et al., 2009; Fjell and Walhovd, 2010），這個發現的意義，可以解釋為生理衰退將導致心智技巧的減少，但也可說反映了大腦的可塑性（即它可以因應輸入的刺激產生生理改變）：大腦容量的改變，是因應行為與生活型態改變，使神經處理的需求變低所導致的結果。換句話說，大腦生理衰退有可能是因為缺乏足夠的鍛鍊（見 Mahncke,

Bronteone and Merzenich, 2006）。老化的大腦有多大程度將導至智力無可避免的改變，而行爲與實作又可多大程度延緩衰退，後面章節將會再深入討論。

除了容量的改變，在晚年大腦亦有功能型態的改變。例如，研究使用功能性磁振造影（fMRI）技術（不僅可以觀察大腦結構，還能看到它的活動情形），發現長者在許多記憶作業上都出現腦側化（即，活動範圍偏向其中某半腦）減少的現象（Cabeza, 2001）。再者，Hedden（2007）的文獻回顧提及前額葉皮質功能的改變，是許多老化認知功能改變的主因。大腦功能的影響（特別是前額葉）在後續的章節會有更仔細的探討。

大腦的容量與功能都有相當程度改變，連帶影響長者的智力功能。其中一個可能理由先前已有說明（即，心智技巧缺乏鍛鍊），另一個可能的原因是大腦血流量減少，導致神經細胞缺氧，進而死亡。減少血流量也可能使神經元因爲血液供給減少，而嚴重影響神經功能，特別是在需要較密集的神經活動時（見 Riddle, Sonntag and Lichtenwalner, 2004）。另一種解釋是，許多長者可能發生小中風或栓塞（**infarct**），以致於有一小部分腦部組織因爲局部血液供應缺乏而萎縮。長者可能無法覺察這狀況的發生，且需要強調的是，在單一個人身上的栓塞數量通常不多，可視爲正常老化症狀之一。但在某些人身上，栓塞的數量若劇烈增加，就可能引發**血管性失智症**（**vascular dementia**，見第 6 章）。第三種解釋是大腦血液供給若有效運作時，能過濾血液中的可能毒素，這機制稱爲**血腦障壁**（**blood-brain barrier**）。若老化造成這方面能力減退，那麼大腦就會暴露於潛在具破壞性的毒素中（見 Bouras et al., 2005）。血腦障壁效率衰退，又與像失智症、認知功能衰退以及中風後的復原能力變差有關（見 Zeevl et al., 2010）。一般而言，老化導致代謝功能下降以及心血管問題，雖不是造成神經細胞死亡的主因，但因爲神經細胞無法獲得足夠氧氣與葡萄糖，因而無法有效運作（見 Farkas and Luiten, 2001; Meier-Ruge, Gygax and Wiernsperger, 1980; Woodruff-Pak, 1997）。

　　誠如早先所提，這些議題會在本書中反覆討論。然而，在一開始必須先強調，因為大腦會隨著老化出現種種生理衰退，包括使其了解周遭環境狀態的感覺系統，及支撐大腦的整個身體，因此直接或間接受其影響的心理功能，也理應會有相對應的種種改變。

◉ 延伸閱讀建議

　　關於老化人口與老化身體，「Brockleburst's Textbook of Geriatric Medicine and Gerontology」（Tallis and Fillit, 2003）是本非常棒的教科書。此書撰寫完成的時候，精裝本要價 130 英鎊（很多人大約只會從圖書館借閱）。預算較有限的人可以考慮 Bromley（1988）這本書，也經常被引用。這是一本概論性的教科書，比較便宜，寫得也很好，提供了相當周全的（雖然有點過時）概觀。若讀者尚未對本書作者的文字感到厭煩，那麼還有一本由他主編的「An Introduction to Gerontology」（Stuart-Hamilton, 2011）十分易讀，而且如果跳過他寫的幾個章節，這其實是一本相當傑出的作品。若對於演化與老化的技術性討論感興趣，那 Gavrilov 與 Gavrilova（2002）的書值得推薦。Jackson 與 Owsley（2003）為老化的視力改變提供了很好的概論。年長者疼痛衡鑑與管理的文獻回顧，可以參考 Hadjistavropoulos、Hunter 和 Dever Fitzgerald（2009）。Fjell 和 Walhovd（2010）提供晚年大腦解剖結構改變的完整回顧。若對老化的歷史感興趣，我衷心推薦 Thane（2000）。它除了兼顧學術性與知識性，也是相當引人入勝的一本書。雖然此書著重介紹英國長者的老化歷史與晚年生活，但很多發現仍可以應用到其他文化。另外，Thane 與 Parkin（2005）這本較晚近出版的優秀讀物也值得推薦。關於對人口變化及其對政策影響的討論，因為擔心很快失去時效性，因此很難推薦特定閱讀資源。政府官方網站像是「國家統計網路」（National Statistics Online, www.statistics.gov.uk）及「人口參考局」（Population Reference Bureau, www.prb.

org），都有即時更新的基本資訊，並經常提供（可讀性很高的）摘要報告。Wait（2011）針對老化基本政策以及政策制定者面臨的議題，提供了絕佳的回顧報告。

第二章

測量晚年的智力變化

彭大維譯

⬤ 概論

過去研究顯示，智力會隨著壽命的增長而有所改變。在智力測驗中，以答對某些測驗題目的數量作爲某單一認知技巧的分數，而這分數稱之爲**原始分數（raw score）**。假設我們從幼年期到老年期，抽取不同年紀原始分數的平均數（例如 6 歲組的平均數，7 歲組的平均數，以此類推，到 80 歲的平均數，81 歲的平均數⋯⋯），接著將這些平均數製作成一個圖表時，除非我們的研究違反了數百年來的研究經驗，不然這個圖表會成爲一個古典老化曲線（classic ageing curve）。基本上，原始分數的平均數會在兒童期到青少年期上升，在青少年晚期到達巔峰，在成年階段某些時刻中會逐漸下降。換句話說，我們可以確定的是，在兒童期到青少年期的原始分數會有個上升期，而晚年時智力分數會逐漸下降。

這樣的論點基本上不太會被駁斥，然而，我們所確定的事情也只到這。學者對於這個議題有不同的提問，每個提問都創造了新的討論。例如：

1. 哪種年齡改變的測量是最好的方式？
2. 在成年階段的哪個時間點智力會開始下降？
3. 對於所有智力技巧來說，改變的模式都會相同嗎？
4. 所有的個體都會有類似型態的改變嗎？
5. 是什麼造成這樣的改變？
6. 這樣的改變會如何影響人在生活中使用這些智力技巧？

本章將會嘗試去檢驗這些以及更多其他的議題。

○ 測量智力的年齡變化

若我們想一窺智力（或是其他的測量）的年齡差量，有一些很簡單的方式可以選擇。像是對年輕人進行測驗，等到他們老了以後再測驗一次（**縱貫研究，longitudinal study**），或是比較年輕人與老年人在同一份測驗、同一個時間點中的分數（**橫斷研究，cross-sectional study**）。而對於研究法的選擇來說，直觀來看，答案似乎呼之欲出，因為研究實務上縱貫性長期追蹤人的一生似乎是不太可能的。例如，想要比較 20 多歲年輕人與 70 多歲老年人在同一項測驗當中的表現，我們就得等 50 年才有機會得到這個結果。對於任何一個研究者來說，我們並沒有這麼多時間在這樣的研究。

因此，橫斷研究似乎是唯一較為實際的解決方式，而早期多數古典老化曲線的研究（1900-1930 年代），就是使用橫斷研究法。研究者認為，智力的原始分數大約就在 30 歲左右的高峰逐漸下降，而語言技巧則通常沒有受到影響（Rebok, 1987; Thompson, 1997）。但是，為了橫斷研究的便利，我們付出了相當大的代價。假設一個橫斷研究中，我們比較了 20 多歲與 70 多歲兩組受試者的智力表現，我們發現無論在哪種測驗中，年輕組別的表現，皆顯著高於年長組別的表現。對此，最直接的假設是，20 多歲參與者更年輕，因此年齡差異就能夠解釋表現差異。不過，情況不一定是這樣，雖然 20 多歲參與者較年輕，但他們與年長組別在其他不同的面向上也有差異，例如：

1. 幾乎絕大多數長者的正規教育程度都比較低（尤其在學歷上）。
2. 年輕組的參與者的兒童時期普遍都比長者組更為健康（別忘了 70 多歲的長者出生的年代，抗生素以及各種形式的免疫接種都尚未出現）。

3. 年輕組的參與者有更多的機會接觸更廣泛的文化刺激，例如電
　　視、網路、不同形式的教育等等。

　　這個清單可以繼續延伸，重點是年長組別與年輕組別的差異並不是
只有年齡，還包括了個體受的養育方式與他們的生命經驗。當我們發現差
異時，要如何從橫斷研究當中確定這個差異的效果是來自年齡，而不是其
它的變項呢？像這樣由背景或是成長經驗，而非年齡本身所導致的代間差
異，就稱為世代效應（**cohort effect**）。

　　有一些方法能夠平衡世代效應：第一，依據你認為可能會出現世代效
應影響研究結果的變項測量值，先進行不同群體的配對（match）。這些
測量值被稱為混淆變項（**confounding variable**）。假設你正在進行某研
究，希望比較年輕組別與年長組別在智力表現的差異，你認為教育程度和
生理健康是研究中的混淆變項，此時就需要根據這兩個變項將年輕組與年
長組的參與者進行配對。這樣我們就可以主張如果配對後仍然出現顯著的
年齡差異時，就不會是教育程度以及生理健康的影響，因為參與者已經依
據這兩個混淆變項進行配對控制了。問題是這種控制研究的方式，其實在
實務上是相當不容易進行的（例如，一位 25 歲擁有都市計畫學位同時又
切除闌尾的男性參與者，現在要找一位有相同狀況的 75 歲男性受試者才
能進行配對）。

　　為了避開這個問題，更容易的作法是測量所有你感興趣的變項，接
著用統計的方式，去除混淆變項產生的效果。以前面的例子來說，我們可
以先測量教育程度、生理健康程度以及智力測驗分數，先分析年齡差異對
智力測驗的影響，接著用統計的方式去除教育程度與生理健康程度所帶
來的效果。透過這個方式可能會有三種結果：去掉混淆變項的影響後研究
沒有太大的變化（教育程度與生理健康程度對智力測驗分數沒有顯著的影
響）；或是，移除兩個混淆變項的效果後，差異就消失了（年齡的群體差
異只是巧合：全是因為教育程度與生理健康的差異）；抑或，移除兩個混
淆變項的效果後，差異下降，但仍然保持顯著（教育程度與生理健康只有

部分影響,並非主因)。

近幾十年來的研究一直發現(例如 Ghiselli, 1957; Latimer, 1963), 在控制混淆變項後的橫斷研究中,年齡差異雖然會減少,但不會完全消失(參閱 Stuart-Hamilton, 1999b)。關於這部分,會在第 7 章時有更詳細的討論,但我們暫時的結論是,至少有部分橫斷研究中的年齡差異,無可避免地會受到世代效應的影響。更甚者,就算我們嘗試用有效的統計方式將世代效應從研究中移除,但實際上我們移除不了所有的效果,因為有些變項根本無法測量,包括歷史與文化性的經驗(例如,如何配對二次大戰中曾經經歷被轟炸或配給經驗的參與者,來平衡有相關經驗的效果?)。簡而言之,橫斷研究終究會被質疑,就算控制了混淆變項,仍然有其他無法被測量,但可能與「年齡」差異混淆的變項。

所以,橫斷研究的世代效應成了縱貫研究值得被等待的原因。假設我們在參與者 20 歲時進行一次測驗,50 年後,在他們 70 歲時進行再測,兩次測驗間任何程度的差異就來自於老化本身,因為這個比較結果是來自同一群參與者,比較橫斷研究及縱貫研究之後,就可能會認為縱貫研究是更好的研究。橫斷研究常發現,智力技巧在早期成人階段出現衰退;而早先的縱貫研究則是發現智力技巧的原始分數至少在中年之前都會保持在同一個水準,通常可維持得更久(Bayley, 1968; Owens, 1959; Purdue, 1966; Schaie and Hertzog, 1986)。Salthouse(2009)回顧幾個縱貫智力研究領域著名學者的論述,他們討論了晚年智力衰退的現象,像是:Aartsen 與其同事(2002)表示,在中年時智力的衰退程度在 70 多歲之後才會變得明顯;Albert 與 Heaton(1988)認為智力的衰退發生於 50 幾歲間;Plassman 等人(1995)則是認為智力在六十歲後開始衰退;Schaie(1989a)則提到,智力衰退是發生在 60 多歲到 70 多歲之間。本書過去幾個版本當中,這些結論已經是學界的共識,但近年來的研究顯示,這個結論可能會朝向另一個與過往截然不同的方向。

這些辯論是來自於觀察到:縱貫研究並非表面看來純粹與準確。第

一，用簡化的方式進行縱貫研究時，容易出現世代效應。舉例來說，對一群 1920 年出生的人進行縱貫研究時，研究結果會呈現 1920 年出生之參與者的老化現象，這個結果並不一定能夠應用於 1920 年以外的族群。因此，我們有必要將這個縱貫研究細緻化，而細緻化的研究法被稱為「**重疊縱貫研究（overlapping longitudinal study）**」。重疊縱貫研究是在同一個時間點，對多個不同世代進行施測，接著在固定的時間間隔追蹤再測。以一個簡單的例子來說（如表 2-1），研究者針對 50、57、64、71 四個年齡組的參與者進行第一次實驗，得到第一次的研究結果，而且我們可以進行橫斷研究的比較，接著規律地依照研究設計的間隔進行再測（為了舉例，我們以 7 年作為間隔）。因此，在第二次再測時，50 歲組變成 57歲、57 歲組變成 64 歲，以此類推。第二次研究結果除了能進行橫斷研究的比較外，同時，不同年齡組的測量結果也可以如同縱貫研究那般，與各自 7 年前的分數比較（例如，第二次實驗中 71 歲的組別，可以與第一次實驗 64 歲組別進行比較）

表 2-1　重疊縱貫研究法概念說明

	第一次測量	第二次測量	第三次測量	第四次測量	第五次測量
世代一	50	57	64	71	78
世代二	57	64	71	78	85
世代三	64	71	78	85	92
世代四	71	78	85	92	99

　　重疊縱貫研究方法還有其他的優點，從表 2-1 假設的研究可以看到，年輕世代組隨著研究的進行，年齡會變得與第一次測量中其他年長組別相同。以表 2-1 為例，第一組在第四次測量時，年齡會與第一次測量時第四組的年齡條件相同，此時的研究資料就能夠幫助研究者測量與控制世代效應。假如在第四次測量時，第一組（71 歲）的分數比第四組（92 歲）的分數高了百分之 20，而這是否就代表著 71 到 92 歲的年齡差異導致了百

分之 20 的智力退化呢？或是，這個研究結果是來自世代效應？我們可以利用第四組的測驗結果來回答這個問題。假設我們發現第四組在 71 歲時只比該組在 92 歲退化百分之 5，此時就會出現兩種不同的研究結果，同一個世代的縱貫研究發現改變只有百分之 5；不同世代的橫斷研究則發現百分之 20 的改變。有了這些資訊，我們便可能區分年齡變項與世代效應的效果。

Schaie 等人利用前文所提及的研究設計（前面的例子只是一個簡單的說明，真正的設計更為複雜），進行了一項「西雅圖老化縱貫研究（**Seattle Longitudinal Ageing Study**, Schaie, 1983, 1994, 2005）」。1956 年，他們針對一群 20 到 70 歲的參與者進行施測，接著每 7 年為一個間隔進行再測（1963、1970、1977……以此類推），除了定期的施測以外，每一次施測也會增加新的參與者。透過類似前面範例的方式，交叉比對不同組別與年齡的方式，Schaie 指出，有一部分的研究結果是因為世代效應：例如，較早出生的參與者，在智力上顯著低於較晚出生的參與者（在 1970 年 60 歲的受試者比 2000 年 60 歲的參與者分數還要低）。因此，晚年智力測驗分數較低，可能是因為年長者生於較不利於智力技能發展的年代。

但這並不代表縱貫研究（即便重疊縱貫研究）中的研究數據就是完全正確的。由於一個非常簡單的事實——許多自願的參與者容易在縱貫研究當中退出，退出也並非是隨機的。有很大一部分的參與者常因為一些動機性因素離開縱貫研究：像是，如果參與者覺得自己在實驗中表現不佳時，就會想要離開實驗，儘管研究者如何耐心解釋，參與者往往會認為實驗中的心理測驗是一種比賽或考試，因此，自願的參與者發覺自己在智力測驗表現變差時，參與再測的意願就會降低。這代表著，縱貫研究進行的過程中，會有一群衰退中的參與者退出，剩下的都是一群狀態較佳的參與者（這被稱為退出效應，**drop-out effect**）。Riegel 與 Riegel（1972）指出，在縱貫研究中拒絕再測的參與者分數比留在實驗中的參與者分數來得低，

Siegler 和 Botwinick（1979）的研究也呼應這個結果。因此我們需要注意，尤其在年紀較長的研究者中，參與者會因為退出效應而離開研究的數量可能相當龐大。Salthouse（2010, p.173）從一項對縱貫研究的回顧中發現，退出效應在研究中占的比率在 26%～92% 之間變化；Singer 等人（2003b）則發現，如果只考慮持續參加多次縱貫研究的參與者（本研究取自柏林老化研究，**Berlin Ageing Study**; Baltes and Mayer，1999），他們的表現在縱貫比較與橫斷比較結果相當接近；但考慮所有的參與者時（包括退出的參與者），橫斷比較會出現比縱貫比較更為顯著的年齡差異。這顯示，縱貫研究可能會相當程度地低估了年齡增長對於智力表現的影響。

　　另外，這個問題也與練習效應（**practice effect**）相互複合，如同其名，繼續留在縱貫研究的參與者在不同測驗階段的表現通常會顯著地變佳（Salthouse, 1992b）。但真正的問題並非只是參與者會記得上次的答案（在不同的實驗階段，通常研究者會利用『平行版本的測驗』，意即不同的問題項目，但是相同的形式、構念和相近的難度組成的測驗），實際上，這個問題可能有幾個不同的成因，其中最主要的可能是參與者更精於受測（**test wise**）：換句話說，參與者在研究程序中能更輕鬆應對（這也幫助他們更容易表現得更好），同時也增加對心理測驗如何運作的了解等等。不管是哪種原因，這些在縱貫研究法中的瑕疵，可能都讓研究者低估了老化的影響（而相反的，橫斷研究法則是相對會放大老化的影響）。Rabbitt 等人（2008）在他們長達 17 年的縱貫研究發現，練習效應會導致退化的速率被低估。且即便間隔 7 年之久，還是能觀察到練習效應。然而，Rabbit 等人（2008b）也注意到，練習的效應會隨著年齡下降（更複雜的是，研究者也注意到有較高智力得分的人其表現提升的幅度隨測驗階段逐漸增加）。同樣地，Ferrer 等人（2004）發現，練習效果使得長期的改變被低估了。更甚者，有研究也提到，練習效應對某些測驗的影響程度比對其他測驗影響的程度大（在 Ferrer 等人的研究，與記憶力有關的測驗會比反應速度測驗有更大的練習效應）。這代表著，在詮釋研究結果時，

務必考量練習效應的影響，因為練習效應在不同類型的測驗，影響的效應不會是相同的。

Verhaeghen（2011）提到，當這些疑慮都被納入考量，幾個關鍵的縱貫研究（像是西雅圖、**杜克縱貫研／Duke Longitudinal Study**，柏林老化研究）都發現，成年之後大部分的階段都會出現某種智力技巧的衰退。一般研究者對於智力與年齡間變化的共識是，**魏氏成人智力測驗（Wechsler Adult Intelligence Scale）**中，75 歲老人的平均數大約低於年輕人平均數一個標準差（參見本章 56-57 頁）（Miller et al., 2009）。另外一個論點則是認為，古典老化曲線只有一個相當短暫的高峰期，在青少年與 20 歲初期時達到高峰後，在接近 30 歲後開始退化（Salthouse, 2009）。這看起來，儘管使用有瑕疵的測驗進行研究，但早期的古典老化曲線研究其實已經接近正確。這也意味著，並非只有老年時期會發生退化，而是我們整個成年期都在持續地發生智力的退化。

然而，智力退化研究的發現在一開始並非壞消息，但無法忽略的是，一篇又一篇證實老化衰退的新研究發現，仰賴的都是新的、更複雜的統計分析方法。似乎沒有任何採取簡易、直接之分析方式的研究，能證實晚期認知退化的存在。某種程度來說，這雖然也是研究歷程的其中一個部分。但懷疑研究所發現的改變可能越來越多是統計分析的方式造成，而非實際老人退化導致，也非全無道理。下一個段落會提到，Salthouse 與其他研究者對於智力衰退的幅度（特別是流體智力技巧）提出一個相當強烈的論述。這些研究看似出色，但他們只在實驗室中使用紙筆測驗就完成了研究。若老年人在現實生活中的表現真的與研究發現的相同，他們的表現就會與心智嚴重缺損的年輕人相近，但事實顯然並非如此。最初對於縱貫研究結果的詮釋，在這方面是更符合日常生活的經驗的，也就是人到了晚年會有些許退化，但在此之前能維持得相對完好。

幾個重點。第一，雖然智力的退化會出現於各個年齡層，但不一定每個個體都有同樣的退化模式（Verhaeghen, 2011），此外，智力退化只

出現在幾種智力技巧的測驗中（下一段落關於流體與晶體智力會再討論到）；另外一個重點，同時需要多一點解釋的是，前面討論的研究結果是根據智力測驗的原始分數（參與者答對的題數），但原始分數與智商（**intelligence quotient, IQ**）並非同一件事。智商是將原始分數對照參與者所屬之年齡組別的表現轉換而成，實務上，通常會計算受試者在其年齡群體中，低於該參與者原始分數的百分比。假設某一智力測驗在 80 歲組別中，有百分之 50 的參與者的原始分數低於 45 分，此時，某位得到原始分數 45 分的 80 歲女性，便可說是擁有平均的智力，因為我們知道這位 80 歲女性所在的族群中有一半的人高於 45 分，有一半的人低於 45 分。在許多實例中，測驗分數會以此種百分比（**percentile**）的方式呈現（意即，有多少百分比的人有更高或更低的分數）。在其他的例子中，主要是因為歷史性緣故，百分比分數會轉換成智商尺度，100 分作為平均，低於 100 分代表低於平均，高於 100 分則代表高於平均。

　　通常，個體與其同齡者者相較起來，這一生的智商會維持在大略相同的水準上；舉例來說，若一個人年輕時期的智商位於整體的平均，這個人一生到老的智商都會維持在相同的水準上。這論述已經有許多研究支持，包括 Deary 等人的研究（2000）。1931 年時，他們在一個針對 1921 年出生的蘇格蘭兒童的智力調查研究中，為一群剛入學的兒童進行智力測驗。因緣際會下，這個群體的部分成員，因為 1990 年一項針對 1921 年出生，並定居於蘇格蘭艾伯丁（Aberdeen）的人所進行的醫學研究而再度聚集。更不可思議的是，這些人在 1931 年的測驗也保存地很完整，因此研究者有機會能夠對這群已經成為老年人的參與者就 1931 年他們 10 歲時的施測項目進行再測，並進行比較研究。研究發現，除了一些例外（有幾個參與者因為失智症發作而影響智力表現），這些人兒童時期與老年期的施測結果相當相似。另外一個類似的蘇格蘭研究是在 1947 年時，對一群 1936 年出生的兒童進行，而這研究也得到相似的結果（Deary, Whalley and Starr, 2009; Deary et al., 2004a,b）。

剛開始，這些研究結果是有些令人困惑的。若與同齡相比，智商在一生中都會維持同樣的水準，為什麼原始分數會依著古典老化曲線而有所變化呢？答案是因為智商的計算方式。我們在早前有強調，智商是根據參與者在同齡當中的相對表現而計算的，但在不同年齡，要維持相同的智商分數，需要的原始分數不同。依據我們剛剛的假設例子來說，原始分數為45分時，對照80歲族群的表現，智商為100。但是，我們前面也提到，原始分數的平均數會隨著年齡增長而遞減，所以20歲應該會有更高的平均原始分數，或許在這個假設例子中，在年輕的族群中要得到智商100，參與者在測驗中的原始分數需要達到60分。也就是，個體在不同年紀當中，智商可能皆相同，原始分數卻不一樣。同時我們要注意，智商是「相對」維持穩定，其中也可能會有一些變異。兒童時期的測驗結果與老年時期的測驗結果的相關大致落在 0.7 的區間（Deary et al., 2004a），雖然這些都是信度相當高的相關結果，但仍然有一些無法完全解釋的變異空間。儘管如此，智商在一生中會維持相對穩定，代表著智商隨著生命期的發展，有某個程度的穩定衰退是經常被研究者忽略的。

智力變化的測量在研究中是充滿許多問題的，也沒有任何一個研究方法是最完善的。橫斷研究無可避免地會出現世代效應，而縱貫研究會出現退出效應與練習效應。除此之外，還有另一項批評──這類研究會無法看見老年智力變化高度的複雜性與變異性。在下一個段落，我們會討論在不同類型智力技巧的相對變化。

◯ 流體與晶體智力

如果請人描述老化對智力的影響，多數的人可能有著刻板印象，認為老年人知識較多，但思考速度較慢，意即老化會伴隨著智慧的增長以及機智反應的退化。Berg 與 Sternberg（1992）研究中，請參與者描述不同年紀特別聰明的人是什麼樣子，參與者描述年輕族群時傾向強調他們「善於

面對新事物」，描述年老族群則較強調他們的「才幹（competence）」。
這反映了，與老年人相比，年輕與中年族群更傾向將晚年與智慧連結在一
起（Clayton and Birren, 1980）。態度研究的問題則在於，我們很難判斷
是否所有人都使用相同的心智模組進行判斷（例如，那些「非常聰明」的
老人，是否就是那些假設非常聰明的年輕人以後會變成的樣子？）。

　　透過藝術作品的研究我們獲得了一些具啓發，且揭露更多對於老化
與智力的概念。研究顯示，畫家與雕塑家制約了人們對老年人智慧的意
象，無論是世俗的或是靈性的意象。任何在西方文化長大的人，都很難
想像哲學家、聖者們不是以老年人的形象出現（通常也會加入白色長鬍
子的形象）；矛盾的是，另一方面老年人也通常被描繪成思考緩慢、反
應呆滯、機智不足的樣貌；英國詩人 Chaucer 以老年人身心遲緩爲題開的
玩笑，被用於電視喜劇的橋段；莎翁名劇《捕風捉影（Much Ado About
Nothing）》中，自大的警察 Dogberry 其中一句有名的台詞是這麼說的：
「年紀一到，機智就退（when the age is in the wit is out）」，而這句話
則顯現幾世紀以來年齡歧視者對於老化的諷刺。這種內在相互衝突的觀點
被稱爲「杜威的老化矛盾（Dewey's paradox of ageing）」，是描述處於
一個「一面讚揚老年人的成熟智慧，一面又貶抑老年人的不協和且毫無邏
輯狀態中」（Dewey, 1939, p.iv）。然而，科學事實不必然與一般大眾的
觀點相合，作爲研究者，我們可以問的是，是否有證據顯示不同面向的智
力會有不同程度的保存呢？

　　目前一般來說，智力會被視爲一種測量廣泛不同能力的集合，稱爲
一般智力（general intelligence），或 g。不過，長久以來，心理學家對
於 g 是否只是由多項分別測量不同智力活動的能力分測驗組成有很多爭
論（參照附錄二以獲得更多資訊）。其中一個最常作爲智力技能分類的
向度是流體智力（fluid intelligence，解決新問題的能力）以及晶體智力
（crystallised intelligence，已經累積的知識），這個分類分別對應一般
所描述的「機智（wit）」與「智慧（wisdom）」。一個被廣泛接受的觀

點是，在老年生活中，流體智力會逐漸下降，但晶體智力會逐漸提升或至少維持穩定。Horn 與 Cattell（1967）的一項被廣泛引用的研究支持這項論點：他們比較老年人與年輕人的智力分數後發現，老年人與年輕人之間在流體智力分數上有顯著的差異，但晶體智力則沒有顯著差異。Schaie 的西雅圖研究使用「測驗組合（**test battery**，一組測量相同主題的測驗，但各測驗分別衡量技能之不同面向；在這個例子裡，所共同測量的主題是智力）」。他發現在測驗組合中，晶體智力相對不受到老化的影響，而流體智力相關的技巧則從 60 歲中期開始逐漸下降（Schaie，2008）。隨後的研究幾乎廣泛地支持 Schaie 的結果（儘管他們對於智力下降的時間點仍有爭辯）。Cunningham、Clayton 與 Overton（1975）提到，年輕人與老年人相比，年輕人在一個常見的流體智力測驗（**瑞文氏圖形推理測驗，Raven's Progressive Matrices**）的分數顯著較高，而在某個詞彙的晶體測驗中，年齡差異則相對不明顯；Hayslip 與 Sterns（1979）用流體智力與晶體智力的測驗組合也發現類似的結果；如同以上研究者，Rabbitt 等人（2004）利用縱貫研究發現流體智力會在老年時期加速退化，而測量晶體智力的字彙測驗則沒有顯著變化的差異；Singer 等人（2003b）的研究則與 Rabbitt 等人相互呼應，至少到 90 歲的老人皆是如此。其他縱貫研究也都有類似的發現，晶體智力技巧會保持在一定的水準，甚至更加上升，但流體智力技巧會退化（Salthouse, 2009; Verhaeghen, 2011）。更甚者，這些改變並不只由於年齡的變化，例如，Blelak 等人（2010）在 3 年的研究當中對一群長者（64-92 歲）測驗了 4 次，當參與者重做測驗時，他們鮮少得到完全相同的分數。他們發現流體智力測驗之起伏變化，會明顯大於晶體智力的變化。當個人的認知表現越差，流體智力出現的變異越大。

老化對流體智力分數的改變影響是相當大的，Salthouse（2009）在排除混淆變項後，估計 60 歲以下的成人，智力分數每年大約下降了 0.02 到 0.03 個標準差（**standard deviation**）（標準差是一種測量常態分配群體分布變異量的指標）。將常態分配繪畫成圖後，看起來就像一個鐘的橫切

面（因此也被稱爲鐘型曲線），生活中有很多事情是呈現常態分配的一像是身高和體重，智力測驗通常也呈現常態分配。若已知某個測驗的表現是常態分配，當有了平均數以及標準差後，就可以算出有多少百分比的樣本會在測驗分數的某個範圍內。例如，找出平均數以上兩個標準差的分數，以及平均數以下兩個標準差的分數，我們將會發現有 95% 的樣本分數會介於這兩個分數之間。各種原因，高於平均數兩個標準差以上的分數，對於心理學家來說幾乎是含有神聖的意義，也常常是作爲一種標定常態之外的指標。對教育心理學家來說，智力測驗分數低於平均數兩個標準差以上時，代表可能有潛在的嚴重問題，此時需要補救教育，或至少標定爲智力缺損。

因此，老年心理學研究者在使用標準差描述智力表現的明顯退化時，也萌生了一些有趣的議題。Salthouse（1992a）早期的研究中，他回顧了幾個對於流體智力的研究，並將老年人的分數重新整理成一個表。他發現，與年輕成人相比，老年人的平均分數低於年輕人平均分數 1.75 個標準差（數據推論自 Salthouse, 1992a, pp. 175-6），換句話說，老年人平均表現估計只高於平均數以下兩個標準差的底線 0.25 個標準差。換個方式來說，如果這些老年人年輕個幾十歲，將會是這個社會中需要特殊教育的族群，而這只是老年人的平均而已。他們之中稍微低於平均值的人，在年輕人的尺度上，就等同於智力嚴重缺損的人了。這是一個相當戲劇化的爭論，但鮮少在文獻當中討論（可能是因爲老年心理學研究者的背景多半不是發展心理學或教育心理學，參照 Birren and Schroots, 2000），我們會在第 7 章的部分再來討論這個議題。然而，要如何合理地解釋，過往研究提到老年人智力衰退這麼多，但在生活上的表現，老人爲何沒有相應的影響？這個問題提到了兩個重點：第一，Salthouse 引用的研究大部分都是橫斷研究，因此，年齡的差距可能是世代效應所導致（儘管 Salthouse 自己對於橫斷研究也多有批評；見 Salthouse, 2009）；第二，不同研究使用的是同樣的測驗，但卻出現不一樣的研究結果。例如，Salthouse 的資

料中使用了基本心智能力測驗（**Primary Mental Abilities (PMA) Test，**常常被使用的測驗組合），在不同的研究者手中，測驗出來的效果量從 -1.62 標準差至 -5.19 個標準差都有。所以，在詮釋這些研究結果時必須注意一件事，測驗分數有這麼大的變異性，或許代表測驗所測量的現象本身並不是那麼穩健（robust）。

　　一個要強調的重點是，混淆變項會誇大化年齡差異對測量的影響。Storandt（1976）以廣泛運用的測驗組合「魏氏成人智力測驗（**Wechsler Adult Intelligence Scale 或 WAIS**）」裡的數字符號測驗（**digit-symbol test**）測量老人的表現，這個測驗要求參與者根據預先設定的編碼系統，將數字與符號進行配對（假設參與者看到一個方形，就在下面寫數字 2，同樣的，三角形下方寫 3，長方形則是 4）。90 秒鐘的時間限制內參與者需要儘可能地配對越多的符號與數字。這個測驗上的表現變化可有效衡量知覺處理的能力（參見 MacDonaldet et al., 2003），且此方面的能力會隨著年齡而衰退，但衰退的量有多少可歸因於心理層次的變化，則仍有爭議。這個測驗主要測量的主題是記得並使用編碼系統的能力，但因爲時間的限制，也需要參與者快速地作答。然而，對於老年人而言，書寫速度會因爲生理因素而較爲緩慢（例如，關節炎、風濕、一般肌肉與關節的衰弱），因此，他們在測驗中表現得較差，可能並非心智處理能力的問題，而是因爲他們沒有辦法快速地書寫。Storandt 爲了測量老年人因爲書寫緩慢而流失的時間，她先計算參與者能夠在 90 秒內用筆仿繪符號的數量，並將這個當作書寫速度指標，並將這個速度與測驗的速度進行比較，Storandt 發現年齡相關的差異中，有一半的效果是來自書寫速度。雖然研究結果清楚顯示了生理限制會誇大心理測驗的差異，但心智上的差異仍然是存在的（Tun、Wingfield 與 Lindfield，1997 年的研究也呼應這個結論）。確實，就算在流體智力測驗中給予老年人夠長的時間（Storandt, 1977），或是放大字體來克服視力問題（Storandt and Futterman, 1982），老年人表現仍然顯著差於年輕控制組。

　　更為複雜的是，晶體智力也並不如我們一開始所假設一般，免於老化的影響。Core（未發表，引自 Rabbitt, 1984）發現，老年人需要花更久的時間回答晶體智力的測驗（**米爾希爾詞彙測驗，Mill Hill Vocabulary Test**）。若在測驗中增加時間限制（通常晶體智力測驗是不會有時間限制的），老年人的表現也顯著地差於年輕人。因此，某種程度上，晶體智力測驗會沒有年齡差異，是因為取消了時間的限制。此外，Botwinick 與 Storandt（1974）指出，雖然在 WAIS 的詞彙分測驗上沒有顯著差異，長者給予的答案通常也較為不精準，但測驗的評分標準太過寬鬆，因此會無法偵測這些差異。其他使用別的晶體測驗的研究者也發現，不更改其計分方式的狀態下，也會發現晶體智力隨著年齡下降的現象（Kaufman and Horn, 1996）。再說，雖然一般年輕參與者的研究指出，知識與晶體智力的相關高於知識與流體智力的相關（Beier and Ackerman, 2001）但 Ghisletta 與 Lindenberger（2003）發現，年長參與者（70-103 歲之間）的知識程度改變，以該研究作者的用語，是受流體智力的支配（需注意的是，同一研究團隊從他們對同批參與者進行的縱貫研究，發現 90 多歲之後知識程度也有衰退現象；參照 Singer et al., 2003b）。因此，晶體智力並非如一開始所想像的，不受老化而影響。

　　本章（以及第 4 章）還有其他的例子能夠證實，晶體智力技巧會隨著年齡而下降。這個論點被 Meacham（1990）所支持，他提到，「智慧的精髓並非知道了些什麼，而是怎麼維持，進而使用知識。」（p.188）。這代表，當我們從討論訊息的儲存，轉移到訊息的詮釋時，智力的衰退便是可能的了。但我們也不能因此武斷地下結論：晶體智力是流體智力的一種偽裝。有大量的證據指出兩種智力的運作方式是不一樣的。舉例來說，Horn 與 Cattell 最初提及，流體智力測驗與生理狀態更為密切（如肺的功能；參照 Emery et al., 1998）。再者，晶體智力的衰退，通常也沒有流體智力的衰退如此嚴重（Lindenberger and Baltes, 1997）；晶體智力的分數的變異性，隨著時間而有的改變幅度也不及流體智力分數（Christensen et al., 1999）；追蹤資料也顯示，有多個因素影響晶體與流體智力的表現（Finkel et al., 2007）。再者，失智症最初期的階段中，流體智力技巧嚴重地惡化時，某些晶體智力技巧是被保留的（因此也提供了一個在發病前階段智力功能的合理指標：Carswell et al., 1997; Raguet et al., 1996）。因此，晶體智力技巧或許並非不受年齡影響，但還是遠比流體智力更能抵抗老化效應。

要注意的是：有些人可能會認爲，衰退的「眞正」幅度與所測得的差異不同，這在心理學研究當中是常見的論題，因爲研究者無法眞的打開大腦，並看看裡面到底發生什麼事，每一個從行爲上的推論無可避免的都會有一些誤差。測量誤差的存在可能使那些未能謹愼解讀的人犯下不幸的錯誤。例如，有時某個學生在讀到「年輕人與老年人的測驗分數差異部分是因爲世代效應」時，會直接假設年輕人與年長者之間眞正的差異小於測驗分數差異所代表的。例如，如果年輕人與老年人的分數差異爲 20 分，在知道有一半的差異來自世代效應，我們就直接推論「眞正」的年齡差異是 10 分──這樣的推論是錯誤的，眞正的差異仍然是 20 分。在討論世代效應或其他類似的效應時，討論的是造成差異的「因」，這些討論並非否定差異的存在。如同本書作者另一本著作提到（Stuart-Hamilton, 2003），這就像搶劫，某種程度上，不論搶匪是搶劫的慣犯，或不小心誤觸的好人，因爲這就結果來說都是搶劫，無論原因爲何，受害者都會有相同程度的傷痛與失落。同樣的，無論原因爲何，年輕人與老年人之間的差異幅度就是那麼大。而研究結果與現實生活到底有什麼樣的關係，則不一定能由此回答。

◎ 智力變化的變異

晶體與流體智力的區分，展現了不同智力技巧退化的方式並不一樣，不同技巧之間存在著變異性。一般來說，較仰賴晶體能力的技巧是比較

穩定的，退化程度比較少一些（雖然這某種程度上是個循環論證，參照 Rabbit, 1984）。Schaie（2005）將智力測驗分為 6 種次技巧：歸納推理（從新資料中找出規則）、空間推理、知覺速度（對一些基本刺激，例如燈光閃爍的反應速度）、數字能力、語言能力、語言記憶（實際上是指單字記憶能力），其中語言能力只有一點點或沒有隨年齡的退化。這並不令人感到訝異，因為多數使用的語言能力測驗也都會用在晶體智力的測量！然而，其他的測驗多少都出現退化的現象（Jenkins et al., 2000; Verhaeghen et al., 2002; Verhaeghen, 2011）。

這些研究結果描述了人在老化時的趨勢，但在個人層次上，不同人的變化型態是完全不一樣的，有學者提到，世上不可能有兩個人發生完全一樣的老化，細緻的層面來說，這是毫無價值的老生常談（因為把每個人仔細地檢視時，每個人當然都是獨特的）。但從更廣的層面來說，這麼說也誇張了（在地球上億人中，幾乎不可能找不到兩個人的分數是一樣的）。然而，如果溫和地調和兩個論點，「人在老化上有很巨大的差異性」這樣的說法是有很多的優點的。平均分數並不能代表個體，像是「一個家庭中平均有 2.4 個孩子」就是很好的例子，字面上來看，這個意思是每個家庭有兩個健康的孩子，以及一位不幸地失去身體百分之 60 的孩子。這個說法當然是不合理的，但這也說明了，平均數對單一個體來說會偏離真實生活。同理，平均數的衰退也並不代表群體裡的每個個體，都出現同樣程度的衰退。在兩次測驗之間，組平均數從 100 下降到 50，如果組內每一個個體的表現都和平均數相同，在第一次測驗每個人的分數都會是 100 分，第二次測驗則都是 50 分。但實際上，有相當多種排列組合會使兩次測驗平均數為 100 與 50，也許第一次測驗中有一半的個體分數為 105，有一半的分數則為 95，平均數會是 100；另一次測驗的狀況可能是有一半的個體分數是 100，而另一半則為 0 分，使平均數為 50。由此可見，平均數無法作為個體在團體中表現具信度的指標。

研究結果證實，組平均會遮蔽個別變異。Schaie 發現，不同智力分量

表的變化率在不同個體間有很大的變異（2005），因此一個人可能在 A、B、C 技巧當中出現退化現象，而 D、E、F 則是保留原來的能力水準；另一個人可能與前一個人的狀況顛倒過來；第 3 個人則在 A、C、E 能力上可能相對退化，但其他能力則沒有變化。Wilson 等人（2002）一個 6 年縱貫研究中，每一年都對一群長者進行測驗，發現不同個體之間退化模式有很大的變異。雖然一個智力技巧的退化可能會與其他技巧有所連結，但這並非必然的，而且研究一開始的表現，也不盡然是研究後期衰退程度的指標，其他追蹤研究也有發現相類似的研究結果（Verhaeghen, 2011）。

　　如果智力分數出現個別變異性，撇除失智症不談，這表示群體當中有些個體衰退的比率是大於其他個體。人的智商維持相對的穩定代表著，分數的變異不會太大（既然個體會多多少少在他們所屬的年齡組別中會維持在一樣的百分位數，就不會退化得與其他人相差太多）。然而有些人維持在年輕水準的時間確實比其他人更久，「維持良好」的人的比率一度被認為是高的，但 Salthouse（1992a）提到，只有相當少數的人是如此，最近的研究支持這個說法。儘管如此，個別老年人的測驗分數變異仍然相當大。Rabbitt 的研究（如 Rabbitt, 1993）與其他研究（如 Barton et al., 1975）指出，在多種認知測驗中，老年人的測驗分數變異性比年輕人明顯，例如反應時間（後面會再提及）以及記憶測驗；Rabbit 等人（2004）的縱貫研究則顯示，隨著年齡的增長，變異也會增加；Morse（1993）的文獻回顧則記錄了類似的研究發現。這代表老年人之間的表現變異程度，比年輕人之間的表現變異來得更大，在這個脈絡下，比起談論「典型年輕人」，更難談論典型的老年人的樣貌是如何。另外，老年人在兩次測驗之間的表現變化也相當大，例如，Nesselroade 與 Salthouse（2004）在一個知覺動作的研究中發現：

　　在兩次測驗之間，老年人自身的變異幅度平均是不同老年人之間變異幅度的百分之 25 到百分之 50 之間，而這個結果與橫斷研究中，

12 歲到 27 歲之間的變異幅度相同。（p.49）

　　補充一點，我們可以合理地推測，當給予其他作業時，參與者表現的變異性也會相當大，這使事情更為複雜了。

　　另一個關於測驗中表現變異的面向是去分化（**dedifferentiation**），或是**重新整合**（**reintegration**）。從最基本的原理來看，這個議題是相對直觀的，早期智力領域的研究者（如 Garrett, 1946）提到，兒童時期所有的智力次技巧之間的相關相當強。如果你知道一個孩童在**視覺空間測驗**（**visuo-spatial task**）測驗的表現，我們可以推論他在其他智力分測驗的表現結果與其相同；然而，當孩童發展成成人後，這些智力次技巧之間的關聯性就會下降。如同我們剛剛提的例子，一個體成長為成年人之後，也可重新測量其視覺空間的能力，但此時我們無法如同此人童年時那樣，確定他在其他智力測驗表現得如何。這是分化假設（differentiation hypothesis）的本質，智力的各項次技巧之間的關聯性會在兒童與早期成人階段的發展中逐漸下降。然而，其他研究者（Balinsky, 1941; Lienert and Crott, 1964）則認為，在晚期的生命歷程當中會反轉這個現象，意即這些技巧之間會重新再度出現關聯，這個歷程即是去分化。

　　去分化歷程是否存在就變成了近期不變的研究問題，有過多的研究爭論或反對這個說法（參照 Tucker-Drob and Salthouse, 2008）。Deary 等人（2004a）對參與 1932 年至 1947 年蘇格蘭精神健康調查的學齡前兒童進行了縱貫研究，他們在資料中發現了去分化歷程的證據；Ghisletta 與 Lindenberger（2004）也在柏林老化研究與瑞士縱貫研究（SWILSO-SO）的資料分析當中，發現了去分化歷程的證據；Frias 等人（2007）也發現相同的研究結果。在 Carp 等人（2010）的橫斷研究中，發現了老年族群有神經激發改變的去分化現象，其研究結果也如同同一個研究團隊提出另一篇的論文（Park et al., 2010，同時也發現去分化特別影響了流體智力的退化）。然而，Hale 等人（2011）在其橫斷研究當中考慮工作記憶後，

並沒有發現去分化歷程的證據；Sims 等人（2009）也未發現去分化歷程的證據。有趣的是，Sims 等人的研究很特別，其研究對象為非裔美國人，這可能也反映尚未發掘的文化差異。Tucker-Drob（2009）和 Tucker-Drob 與 Salthouse（2008）發現，當調整統計分析方法與改採其他合理的分析策略時，研究結果無法支持去分化歷程的存在。這是個正在變動的研究領域，這顯示了去分化歷程是否存在，取決於研究選擇關注的智力技巧為何，以及採用何種參與者族群以及分析方法。若能針對這些現象提出一個有效用、也具有啟發性的模式，會對老化心理學帶來很多新的見解，但目前可說還未找到這樣的模型。

◯ 智慧

　　在本章稍早之前提到，刻板印象認為，在老化過程中，機智的（wit）會衰退但智慧會增長。我們很容易會將機智（wit）與流體智力視為相同的概念，同時將智慧與晶體智力劃上等號，這並非全然不正確的。晶體智力是透過經驗累積而成，而我們可以合理地推論，智慧是晶體智力重要的一部分。然而，我們需要注意的是，**智慧（wisdom）**已經被單獨分開地研究，在一些研究場域當中，對智慧應如何定義是有些異議的（參考 Coleman and O'Hanlon, 2004; Shea, 1995; Sternberg, 1996），而對於一些研究者來說，智慧或多或少與晶體智力是同義詞。但是，多數的定義會聚焦在：智慧涉及能給予一個務實（pragmatic）的答案，而非純然邏輯的答案。換句話說，務實的解決方法不一定在邏輯上滴水不漏，但因為將情感考量整合進解決方法的等式中，是能夠安撫人以及維持一個社會的秩序感的解決方式。因此智慧提供的解決方法也容許規則有一些彎曲與彈性，而純然邏輯的解決方式可能無法做到。不過，智慧的測量通常是使用現實生活中的道德兩難（例如臨終的朋友想要進行自殺時，你會對他說什麼？），而人會依據這個兩難傾向給予務實的回應。Baltes 與其同事

（Baltes and Staudinger, 2000; Kunzmann, 2007）就使用這樣的技術對於智慧進行研究，參與者被要求回答類似自殺問題的道德困境，研究者會要求參與者需要將內在思考的內容說出來，並從多種方面衡量這些答案，像是其回應符合事實的程度、對社會情境考慮的程度等等。在測驗中要表現得高分，參與者需要對於社會考量有所覺察，也的確智慧相當程度被認為是一種社會技巧，而非如一般大眾所認為是「智力」上的技巧（Staudinger, Kessler and Dorner, 2006）。像是智慧這種「純粹」建立於智力測量之上的技巧，通常都會被稱為複合認知（**assembled cognition**）的例子之一。

　　有許多種評估智慧的取向，其中一個層次是，嘗試以心理計量學參數的角度去定義之，例如，Sternberg 嘗試用幾個基本的智力特質與智慧之間進行相關分析（見 Sternberg, 1996, 1998），而後斷定智慧模型的本質是關於如何平衡兩股相斥力量；另一個極端的研究傳統，精神分析取向嘗試將智慧與個人生命經驗的衝突解決連結（Shea, 1995）；同樣的，有的研究者也嘗試使用問卷與訪談，也有不同程度的成果（Coleman and O'Hanlon, 2004）；Baltes 與 Smith（1990）定義智慧是一種回應現實生活問題睿智的判斷（見 Baltes and Staudinger, 2000）；Chandler 與 Holliday（1990）透過訪談大眾，他綜合出的觀點類似上面的結論：智慧能提供好的建議，且是以適當的具備人際技巧的方式提供。

　　實務證據大致發現，智慧與智力之間有著合理且強的關聯，同時被人格特質調節，但測量結果上有著顯著的獨立性（Staudinger, Lopez and Baltes, 1997; Staudinger et al., 1998），換句話說，智慧雖有部分是人格與智力的產物（從它的定義來看也不意外），但也有部分獨立於這些因素（亦即，智慧不只是另一個描述 g 因素的方式）。可預期的，研究者也發現，智慧是一個有益處的能力，並且與老年人（Ardelt, 1997, 1998）與耆老（very old people, Ardelt and Jacobs, 2009）的生活滿意度，以及對於死亡的準備有很強的關聯（Ardelt, 2008）。但最有趣的是，智慧並非老年人的專屬，在任何年紀的成年人都可以在智慧的測量當中表現得很好（或

不好），沒有任何一個跡象顯示，老年人顯著地比其他年齡層的成人來得有智慧（Ardelt and Jacobs, 2009; Baltes and Staudinger, 2000）。然而，近期 Ardelt（2010）的研究發現，老年人對於問題的思考，在情感的向度（情緒的考量），以及考慮問題時提供反思觀點兩個向度上，有更高的分數。因此，就算智慧的基本技巧跟年齡並沒有關係，老年人依然在智慧相關議題中的某些向度，有更好的表現與技巧。

◉ 健康、智力以及末期衰退模式

目前為止，對於晚年智力變化的討論，都聚焦於人老化時，智力分數發生了什麼事。然而，一個一樣相關的點是，為什麼這些分數會發生變化。一個傑出的理論提到，老年人的體適能與健康和智力之間是有相關的，這個理論是容易被證實的，因為過往研究已證實體能上的運動可以增強一些特定的老化智力表現，Hawkins、Kramer 與 Capaldi（1992）進行一個 10 星期的運動活動方案，活動結束後，老年人在注意力作業有顯著的提升，在一些例子中這個效果對老年人的影響比對年輕人的影響明顯許多；Powell（1974）發現，在機構中若給予一些運動的行程，會讓老年病人在認知能力上有所提升。同樣的，人若維持合理的體適能，隨著時間的改變，智力表現的變化也會比較少，尤其是流體智力（Bunce, Barrowclough and Morris, 1996; Emery et al., 1998）。

有很多個原因可以解釋運動對於智力的益處，例如，運動能增益心血管系統，而心血管系統與老年人的認知技巧是有關聯的（Elwood et al., 2002；Fahlander et al., 2000；Izquierdo-Porrera and Waldstein, 2002）；同樣，正確的運動與飲食能避免老年糖尿病，後者與智力技巧下降有關（Bent, Rabbitt and Metcalfe, 2000）。一個健康的身體能夠更有效地運作，如同第 1 章所述，健康的身體可以增強神經功能與智能，此外一個老年人感覺身體勻稱與健康，也更容易對他們在做的事情有自信，並因

此有更高的動機在心智作業上尋求好表現。除了體適能，我們也容易看到許多健康指數與智力功能之間有高度的相關，像是血液流變學（blood rheology，血流是否能有效地流動——Elwood, Pickering and Gallacher, 2001）、身體質量指數（雖然這可能也反映了個人過去的能力與社經地位，見 Corley et al., 2010）、維生素 B 的量（Bunce, Kivipelto and Wahlin, 2005; Calvaresi and Bryan, 2001）、尿中胜肽量（Lopez et al., 2011）、脂蛋白量（Raz et al., 2009; Seeman et al., 2005）以及基因型（Raz et al., 2009）。

　　然而，該如何加權考量這些研究結果，比表面上看來更難判斷。假如我們知道在化學物質 X 上有所虧損時，這會對於老年人智力的退化有所影響，很明顯的解決方式，是增加化學物質 X 的量，接著坐下來看著老年人的智力測驗分數上升，但是，有諸多理由認為情況可能不只是如此。第一個爭論是，如成語「脫韁之馬（horse has already bolted）」[1] 一般，換句話說，傷害已經造成，這是無法回復的；第二，就算將這匹馬找回，但也可能不是正確的馬，譬如說，化學物質 X 的降低其實是症狀，而非原因。因此，X 物質的降低可能會造成身體功能的下降，只處理 X 物質就像是在一個充滿飢荒的國家中舉辦藝術節，可能會有一些短暫的益處，但節慶過去之後就會回復原本的狀態；第三個理由又回到第二個馬的隱喻，馬本身就是不正確的，X 的降低也可能是因為智力的降低而導致。例如，一個對事物理解受損的個案，可能也比較不會照顧自己，而且確實有這樣的證據（例如，幼年期的智力水平是老年時期健康狀態的良好預測指標，Starr et al., 2000）。第四個理由也值得一提：除了健康的考量以外，幾乎所有的研究都發現社經地位有相當強烈的影響效果（Elwood et al., 1999; Starr et al., 2000），教育水準較低也可能有所關聯（Bosma et al.,

---

1　譯注：本英文諺語直譯為「馬匹已經套上韁繩狂奔而出」，有「覆水難收」之意，但「脫韁之馬」不僅意義相近，且能符合原文所舉之例。

2003）。因此，儘管健康本身是一個重要的議題，但它在老化認知改變的角色仍然不易被定義。

然而，當健康災難性地惡化時，會發生什麼事？當人進入最終的衰退時的狀況為何？一些老人在死亡的前幾個月會出現非常快速的衰退，這個現象有一個垂死般的名字，叫做末期衰退（Kleemeier, 1962; Riegel and Riegel, 1972）。**末期衰退模式（terminal drop model）**的意思是，人一生當中通常都會維持一定的、差不多的表現水準，直到死亡之前的幾個月或幾年，人的能力會垂直落下，如同為了準備死亡一般，心智能力如落山風一般「急轉直下」。如同前面所提到的平均原則，這些突然的衰退與群體中其他數據一起計算時，因為圖表呈現的是各組平均值，因此衰退的曲線是平緩的。同樣值得注意的是，許多老化認知的模型並沒有將末期衰退的狀況加入其計算，因此這些模型的結果可能高估了正常（非末期階段）的老化狀態（Bäckman and MacDonald, 2006）。

在長期追蹤資料耕耘的 Kleemeier（1962）發現，再測時若參與者在智力表現上出現大量的衰退，此時這個參與者會有相當高的機率在短期之內過世。Riegel 與 Riegel（1972）也發現了同樣的證據，他們測試了一群中年、老年人自願參與者，並且在 10-20 年後再測一次，研究者發現在再測之前死亡的自願者，他們第一次測試的分數是明顯較低的。所有的縱貫研究幾乎都有相似於末期衰退現象的報告（Jarvik, 1983），儘管每一個研究所檢測出來的影響效應都不同，並且與不同的統計分析方式有所關聯（Bäckman and Macdonald, 2006; Palmore and Cleveland, 1976）。這個現象的存在並沒有被質疑，但具爭議的是其細節。

研究已經將生命晚期的智力技巧衰退描述得相當完整，因此，單一的測驗衰退很難是預測死亡的好指標，尤其這個預測同時涉及誰會死以及誰會存活。所以，Jarvik 和他的同事提出了一個概念叫**關鍵性喪失（critical loss,** Jarvik, 1983; Jarvik and Falek, 1963）。其意義在於，某些智力測驗表現的衰退不具任何預測力，但某些特定指標的變化，則非常可能代表著

死亡即將來臨。然而，不同的研究也發現許多截然不同的評估方式，作為關鍵性喪失的指標：

- 偵測語文類同關係的能力衰退幅度大於 10%（Jarvik, 1983）
- 詞彙能力上任何程度的衰退（Blum, Clark and Jarvik, 1973）
- 配對聯想學習能力（記得哪些項目是曾經一起出現過的）與心理動作能力（非常不嚴謹地來說，是指涉及身體技能成分的心智技巧）的下降（Botwinick, West and Storandt, 1978）。
- 語文技巧的衰退（Siegler, McCarty and Logue, 1982）。
- 魏氏智力測驗總分的衰退（Reimanis and Green, 1971）。
- 大部分的認知技巧出現衰退（Bäckman et al., 2002; Johansson et al., 2004; Small et al., 2003）。
- 流體智力的衰退幅度大於 10%（若幅度大於 20% 時，死亡機率會更增加）（Rabbitt et al., 2008b）。
- 詞彙測驗分數衰退，同時憂鬱程度上升（Rabbitt et al., 2002）。
- 數字符號測驗的退化（Hall et al., 2009; Duff, Mold and Gidron, 2009）。
- 智力普遍的下降（van Gelder et al., 2007; Wilson et al., 2007）。
- 生活滿意度（Gerstorf et al., 2008）。
- 語文與空間能力的衰退，另外，在死亡前空間能力的衰退已經持續 15 年（Thorvaldsson et al., 2008）。

雖然還有更多的研究與例子，但重點很明顯——每個人都同意確實有末期衰退這個現象，但對於究竟*什麼樣的衰退*才是死亡前一定會有的預兆，則難有共識。部分問題在於，不同的研究使用截然不同的測驗、不同的統計分析，以及不同的參與者族群等等。除了上述這些考量，早期與近年研究發現出現落差，可能也是近幾十年醫療照顧資源有很顯著的改變所導致。此外，一些老年研究採取了更多統計上的控制，也是原因之一（雖然一致的研究結果是，在控制了教育程度後，末期衰退的現象仍然存在；

參照 Gerstorf et al., 2008; Wilson et al., 2007）。

讓這個已經相當混沌的狀態更為複雜的是，有些研究提到，末期衰退模式看起來更容易出現在較年輕的老年人身上，而最老的老年人的衰退則是比較和緩的（Berkowitz, 1964; Jarvik, 1983; Riegel and Riegel, 1972; White and Cunningham, 1988）。其他的研究（Gerstorf et al., 2008）則提到，他們評估的關鍵性喪失（生活滿意度）較常出現於最老的老年人當中；或是末期衰退儘管有著大量的個體差異但並不受到年齡影響（Wilson et al., 2007）。直觀上可能會認為，死於何種病痛也會影響衰退的速率，但事實上導致死亡的不同病痛類型，與出現的心理變化型態並無對應關係（Rabbitt et al., 2002; Rabbit, Lunn and Wong, 2008a; Small et al., 2003）。

這些使末期衰退模式難以釐清細節的混亂因子，確實讓人想要拋棄這個概念。然而重要的是，我們要重申末期衰退模式大致的概念還是有相當大量的證據佐證的。甚至，目前尚未被常常強調的部分是它清楚顯示成功的認知老化（即維持一定的心智能力）是一個身體健康與長壽的預測因子（Yaffe et al., 2010），因此，健康與智力之間有相當強的連結。這創造了「身體運動對於認知老化有利」的聯想畫面，但心智上的鍛鍊與運動呢？

⚫ 不用論

一個常用的俚語說「用進廢退」，在心理學上更精練的術語是「不用論（disuse theory）」——這個說法相信，年齡漸長發生的衰退是因為技能缺乏使用，最終的結果就是該技能的衰退（Milne, 1956），這個假說很難被驗證或反證。研究發現，老年人的某個技能，在缺乏練習之後表現變差，這方面的研究結果是很曖昧含糊的，這個技巧可能因為缺乏練習而變差，但也可能會因為無可避免的生理衰退，造成老人失去繼續練習該技巧的動力而逐漸退化（過去研究所知，動機對於老年人在多種作業的表

現有著不利地影響，見 Perlmutter and Monty, 1989）。或者，儘管維持練習與動機外，該技巧仍可能會自己變差。研究中幾乎都發現，那些維持規律練習的老年人，仍至少有某些相關技巧的衰退。舉例來說，建築師與飛機駕駛儘管會在每天的生活當中，持續地使用空間智能的技巧，但研究仍然發現他們在空間測驗的表現會隨著年齡增長而有所退化（Salthouse, 1992a）。在讀者對於老建築師設計的房子感到不安全，或是老飛機駕駛員駕駛的飛航產生恐懼前，仍然要強調這些退化是跟年輕的建築師或駕駛員比較而來的，從絕對意義來說，他們的能力仍然是相當好的。

　　另外一個解決問題的取向是，Salthouse、Berish 與 Miles（2002）檢驗智力刺激（intellectual stimulation）對於認知技能程度的影響，他們最開始主張，如果不用論是正確的話，我們能夠依此假設進行 3 個預測：第一個預測是，人越老，獲得的智力刺激的程度就會越低，這個預測是基於我們知道老年人智力技巧較低。從不用論推測，技巧的程度是取決於智力刺激的練習或暴露程度，這代表著老年人所獲得的的智力刺激程度比較低。Salthouse 等人對 20-91 歲之間的成人進行了一個調查，發現確實如此——老年人的智力刺激確實較年輕人低。這看起來可以作爲不用論的證據，但 Salthouse 等人仍然提出了另外兩個必須要滿足的預測。第二個預測是，刺激的程度與功能的程度應該要是正相關，換句話說，智力表現越好的人，他們應該會報告在生活中有越多智力刺激，但實際上並非如此。第三個預測是，年齡與智力刺激對智力功能的預測應該存有交互作用。這是比較複雜的部分，但本質上他的意思是，如果練習能夠避掉老化效應，那麼這個效果在老年人身上應該特別明顯，且也應該呈現在數據的分析中，然而數據並不支持這樣的預測。這對不用論是一個沉重打擊。但必須記得的是，原則上智力刺激是透過活動清單（activity inventory）的方式測量，但這是一個較爲不精確的測量，無法偵測所有在生活當中能被接收的偶發刺激，有大量的學習是發生在日常生活中，個人對於所接收的智力刺激並沒有意識覺察的狀態下（Schliemann, 2000）。同樣的，在一個對

參與過第二次世界大戰的男人進行的智力測驗追蹤研究，Potter、Helms 與 Plassman（2008）發現原先智力較低的人，若年輕時從事認知負荷較重的工作，在晚年會呈現較高的認知技巧，這項研究指出，被迫進行的認知練習在晚年能顯現出長期的益處。因此，Salthouse 等人（2002）的研究可能漏掉了某些關鍵的重點。此外值得一提的是，Schooler 與 Mulatu（2001）的研究發現 40 到 80 歲之間的參與者，他們日常活動的智力刺激複雜度與智力間有著正相關。

以上引用的研究通常使用較抽象的實驗室測驗，如果考慮更實際的狀況，年齡差異通常都會減少。縱然老年人在某些「基本技巧」上反應較慢，正確率也較低，但他們的經驗也會有所補償。Charness（1981）研究老西洋棋選手，並且發現他們能夠玩得與年輕成人一樣好，然而，超乎預期的是，老選手常常在一些對西洋棋相當關鍵的認知技巧中，出現相當嚴重的退化，例如說記憶力。Charness 發現老選手透過更多的經驗，以補償這些認知技巧的衰退，因為他們（也真的）已經比年輕對手多下過好幾千局棋賽，有各豐富的智識可取用。面對任何的棋賽時，他們有過的相同經驗可能會比年輕對手多出許多，因此老棋手有更多的經驗補償基本技巧衰退所發生的損失，同樣的研究者早期在橋牌上也有類似的發現（Charness, 1979）。更近期的研究，Masunaga 與 Horn（2001）指出，圍棋棋手就算在智能上出現衰退（如流體智力），其與遊戲相關之技巧仍能夠維持相當高的水準。同樣的，Salthouse（1985）比較了老打字員與年輕打字員的能力，他發現老打字員的手指速度與反應較慢，但在打字速度上並無差異。考究原因，老打字員所規劃的手指連續動作序列比年輕（較無經驗）打字員要長，所以雖然需要花更久的時間移動手指頭到下一個鍵上，但因為更清楚後續的動作，使他們動作起始的時間較年輕打字員發生得更早（本質上，年輕打字員開始移動的時間較晚，但後來的速度會追上老打字員）。Bosman（1993）認為這只適用於有花時間勤練的老打字員。針對這件事，Westerman 等人（1998）根據對熟悉文字處理的老年人與年輕人的研究發

現提出警告：他們雖然發現補償機制是存在的，但也提到，在技巧更佳的老年人中，他們的能力與基本認知能力較好有關，並非較懂得如何整合次級技能（sub-skills）成一整體策略。這意味著，相對於其他補償研究，這個研究結果更強調基本技巧的重要性；但需要指出的是，Westerman 等人的研究樣本是來自一群只有 100 小時以上文書處理經驗的人（p.583），相對的，其他研究設計則是以擁有數年至 10 年經驗的參與者進行研究。

其他對補償機制的研究中，Hoyer 與 Ingolfsdottir（2003）於醫療實驗技術人員執行了一項設計精巧的實驗，他們給參與者觀看幾片顯微鏡玻片，並請他們分辨顯微鏡上標的物的結構。除了生物學家以外的人，看過這些細胞玻片或類似的玻片後，都會以為這些細胞與隨機墨漬之間的差異極小，而此作業是相當難的。Hoyer 與 Ingolfsdottir 發現，若只給予玻片進行辨識，老技術人員（40 歲以上）會比年輕技術員（20 幾歲）花上顯著更長的時間。但是，如果在開始前給予他們脈絡性訊息（例如，引導技術人員期待分辨的內容），年齡差異會消失。換句話說，適當應用補償機制（多看 20 年玻片的經驗），便能克服因年齡而衰退的基本視覺搜尋能力。

練習可能不只會保持現有的技巧，也會恢復一些原先喪失或衰落的技巧。Plemons、Willis 與 Baltes（1978）提到，流體智力測驗的訓練會促進老年人的測驗分數，更甚者，這似乎會增強整體智力測驗的表現，意味著訓練會使參與者更精於受測（test wise），這些研究結果也被其他研究者所呼應（Kermis, 1983; Rebok, 1987; Tranter and Koustaal, 2008）。Salthouse（1992a）批評，這些研究因為缺乏控制組，且／或評斷訓練成功與否使用的測驗範圍也過於窄化（雖然有些近期的研究會反駁這個批評，更多的討論可見 Salthouse, 2010）。此外，Salthouse（或其他評論家）認為，訓練本身可能並沒有影響根本技能（root skill），該技能會繼續衰退，但訓練會使人具備新的策略因應問題。打個比方，就像使用鎮痛劑來掩蓋牙齒的痛，這並沒有治癒牙痛本身，但能夠幫助人忍受疼痛。

從 Salthouse（2010）的研究可以看到 Salthouse 觀點的摘要，他呈現了簡要的文獻回顧，提到許多老年人智力研究的結果無法歸因於混淆變項的原因，主要是因為考慮到了混淆變項後仍不足以去除年齡差異，或是它們並沒有測量到所宣稱的內容。

從務實的觀點來看，這樣的爭論看起來相對不重要（為什麼要擔心練習會幫助老人因應測量呢？），但是理論的考量絕非小事。最近 Mireles 與 Charness（2002）執行了一項電腦模擬，探討知識影響各種下棋技巧的效果（在這個例子中，是指記憶棋子移動順序的記憶廣度）。研究者發現知識雖無法避免細胞的衰退，但會保護參與者不受到神經雜訊（見第 1 章）所干擾。這可能幫助解釋 Rothermund 與 Brandstädter（2003）的縱貫研究，他們發現人會隨著老化增加使用補償機制，直到 70 歲時才會降低補償機制的使用。

因此，也有些研究證實補償論的幫助（見 Hertzog and Jopp, 2010 and Vahia, Cain and Depp, 2010 的近期回顧）。但是，就算在補償機制完全發揮的狀態，可能仍然沒有辦法全然有效。Charness 等人（2001）進行了一個研究，研究中包含年輕、中年以及老年打字人員，無論新手或有經驗者都會進行一個新的文書處理應用程式學習作業，在新手組中，年輕的參與者學習速度較快，在課程結束後留下更多的知識。在有經驗的老手組中，年紀大的組別與年紀輕的組別只有在學習與記下知識的量有些微的差異。由此可見，經驗作為一個年齡退化的補償機制是被研究支持的。但是，年紀大的組別在學習的速度上顯著地慢了許多，Lindenberger 等人（2008）發現年紀大的平面設計師在進行增進記憶力的訓練（**method of loci**，位置記憶法）後，他們記憶力的進步會顯著大於其他年齡控制組別或是年輕平面設計師。然而，儘管在經過訓練後，年長的平面設計師記憶力表現的絕對分數仍然低於年輕組。

因此，透過練習補償仍然有其限度，不過，就算它沒辦法補償老化生活中的認知衰退，這在實務中並不是壞事。就連對不用論來說最嚴厲的

批評者也認為，維持一定程度心智上的鍛鍊對個人有相當的益處，他們也相信練習至少能夠避開最糟的衰退（見 Salthouse, 2006）。在更廣泛且涵蓋生命全程的 **SOC 模型**（**SOC Model**）中也可以看到補償機制的發生（如 Baltes and Baltes, 1990; Freund and Baltes, 2007），「SOC」代表選擇（selection）、優化（optimisation）與補償（compensation）。這理論提到，在成年期發展中，我們會先選擇我們要專攻的技能，接著會透過練習優化，在老年期，我們會透過補償機制防止已學習之技巧的退化。

另個補償概念的面向提到，在大腦老化過程中，神經機制會為了使資源獲得最佳運用而有所調整，像是降緩神經傳導、減少突觸、增加神經雜訊等等（見第 1 章）。這是一塊是發展相對年輕的研究領域，不過已經有相當強的證據支持。例如，就算老年人與年輕成人在某一能力表現相當，近期神經造影研究也顯示，在老年人與年輕成人腦中的神經歷程顯著地不同（Phillips and Andres, 2010）。造成這樣的結果的其中一個可能，單純是因為老年人大腦顯然工作得更使力，更精確來說，腦造影顯示老年人的神經活動更高（Reuter-Lorenz and Cappell, 2008; Schneider-Garces et al., 2010）。

有許多的原因使這樣的改變出現，其中一個是**認知存量**的使用（**cognitive reserve**, 見 Garrett, Gardy and Hasher, 2010; Stern, 2009），而認知存量是一種高智商或高教育程度對老年退化的緩衝效果。最基本的，智力越高的人能夠在各種技巧表現退化至可被注意程度前，承受更多的損失。一些研究提出證據支持（Stern, 2009）；也有研究提出了懷疑（Tuokko et al., 2003），或認為這個效果可能並不如想像中明確（Garrett et al., 2010）。一個論點是，當神經系統發生退化，前額葉的運作會提高，以補償這些退化的效果，這個論點則與**老化與認知的鷹架理論**（**scaffolding theory of ageing and cognition, STAC**）有關。老化與認知的鷹架理論主張，人是透過更依賴前額葉的運作來支撐那些退化中的心智機制（Park and Reuter-Lorenz, 2009）。目前現有的證據顯示，透過重複

練習技術能夠鞏固認知鷹架，從而穩固傳統的補償機制模型。這體現在一個由 Cabeza（2002）提出的研究計畫，Cabeza 認為老年人的前額葉傾向於低側化的狀態（lateralised，左右腦區幾乎平均地使用）。這個概念會導向至 **HAROLD**（**hemispheric asymmetry reduction in older adults**）模型，Cabeza 認為，這個模式可能是補償機制的一個例子，或是去分化（dedifferentiation）的證據（亦可見 Zhihao et al., 2009）。Greenwood（2007）曾提過一個關於前額葉與周圍腦區的神經可塑性（**plasticity**，關於神經能夠改變他們的連結與功能）神經改變模型，對於在個人神經之層次這部分改變如何發生有興趣的讀者，可以參考 Kumar 和 Foster（2007）提供的一篇有用的回顧。

對於這個模型可能合理的異議是，不同程度的激發程度反映的可能無非就是原先就已經被錯誤詮釋的普遍功能差異。但是，可以確定的是，心智功能在年齡上的差異可以相當特定，像在 Fischer、Nyberg 和 Bäckman（2010）於參與者記憶臉孔的同時測量大腦功能（使用功能性磁振造影）這些臉孔有情緒中性的或害怕的，在看著害怕的臉孔時，年輕成人參與者在右側杏仁核和雙側海馬迴有更多的激發，而老年人在左側腦島以及右側前額葉皮質都有更高的激發，但是，無論是老年或年輕參與者，都在看情緒中性的臉孔時都沒有出現上述特定區域激發程度提高的情形；同樣的，Addis 等人（2010）的研究說明，老年人與年輕成人在編碼正向情緒資訊時腦部活動出現差異，但在編碼負向情緒資訊時未有此差異。這些研究都指出，神經變化在晚年是非常精確特定的，而非整體活動水平的改變。

神經補償機制的概念看起來卓有成效，這也指出了電腦化認知介入有機會直接刺激適切腦區，更進一步增強神經補償機制（Cruz-Jentoft et al., 2008）。然而，這個領域尚未如一些倡導者所假設地如此明確（Mast、Zimmerman and Rowe, 2009），而且，這也並不是對老年智力變化的唯一神經學解釋。其他主張之中，最突出通常是站在傳統「用進廢退」不用論的對立面，其最強烈的主張是，練習技巧是一個相當徒勞無功的運動：因

為老化衰退是源於一種身體功能逐漸變慢的必然生理歷程，進而使得心智歷程變既慢，效率也低落。為了能更全面地理解這個論點，我們需要先後退一步，考量這個逐漸緩慢應該如何測量。

◎ 反應時間以及普遍變慢假說

反應時間（reaction time，簡稱 RT）是測量對刺激做出反應所需的時間。其測量刺激第一次出現與個體反應間的時間，最常被使用的測量方式，是將某個圖樣作為刺激呈現於電腦螢幕，接著參與者透過點按特定的電腦按鍵作為反應。但是，這個基本的實驗有許多的排列組合——舉例來說，可以要求參與者對著（設定成此動作可以停下反應計時器）麥克風說話或回答、或是請參與者用腳來按按鍵等等。同樣的，刺激可以是別種感官型態，例如說聲音。不過，所有的實驗形式都有相同的目的——測量個體可以多快反應。因此，RT 越低，反應速度越快。

除了以上的考量以外，RT 研究有兩個基本的種類：

- 簡單反應時間（simple reaction time, SRT）：在只有一個刺激出現，並且只能有一個反應時，所測量的反應速度（例如，每次燈亮時就按某個鍵）。

- 選擇反應時間（choice reaction time, CRT）：在有多個不同刺激下，需針對每個刺激做出不同反應時，所測量的反應速度（例如，紅燈亮時按 A 鍵，綠燈亮時按 B 鍵，藍燈亮時按 C 鍵）。

因為 CRT 實驗比起 SRT 實驗需要更多的決策歷程，因此 CRT 的反應時間較長，需要選擇刺激的數量越多，反應時間的平均數也同樣增加。

已經證實，人越年長反應時間就越慢。根據 Birren 和 Fisher（1995, p.329）的回顧，這是「人類生命中最穩定的特徵之一」（亦可見 Lindenberger, Mayr and Kliegl, 1993; Rabbitt, 1996）。更甚者，隨著需被區分的選擇變多，反應時間的年齡差異也會按比例變大（Botwinick,

1973; Deary and Der, 2005; Kermis, 1983; Salthouse, 1985）。這現象簡單的解釋是，老年人的神經系統對訊號的處理會變慢，也變得比較沒有效率，這個現象在面對選擇增加時會更明顯，呈現的是一年齡與複雜度的交互作用的效應（見第 1 章）。這個規則最主要的例外是，如果個體可以練習不同版本的選擇反應時間作業幾天，在很多練習之後，不同實驗條件下的年齡差異將會是維持固定，並不會按比例增加（Rabbitt, 1980）。所以，如果在練習的開始，老年人在需要做較多選擇的實驗中的反應，以非等比的程度慢於年輕成人的反應，在練習之後，他們還是會比年輕人慢，但是在各個實驗條件下的差距幅度是相同的。這意味著年齡差異當中有很大的部分是對作業的適應。當這個作業能夠演練至自動化時（自動化在心理學中，意思是一個技巧演練到不需要意識控制的狀態），此時，與需要意識監控的作業相比，在這類作業年齡差異就變得不這麼重要。Hasher 和 Zacks（1979）則認為，自動化歷程相對不被年齡所影響（見 Wishart et al., 2000），儘管一些批評者（如 Burke, White and Diaz, 1987; Myerson et al., 1992）發現一些例子並不是這樣。

更進一步的考量是，許多的研究者只考量了平均反應時間中的年齡差異，Rabbitt（1980, 1988, 1998）認為這是一種誤導，因為它讓我們有了老年人無法如年輕時反應速度一樣快的印象。事實上，從反應速度的常態分布中可發現，老年人與年輕人的最快反應速度是一樣的。年齡差異可能藏在別處，其原因部分來自老年人只有少數能夠做出非常快速的反應，部分因為老年人反應速度變異量相當大，使得平均反應速度增加。這個現象特別能夠在老年人對「錯誤的反應」上看見（此處指的錯誤是指，例如說，當一個選擇反應時間作業中，參與者按下 B 鍵，但正確的反應是 A），參與者通常會發覺自己犯了錯，並且會在下一個試驗中放慢速度，不過年輕成人會較快地回復到原來的速度，而老年人則需要花更多次的試驗，才能回復原先的速度。這代表著，相對來說，年輕成人可以更快地把錯誤拋諸腦後，而老年人則過於小心。年輕人會在作業中找到一個最

佳反應速度（optimal response speed，即不犯錯的狀態下儘可能地快）並堅持住，而老年人則是缺少這一個層次的控制，其表現的擺動幅度更大。若考慮的是平均表現，則年齡差異展現的就只是平均反應時間的差異。近期的研究中，Smith 與 Brewer（1995）提供了相似的證據。值得一提的是，增加準備反應時間的間距時（在反應時間實驗中，開始下一個試驗前的時間間隔），能夠程度不等地幫助老年人的反應時間表現（Bherer and Bellebille, 2004）。

然而，為什麼反應時間的研究與智力是有所關聯的呢？簡單的答案是，反應時間與智力表現是有相關的（Ferraro and Moody, 1996）。Rabbitt 與 Goward（1986）發現，如果將老年組與年輕組依智力分數加以配對，選擇反應時間則不會出現差異。Hertzog（1991）、Salthouse（1991a）與 Schaie（1989b）都有相似的研究報告，將反應速度的效應透過統計的方式控制後，不同年齡組的智力分數表現差異就會降低或消失。我們要如何解釋反應速度和智力之間的連結呢？根本來說，反應時間測量的是神經傳遞訊息的速度；智力測驗則測量這個訊息被拿來做什麼處理，這意味著反應速度變慢，測量的是智力技巧衰退的原因（Eysenck, 1985; Salthouse, 1985）。如果老年人的反應速度慢的話，可以推測他們的神經傳導速度較慢，影響心智處理歷程，而光這點就可以解釋在有時間限制的智力測驗中老人的分數表現。但是，比起單純的反應速度，有更多的因素影響這個議題。緊接在速度變慢之後，是整體正確度的下降與系統運作效率的降低。這個現象的部分原因是，心智歷程可能需要在幾個毫秒中執行完成，不然就會瓦解而無法恢復——一個較為緩慢的系統意味著，許多心理歷程需要比臨界限制花更長的時間完成，使得一些特定的心理歷程無法完成運作（Salthouse, 1996）。同樣的，反應速度的衰退是源自於神經系統的整體生理衰退，像是神經連結的減少，神經傳導物質的低效率，神經雜訊的增加（Kail, 1997）等等。反應時間不只能夠用以判斷神經傳導的速度，也能夠用於了解神經系統大致的效率與健康狀態。

　　更進一步，老年人反應時間與反應的一致性也有關，進行反應時間的作業時，直觀上會認為，人在每一次的試驗中的反應時間不會是完全一樣的。舉例來說，在 5 個連續的試驗中，反應時間可能分別會是 500、478、520、431 與 576 毫秒，而非 500、500、500、500、500 毫秒，我們會預期看到這樣的變異。在較年長的人身上，這個變異會增加，而此現象有時被描述成「不穩定（unreliable）」。Hultsch、MacDonald 與 Dixon（2002）發現，越是「不穩定」的參與者，認知測驗分數也越低。Rabbitt 等人（2001）認為，這種看似變化無常的行為，事實上對老人來說可能是一種相當穩定的特徵。正可說明何以老年人在連續 36 週的反應時間作業研究中完成 36 週研究本身就相當了不得了，都展現相當一致的不穩定性。甚至，一個人的反應時間越是「不穩定」，他的智力分數也會越低。因此，除了反應速度，在反應時間研究顯示的反應類型，可能也透露一個人的認知狀態。

　　回到反應速度的研究，將隨著老化出現的智力技巧衰退，歸因於神經傳導速度變慢（以及所有與此相關的現象），在學術上被稱為**普遍變慢假說（general slowing hypothesis，或是另一較令人困惑的說法，速度假說，speed hypothesis）**。在一般情況下，這個論點不會被多數人所駁斥：速度變慢通常等於智力分數的低落，長期來說，處理速度的改變與流體智力的變化有著顯著的相關（Zimprich and Martin, 2002）。主要的爭論反而是，普遍變慢能夠單獨預測智力表現的程度。一開始，普遍變慢假說主要的問題是在於，年齡與作業複雜度的交互作用（當作業變困難時，老年人表現變差的狀況也會超乎比例地增加）。由於各種原因，很難解釋為何普遍變慢能解釋作業困難程度增加時，年齡差異會成比例地增加。但研究者發現（主要發揚者為 Cerella, 1985, 1990，首先提出者為 Brinley, 1965），一個描述現象的方式，使該現象能夠透過普遍圖示模式簡單地解釋。

　　讓我們透過一個假設的例子來闡述。圖 2.1 顯示的是一個典型的年齡

與作業複雜度交互作用圖示，我們可以看到，年輕組反應時間增加的幅度
較老年組小。然而，如果我們將老年組與年輕組在相同作業的反應時間畫
在同一張圖上做對比呢？也就是說，圖上的每一個點代表的是，老年組在
某個作業的平均反應時間，對應年輕組在同一個作業的平均反應時間，
如此得到圖 2.2 的結果，稱爲實利圖（**Brinley plot**），我們看到的會是
一條直線。換句話說，圖 2.1 呈現的年齡與作業複雜度交互作用的圖會誤
導我們，雖然老年組與年輕組的表現差距隨著作業難度增加而增大，但實
際上兩者的差別是線性的。不習慣以數學思考的人，心裡可能會出現「所
以呢？」的聲音。但是，這是一個相當重要的發現。出現線性的關係代表
著，老年人與年輕人之間的差異在不同反應時間作業的條件下，都可以直
接透過數學關係呈現。所以換句話說，可以透過簡單的處理速度差異解
釋年齡與作業複雜度的交互作用，不需要更多複雜的解釋。這對於想爲
「年齡差異隨作業複雜度上升而增加」的現象尋求解釋，卻因而頭昏腦
脹的研究者來說，是有相當大的研究價值。這意味著，至少那些用以預測
在不同作業複雜度年齡差異將如何變化的複雜數學公式都可以被拋棄了
（Rabbitt, 1996）；取而代之的，所有的年齡差異可以被一個簡單的算式
表示：找到作業中，年輕成人的平均反應時間，乘上一個常數後，得出的

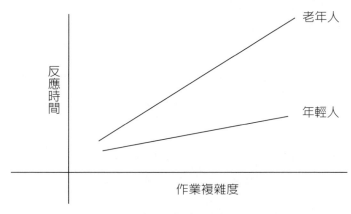

圖 2.1　年齡與作業的複雜度交互作用

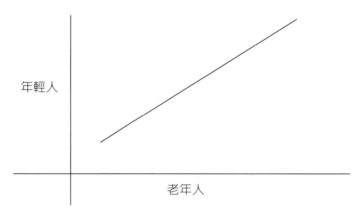

年輕人

老年人

圖 2.2　賓利圖：將圖 2.1 同一個資料中老年組與年輕組的平均數對應畫於同
一點上

結果就會是進行同個作業老年人的平均反應時間。那些不習慣以數學思考
的人，也可以這樣想：圖 2.1 顯示的老年人與年輕人看似不成比例的差異
只是假象；隨著作業難度增加，老年人看似受到越來越不利的影響，但實
際上不是如此，真正潛在的差異還是相同的。

　　因為普遍變慢假說相當單純，因此理所當然吸引了相當多注意力。
一般以為這個現象是很普遍的，在不同的反應時間作業中，將老年人
與年輕人反應速度進行比較後，都能發現線性的關係（Cerella, 1990;
Lindenberger et al., 1993; Maylor and Rabbitt, 1994; Ratcliff、Thapar and
McKoon, 2001; Sliwinski et al., 1994; Verhaeghen and De Meersman, 1998;
Verhaeghen, 2006）。Myerson 等人（1992, p.266）提出一個重點：「採
用『普遍減緩』這個術語，強調的是變慢的速度並不會因作業的性質，或
是涉及的認知歷程不同而有不同。」換句話說，反應變慢一定是與其他更
為基本，例如神經層次的改變有關（Cerella, 1990）。

　　然而，在應用這個假說時，有幾個重要的限制需要注意。舉例來說，
這個假說並未否定老人與年輕人之間速度的關係會被其他因素影響，像是
老年人的補償機制：

　　　　因為一生所累積的知識補償效果，在一些認知功能的領域中，可
能會因而比其他領域不受變慢的影響。研究證實，需要詞彙判斷的作
業較其他不需詞彙判斷作業受影響的幅度小，而這與假設預測一致。
（Lindenberger et al., 1993, p.207）

　　這個結果顯示，在看研究結果圖示的曲線形狀時，需要小心不要過度
解讀，此外，也需要考量關於統計與數學技術的效度問題。至此，我們已
經看到，在將賓利圖畫好後，圖上的點會形成一完美的直線。這個簡單完
美的圖，是爲了解釋該現象，但在實際狀況中並不會如此發生。在圖上的
點會大致地向上成長，但相鄰的點之間，可能更常出現蜿蜒曲折的樣貌，
這樣的形狀是因爲實驗偏誤——測量錯誤所導致。例如參與者表現失常或
類似的狀況，都可能會使他們的數值偏離「眞正」直線，因此我們可以
使用統計的方式決定點與點之間，在實驗偏誤沒有發生時，是否仍然是直
線。一般來說，會使用迴歸（**regression**）來測量某條直線是否能夠適切
描述資料。而賓利圖上的直線，研究者也是透過迴歸來說明賓利圖上的直
線最能解釋上述資料。

　　然而迴歸技術並非如同其表面所顯示得如此有信度。例如，Perfect
（1994）指出，隨機數據也能呈現出類似的線性關係；此外，Rabbitt
（1996）表示，當資料變異隨著作業難度增加時，線性的關係仍然可以
維持。這是一個數學上相當困難的爭論，但本質上代表著，年輕與老年人
的差異可能不只被單純的速度變慢歷程影響，賓利圖會過於簡化這個關
係，而遮蔽了其他的可能性。Sliwinski 和 Hall（1998）觀察到，許多研
究中呈現賓利圖的統計方法都太過簡化（普通最小平方法多元迴歸，*the
ordinary least squares multiple regression, OLS*），應採用階層線性模型
（*hierarchical linear model, HLM*）會更爲適切。以同一份資料比較兩種
統計方式時，OLS 會呈現賓利圖，而 HLM 則會發現更多變異。

　　研究證據導引出兩個方向：有大量的研究顯示出賓利圖的確有其效

度，但是也有另一群人提到，賓利圖有相當大的瑕疵。對這些研究最保守的解釋，是賓利圖只能夠在某些狀況下適用，也就是說，有些真的展現出變慢的線性效果，但在其他例子則無法套用這個模型。即使是在那些賓利圖可適當發揮效用的研究，變慢也有二種速率：某些研究中老人會比年輕人慢 20%，在其他研究中則發現老人比年輕人慢了大約 80%（Verhaeghen, 2011）。這些研究結果並不代表普遍變慢假說是「錯」的，單純是因為這並非如同一開始所假想的，是一個如此普世的解釋。

如果不使用賓利圖來解釋變慢假說，仍會發現證據是模稜兩可的。Salthouse 和 Czaja（2000）用一個看似邏輯上合理，但技術上複雜的方式指出，如果研究沒有發現普遍變慢的證據，是因為該研究忽略了脈絡因素（技術上來說，在研究一些變項時，忽略這些變項與其他變項的共同變異，像是普遍變慢——這樣的共同變項——將其單獨討論）。為證實這個說法，Salthouse 和 Gaja 使用兩組老年人智力測驗的獨立資料，說明共同因素的存在可以解釋極大部分的變異（亦可見 Salthouse, 2001）。然而，這種想嘗試看到更大圖像的研究好景不長，後來 Allen 等人（2001）重新分析了 Salthouse 與 Czaja 的資料，發現使用不同的（按理說也更好的）統計方式，雖然可以找到共同因素，但是他能解釋的變異比先前所宣稱的來得更少，進一步，還發現其他顯著的解釋因素，因此拒絕了單一因素的解釋（在以下研究中被呼應：Anstey, Hofer and Luszcz, 2003; Anstey, Luszcz and Sanchez, 2001; Schmiedek and Li, 2004）。Allen 等人發現了其他支持單一影響因素的研究都有類似的問題，而致命的一擊在於，如果使用模擬的資料時（例如：資料的潛在結構被刻意製造），支持單一影響因素的研究者使用的統計方式就很難被否證。換句話說，無論是否最適於解釋資料，單一因素都能夠人為製造出來。

將不同研究分類後顯示，普遍變慢並非如原先所預期，是一強而有力的預測變項（Bashore, Ridderinkhof and van der Molen, 1997 的文獻回顧），他們條列以下的結論：

- Sliwinski（1997）指出，認知變慢看來並不能做為不同作業複雜度，計數速度的良好預測變項，相反的，不同的計數作業，可能受到不同機制中介影響。

- Salthouse（2000）指出，分析對不同測驗中個別問題的反應，結果除了發現一個與年齡有關的共同因素，也發現第二個（同樣與年齡有關的）只與最為困難的問題表現有關的因素。

- Salthouse 與 Ferrer-Caja（2003）發現至少有 3 個因素，會影響成人（青少年到 90 歲）在一系列認知作業中的表現。

- Shimamura 等人（1995）提出，技能的衰退在某些個體上，可以透過補償作用而抵銷其作用。

- 許多研究者批評反應時間當作心智處理的指標，因為本質上，反應時間簡化了一系列複雜且快速的心智歷程，並且可能會因此忽略一些重要的次歷程（Bashore et al., 1997）。

- 在感官比較作業中，普遍變慢是一個關鍵因素，但並非年齡差異單一的決定因素（McCabe and Hartman, 2008）。

- Vance 等人（2010）宣稱，心智運作速度能夠透過訓練操作，因而質疑這些變化的必然性以及「根本程度」（Goldstein et al., 1997; Vance, 2009）。

- Deary、Allerhand 與 Der（2009）在一個縱貫研究發現，反應時間無法預測未來的流體智力測驗分數，因此他們認為運作速度並非智力變化的根源。

- Deary、Johnson 與 Starr（2010）透過稍早提及的蘇格蘭學童縱貫研究，發現比起處理速度（檢查時間除外），參與者 11 歲時的智力分數表現更能預測他們 70 歲的智力表現。

　　然而，宣稱處理速度並非普遍適用的預測因子，不代表處理速度在認知老化中全無重要性。有許多證據顯示，處理速度與許多智力的老化改變有強烈的相關。在一個令人印象深刻的後設分析文獻中（172 份研究，

總共 53,000 位參與者），Sheppard 與 Vernon（2008）發現處理速度的測量結果與認知能力之間，有著穩定且顯著的相關。因此，普遍變慢確實占有一席之地。隨後而來的問題是，這個角色究竟有多少，但這問題並不容易回答。我們已經看到，在許多例外之中，處理速度並非老化改變之關鍵。這些例外研究發現的效果量小得令人驚訝，例如，Salthouse（1985）發現年齡與簡單反應時間之間，平均相關係數為 0.28，年齡與選擇反應時間之間的相關則為 0.43。若讀者不熟悉統計，這些數字代表著簡單反應時間只能說明 8% 的老化變異量，而選擇反應時間只能解釋 19%。這似乎顯示，人們對反應時間投注的興趣，與反應時間真正扮演的角色並不相稱，但是，這個結論是不正確的。Salthouse 發表了一個相當具有數學複雜度的聰明回應，說明智力技巧的改變，會受到處理速度衰退的中介影響（Salthouse, 1985, 1991b, 1992b）。這如同火車一般，連結車廂的鎖鏈相對於引擎能量來說，是比較不重要的，但缺少鎖鏈，火車也無法拉動。對此議題更進一步的討論可以參考 Salthouse（1992b）。

◉ 腦容量與智力技巧

反應時間與智力表現之間的關係是複雜的，儘管有以上注意的事項，但兩者之間依然是有關聯的。然而，反應時間僅是一種神經健康狀態與效率的測量方式，這意味著其他神經測量也可能會與智力有所關聯。舉例來說，過去研究已經顯示腦容量會隨著年齡增長而減少，雖然對確切的衰退大小仍有爭議（如 Coffey et al., 1999; Burgmans et al., 2009; Raz and Lindenberger, 2010）。同樣的現象在許多腦區中已被發現，像是海馬迴、海馬旁迴、杏仁核（如 Jack et al., 1997; Kaye et al., 1997）；我們也知道，主宰非慣用手之腦皮質區會有著更大的缺損（Bonilha et al., 2009）。在這些研究下，可以合理期待腦部結構的老化改變，有著心理學上的關聯性，而確實如此。在第 6 章會提到失智症中嚴重的腦部組織缺

損，會對於心智運作有著災難性的影響，然而，這種關聯在正常的老化歷程中也會出現。Deary 等人（2003）透過大腦核磁共振造影（MRI）掃描為前文所述之 1932 年蘇格蘭心智調查（見 63 頁）的參與者進行追蹤，他們發現認知技巧中大約 14% 的變異量是來自參與者白質（**white matter**）的異常。白質這名稱是來自覆蓋在神經上的髓鞘，本質上，白質負責傳遞訊息，而灰質（**grey matter**）則是細胞本體、突觸等等負責訊息處理的部分。其他研究發現，在成年早期，也就是在中年與老年的退化出現之前白質的容量會逐漸增加（Westlye et al., 2010），這也呼應了智力改變的典型老化曲線。Martin 等人（2010）發現，在老年早期腦容量（更精確來說，前內側顳葉）的明顯衰退，能夠顯著地預測輕度認知障礙（**mild cognitive impairment, MCI**）的發病（第 6 章會有更多的敘述，但這個障礙的本質上，智力的退化會比預期中的老化程度大得多，但比失智症出現的狀況輕微）。甚至，相對於一般的老化個體，在有 MCI 的老年人身上，其後續腦容量的衰退會更常出現，而一般老化個體可能只有出現一些或甚至沒有衰退的現象（Schuff et al., 2010）。

有許多證據強烈地支持老年時期腦容量與智力表現之間的關聯，但同樣的，我們仍然需要注意。第一，老年時期會出現許多生理和心智指標的衰退，測量之間接連出現衰退並非大事。就算腦部結構的改變對於心智能力會有影響的這個假設有其邏輯基礎，且因此為腦容量研究所發現的關聯賦予了正當性，這之間仍可能有著沒有被考量到的混淆變項。這是一個尚不明確的論點，但是也不能完全忽略。再者，腦部與心智表現的相關不是那麼絕對，研究發現，這些相關只能解釋 19% 的變異量（Charlton, Barrick, Markus and Morris, 2010），另一研究則發現大約落在 25-26%（Bergfield et al., 2010）。這些不是一個微不足道，但仍然留有空間使其他老化的變項可能發揮影響。

另一個注意事項增強了這個論點。在閱讀腦部老化改變的研究報告時，很容易讓人覺得，腦部造影好像可以提供腦部結構變化非常清楚的圖

像。事實上，整個歷程是相當複雜的，測量數據通常需透過進階的統計分析搜集，而非表面上直接可用且具有證據力。有大量的腦部結構研究仍然相對處於發展初期，我們的知識仍然有相當大的缺漏，對於什麼是最好的測量改變的方式也仍有爭議（Fjell et al., 2009）。然而，我們不能因為不同的測量都發現衰退現象且彼此相關，就自動化地假設因果關聯。一個確切的例子是：Rabbitt、Scott 等人（2007）檢驗了白質病變的盛行率（white matter lesion prevalence 或 WMLP，簡而言之，就是白質出現損傷或耗損的程度），與一系列心智能力測驗之間的關聯。研究者發現使用基本的相關檢驗方式（未考慮測量變項之間複雜的相互關聯），得到的結果與使用更複雜統計方式（因為控制了混淆變項，是更準確的分析）相當不同。透過既有的最好分析技術，Rabbitt 等人發現 WMLP 可解釋處理速度的變異，但與年齡有關的智力分數表現變異沒有關聯，同一群研究者在隨後也發現類似的研究結果（Rabbitt, Mogapi et al., 2008）。這些研究結果破除了過去對於處理速度假說過於簡化的解讀，並認為處理速度與流體智力之間之所以存在關聯，是因為它們就像同行旅伴一般，兩者都是某個更深層的複雜神經歷程之老化改變的症狀表現。同樣研究團隊接下來的研究都有相似複雜的結果，例如，腦容量的改變與流體智力的表現有關，但與幾項記憶力測量結果則無相關（Rabbitt, Ibrahim et al., 2008）。

　　第三個注意事項相對比較不明確，我們在閱讀腦容量相關文獻時，會感受到一個強烈的印象是，因為腦部變化無法停止，智力能力注定會發生衰退。然而這並非全然為真。第一，如前文所述，腦容量與智力技巧之間的相關並沒有這麼大，大到沒有其他影響因素的可能；第二，研究結果也指出，生活習慣能夠某種程度抵銷因老化而發生的腦容量降低，例如，Rovio 等人（2010）進行一個研究，發現晚年時的灰質容量會與中年時期的運動量有正相關（越多運動，灰質的保留越多），但運動與白質並無相關，灰質的差異會明顯集中於額葉。同樣的，Debette、Belser 與 Hoffmann（2010）指出，過量的體脂肪，與中年人較低的腦容量之間是有

關聯的，換句話說，飲食過量會使腦部開始萎縮，也導致所有腦萎縮可能為老年智力功能帶來結果（Handel, Disanto and Ramagopalan, 2010）。

◯ 額葉假說

　　腦部結構的改變並非各個腦區皆平均，而是集中在某個區域。我們從許多研究中都知道（Shan et al., 2005），老化歷程中最被影響的腦區就是額葉（**frontal lobe**，見附錄一）了，許多文獻都有發現老年時期額葉功能的改變（見 Band, Ridderinkhof and Segalowitz, 2002; Rabbitt, 1997; Shan et al., 2005）。額葉牽涉到不同形式複雜思考的歷程，尤其關於規劃程序或是記憶事件發生的次序。許多研究例子中，都會看見在特定作業中，腦部活動會出現幾個潛在的反應，而額葉的一個主要功能，就是去抑制不需要的反應，使得人能正確反應。其他的研究例子中，許多反應是需要以某個正確的順序表現出來，額葉幫助確保此順序的正確性，同時抑制其他可能的順序。因此，額葉活動通常被認為是抑制功能（**inhibitory functioning**）或其他類似功能，研究證據顯示，老年人涉及額葉功能的技巧確實出現大量的衰退（如 Chao and Knight, 1997; Friedman, 2003; Geraci, 2006; Isingrini and Vazou, 1997; McFarlan and Glisky, 2009; Persad et al., 2002; Sanchez-Benavides et al., 2010）。

　　同樣的，我們仍然需要注意。額葉當然是重要的，但早期認為一般智力反映的是「前額葉的控制功能」（Duncan et al., 1996, p.257）這個論點，目前是被質疑的。一個關鍵的因素是，許多「額葉」效果一點也不「額葉」。有些僅限定於額葉的特定位置（MacPherson, Phillips and Della Sala, 2002; Phillips and Della Sala, 1998），而且許多老年人出現的「額葉缺損」與額葉腦傷的病人有相當多的不同（Phillips, 1999）。同樣的，雖然額葉障礙在許多認知作業的年齡差異上扮演著重要的角色，但是通常大腦受影響的區域也不會只有額葉（Foster et al., 1997; Robbins et al., 1998;

Whelihan et al., 1997)。此外,Rabbitt、Lowe 與 Shilling(2001)提到,若沒有考量額葉測驗的統計信效度問題,可能會導致我們會錯誤地估計功能的缺損程度。Parkin 與 Java(1999)提到,在考量了數字符號替代測驗與流體智力測驗(AH4 版本)的分數後,原先預設是額葉缺損導致的差異就會減少許多,去除晶體測驗分數的影響則相對沒有太多的影響。換句話說,額葉的缺損有許多流體智力相關技巧之整體改變的一種表現。這個發現不僅適用於額葉,也適用於許多預期是「局部(localised)」腦區造成的效果。Salthouse、Fristoe 與 Rhee(1996)研究額葉、頂葉與顳葉相關技巧隨年齡的改變,發現平均而言「某個變項的年齡相關變異量,有 58% 是其他變項共享的」(p.272)。換言之,就算不同腦區對年齡相關的衰退可有各自的獨特貢獻,但有很大部分的影響與其他老化改變仍然有所串聯。

不過,這些研究結果必須公正、透明地看待。宣稱額葉並沒有壓倒性影響的研究者,也並沒有否定額葉問題的存在,仍然有許多研究報告指出額葉失能是造成認知功能年齡差異的主要因素。差別在於,指出某個重要因素並非代表它是單一因素。打個比方,天生手腳笨拙的人摔斷了腿後,看到他掙扎於拄著拐杖四處走動,可能與他原先的笨拙有很大的關係,但這並不代表他摔斷腿的影響就不存在。換句話說,不管額葉問題是年齡相關衰退的原因、結果,或兩者都是,這並不否定其對智力技巧的老化衰退來說,為一顯著的影響因素。

◉ 感官改變與智力

反應時間並非老年神經退化唯一可能的測量方式。另一個有用的測量是感官能力,也就是說,聽力、視力、觸覺品質都是。研究顯示,老年人感官功能與智力測驗分數之間有著正相關(感官敏銳度越糟,智力測驗分數越低),例如:

- Lindenberger 與 Baltes（1997）發現，在某些狀況下，感官與感覺
  運動技巧預測了老年人智力測驗中大部分（59%）的變異程度。此
  關聯會出現在整個成年時期，並且會越來越強。

- Balted 與 Lindenberger（1997）發現，感官功能狀態（透過聲音和
  視覺敏銳度測量）在解釋智力測驗分數的變異量，從 70 歲以下的
  成人組有 11%，70 歲到 103 歲解釋量到達 31%。兩組中，感官功
  能都與流體智力之間呈正相關，Dulay 與 Murphy（2002）也發現
  同樣的結果。

- Finkel、Pedersen 與 Larsson（2001）在一組中年及老年同卵雙胞
  胎樣本中，發現嗅覺與認知技巧之間具有高相關，研究者認為這
  個關聯之中有顯著的比例受到基因變項的中介。

- Marsiske、Klumb 與 Baltes（1997）發現，老年人對於自身基本能
  力程度，以及社會活動參與程度的主觀覺知，都與其感官敏銳度
  有關（尤其視覺）。

- Clay 等人（2009）發現，當控制視覺與處理速度後，流體智力測
  驗的年齡差異就會消失。

這些研究都呼應了稍早這個章節提到的論點，晚年的智力表現，某
種程度上會受到生理健康的影響。從過度簡化的層次來看，感官退化的效
應可以被解釋為，感官系統輸入的品質不佳，使心智僅能以品質較差的
素材運作，導致「垃圾進，垃圾出（garbage in, garbage out）」的現象。
然而，Lindenberger、Scherer 與 Baltes（2001）發現，僅只是透過一些方
式（特別的眼鏡、使聽覺變模糊等等），將中年參與者的感官敏銳度減少
至老年平均的程度，仍然不會使中年參與者的認知表現降低至老年人的平
均程度，由此得知，感官改變不只是使人更難以看見或聽見。再者，嗅覺
技能與智力之間的關聯，使得「輸入品質不佳」的論述難以成立，因為智
力測驗從來沒有需要評量或使用嗅覺能力。因此真正的解釋在更深的層次
中，並且它應該要能反映某個相同程度地影響認知與感官歷程的一般性老

化改變（Li and Lindenberger, 2002; Scialfa, 2002; Stankov, 2005）。換句話說，我們再度面臨討論普遍變慢假說時面臨的處境，也同樣需注意，就算基本的研究結果並未被駁斥，但在詮釋結果前一定要小心。

最大的問題是，雖然感官退化與認知變化間有著顯著的相關，但相關程度低，在這之中可能有其他的變項扮演著重要的角色。例如，稍早提到Dulay 與 Murphy 的研究發現，雖然感官與認知技巧間是有相關的，但是實足年齡仍然能解釋額外的變異，顯示感官缺陷無法解釋所有因為年齡發生的認知技巧改變，Lövdén 和 Wahlin（2005）也有類似的研究結果。同樣的，Lindenberger 與 Ghisletta（2009）在一個縱貫研究的分析中發現，雖然認知與感官能力的衰退是有相關的，但其關聯只有「中度相關」。就算找到高相關，感官測量是否與所有認知型態都有關聯仍然是有爭議的，幾個研究（Anstey et al., 2002）發現，一些認知技巧與感官敏銳度之間是存在相關，但並非全部。在 Anstey 等人的研究中，視覺敏銳度與流體智力之間是顯著相關的（就算透過統計的方式去除年齡的影響），但視覺敏銳度在統計上，無法「解釋」臉孔辨認作業的表現。感官測量只與部分認知測量有相關，與其他則沒有關聯（且這些研究對於哪些技能是相關的不必然有共識），這樣的研究的發現讓人想起早先研究尋求末期衰退關鍵性喪失的不愉快經驗（參見本章節前段之敘述）。此外，不是每個研究者都有發現關聯性，Hofer、Berg 與 Era（2003）發現感官敏銳度雨認知改變間沒有關聯，他們認為，是否能發現關聯性可能是因為分析方式的不同而導致（他們的研究使用更窄的年齡層）。

所以感官改變，雖然留下許多未被解釋的變異（且常常因此被稱為一般老化效應，**general ageing effect**，意思是老化相關的效應，但並不完全理解其特質），仍然成為年齡衰退較為普遍層次的指標。

另外一個（也是補償性的）可能性是，IQ 高的老人相較會用心地照顧自己的身體（例如，定期進行視力檢查），所從事工作可能也比較不會使其感官暴露在有潛在傷害的環境中（例如在安靜的辦公室，而非廠房等

等）。隨意舉例來說，良好的感官與高 IQ 可能都是良好自我照顧技能不可缺少的部分，而這也會回到前面不用論的討論（好好照顧自己，不然智力就會下降）。Newson 和 Kemps（2005）提到，在他們對長者為期 6 年的研究中，發現感官敏銳度與認知技巧之間的正向顯著相關，但是這些變異有一大部分能夠被長者的生活型態與活動解釋。因此，敏銳度與生活型態的關聯可能並不如表面上一般不重要。

◯ 智力與其他因素的關聯？

至此，本章主要都用相當廣泛的概念討論智力，也就是說，一般智力或是心理計量學家所劃分的幾種智力（流體智力、晶體智力等等）發生什麼改變。剩餘的段落，我們將討論老化對於幾個特定智力技巧的影響，但在這之前，需要提及最後一項評論。研究經常重複發現，晚年任何智力技巧的改變，都會與一般智力的改變有所關聯（Horn, 1982）。舉例來說，以下各個技巧都與智力有很高的相關，也都隨著老化衰退：單字記憶、辨認短暫呈現的視覺影像（Walsh, Williams and Hertzog, 1979）、圖形再認（pattern recognition, Walsh, 1982）、解字謎（Witte and Freund, 1995）、日常問題解決（Diehl, Willis and Schaie, 1995; Sorce, 1995）、規劃行車路線的速度（Walker et al., 1997）。這些可能只是冰山一角，這個清單可以持續列到本書結束。這些相當仰賴智力的技巧所呈現的普遍衰退，使一位知名研究者留下以下的評論「比起我們研究過任何單一特定的認知測驗，透過一個簡單、簡短、限時的一般智力測驗測量老化的智力衰退，其更為容易發現狀況的改變」（Rabbitt, 1984, p.113）。

Pat Rabbitt 可能有些故意誇大，但晚年大部分的智力改變，確實都與一般智力的退化有所關聯，即便那不是唯一的因素。

對一些研究者來說，這掀起了一個嚴重的問題。假設實驗發現老年人在心算上顯著地變差，我們也假設這是因為智力普遍衰退的狀況所導致。

對於那些想知道是什麼導致老年人與年輕人之間的差異的研究者來說，這個研究發現是平淡無奇的，因為這並沒有提供任何關於老化的新資訊——算數技能的衰退早已經被許多過往研究顯示，是智力普遍衰落的另一種展現。它震驚世界的程度大概就像發現大象有腳趾一般。

但這只是其中一個觀點，而且對於到底一般智力的影響有多普遍抱持懷疑態度也有其道理。第一，智力與其他智力技巧之間的關聯仍然不夠完美，後者表現的變異程度並非智力測驗分數表現能夠單獨解釋，有其他因素也是重要的角色。第二，我們也不應對智力測驗分數與其他經實驗控制的測量間存在相關這件事感到驚訝，這些按理說，都是測量人在實驗作業中的智力表現。我們也看到，這些測量也不必然與現實生活中的狀態有所關聯。第三，Phillips（2005）扼要地對整個議題進行描述：

> 如果一個研究者希望透過統計預測一系列心理測驗表現的年齡差異，流體智力的指數能夠有效地解釋年齡產生的變異，但這不必然可提供有效的理論機制來理解整個歷程。認知神經心理學家可能會爭論：如果有一個可以測量複雜認知歷程的智力測驗也能夠預測許多其他認知作業的變異呢？這就能提供任何理論上的進展嗎？相反的，心理計量學家可能會說：如果調整抑制功能作業影響了老化的效應呢？這些執行功能作業有預測的效度嗎？兩種方式對理解認知老化可能都有所幫助，但他們處理的其實是不同的研究問題。（Phillips, 2005, pp. 236-237）

同樣的，即便一般智力與特定技能之間的關聯是 100%，這也不代表實驗是毫無價值的。在我們的例子中，研究者能夠從他們的研究結果中建構出老化對心算影響的詳細模式（解釋改變如何發生）。如果研究結果並未用來建構模式，研究仍然會提供實務上的價值。因此這樣的研究，仍然會提醒老年人在逛街時，記得攜帶計算機。

儘管有著這些評論，本書從頭到尾還是提供了許多測量智力的例子，

其中許多的研究都說明了一般智力的衰退會導致技能的衰退，而看待這些研究結果的價值，都需要同時權衡它們真的有可能只是證據充足但卻無關緊要的事實（就像大象的腳趾，如果你喜歡這個比喻）。有許多方式能夠評估一般智力對表現的影響，兩種最簡單的方式是**配對**（**matching**）與**淨相關**（**partial correlation**）。配對是將在某能力上有相同程度的人進行比較，因此，組間的差異就不會是因為該能力所導致。舉例來說，比較智力測驗分數相同的年輕與老年參與者在某個作業上的表現，並發現年齡差異，那麼這差異就不會是智力差異導致。配對是一個相當有效的技巧，但其實常常難以有好的配對，尤其是在不同年齡的比較。在這種狀況下，淨相關則可以派上用場。這是一個複雜計算，但容易解釋的統計方法，它用以衡量兩個變項之間的關係是否來自第三個變項的共同影響。舉一個標準的例子來說，假設一個基於莫名熱情的研究者，想要測量學齡兒童足部大小，並比較他們的數學測驗分數，會有很高的可能性發現兩者之間有很好的**正相關**（**positive correlation**），也就是說平均來說，腳越大，分數也越好。這兩個指標顯然並沒有因果關聯，所以相關是來自哪裡？答案出現在第三個變項，年齡。年紀越大的孩子腳越大，且數學測驗的表現也比較好。因此，腳的大小與數學分數之間的關聯，會第三變項的影響（年齡）所導致的巧合關聯。這可透過淨相關來做數學上的說明。將學童的足部大小、數學分數及年齡放入等式中，而後將年齡的巧合效應透過數學方法移除──也就是年齡變化被剔除（partialled out）。如果因此足部大小與數學分數的相關性便不再顯著，那麼將兩者的關聯歸因為年齡的巧合效應，但是有效的。淨相關是老年病學相當重要的統計技術，因它能讓研究者檢驗智力技巧的老化衰退是否僅是因為 g 因素普遍下降的巧合效應。更多有關淨相關的數學原理可以參見任何一本普通統計學教科書。

⦿ 老化帶來的注意力缺陷

注意力（**Attention**）是一個專注並且（或是）記得某些項目，不受其他分心刺激（需要同步進步其他心智處理）干擾的能力，而（前文提及之）額葉時常被提及涉及此注意力歷程。注意力有幾個形式：單純專注於某手中之作業不被分心的能力稱為**持續性注意力**（**sustained attention**）。其經典的測驗是請參與者對電腦螢幕上連續出現的字串中，某一個特定字母進行反應。目前所知，晚年時的持續性注意力作業表現能夠維持地相當好（Salthouse, 1982），然而仍然會出現一些缺損（Mani, Bedwell and Miller, 2005）。但是估計「真正」的缺損程度是一件相當困難的事，因為不同的測量方式會出現不同的混淆變項，例如，研究發現的注意力衰退，可能不是老年人真的注意力變差，而是因為在各種情境下老年人都難以偵測到測驗中的刺激，而使注意力測驗中表現較差（Giambra, 1993）。值得注意的是，老年人也比較偏好侷限在較小視野範圍的視覺注意測驗，而非視野大的測驗（Kosslyn, Brown and Dror, 1999）。Carriere 等人（2010）比較了幾個不同持續性注意力測驗，並發現不同測驗方式會產生不同老化的衰退型態。

選擇性注意力（**selective attention**）是指同時有另一個分心刺激時，能夠專注於某一手中作業的能力。一個常見的測量方式是**視覺搜尋作業**（**visual search task**）。參與者在電腦上會看一些字母，需在之中找出特定的字母。另一個是**史楚普作業**（**Stroop task**），參與者需在作業中辨認字詞的顏色。這史楚普作業相對簡單，但在字詞與顏色不同時（例如用藍色油墨印出紅色單字，參與者需要回答「藍色」），就會比較困難。

如同持續性注意力研究，選擇性注意力的老化衰退程度會因實驗方法的差異而有不同（Gamboz, Russo and Fox, 2002; Kramer and Strayer, 2001; Rogers, 2000; Walsh, 1982）。不同研究者發現相互對立的結果，例

如，Rabbitt（1979）發現，老人並不會利用實驗特性（目標項目在某些區域出現次數更多），而在作答上有更好的表現。這不是因爲老人沒有注意到這個現象：在測驗結束後，關於實驗的解釋與澄清階段中，他們可以正確地指出目標較可能出現的位置。因此，他們可以累積前面搜集的資訊，但不會以此做爲行動的依據。更甚者，Rabbitt 的研究也發現重複的練習並沒有使他們實驗的表現變得更好（Rabbitt, 1982）。然而其他研究者沒有辦法重製 Rabbitt 的研究結果。例如，Gilmore、Tobias 與 Royer（1985）發現老年人會利用視覺陣列（visual array）的訊息作答；Nissen 與 Corkin（1985）則是提到，在他們研究中，老年人在一樣位置重複出現的刺激，反應相對快上許多；McCrae 與 Abrams（2001）表示，老年人相對於視覺標的物的樣貌，位置訊息的記憶保留能力是比較有效能的（參見 Madden et al., 2004）；同樣，老年人忽略分心資訊並將注意力固定於一點上的能力是維持良好的（Einstein, Earles and Collins, 2002）。其他的研究也顯示，實驗效果存在與否取決於實驗設計中的邊緣特徵，例如刺激的大小、形狀與亮度（Albert, 1988）。

此外，Maylor 與 Lavie（1998）於參與者的視野中央呈現一組字母，要求他們從中指認某個目標項目（target）。於此同時，在周圍呈現一個分心項目（distracter）。研究發現，相對於年輕成人，老年受試者在可供選擇的字母數量較少時，比較會受到分心項目影響。這看起來是一個有趣的結果，但 Madden 與 Langley（2003）隨後的研究在操弄了知覺負荷程度之後，並未發現年齡效應。

綜觀選擇性注意力的文獻，有太多例子是，僅只採用稍微不同的測驗方式，或甚至只是用不同的方式重新分析，就得出顯著不同的結果（Cornelissen and Kooijman, 2000）。一篇 Guerreiro、Murphy 與 Van Gerven（2010）的評論性回顧中總結出，老年人在一些一般性的條件下，會增加其表現不利的程度（例如，目標項目與分心項目呈現在同一種感官）。輕微的仍然可能產生可觀的改變，Ben-David 與 Schneider（2010）

對年輕成人呈現兩個版本的史楚普測驗，一個是「正常」顏色版本，而另一個則是降低顏色飽和度版本（模仿老年人的色彩知覺），降低飽和度版本讓年輕成人的表現與老年人相仿。由此得知，選擇性注意力的測量相當容易受到實驗人為因素的影響。

有個危險是，我們因為可以找到選擇性注意力的測量問題，就認為選擇性注意力在晚年時期的退化現象並不存在，然而實際上並非如此。有更充分的證據支持老年人確實會出現選擇性注意力的退化（McDowd and Filion, 1992; McLaughlin et al., 2010; Watson and Maylor, 2002）。爭論並不在於退化的存在與否，而是退化的程度。另一個重點是，如同其他形式的注意力，選擇性注意力的影響範圍是超越那些明顯著重於外顯注意力的實驗作業。我們在日常生活中廣泛地使用注意力（就如同我們若沒辦法忽略本頁文字以外周邊的訊息，專注於文字當中，我們可能就無法閱讀這行文字）。因此，注意力研究關注的不只是參與者在實驗室中的作業表現（雖然對於不那麼著迷於此議題讀者來說，就算花了幾個小時閱讀此議題，好像也就是這樣）。例如，Viskontas 等人（2004）提到，注意力技能與其他認知技能之間是有高度的相關，也就是說，注意力的狀況其實時常能帶領我們一窺老年人的普遍智力表現。

分配性注意力（**divided attention**）指的是，同時注意並且處理一個以上的資訊。許多工作記憶（**working memory**）作業（見第 3 章）就是測量此注意力的方式。儘管也有許多其他測量分配性注意的方式，但幾乎所有的研究結果不約而同地發現分配性注意力會隨著年齡增長而衰退。以可用視野（**useful field of view, UFOV**）為例，這測量的是一個人在特定情況下「管狀視角（tunnel vision）」有多寬廣，而人可以依據不同的作業改變。測量 UFOV 的方法是，讓參與者注視電腦螢幕中央的某個符號，接著會在這個符號旁邊不同距離處出現刺激，我們需要測量參與者偵測這些刺激的能力，若能偵測到越遠的刺激，則該名參與者的 UFOV 則越廣。研究發現，老年人的 UFOV 較小，而 UFOV 則與車禍發生率有關（Ball et al., 1993）。UFOV 的問題在分配性注意力作業中會更加惡化，研究發現，當老年人需要同時注意兩種資訊時，UFOV 會相較年輕人顯著地縮小更多（Ishimatsu, Miura and Shinohara, 2010）。

另一個評估分配性注意力的方式是**雙耳分聽作業（dichotic listening task）**。實驗中，我們使用立體聲響耳機，在參與者左右耳呈現不同的音訊，基本的操作是請參與者回報左右耳分別聽到什麼。許多研究者都提到，老年人在這作業上的表現是差的（如 Horn, 1982; Salthouse, 1985），更普遍的現象是，研究者發現在需要分割注意力到二個以上訊息來源的作業裡，老化帶來的缺損會更為明顯（如 Lajoie et al., 1996; Vaneste and Pouthas, 1999）。

另一組研究測量進行心智作業時的平衡或步態，我們可能會認為在進行心智作業的同時，要維持平衡是一件相對容易的事，但這樣的作業說明了人在站立的狀態下進行心智作業時，平衡改變的情況會更明顯。而在平衡能力上本來就比較弱的老年人，就會出現更大的補償性肌肉運動（Fraser et al., 2007）。在這種雙重作業中，參與者通常會相對較注意其中一項作業。一般來說，老年人傾向維持步行／平衡的表現，而年輕人傾向將注意力投注在心智作業中（Cho, Gilchrist and White, 2008; Verhaeghen, 2011），這可能反映了對於跌倒非常合理的恐懼。

◉ 概念組織

概念組織（conceptual organisation）是從抽象層次處理事項，以發掘可能的規範與原則。通常會測量方式是讓參與者在一群由實驗者分類的形狀與符號中，找尋其分類規則（例如，「一群不同形狀的項目透過顏色分類，而非大小和形狀」或是「所有的項目透過顏色和形狀分類」等等）。在許多研究例子中，老年人在這種分類的作業中是有困難的（Filoteo and Maddox, 2004）。另外一種概念能力的測驗是「二十題（20

questions）」，一種猜謎遊戲（parlour game）。在該作業中，實驗者心中會想一個物件，參與者要問一系列的問題，而實驗者只能回答是或否，透過這些回答，參與者要猜出實驗者心中所想的物件。顯然，最好的方式是透過漸進式的封閉問題來縮小可能性（例如，「是動物嗎？」、「是哺乳類動物嗎？」、「是家中常見的寵物嗎？」）。這叫做限縮尋找法（**constraint seeking strategy**），在每個限制性問題的提問中逼近答案，並且逐漸減少選擇可能性。最後，當選擇所剩不多時，最好的方式是可以轉換到假設審視（**hypothesis scanning**）問題，這時就會出現特定項目名字（例如，「是狗嗎？」）；而當所剩選擇還很多時，詢問假設審視問題是不明智的選擇，因為距離選到正確名字的距離仍然很遙遠（例如，在只得知答案是哺乳類動物時，詢問「請問是狗嗎？」）。

　　Denney 與 Denney（1974）發現，老年人在「20 題」作業中的表現相當沒有效能，他們需要問更多的問題才能回答正確答案，主要原因是因為他們限縮尋找的問題不夠多。老年人在被要求分類一些項目時，就很容易出現類似的狀態，顯然好的方式是將這些項目分類成更高一層次的類別（像是「動物」、「家具」等）。但是，老年人傾向產生較多據觀察者角度來說時常是不合邏輯的分類（Denney and Denney, 1973）。有些人可能會認為，這種分類能力的衰退是因為記憶力衰退導致（例如老年人無法在分類同時記得所有物件），然而，試著透過改變分類物件的數量來改變記憶負荷，並不影響成績表現（Rebok, 1987）。這個現象不僅無法透過教育程度的差異來解釋（Cicirelli, 1976; Laurence and Arrowood, 1982），也無法用處理分類作業知識的世代差異解釋，因為就算告訴老年人最好的方式，他們仍然無法像年輕族群一般，廣泛地使用那些方法（Hybertson, Perdue and Hybertson, 1982）。Maddox 等人（2010）發現，儘管老年人能在做過的分類作業中學習到分類的規則，但他們仍然無法如年輕人一樣將運用規則所必要的訊息整合起來（也就是說，老年人原則上知道怎麼做，但實際上無法使用得很純熟）。這些分類的運作歷程都以抑制功能與

工作記憶能力的為基礎（見第 3 章），而我們也知道，抑制功能與工作記憶容易受到老化的影響。

　　老年人的分類錯誤品質有很大差異。Laurence 與 Arrowood（1982）發現，住院老人中，42% 的老年人因為**句子群組（sentential grouping）**的錯誤，把不應放在一起的項目放在同一個分類中。舉例來說，假設「兔子」應該屬於「動物」類別，而「紅蘿蔔」應該屬於「蔬菜」，但從句子群組的邏輯來看，兔子與紅蘿蔔會因為適合放在同一個句子中而歸屬同一個分類（「兔子吃紅蘿蔔」）。這看起來是抽象思考的錯誤，沒有發現兔子和紅蘿蔔在抽象層次中是不屬於同一個語義類別的。在理解口語對話如諺語時也會有類似的問題，諺語中「刮別人鬍子前先刮自己的鬍子」（意味著：批評人前先檢查自己是否有過失），也並非如同字面上的意義一般，是要給沒刮鬍子的人建議。於此，我們可能會直觀地假設，諺語的知識與晶體智力的重要成分，也相對比較不受老化的影響，然而 Albert、Duffy 與 Naeser（1987）發現，老年人詮釋諺語的表現較差，不論是獨立完成，或是在多重選擇的協助之下。Arenberg（1982）在一個縱貫研究當中發現，年輕參與者在概念構成作業中，會隨著測驗題數而增進作答表現，但老年參與者則作答表現越來越差。

　　老年人的概念組織錯誤，反映的可能是更深一層抽象思考的問題，我們等等會在皮亞傑的討論回到這個概念。但我們也可能發現，分類作業中發生的「錯誤」，可能只是「錯」在與研究者的預期不同，將兔子與紅蘿蔔分類在一起是相當合理的，雖然在更結構下，這樣的分類並不是最佳解，但可能是有趣的（參與者可能是想尋找實驗者沒想到的有趣解答）。Denney（1974）認為，老年人在分類上出現的錯誤，並非因為他們有任何能力退化了，而是他們忘記要以教育體制所接受的正確答案來回答，並使用了更為「自然」的方式分類。這會碰巧與教育程度及智力水準相關，因為高教育程度與高智力的參與者，通常都會有一項自己的專業，並且會從事更多需要分類能力的休閒活動，也因此他們的能力也會維持得比他人來

得更久。

　　批評者可能會認為，這部分研究的分類作業是相對「容易」的，當增加作業的困難度（要求參與者在不同的方式之間來回轉換），年齡差異就會變得更明顯，有很好的證據支持這與額葉功能有關（Kramer et al., 1995; Levine, Stuss and Milberg, 1995）。然而，難度更高的作業可能會牽涉其他的認知運作，因此這樣困難的作業也會被質疑是否仍然測量同一種技能；另外需要注意的是，年齡差異也會隨著參與者嘗試不同的分類方法時增加。Filoteo 與 Maddox（2004）就發現，當參與者是根據規則為基礎的學習（rule-based learning）來做分類，此時的年齡差異會小於他們根據整合的資訊來分類時的表現。同樣的，Rousseau 與 Rogers（2002）發現，當作業是針對類別進行假設檢驗的話，老年與年輕成人的差異就不會太多；若作業是涉及「形成印象（form an impression）」時，年齡差距就會拉大。這顯示，如果能謹守嘗試與檢驗的工作方式，就能將年齡差異縮小。

⊙ 老年的創造力

　　與一般智力緊緊相連的就是創造力（creativity）了。研究者對於如何描述創造力，有著相當大的分歧，但多數會同意，有創造力的行動一定要是新穎的，且適當對應情境。一個典型的創造力測驗最能說明這個標準所指為何。測驗中呈現一塊磚塊，要求參與者盡可能想像這塊磚塊可以使用的方式。會有兩種反應會被分類為「沒有創造力的」：第一種是合理，但太過常見（就像把磚塊拿來「蓋房子」）；第二種是新穎，但不合理（把磚塊拿來敲自己來解除失眠的狀況）；有創造力的答案應該像「刮掉磚塊的表面，並用來製作成胭脂」（既新穎又合理的答案）。能產生許多具創造力的答案的人，通常也會被說是有好的發散思考能力（就算給予簡單的情境，他們也可以透過發散的思路回答問題）。

　　研究也發現，老年人在發散思考作業上表現較差，分數較低，回答的答案也比較少（Foos and Boone, 2008），40歲會是這項分數得分最高的時候（McCrae, Arenberg and Costa, 1987）。可能會有人反駁，這樣的衰退是因為老年人本來在一般智力就會衰退了，但是，在老年人與年輕人參與者在配對智力與教育程度後，仍然出現年歲差異（Alpaugh and Birren, 1977; McCrae, Arenberg and Costa, 1987）；那些總是表現得相當有創意的人，年齡差異會減少或幾乎不會有（Crosson and Robertson-Tchabo, 1983）；再者，Sasser-Coen（1993）提到，隨著年歲增長發散思考在創造性歷程中的角色也變得越來越不重要，更重要的是從個人經驗淬煉出的智慧。對這些研究發現，Simonton（1990）與 Hendricks（1999）有一項重要的提醒：以發散思考測驗與其他心理測量指標測量創造力，其適用性是有爭議的，因為他們可能不是「現實生活」中，能夠代表創造力能力的可靠指標。

　　另一個考量創造力的方式是自傳法，透過這種方式，可以了解不同領域中，高度重視原創想法的著名領導者的生涯，而也可以看到是什麼讓他們可以比別人「更好」。從這類研究可以找到一些通則，藝術家與音樂家通常在早年就會顯現他們的天份（例如莫札特），而科學家通常在20歲後，才展現傑出的研究能力，他們在對自己後來有卓越表現的領域有所領會之前，也僅是擁有此方面的才能，稱不上是優秀學生（Hudson, 1987）。查爾斯‧達爾文就是一個典型的範例，之後有許多著名人士，都是在晚年時才做出重要的貢獻。多數人都在40歲前達到創造的巔峰。這在數學、化學、作曲等領域都適用。重要的是，「偉大」與「日常」的作品通常都是交互、且相連出現的，換句話說，在多產時期，有創造力的人會作出相同比例的好作品與壞作品，如同在相對沒有創造力的時期的比例，因此品質比（**quality ratio**）會維持相同（Simonton, 1990）。多數人的創造力在60歲時已有衰退（見 Rebok, 1987），儘管有幾個研究表示，創造力會持續一生地成長（如 Reed, 2005），要注意的是，這些研究的資

料通常都是來自自我報告或主觀感受，並非客觀測量。不過創造力衰退的現象並非普遍皆然，Butler（1967）對此觀點有著激烈的反擊，他舉出相當多發明家晚期的鉅作，例如提香（Titian）在他 90 歲時仍繼續繪畫，多數的評論家也同意他晚期的作品大大地超越他早期的作品。但 Butler 引用的是特例，對大多數有創意的人來說，老化還是與創造力的衰退有關。

有些觀點認為，老化帶來的感官與生理退化會嚴重地影響有創造力的人，因為這些人需要比一般人需要更精準、準確以及對世界不懈的觀察（Rebok, 1987）。確實，在一些創造力的領域中，嚴格地維持身體健康是重要的，歌劇歌手與芭蕾舞者的老年絕對不是巔峰時期（但仍然有些芭蕾舞者在 35 歲以後仍然在舞台上演出）。然而，對於大多數有創造力的人來說，他們創造力的退化是因為其他理由，因為他們能夠成功創造傑出的作品，仰賴的並非他們健康的身體（像貝多芬就算耳聾後，仍然能創作相當傑出的作品）。同樣的，老化使創造力衰退的效應並不一定來自一般智力的衰退，而有兩個原因解釋之。第一，在我們剛提及 Alpaugh 與 Birren（1977）的研究中，當配對智力水平後，創造力仍然是有年齡差異的。第二，在任何情況下，智力都不是創造力良好的預測指標（Hudson, 1987），因此，我們仍然得尋找其他解釋。

一個可能性是，有創造力的人，都受到他們自身的成功所累。科學家在他們的領域達到頂尖的成就後，他們也會很快晉升至該領域或研究團體的首長，在這個位置之上，研究與實驗的工作就會交給研究助理進行，而她／他們自己則捲入逐漸增加的行政事務中。因此，這些傑出的科學家獲得了酬賞後，可能就開始限縮他們在專業領域的活動，最終導致創造力的下降。但在藝術領域中，傑出藝術家的情形就相當不同了。第一，不同於科學家，（任何一種類型的）藝術家的成功是仰賴公眾的批評與輿論，於是，藝術家的價值就會因著當時的流行而有所變化，若要將一個藝術家視為有創造力，他們就必須得擔任解讀潮流的領導者，以及／或是擔任潮流的創造者。第二，很少藝術家能夠在沒有人購買他們作品的狀況下，**繼**

續維持自己的生活。所以，如果他們沒有辦法在早年成功，便可能會停止全職的創作，尋找別的工作。在這兩個前提下，具有創造力的人通常都在早期就被發現他們創造流行趨勢的高超能力，顯然，藝術家會爲此投資，逐漸在潮流當中增加他們的辨識度。然而，一旦大眾的觀點改變，他們就會變成某個如今已不流行的運動的代表，藝術家過去越是成功，他們如今越是可能被視爲不流行。簡而言之，成功的藝術家是因爲其爆發性能量的升起（可以參見一部相當被低估的精彩小說《天使 Angel》，Taylor, 1957），所以對藝術家來說，唯一的解決辦法就是，繼續跟著潮流走。由於潮流會有很大的改變，藝術家在產出藝術品時通常是痛苦的。不同的專業之間，也會有不同的變化速度，對流行音樂有所了解的人，都會知道每 3 或 4 年，就會是一個流行的循環，然而，在任何領域中，其實很少藝術家能在這善變的潮流意見中，創造出「永恆」的作品。例如，快速瀏覽二手書店或音樂字典中，都會發現上一代「天才」的文學或音樂作品，現在可能都被遺忘了。因此，考究藝術家一生創作變化背後的原因，可能會發現生活型態與工作需求因素比老化影響來得大，老年人可能因爲早年在工作上的表現太好，導致晚年失去了創造力。

　　以上的論述能夠適用於在各個領域優秀傑出的人，但並不否定創造力在日常生活中的角色。重要的是，就算研究發現創造力在晚年會比較低，也沒有人認爲在晚年時創造力是不存在的。這個論述並非只是讓老年人重拾畫筆的理由，同時也是對主流心理學認爲老年人已經過了具創造力高峰論述的反動。其實並非是這樣，透過客觀測量發現，創造力在老年時期會衰退，但沒有人說它會停止，老年人也並非應該停止創作。事實上，有大量的證據支持創作活動（繪畫、寫作等等）對老年人有極大價值，研究也顯示，創作會增高幸福感與整體自尊感（Hickson and Housley, 1997；Weisberg and Wilder, 2001）。

◉ 皮亞傑的守恆概念

　　Papalia（1972）提到老年人在一些皮亞傑守恆作業（**Piagetian conservation task**，依其創造者，皮亞傑來命名）中表現不佳，這是一個相當令人驚訝的發現，因為多數 7 歲兒童能夠在這項作業中表現很好。這個作業目的是，瞭解參與者是否能夠理解，兩個體積相同的東西，即使其中一個形狀改變，兩者體積仍是相同的。參與者會先看到兩個同樣大小與形狀的黏土模型，並先確認兩者的黏土量是相同的，接著，實驗者會將其中一塊黏土揉成香腸形狀，然後實驗者會詢問參與者這兩塊黏土的體積是否相同，正確的回答應該是「是」（忽略在揉捏時損失的量）。令人感到驚訝的是，老年衰退會讓人們無法正確回答這個作業（而當然，皮亞傑認為是不可能的）。這項衰退不限於物品的守恆，McDonald 與 Stuart-Hamilton（2002）複製皮亞傑的三山研究，研究中請參與者坐在 3 座山的模型後，每一座山都有明顯的特徵（一座山頂白雪皚皚、一座山上有間小房子，以此類推）。接著，會呈現幾張從模型不同角度觀察的圖片給參與者看，接著邀請參與者根據自己的位置，選擇相對應的圖片，這些老年人可以正確無誤地完成這項作業。但是，若請老年人根據在桌面別處的玩偶所在的位置，選擇與其視角相應的照片時，就會出現錯誤。這些錯誤中，有些是單純的空間判斷錯誤（他們選擇的照片會很接近玩偶的視角，但仍然是錯誤的），然而，大約 15% 的老年參與者會選擇自己的視角。這種錯誤稱為「自我中心偏誤」，是不合邏輯，並且只會在年紀小的兒童（通常是 8 歲以下）身上看見。老年人在其他皮亞傑作業中還有令人驚訝的類似錯誤，像是道德推論（McDonald and Stuart-Hamilton, 1996）、在傾斜的瓶子畫上正確的水位線（Tran and Formann, 2008）與萬物有靈論－認為無生命體也是活的（McDonald and Stuart-Hamilton, 2000; Parry and Stuart-Hamilton, 2009）。能夠確定的是，因為他們能夠容易地藉由重新

訓練而將皮亞傑作業做正確，所以老年人並非無法正確執行（Blackburn and Papalia,1992）。

　　Hooper、Fitzgerald 與 Papalia（1971）認為，皮亞傑作業中的必要技能可能在老年時期逐漸喪失，與兒童時期的習得技能相反，而這與老年時期流體和晶體智力的改變有著密切的關聯。然而 McDonald 與 Stuart-Hamilton（如 Stuart-Hamilton and McDonald, 1996, 1999, 2001）的研究提出的圖像更複雜。若測量老年人在各種皮亞傑作業中的表現，我們就可以創造出一個「皮亞傑分數」（在皮亞傑作業中表現正確的數目），而這個數字比智力測驗分數更能預測參與者的年齡（Stuart-Hamilton 與 McDonald，1996）。反過來說，皮亞傑分數最好的預測因子，是一個稱為認知需求（**need for cognition**, Stuart-Hamilton and McDonald, 1999, 2001）人格測量，它測量的一個人把從事智力要求較高的作業當作生活型態之一部分的動機有多高，此傾向與實際的智力程度是不同的。總體來說，這顯示了皮亞傑作業表現可能會反映老年人投入智力作業以及（更好的說法是）「有智慧的生活型態」的程度。當人變老時，他或她會變得比較不願投入智力的追求，思考方式與風格也會轉移（此處無價值判斷之意，見第 7 章）。此類的改變與智力測驗表現有相當程度的關聯，但這某部分是出於巧合。

　　某個程度上，這呼應了 Labouvie-Vief（1992）的後形式運思（**postformal thought**）的概念，這是在形式運思期（皮亞傑認知發展的最後一個階段，人們開始完全以抽象的方式進行思考）後的智力發展階段。形式運思期是一個相當系統化，並且依賴邏輯運作的階段，然而，人並不完全以邏輯生活，許多生活的決定並不只是靠著邏輯，而是憑藉著情緒與其他主觀的感受。因此，後形式運思期指涉的是，能夠權衡邏輯與情緒平衡的能力，這也與本章節前面討論的「智慧」有些相似。然而，雖然在操作上這是一個很有用的區分，但形式運思與後形式運思之間是否存在本質上的差異，仍是有爭議的。因為情緒考量與邏輯考量，仍可

依循某種理路結合起來，不必然需要創造一個「新」的思考方式。挑剔的人可能會說，這種說法會帶來一個危險，這理論會被當成老化智力退化的藉品，僅將作業表現不佳，當作是認知策略的改變。因為有許多的證據顯示，有很大一部分的老年人放棄了皮亞傑早期發展階段的思考方式，因此我們也很難交代後形式運思是否真的存在，更有可能的是，老年人會損失某些技能，是因為那些技能對他們生活的重要性是低的（第 7 章有更多的討論）。這也帶給老年智力變化研究更多尷尬的問題，許多研究假設他們的參與者（老或年輕）會使用相同的智力技巧，儘管效能會有些差異，當大部分老年人使用的邏輯系統是不同的，這種比較還會是公平而有意義的嗎？

◉ 結論——大黃蜂飛舞（the bumblebee flies）

有許多都市傳說提到，透過科學家最精確的運算，大黃蜂是不可能飛翔的。這個例子通常用來說明「科學家知道什麼？」的疑問，而如同多數都市傳說的功能多半都是人用來為自己的偏見辯解。這個誤解的起源中，一個不確定的、但似是而非的解釋是，這是一種對數學模式的誤解，也是特定數學算式的限制（McMasters, 1989）。而我們的目的是以此故事說明不同的重點：我們可以透過觀察真正的生命，以檢驗大黃蜂是否能飛。這是一個自然與社會科學酸鹼測驗的例子之一——理論模型真的能夠解釋現實環境嗎？在老化與智力的例子中，多數的研究在更廣泛的層次並未互相駁斥。研究發現老年人整體智力降低並不奇怪，而健康（如末期衰退這種極端狀況下）與運動（心理與生理）的影響調節是可能的，問題是在於我們開始描述這些智力改變的量有多少。大量的實驗研究提出，智力的衰退確實是相當大的，這個衰退甚至低於智力缺陷的成年人，這也顯示了 3 個關鍵的可能性。

第一，這些模型與觀察基本上就是錯的。但這個可能性看來相當難以

置信：因為有太多研究證實這些測驗的衰退是真實的。

　　第二，如同我們已有的討論，年齡相關的變化可能被目前的統計計算方式誇大（尤其是近期重新評估縱貫研究的數據），但不論如何，改變仍舊存在，而且這些改變應該在生活中有著重要的影響，並非只在實驗情境中有其效果。但若變化幅度是這麼地大，顯然老年人並未在生活當中顯現這些退化狀況。儘管刻板印象中，老年人反應機智較慢而且有些健忘，但並沒有人認為沒有失智的老年人與嚴重智力缺陷的年輕成年人的智力是差不多的。因此，補償效應在現實生活中所扮演的角色勢必比目前認為的更大更重要。有趣的是，那群狂熱擁護老年退化的「真正」尺度中，存在著非常巨大改變的人，同時也最傾向忽略補償效應的影響。但是在實驗作業中發現的衰退越大，現實生活中的補償效應就越大。

　　為了迴避前面提出的難題，第三個可能性是，這些模型衡量的是真正的變化，但測量的技術有限，難以與現實生活完全連結。那些發現大量年齡衰退的測量方式，許多都是屬於智力的心理計量測驗或控制嚴謹的實驗室研究。一開始這些研究控制無可非議，需要嚴格地標準化或將混淆變項控制到最低，但同時這也成了問題之一。心理測驗中，一個重要的目標是，他們應該要是文化公平的（**culture fair，能夠讓不同背景的人都能接觸**）。因此在測驗中，任何現實生活中的狀態都會被嚴格地排除，以免某一群人會在測驗中，因為在某向度的生活經驗較為豐富，而有著不公平的優勢。這些研究結果都缺乏與現實生活的直接連結，許多研究者也都認為，在不同的研究條件下，標準化測驗分數與現實生活的能力之間的相關是低的（如 Duckworth and seligman, 2005; Estes et al., 2010; Gould 1981）。

　　因此，許多老年智力變化研究因為採用的是難以對應現實生活的測驗工具，而使得研究結果打了折扣。這方面的一個例子是，有許多在日常的生活中會有所影響的因素（例如教育），在控制嚴謹的智力測驗研究中卻少有效果（Salthouse, 2010, p.109）。許多研究者也呈現這項事實，以證

實他們的測量是「精準」的，並且不被文化（像是教育程度）影響。引用其中的一個例子如下：

> 有個可能性是，就算生活經驗沒辦法預防退化，經驗也可以隱蔽退化帶來的效應。也就是說，老化相關的退化會出現在不同經驗程度的人或專家身上，但當人有越多與認知運作表現相關的經驗，他們因為老化而出現的衰退就更會因為這些經驗而抵消（Salthouse, 2010, p.153）。

文中引人思考的語句是「生活經驗也可以隱蔽退化帶來的效應」，開玩笑地說，我們會想問「眞實的生活經驗竟敢隱蔽心理學實驗所定義的眞實狀態？」這意思看起來是，那些檢視眞實生活技能、探討補償效應或有關現象的研究，隱蔽了認知衰退，使其無法於實驗測驗工具中展現。在某種意義上，這個論證當然是合理的，但這是基於一個假設：實驗的測量比日常行爲更重要也更爲眞實，但這是遠不那麼確定。這也並非是批評老年人測量的終點，我們會在第 7 章再回到這個主題。

需要被注意的是，這個領域的爭論目前或多或少都需要仰賴統計的詮釋。的確，統計分析一直是這個領域的關鍵，但漸漸地它從用於確認眾所周知的研究發現，轉向分析本質上便帶有歧義的研究資料。舉例來說，許多傳統「老派」的研究會顯示某組的分數顯著高於其他組，或是某分數與其他分數之間是有關聯的，在這些研究中統計只是單純地顯示差異或關聯是否顯著。換句話說，研究結果是巧合的情況是相當低的，所以我們可以認爲如果我們重複一個研究得到一樣的結果，那麼這個結果應該就是對總人口有代表性的。這種情況的不同例子（例如控制不同的混淆變項）基本上仍屬於「所見即所得」。然而，有關於縱貫研究時常被退出效應與其他類似的效應影響的爭論，則被認爲不再只是觀察值的效度檢驗問題，而是統計數學詮釋的議題。這不必然是錯誤的抱怨某個領域採用大量統計數學是愚蠢的。但對筆者而言一個明顯不安的感受是，對於眞實世界的現象描

述何者為真，越來越取決於誰擁有最能說服人的統計分析。這樣的決定方式有兩種危險：第一，我們無法以現實生活的觀察予以核對。當原始分數不變，現實的行為也會相同不變，但我們一直被要求相信研究者公認最能描述生活的數學模型。第二，我們都是透過統計進行分析，也就是說，基本上這樣的分析是透過宣稱我們已經解釋了資料中最大的變異量來完成，但這並不等同於全然地分明，無懈可擊的數學證明題，透過內在輯推論就能夠論其結果。但我們也被要求相信研究所選擇的統計方法是最適合的，問題是，隨著研究者不斷提出新的且自認為最好的統計模型，論點也會一個換過一個。根本無從阻止各種挑戰現有最佳模式的企圖。因此，辨論會進入無限的循環。但不管使用何種統計的方式詮釋，原始分數以及人們與此有關的真實生活經驗仍舊不會改變。

　　雖然在這個領域中有許多的考量，但一般認為，老年人雖然在流體智力上出現衰退，但在晶體智力是維持的，智慧是增加的，研究也支持這個結論，但著眼的層次較為廣泛。尤其需要注意的是，研究結果的差異往往是實驗操弄和統計分析方式所產生的，老年人晶體智力的「保留」，是因為測驗不限時，評分也較寬鬆。儘管年齡仍然造成智力上的差異，然而我們所討論的所有情況，都可能因為世代效應而誇大之。縱貫研究的結果通常年齡差距是比較小的，但同時這個研究方式也錯誤纏身，而且它需要花費更多的金錢與時間來進行。研究也證實，在老年人中，突發性的智力衰退可能是死亡的預兆。許多研究提出了各種不同的老化模型，包括不用論（因為減少練習而出現技能的衰退）與普遍變慢假說（因為神經傳導速度減緩而導致的智力衰退）。不用論有某種效度（尤其加上了補償效應的議題），但難以解釋一些專業表現良好的老人，在一些技巧上仍然表現不佳的現象；普遍變慢假說被一些有趣的研究支持（例如賓利圖），但證據也顯示，某些技能的變異仍然無法被解釋。在更多特殊的智力技能中，像是注意力、概念組織、創造力與皮亞傑作業等的表現，本章均有說明。但是，在所有的例子中，都顯示世代效應或生活型態會強烈地影響研究結

果。綜合言之，至今我們仍然難以區分，老化是因為世代效應，還是純粹老化的影響。

○ 推薦閱讀

　　關於智力及其測量最好（也最值得讀）的概論應該就是 Deary（2001）的書了：雖然書的篇幅短，但它涵蓋相當廣泛的的議題，可讀性也很強；更進階、深度更深、也涵蓋更廣領域的教科書則是 Craik 與 Salthouse（2008），以及 Perfect 與 Maylor（2000）的著作，但讀者需要注意，本書需要進階心理學的先備知識與相應的統計能力；Hertzog 與 Nesselroade（2003）的書也同樣適用該注意事項，該書在測量老年人智力的方法學上，提供相當精彩的評論與回顧；另外在注意力與老化方面有相當好的回顧則是 Kramer 與 Madden（2008）的著作；Salthouse（2010）提供他對老化與智力一簡潔有力的概論。若希望了解老化與認知技巧的心理學研究，這些讀物都相當適合讀者閱讀。有些經典的期刊論文與老化心理學專章，尤其是認知老化的部分，需要透過圖書館的館際合作借閱服務才能取得。Lawton 與 Salthouse（1998）編輯的《老化心理學經典文選》收納了許多被廣泛引用且高度推薦的文獻。對老年心理測量相關議題更多批判文章可以參考本書第 7 章的內容，以本書作者在其他著作的論述（Stuart-Hamilton, 1999b）。

第三章

老化與記憶

何雪綾譯

◉ 概論

　　心理學的記憶研究，衍生了大量的概念與術語。簡單地對這些內容有些許認識，是開始探討老化對記憶能力的影響之前的必要動作。多數的一般人，都認為記憶是一種同質能力：也就是所有事情的記憶方式都是相同的。這是錯誤的觀念，因為單從生理學研究便可知，不同類型的記憶（例如，字詞、圖片、體育技能）儲存在大腦不同的解剖區域。再者，心理學家也已經發現，這些記憶系統以不同的方式運作。因此，舉例來說當研究者提到「口語」或「視覺」記憶，他們很確定自己在討論的是獨特的解剖與功能系統。

　　分類記憶系統的一個最簡單方式，是依據記憶被保留的時間長短。這通常是指我們將記憶區分為**短期記憶（short-term memory, STM）**以及**長期記憶（long-term memory, LTM）**。短期記憶是剛才立即發生的事件及細節的暫時儲存裝置：也就是剛才幾分鐘之內發生的事件以及細節，通常指稱的是比這更短一段時間（亦即過去幾秒鐘）。STM 的經典測驗，需要由實驗者唸出一串字母、數字或者單詞，讓參與者以相反順序複誦出來。在所有待背誦（**to-be-remembered, TBR**）列表中，參與者能夠確實反序複誦的最長列表長度，就稱為參與者的**記憶廣度（span）**。記憶廣度因 TBR 項目性質差異而有不同，因此通常會將測驗所使用的素材標於字首。於是，**數字記憶廣度（digit span）**指稱對數字的記憶，單詞記憶廣度（**word span**）指稱對單詞列表的記憶，以此類推。

　　經典記憶廣度測驗的一個問題是，它不太實際：一般人並不太會花時間去記憶一個隨意構成的列表。另一個重點是，STM 是暫時的：除非特別努力去維持，否則記憶會在短時間內消退。關於記憶爲何需要有短期的儲存、它如何運作，一個廣爲人知的解釋是，Baddeley 與 Hitch（1974）所提出的工作記憶模式。工作記憶定義爲「學習、推理、理解活動所必須之訊息的暫時儲存區（Baddeley, 1986, p.324）。因此，涉及工作記憶的典型作業是「持續把少量素材記住一小段時間，並同時以這些素材或者其它新進的素材，來執行後續的認知運作」（Morris, Craik and Gick, 1990, p.67）。

　　有一種形式的 STM 是多數人直覺上認爲有必要，例如，聽演講的時候，我們必須記住講者剛才說過什麼，才能理解他現在所說的。另一個工作記憶運作的例子是心算。心算時需要（以正確的順序）記住各個加總的數字，同時以這些數字進行運算轉換。可以注意到這兩個例子裡，都需要在記住某些東西的同時，進行別種心智運作。

　　關於工作記憶模式如何運作，目前的假說還相當缺乏對完整細節的描述。然而，在基本的論述裡，認爲這個系統是由中央執行器（**central executive**）所控制。它一部分屬於記憶儲存裝置（雖然容量有限），另一部分則控制著多個從屬系統（**slave system**）。這些從屬系統，比中央執行器有更大的記憶儲存容量，且各自專司於單一種類的記憶。因此，口語素材的系統稱爲語音回路（**phonological loop**）（在某些比較舊的課本裡，被稱爲 **articulatory loop**）。這個系統處理最廣泛意義下的字詞，因此它不僅記憶字母與語詞，也處理數字。中央執行器控制從屬系統中記憶的存放與提取。當需要同步處理（**concurrent processing**）時（即維持記憶的同時，執行某個需耗費注意力的作業），中央控制器會協調不同作業。很重要的是，如果同時有太多 TBR 項目需要進入從屬系統（亦即從屬系統本身無法記得所有接收到的內容），部分或者全部的項目會被傳輸到 LTM（見 Baddeley, 2010），在此擔當後援部隊。

　　記憶軌跡會快速地從 STM 消退，理由很簡單，絕大多數訊息，只有在接收到的當下是有價值的，之後就變得相當累贅。回到那個例子，在心算問題當下記得數字是必要的，但是計算過後若還一直記得，不且惱人也浪費記憶空間。但是顯然也有某些訊息，確實有被永久記得的必要，而這就是長期記憶的任務了。

　　長期記憶試圖負責訊息的永久儲存。它是否有容量上限，以及有多少訊息從這裡流失，都是未解之謎。但可以確定的是，沒有罹患失憶症的人，對他們而言「必要的」以及「日常的」訊息從來不會流失。例如，人不會忘記自己的母語、自己的名字、法國的首都，或者如何上廁所。這很可能是因為這樣的訊息是非常重要的，而且／或者經過頻繁的**複誦**（**rehearsed**）（換言之，記憶被回憶，因而「被練習」），因而形成了強韌、不可動搖的**記憶軌跡**（**memory trace**）。然而還是有某些訊息，確實從 LTM 中流失了（例如，舊住址、電話號碼等等，在朋友搬家之後也容易被遺忘）。這些喪失的記憶，常是那些現在已無關聯而被取代，或者不重要的訊息，所以也不常被練習。LTM 的經典測驗，與 STM 的「記憶廣度」程序相同，只是參與者需要記住 TBR 項目更久的時間（較常見的是大概 30 分鐘到數天）。讀者可能會好奇，為什麼參與者不會像在 STM 實驗裡，忘記 TBR 的項目，這只是因為 LTM 測驗中，參與者被鼓勵複誦這些項目。

　　另一種記憶分類方式，是區分事件（**episodic**）以及**語意記憶**（**semantic memory**）（Tulving, 1972）。事件記憶是個人經驗的記憶（一個看似與**自傳式記憶**（**autobiographical memory**）近似的概念，指稱特定於個人生活事件的記憶）。語意記憶是與個人經驗無關之事項的記憶，是關於事實的儲存，例如一般性的知識或者學科學習。另一個的記憶劃分系統是**外顯**（**explicit**）及**內隱記憶**（**implicit memory**）（Graf and Schachter, 1985）。這是將記憶區分為意識所能夠掌握的（例如，試著回想滑鐵盧戰役是哪天發生），以及雖能夠從記憶中提取，但並非

個人特意去儲存的。例如，一個檢測內隱記憶的方式是，使參與者在進行一個心理學作業（例如，評分各個字詞所引發的視覺心象程度）的過程中接觸到一個字詞列表。稍後再讓參與者進行字詞完成作業（**word completion task**），在這個作業中會提供某個字詞開頭的一個或數個字母，讓參與者填完整個字詞（例如，請完成 FOR＿＿＿＿＿）。參與者會傾向以他／她剛才看過的列表中的字詞來填答（例如，傾向填答 FOREST，而非 FORGET），即便他／她可能並未意識到自己動用了這些記憶。在其它例子中，內隱記憶可能指稱依據記憶素材所做的推論，即便個人從未刻意記得那些推論結果，例如，人們能很輕易地回答「艾爾頓·強有兩隻腳嗎？」這個問題，僅是他們依據所記得的訊息逐步推斷而來：艾爾頓·強是頂尖歌手，頂尖歌手也是人類，而人類都有兩隻腳。簡單來說，人能夠擁有艾爾頓先生有兩隻腳的「記憶」，即便這個事實並不是以明確的陳述語句儲存在大腦裡。

與前述這些記憶向度較不相關的是計劃與監測的能力。記憶最常見的用途之一，是記得在將來要做某件事情，或者稱做**前瞻式記憶**（**prospective memory**）。在概念上與此相近的是**後設記憶**（**metamemory**），這是指一個人對於自己記憶的認識──它的容量有多大、如何才能記得最好，諸如此類的。

我們也可以運作的方式來思考記憶系統：例如，爲了儲存（**編碼**（**encoding**））以及提取，記憶被以何種方式塑造。在心理學領域內，對於記憶喪失是源自於編碼無效或者提取無效，有相當大的爭議。編碼無效假說可以類比爲圖書館，能力不足的館員把書籍擺放在錯誤的書架上，導致搜尋圖書的時候，無法在正確的位置找到適當的書本。同樣道理，未被有效編碼的記憶，會因爲無法提取而喪失。提取無效的論點是，記憶雖然已被適當地儲存，但無法被有效提取出來，因而造成記憶喪失。回到圖書館的比喻，這就像一個人有嚴重的失讀症，卻被要求去找出某一本書。這個議題在探討失智症患者的記憶功能時尤其重要（參見第 6 章）。

　　記憶可以多種不同方式檢測。最常運用的分類檢測是區分回憶（**recall**）及再認（**recognition**）。前者需要參與者盡可能報告一個列表上的 TBR 項目。在依序回憶（**ordered recall**）作業中，參與者必須按照 TBR 項目呈現的順序複誦，才能算是正確回答（例如，如果 TBR 項目是 17654，參與者就必須回答 17654，若回答 71546 就不算完整）。在自由回憶（**free recall**）作業，回憶的順序無關緊要（因此 71654、71546、56147，或其他不同順序都是可以接受的）。一般認為再認作業比回憶作業簡單。兩種作業都是先呈現 TBR 項目給參與者，但是在再認作業中，記憶能力的檢測，是要求參與者從一個選項列表中，選出他曾經看過的項目（即目標項目（**target**）），選項列表也包含其他不曾出現在原始列表中的項目（即分心項目（**distracter**））。參與者在再認作業記得的項目，通常比在記憶作業多，因為在再認作業中記憶的負荷比較輕（同樣值得注意的是，再認及回憶歷程幾乎可以確定是由不同的心理機制所掌控）。在線索回憶（**cued recall**）作業，參與者會得到關於答案的提示（例如，TBR 字詞字首的一個或更多字母）。

　　我們已經簡短地了解記憶研究中的一些術語、理論以及技術，現在來看看老化如何影響人的記憶功能。

◉ 老化與短期記憶

　　若採用基本的短期記憶廣度測驗（參與者僅需以相反順序，複誦實驗者所唸過，或給他們看過的內容），多數研究都發現年長者的表現，雖然在統計上有顯著衰退，但程度還是相當輕微的（Craik and Jennings, 1992; Craik et al., 1995）。但若要求參與者做額外的作業，通常年齡的效果就會變得相當明顯（Cohen, 1996; Craik, 1986）。Bopp 與 Verhaeghen（2005）的整合分析研究發現，較年輕者的記憶廣度平均是 7.6 個，年長者則是 7.1 個。作業越複雜，此差異就越大（僅供記錄：工作記憶是最複雜的作業，

反序記憶廣度次之）。該研究的研究者，以賓利圖將此差異型態簡化為單一線性關係（參見第 2 章）。

提升短期記憶作業複雜度的一個方法是，採用**反序記憶廣度**（**backward span**）程序。參與者需要以相反於項目呈現順序的方式複誦這些項目（例如，TBR 項目是 75123，參與者要回答 32157）。這明顯比直接回憶困難，參與者需要先以正確的順序保留住這些項目，同時將這些項目依相反順序排出（這基本上是一種工作記憶測驗）。其中，Bromley（1958）的研究顯示年長者在這類作業中表現明顯較差。但有一個比較奇怪的例外，年長者在**克羅斯積木敲擊測驗**（**Corsi Blocks Test**），正序以及反序背誦的表現是相同的，這可能是此測驗的特殊性質所導致（參見 Kessels et al., 2008）。

年長者在反序記憶廣度的表現較差，被認為有許多可能原因。其中一個是，因為順序及反向列表的項目是一樣的，很容易讓人混淆，而產生了錯亂的混和記憶。這隱含了未能成功規劃對心智素材的運用，以及額葉功能的問題（參見 Thompson-Schill et al., 2002）。因此，就像額葉功能的退化會對其他認知作業的表現造成顯著影響（參見第 2 章），在記憶作業也是如此。無法適當區分無關訊息及必要訊息，有時會被放在**抑制不足假說**（**inhibitory deficit hypothesis**）的主題下做說明（參見 Hasher、Zacks and May, 1999）。年長的參與者在工作記憶作業中，於後半段題項的表現不佳特別明顯，也可用來說明這個假說。這是因為作業前段所記憶的 TBR 項目尚未消去，而對後來新 TBR 項目的記憶造成干擾（Bowles and Salthouse, 2003）。Hedden 及 Park（2001）的研究也同樣顯示，年長者特別難以區分早先所呈現的 TBR 列表項目，以及最近呈現的項目。抑制不足假說曾被應用於記憶之外的其他心智歷程。例如，Morrone 等人（2010）的研究巧妙地展示了在區分比喻及錯誤陳述時，這個假說扮演的角色。Bulter 與 Zacks（2006）以這個理論解釋為何相較於年輕人，年長者壓抑過去曾高度練習之反應的能力明顯受損（在這個研究例子中是眼動

反應）。腦部掃描的證據也指出，這個現象是源於老化的大腦無法抑制無關刺激的腦部活動（例如 Alain and Woods, 1999; Gazzaley, 2005）。

抑制不足假說廣泛地被引用，但如同其他心理老化模式，它所描述的現象，並非在所有記憶情境都能被觀察到。例如，Aslan、Baumi 及 Pastotter（2007）的研究，從事件記憶作業中的提取引發遺忘（**retrieval-induced forgetting**）現象上，就並未發現與老化有關的缺損。若年長者眞的在所有的記憶類型上，都有特殊的抑制問題，那麼研究結果就不應該是如此。但也需要注意，希望找到在不同類型的記憶歷程中，都能有完全相同評估效果的行爲測量與技術，是非常困難的（參見 Alain and Woods, 1999），所以研究結果無法爲這個假說提供支持證據，很可能只是實驗程序的問題，而非理論本身的缺漏。當然，反過來說，這個理論也因爲這樣的論點而變得無法被否證，既然沒有發現支持的證據，總是可以歸因爲研究的缺陷。因爲另一個理由，我們還是該謹愼看待抑制不足假說。假說的論點是年長者抑制無關刺激的能力較差，但是在老化的大腦中，抑制失敗也不太可能單獨出現——它也可能是與更大規模的腦部結構與心智運作缺損有關。這因此與額葉假說（參見第 2 章）很類似。換句話說，表現下降有多少來自單純的抑制功能減退，有多少來自整體的老化效果，可說尙未有定論。這並非否定抑制不足假說的角色，只是對於它本身有多少獨特貢獻提出了疑問。

討論到老化對工作記憶的影響，Baddeley（1986）提出中央執行器是短期記憶隨年齡退化的主要原因。因爲一般認爲中央執行器的解剖位置是集中於額葉（參見 Baddeley, 1995; Dahlin et al., 2009; Tay et al., 2008），所以上述想法也符合直覺。雖然有些簡化，但這裡的論點是，記憶廣度較不受到老化影響——主要缺損的是組織記憶素材以及在進行比記憶列表項目更複雜的工作時，能管理好不同作業的能力。例如，增加工作記憶作業中分心作業的複雜度，馬上就能對年長者的回憶表現造成影響（例如 Mitchell et al., 2000; Morris、Gick and Craik, 1988; Verhaeghen, 2011;

Zeintl and Kleigel, 2010）。請注意這裡的分心作業，並不一定要明顯是認知作業。例如，Lindenberger、Marsiske 及 Baltes（2000）發現邊走路邊記憶，便足以降低年長者的記憶表現，若所走的路徑越複雜，記憶減退的情形就越是嚴重。此外，Maylor、Vousden 及 Brown（1999）提出一個聰明的模式，把序列順序的短期記憶能力，與額葉功能衰退及反應變慢的共同結果連結在一起。這類研究結果，因而為這樣的論點提供了支持：與年齡有關的短期記憶衰退，其主要問題之一是訊息處理，而非儲存本身。基於於上述發現，以及記憶與其他認知功能似乎都強烈受到額葉功能狀態的影響，可預期隨著老化，短期記憶能力的變化會與流體智力（Salthouse, 1991b）、處理速度（Bryan and Luszcz, 1996; Byrne, 1998; Fisk and Warr, 1996; 也可參見 Rabbitt et al., 2007）以及與其他中樞神經系統功能的指標（例如視覺敏銳度，Salthouse et al., 1996）有強烈的關聯。在此範圍內，短期記憶／工作記憶的衰退，可能被視為整體智力老化的部分表現。所以許多評論者把抑制能力的衰退視為老化記憶衰退的關鍵因素，也就不足為奇了。但就像第 2 章提到的額葉假說，我們也要小心不過度套用這個理論。Bowles 與 Salthouse（2003）的研究就發現，它並未能完全解釋記憶表現分數的所有變異（參見 Robertson, Myerson and Hale, 2006），Burke、Mackay 與 James（2000）則注意到，抑制功能難以被清楚定義。Maylor 與 Henson（2000）發現，當研究要求參與者以正確的順序回憶字母列表，在年長者身上的**蘭屈伯格效應（Ranschburg effect）**比在年輕人身上更為明顯，蘭屈伯格效應是，當列表內包含重複出現的 TBR 項目，出現的記憶表現變差現象（例如，ATYABF 列表會比 ATYMBF 列表難正確回憶）。這個現象的成因，被認為是抑制歷程傾向壓抑重複出現的項目。若年長者的抑制功能衰退，則蘭屈伯格效應在他們身上就不會那麼明顯，但是 Maylor 與 Henson 的研究卻發現相反的結果。所以，雖然抑制功能是老化記憶作業表現的良好預測因子，但它並非唯一的因子（Maylor, Schlaghecken and Watson, 2005）。

因此，雖然短期記憶作業（例如反序記憶廣度以及工作記憶典範）為年齡相關的表現衰退提供了很具說服力的證據，但關於這些研究發現有一個重要的警告：有些研究者以順序及反序記憶廣度的落差，作為老化衰退的衡量「基準」，但是 Ryan、Lopez 及 Paolo（1996）認為不同測驗施作的差異性太大，以致於這個落差可能難以有參考價值，Gregoire 與 Van der Linden（1997）更進一步認為，這個效果的強度在不同年齡並沒有差異（Myerson et al., 2003 的發現也與此呼應）。

然而，這並非年長者短期記憶能力面臨的唯一問題。Belmont、Freeseman 與 Mitchell（1988）提到。年長者的 STM 訊息編碼較缺乏效率。與此有關的是一種稱為組集（**chunking**）記憶處理方式。對於一個由較長字串組成（ > 4）的 TBR 項目，比起把它們當成單一長字串來記憶，把它們劃分成 3 或 4 個項目組成的一系列的群組，會是較好的策略。例如，與其將 345172986142 記為 345172986142，較好的作法是以群組的方式思考這串數字，將他們 3 個一組，拆解成 345、172、986、142。這個原理也應用在信用卡號或者電話號碼的顯示上。Belmont 等人的研究顯示，年長者在編碼數字列表的時候，比年輕人難將這些數字適當分組。但值得注意的是，還是有部分較年長的研究參與者，確實有進行群組化，他們的記憶廣度與表現最佳的年輕參與者是一樣好的。其他研究者也發現，年長者不會去整理 TBR 項目內容，若缺乏提醒鼓勵，他們也不會對這件事情多加留意。換句話說，他們處理訊息的「深度」不足（例如 Craik and Rabinowitz, 1984）。年長者甚至會在較廣泛的層次改變他們的記憶策略。例如，Brébion、Smith 與 Ehrlich（1997）指出，當一個工作記憶作業是需要在記憶一組 TBR 項目的同時進行句子理解作業，年長的參與者傾向著重於理解作業，而非記憶作業。這呼應了第 2 章引用的記憶作業研究發現，年長者較傾向注意行走及保持平衡，較少注意當下同時進行的問題解決。

但並不是所有研究都發現策略使用差異能夠解釋記憶表現的年齡差

異。例如，Bailey、Dunlosky 與 Hertzog（2009）發現雖然不同策略確實影響工作記憶表現，但這僅能解釋個別研究參與者間的差異（不分年齡）。若特別檢視年齡差異，會發現最能說明年長者與年輕人工作表現差異的，是處理速度的差異——他們在策略使用上則沒有太大不同。換句話說，雖然策略使用差異可部分說明不同年齡組的差異，但控制這個變項的影響之後，強烈的年齡差異還是存在。但這意思並不是策略使用本身沒有效果，例如很容易可以確定的是，訓練改善工作記憶技巧對於年長者或年輕人都有幫助（例如 Carretti, Borella and De Beni, 2007；也可參見 Lemaire, 2010）。其中一種方式是，訓練年長者使用位置記憶法（**method of loci**）。這技巧是記憶普通場景裡一系列的心智圖像，例如房子裡的不同房間。把各個 TBR 項目以想像放在這個場景的不同位置上，而後透過心像旅行，逐一回想場景裡儲存的各個圖像，以回憶出這些列表項目。假設要記憶 15794 這個列表，記憶者可以想像自己走進一棟房子，看到一個 1 黏在信箱上，一個 5 在傘筒裡；走進起居室，7 坐在沙發上，隔壁的 9 正給自己倒了一大杯飲料；進到廚房，4 正在削馬鈴薯。這個技巧的目的是讓各個心像都盡可能的鮮活，如此便更容易被記得。Smith 等人（1984，引用自 Rebok, 1987）以土生土長的柏林市民為研究參與者，發現他們能以熟悉的柏林街道景象為記憶位置，來提升他們的數字記憶廣度表現。Herrman、Rea 與 Andrzejewski（1988）也發現，年長的研究參與者在接受訓練之後，會報告他們的記憶有所改善。但需注意，只有在涉及特定的記憶作業時訓練才有幫助——這種幫助不會轉移到其他的記憶形式。舉例來說，數字記憶廣度的改善並不會對圖像記憶表現有幫助。這個效果在各個年齡組別皆有發現（亦即，這不只是一種老化現象）。

讀者也需記得，年輕人運用位置記憶法還是比年長者有效率得多。例如，Lindenberger、Kliegl 及 Baltes（1992）的研究發現，年長者在位置記憶作業的表現不如年輕人，即便年長者是有經驗的平面設計師（具有良

好的空間能力），與年輕但缺乏特殊空間技巧的參與者相比，表現還是較差。Singer、Lindenberger 及 Baltes（2003a）的研究指出，較老的老人（75 歲以上）在訓練之後，記憶表現頂多也只有輕微的提升，但是對於較年輕的老人，記憶訓練會比較有效且具持續性（根據 Derwinger、Neely 及 Bäckman（2005）的研究，至少維持超過八個月），且一般的訓練也被認為是有效的（例如 Cavallini, Pagnin and Vecchi, 2003）。在一個記憶訓練研究的整合分析中，Verhaeghen、Marcoen 及 Goossens（1992）總結如下：訓練是有幫助，可將作業提升大約 0.3 個標準差（雖然年輕人的表現提升更多）。Ball 等人（2002）的研究也有類似結論。

◎ 老化與長期記憶

我們在導論時提過，「基本的」LTM 及 STM 作業是一樣的，差別只有 TBR 項目呈現時間與回憶時間的間隔長短不同。在基本的 STM 作業，年齡差異雖然顯著，但差異量並不大，但在 LTM 年齡的效果就非常明顯了（Albert, 1988）。這並不太意外，多數的訊息在進入 LTM 之前必須先經過 STM 處理，因此在 STM 處理時的不足，在回憶之前會隨著項目儲存於 LTM 的時間增長而擴大。然而近期許多老化研究超越過去枯燥的「實驗室研究」作法，不再僅以隨意的字詞或數字列表探討長期訊息的保留能力，改以較實際的日常記憶作業進行，本章也會聚焦探討這個部分。

例如，已知在真實生活情境中，若能運用補償策略，年齡差異就會減少。Castel（2005）的研究顯示，如果文具的標價便宜得或昂貴得讓人覺得可笑，那麼年長者會比年輕人難記得這些不切實際的價格。但如果標價合理，年長者與年輕人對於價格的回憶表現就會一樣好。

◉ 遠期記憶

遠期記憶是指人的一生中所發生的非自傳式事件。檢測的方式通常是給參與者一個列表，包含過去 50 年左右，「新聞上」曾經出現的姓名及／或事件描述，而後請參與者回應他們記得哪些。一個例子是**知名姓名測驗（Famous Names Test）**或 FNT（Stevens, 1979）。這個測驗是一個人名列表，參與者僅需回應他們認得哪些名字。列表內容包含：

- 1970、1960、1950、1940 或 1930 年代曾經短暫出名的幾群人的姓名，例如，1970 年代的拳擊手約翰·康特（John Conteh）、1930 年代的高爾夫選手瑞吉·惠康比（Reggie Whitcombe）。
- 一組非常知名的姓名（例如，溫斯頓·邱吉爾），若無法認得這些人的名字，則有可能是失智。
- 一組虛構的姓名。

這些姓名混在一起出現，參與者會被提醒有些名字是假的（以免他們直接謊稱列表中的每個名字都認得）。

Stuart-Hamilton、Perfect 及 Rabbitt（1988）測試 50 到 80 歲的研究參與者 FNT 的表現，發現不論年齡，對於近期姓名的記憶都比遠期的好。同樣的現象也被其他許多研究者觀察到（例如 Craik, 1977; Perlmutter, 1978; Poon et al., 1979），因此推翻了一度相當受歡迎的**里博假說（Ribot's hypothesis）**（Ritbot, 1882）。這個假說認為，年長者的近期記憶應該不如遠期記憶。就好比將大腦想成一個很深的貯水槽，記憶以小水珠的形式滴進去之後往底部沉。要把這個水槽填滿需要很長的時間，但是當它填滿之後，水就開始從水槽的邊緣外溢出來。滲出來的比較會是那些在水槽表層，最近才滴進去的水：越久遠以前的水，會沉在水槽越深的位置，比較不會擾亂、漏失。

從正確辨認的姓名數量來看，FNT 成了極少數年長者表現比年輕人

好的心理測驗。因為如此罕見，反而顯示這個研究結果的解讀有問題。最嚴重的問題是，Stuart-Hamilton 等人（1988）的研究進行時（大約1987），年輕參與者是 50 多歲，當時幾乎很難記得 FNT 列表最早期的名字（1930 年代那組）。同一研究的第二個實驗中，20 歲的參與者也進行了 FNT，這些人除了從歷史人物資訊，根本不可能知道那些年代久遠的人名。但是他們還是能夠正確地從各個年代組裡，分別認出大約 25% 的人名（研究參與者也正確的排除了幾乎所有的虛構人名，所以他們並不只是亂猜）。這意謂著遠期記憶測驗裡，有一部分項目的指認可能仰賴了語意記憶，而非純然是「當時經驗而來的」遠期記憶。總之，遠期記憶測驗可能部分評估了遠期記憶，但測驗的答案非常容易受一般記憶內容汙染。而且，不同年齡層的參與者，指認出 FNT 裡的某個特定姓名的可能性是很相近的。換句話說，如果「X 小姐」在 70 歲組參與者最容易認出的人名中排行第 10，在 60、50 或 20 歲組，她的排行可能也在第 10 上下（Stuart-Hamilton et al., 1988）。這說明「遠期」人名可能比研究者以為的，更常出現在媒體上。不同人名受歡迎程度的「排行榜」之間的相似性，背後代表新聞媒體報導強度，在不同年齡組之間有明顯的一致性。

Basso、Schefft 及 Hamsher（2005）的研究結果支持這個論點。該研究發現非常年老（90 歲以上）的參與者，在總統測驗（此為時間序列的知識測驗，內容是測量美國最近 8 任總統是誰）的分數明顯較差。同一群研究者也發現，教育程度與遠期記憶有正相關（呼應 Lalitha and Jamuna, 2006 的研究結果）。這些結果都支持這個論點：遠期記憶測驗可能反映了個人接觸新聞媒體的程度，因為教育程度越高的人，會閱讀越多且越熟知近代歷史。我們也假設非常年老的老人，接觸新聞媒體的程度較低，類似感官退化所導致的效果。

因此，雖然人可能真的有遠期記憶，但在測量上困難重重，希望透過「純粹」的方式度量，使其不受一般知識汙染是幾乎不可能辦到的。但是這些測量對於失智症患者的評估還是有幫助（參見第 6 章），因為這類

疾病在早期就可能出現顯著的錯誤。例如，Storandt、Kaskie 及 Von Dras（1998）發現（美國的）研究參與者之中，即使是早期失智症患者，他們在總統測驗的得分也是受損的。無論如何，老化與遠期記憶仍是一個有待研究的領域（Basso et al., 2005）。

○ 目擊者證詞

目擊者證詞指的是記得曾經看過的某個事件之相關訊息的能力。在「真實生活」中，目擊者記憶構成許多法律案件的基礎。過去實驗研究對目擊者證詞的測量，多半是讓參與者觀看某個發生中的事件（可能是真實上演或者錄影播放）。一般來說，雖然年長者對事件主要重點的記憶，與年輕人一樣好，但是在回憶比較次要重點（像是主角的衣著細節）的時候，年長者就顯現出些許惡化（例如 Adams-Price, 1992）。舉例來說，如果要給一個整體訊息回憶的簡單「分數」，就會出現相當明顯的年齡差異（例如 Yarmey and Yarmey, 1997）。這對於年長者擔任目擊者的可信度來說，並不是一個好兆頭。

Coxon 與 Valentine（1997）的研究發現並未增強這個缺乏信心的感受。他們直接比較年長者、年輕人與兒童在觀看一個犯罪錄影之後，對於一系列誤導性及非誤導性的問題所做出的反應。研究發現年長者以及兒童的表現都比年輕人差。Karpel、Hoyer 及 Toglia（2001）的研究發現，年長者在一則描繪小偷的短文中，比較容易受到有關的誤導訊息影響。他們不僅是後來把比較多錯誤訊息誤認為「事實」，對於這些錯誤訊息的確信度也明顯高於年輕人。這結果呼應了 Dodson 與 Krueger（2006）的研究。他們發現記憶確信度最高的那些年長者，是最容易在後續出現暗示性的錯誤；在年輕人身上，則是相反的關聯。Aizpurua、Garcia-Bajos 及 Migueles（2009）有類似發現。同樣的，在一份文獻回顧報告中，Cohen 與 Faulkner（1989）發現年長者較易把事件的解釋當作是關於該事件的真

實記憶（亦可參見 Kensinger and Schachter, 1999）。這表示一個事件的記憶，為了能與後續的解釋相符，出現扭曲的風險是比較高的，這使得目擊者的陳述失去了客觀性。因此，整體而言這方面的看法是悲觀的（見 LaVole, Mertz and Richmond, 2007），背後與額葉處理能力不足，因而無法壓抑無關訊息有關（Roediger and Geraci, 2007）。

雖然此段落的描述看來較悲觀，但必須強調研究所報告的效果僅是平均表現，未可套用至所有年長者（見 Muller-Johnson and Ceci, 2007）。老年人目擊者記憶的問題，有部分可能來自於知覺缺損。若能控制住這些因素，便可消除或減少至少部分的年齡差異（見 Searcy, Bartlett and Memon, 1999）。然而在真實生活中，卻不必然能夠找到方式補償這些感官缺損的影響。Brimacombe 等人（1997）發現如果操弄證詞提供者的年齡（即某些實際由年輕人提供的證詞，被偽裝成由年長者提供，或者是相反的情況），人們對於所閱讀證詞正確性的判斷，會依據他們主觀感覺的證詞正確性，而非依據他們對提供證詞之目擊者年齡的判斷。換句話說，內容才是引發人們做出負向判斷的原因，而非對年長目擊者的刻板印象。但不論如何，在真實生活中那些被評定為較不好的證詞陳述，也都是由年長者所提供。

這類考量使得在法庭上的年長目擊者的表現堪慮。即使他們證詞的要點正確無誤（這可能是最重要的部分），律師還是能快速利用他們在（其實不太重要的）細節回憶上的弱點，削弱他們的可信度（也因而減損年長者的自尊）。研究發現年長目擊者證詞被評定的可信度較低（例如 Kwong See, Hoffman and Wood, 2001），這個結果有些出人意料，因為一般都認為年長者是比較誠實的（Kwong See et al., 2001; Moulin et al., 2007）。

◉ 文本回憶

因為文本回憶與語言技巧有很大關係，這個主題在第 4 章會有更多詳細的討論。總結有關研究發現，對故事要點（即文本的「要旨」）的回憶，基本上沒有或僅有很少的年齡差異，但對細節的記憶則會退化，尤其智力測驗表現較差的年長者更為明顯。但是有某些情況會使這個原則失效，有興趣的讀者可查詢下一章的有關段落。

◉ 語意記憶

一般預期語意記憶是隨著老化，仍可相當強韌維持功能表現的一種記憶能力，因為事實及資訊的記憶是屬於晶體智力之定義的一部分；而晶體智力相對不隨年齡變化，是眾所周知的（見第 2 章）。確實，看起來是如此——通常年長者對於儲存在語意記憶裡的事實及資訊的回憶，即便並未優於年輕人，也與他們無異（例如 Camp, 1988; Fozard, 1980; Sharp, 1998）。這一部分是因為語意記憶的位置似乎是分散在整個皮質區，而非集中在特定區域（Eichenbaum, 2003）。這使得此種記憶較能抵抗老化帶來的變動。背後的邏輯是，如果不是完全集中在某個特定區域，衰老問題就比較難有機會造成記憶功能的破壞；相對的，如果是集中在單一區域，那麼記憶功能就比較容易因為相應的局部發作而造成損傷。近期的證據顯示，年長者語意記憶的容量大小，與他們腦部灰質的體積大小與剩餘量最為相關（見名詞對照）（Taki et al., 2011）。然而，語意記憶與其他多種記憶之間的差異也需要留意：

- 與事件記憶的差異，在於它並未附有時間以及地點資訊。記得柴可夫斯基譜下《1812 序曲》便已相當足夠——你無需記得你在什麼時候、在哪裡學會這件事。不受這點限制，也意謂著在你的一

生之中，可以一而再、再而三地記起這個資訊，而不需要知道每一次的重複學習是發生在何時何地。你只需要記得同樣一個基本事實即可。

- 與記憶廣度作業的差異，在於你過去用了好幾年（也可能幾十年）的時間，複誦許多語意記憶的內容。在幾年之內反覆接觸同一個事實資訊（例如，聽過一次《1812 序曲》，幾乎不可能沒有第二次），使此種記憶擁有其他類型記憶所沒有的複誦品質。

- 大部分的語意記憶，擁有龐大的「記憶基礎結構」之支持——它與既有的穩固知識庫以及文化價值相配合，因此不像文字列表這類突然出現的 TBR 項目，它會比其他記憶類型容易吸收。

換言之，語意記憶作業本質上可能對年長者比較容易。如果細究具體的作業內容，會發現當年長者被要求從語意記憶中提取的，是較特定而非一般的、較近期習得而非過去經常複誦的訊息時，年齡相關差異就會變得明顯。例如，Craik 等人（1995）在一份文獻回顧的結論提到，既有的記憶確實如此，而新的語意記憶則會儲存得更差。Luo 與 Craik（2008）在較近期的回顧提到，頻繁使用的資訊，其語意記憶的保存情況會最穩固；非常特定的資訊（例如，人名）的保存則遠遠不及（亦可參見 Hough, 2006）。同樣的，提取記憶項目的能力在年紀較長之後可能不那麼流暢。比如，Kozora 與 Cullum（1995）發現，年長者針對某個語意類別列舉實例的效率較差。與此類似，在第 2 章我們也注意到許多年長者對於字詞的定義雖然正確，但較不精確。甚至，在一個為期 3 年的縱貫研究，Hultsch 等人（1992）發現關於世界重大事件的一般性知識，有明顯隨年紀退化的情形（與其他記憶及智力測驗的表現同步退化）。但此現象可能部分來自世代效應。

◉ 事件記憶

事件及語意記憶常被拿來做比較——不僅是因為他們有共同的理論基礎，也因為語意記憶相對上較能保留，正好與較易衰退的事件記憶形成對比。事件記憶定義為個人經驗的記憶，不僅包含日常經驗的記憶，在時限內記住字詞列表（也就是此段落開頭提及的 LTM 作業），這類較為人工的實驗室作業也歸屬其中。有非常大量的研究證據，顯示這類作業的表現明顯隨著老化而衰退（例如 Naveh-Benjamin et al., 2004; Plancher et al., 2010；研究參與者被指示遺忘某些訊息時，其表現也有年齡差異——見 Titz and Verhaeghen, 2010）。確實，說到事件記憶退化的可能原因，既有的資訊實在太多了，以下是晚年事件記憶能力改變的數百個相關因素中的幾個：

- 葡萄糖的攝取可明顯改善記憶表現（Riby, Meikle and Glover, 2004）。
- 教育程度（Angel et al., 2010）。
- 擁有脂肪蛋白 E（ApoE）4 等位基因（allele 4）（一種與失智症有關的基因型態），事件記憶表現會明顯缺損（Wisdom, Callahan and Hawkins, 2011）。
- 視丘的活動度（Ystad et al., 2010）。
- 海馬回的活動度（Doeller, King and Burgess, 2008）
- 腦白質的保存情形（Charlton et al., 2010）。
- 記憶輔助策略（*Aides memoire*）（例如，在提取階段提供 TBR 字詞的字首）通常有助於事件回憶（見 Thomas and Bulevich, 2006），但年長者從中獲得的助益，相對於年輕人是否明顯較多則仍未知（Craik, 2000）。

列舉的這幾項僅是冰山的一角。一個初步的電腦化文獻搜尋發現，單

單是 2005 至 2011 年間，就有數百篇文獻找到與事件記憶衰退相關的因素。當然其中許多研究的主題互有重疊，但還是累積了大量不同的發現。不幸的是，此方面研究多數無法詳盡完整地證實因果關係的存在。事件記憶衰退在年長者身上相當顯著，因此任何已知在參與者年老以後表現會有改變的測量工具，都可能至少與事件記憶衰退呈現部分相關，背後可能都來自一般性的老化效應。

　　事件記憶幾乎必定會呈現明顯的老化效應，因為其本質比語意記憶更複雜而易受扭曲。人們需要回憶僅此一次的事件（不像語意記憶會在各種情境中重複遭遇同樣的訊息），然後確定事件的內容、地點、發生時間，還有經常也需要知道由誰說或做了什麼事（同樣也是語意記憶所不需要做到的）。需要記憶的訊息多出許多，因此出錯的機會也高出許多。所以年長者事件記憶能力出現的關鍵缺損，正如同他們無法記得 TBR 項目的足夠細節，其實都不令人意外。這通常與來源記憶（**source memory**）有關（基本上是指記得在何種脈絡下習得某件事）。例如，McIntyre 與 Craik（1987）讓參與者記憶一組新的「事實」（實際上是虛假但合乎常理的片斷知識）。一週之後，年長者在事實本身僅顯現少許的記憶缺失，但在回憶最初是在哪裡學會這些資訊時（亦即上次的測驗情境），其表現卻遠比年輕參與者要差。同樣的，Simons 等人（2004）發現年長者在記憶特定的來源訊息（四個人之中是誰念了 TBR 項目）及部分來源訊息時（念 TBR 項目的人是什麼性別），表現明顯較差。從 Simons 等人所收集的證據看來，部分以及特定訊息的記憶受到相同的影響。

　　一個有關的主題是，年長者在終點式記憶（**destination memory**）（也就是記得誰已經說過或者聽過某個訊息）呈現出明顯的缺損。年長者既無法記得自己告訴過哪些人某個訊息，也無法記得告訴他某個訊息的人是誰（Gopie, Craik and Hasher, 2010）。另一個有關的發現是，年長者也難以篩去無關訊息。在 Kahana 等人（2005）命名為「具象化自由回憶」的技術中，他們讓參與者進行一個自由回憶的作業，但在回憶階段請參與

者不僅給出 TBR 字詞，也把任何「出現在腦海中」的其他字詞都說出來
（即分心字詞）。參與者獲得指示，在他們知道某個字詞是分心字詞時，
就按壓按鈕。年長與年輕的參與者都有給出分心字詞，但年長者在判斷哪
些是分心字詞時，表現明顯較差。即便考慮到要年長者進行同步作業的難
度較高，比如按壓按鈕與回憶字詞，Kahana 等人的發現還是進一步指出
了年長者因爲組織與抑制上的困難，而嚴重阻礙其事件記憶功能。

　　從這些研究可以得知，如果年長者比較難回憶脈絡訊息，且較容易誤
認分心字詞爲目標字詞，他們也比較容易出現假記憶——看來確實如此，
至少從實驗研究結果來說（參見 Dehon and Brédart, 2004）。除此之外，
這也引發了對於年長目擊者記憶可信度的進一步擔憂。雖然不令人意外，
但假記憶的產生已知是與執行功能程度有關（Plancher et al., 2010），且
如同本章所提到的其他例子，年長者比較可能（錯誤地）堅信這些假記
憶爲眞（Shing et al., 2009）。因此事件記憶的衰退形式不全然異於其他
類型的記憶功能；研究者也已注意到，事件記憶功能的變化是一般認知老
化衰退的基本要件（參見 Lövdén and Wahlin, 2005）。確實，事件記憶的
改變，是認知能力以及工作記憶之類的其他記憶處理能力出現一般性變化
的良好指標（Hertzog et al., 2003）。這導致一個值得關注的發現，雖然
語意記憶與事件記憶經常互相形成對比，但事實上這兩種能力是相互關聯
的，甚至可能在年老之後，彼此的關係更爲增強。Lövdén 等人（2004）
爲期 5 年的縱貫性研究，發現雖然事件記憶的表現，比語意記憶容易隨
著時間起伏不定（Nyberg et al., 2003 的研究支持這點），但這兩類記憶
有強烈的相關性，且此關聯隨著時間而增加。但無論如何，雖然事件記
憶及語意記憶彼此關聯，它們各自仍舊保有相當的區辨性（Allen et al.,
2002）。

◎ 內隱記憶

　　內隱記憶的證據，說明了並不存在顯著的年齡差異，或最差也不過僅有些微的衰退（例如 Fay, Isingrini and Clarys, 2005; Fleischmen et al., 2004; Mitchell and Bruss, 2003; Mitchell and Schmitt, 2006）。這個現象會持續至非常年長的歲數（Spaan and Raaljmakers, 2011）。

　　然而，對內隱記憶作業進行少量的操弄，確實能引發年齡差異。例如，Harrington 與 Haaland（1992）讓參與者做各種手部動作。可能是重複以某個順序做某些動作，或者以隨機順序做某些動作。研究者預期規律重複，會比隨機順序有助內隱記憶。在年輕人身上發現確實如此，但在年長者身上兩種情境沒有差異。這意謂著年長者較無法利用內隱訊息。然而這個研究發現可能僅適用於非常特定的情況。例如，Rowe 等人（2006）發現，年長參與者對於先前記憶實驗中所用到之分心字詞的內隱記憶，明顯優於年輕的參與者。同樣的，McEvoy 等人（1992）也發現運用內隱記憶的能力有明顯的惡化。在其中一個實驗裡，他們讓參與者記憶一組字詞，而後提供線索（在這個例子裡是意義相關的其他字詞，例如，若 TBR 字詞是「奶油」，線索可能是「麵包」）測試其回憶表現。對年輕參與者來說，若 TBR 字詞有許多可能的關聯字詞（例如，「車子」有許多關聯字詞，「蜥蜴」的關聯字詞則非常少），回憶的表現會較差。年長參與者也是如此，但效果幅度明顯縮小許多。一般認為這表示年長者較無法運用內隱關聯。然而，很可能是年長參與者花了比較長的時間作反應（McEvoy 等人的研究並未紀錄反應延遲時間）。因此，內隱關聯的效果被額外的處理時間稀釋掉了。此外，在更晚近的研究中，Geraci 與 Hamilton（2009）在一個以內隱記憶為基礎的一般性知識測驗，也沒有發現年齡差異。

　　Park 與 Shaw（1992）認為在發現年齡差異的研究之中，尚未確認

那些年輕的參與者是否知道自己正參與記憶測驗，因而更謹慎地專注於 TBR 項目。Park 與 Shaw 引用 Light 與 Albertson（1989）的研究，後者發現如果將有意識到測驗性質的參與者資料排除於分析之外，內隱記憶表現的年齡差異便消失了。

● 自傳式記憶與老化

自傳式記憶研究有幾個重大難題。最常被引用的那些文獻面臨信度問題，例如，一位年長參與者回想與已逝的父母在 1936 年的一次野餐，像這樣的陳年往事該由誰來確認其正確性？這並非意指參與者會刻意說謊，但通常陳年往事會在一個人的一生中回憶過許多次，每一次重述的細節都會有所改變，來使整個敘事更加流暢（Bartlett, 1932）。在事件發生 5 年之後以及 50 年之後，重新講述的故事可能有同樣的基本情節，但兩種敘事的細節可能就有差異了。這個論點獲得 Field（1981）的縱貫研究發現支持。比較在事件發生 30 年後以及 70 年後的回憶，兩者在基本情節方面呈現合理的高度相關（$r = 0.88$），但在較次要的細節回憶卻只有 16% 的一致性（$r = 0.43$）。Dijkstra 與 Misirlisoy（2009）的研究也呼應這個結果，他們讓參與者在講述自傳式記憶一年之後，針對經過改編的副本內容辨識正確與否，結果主要細節有高度正確率，但次要的資訊正確率卻是低的。

另一個方法學上的嚴重缺失，是記憶如何被引發。參與者對記憶的自我審查是一個普遍的問題。依據人類天性，可以合理假設人的鮮明記憶裡，性方面的經驗應該占有頗大比例。但奇怪的是，這些經驗卻很少被參與者提及。此外，要求人們依據提示線索給出自傳式記憶，通常產生的記憶彼此之間的共通性，是它們都來自一個人生命中大致相同的時期。要求人們先給出自傳式記憶，再接著記錄任何由此衍生的其他記憶，則會產生概念上相互關聯的記憶，而非來自一個人生命中大致相同的時期的記憶

（參見 Talarico and Mace, 2010）。再者，提示方法也容易受到線索選擇的影響。例如，若請參與者提供他們最鮮明的記憶，則會得到過多生命早期的事件回憶。給參與者線索字詞，請他們提供一個與此有關的回憶（例如，果醬——「喔對，我記得小時候曾幫忙媽媽做果醬」），並規定他們必須爲每個回憶出來的事件提供一個日期，也會有類似結果。但如果允許參與者在給每個回憶提供日期之前，先產生一個完整的列表，那麼參與者就會產生較多新近的回憶（Cohen, 1989）。更複雜的是，具有高度意象喚起特性的字詞，較容易引發古老的記憶（Rubin and Schulkind, 1997b）。

　　因此參與者被以何種方式要求提取回憶，決定了他們會提取出哪個年代的記憶，而老年人活在過去這種陳舊的說法，並未獲得研究證據支持。確實，許多研究都顯示年輕人以及年長者衍生的童年回憶數量相當（例如 Cohen and Faulkner, 1988; Rubin and Schulkind, 1997a）。這未必是因爲參與者沈浸在懷舊的心情之中。Rabbitt 與 Winthorpe（1988）把記憶區分成「愉快」及「不愉快」兩種，發現參與者回憶出來的陳年往事，大多會落在後面這一類。Bernsten 與 Rubin（2002）以另一種技巧引發回憶，發現開心的回憶雖佔有較高的比例，但不愉快的回憶也有相當可觀的數量。

　　與此相關的是，多數自傳式記憶實際上檢驗的是**非自主記憶**（**involuntary memory**）。換言之，參與者被要求產生的回憶，是那些在當下他們若未被要求，不會自行產生的回憶。但是在真實生活中的自傳式記憶，有更多是屬於**自主記憶**（**voluntary memory**）——也就是那些回憶是自發產生，未受指使，也並非受到當下某些關聯刺激的提醒而衍生。這個可能相當有趣的主題仍少有研究投入，但既有的證據顯示，年長者出現自主記憶的頻率是相對較少的。相較於非自主記憶，自主記憶的內容比較特定，情緒也較爲正面（Schlagman, Kvavilashvili and Schulz, 2007）。有趣的是，相較於具體的感官刺激（例如，某種味道或者氣味），自主記憶比較容易被抽象的線索引發（Mace, 2004）。雖然這並未減損普魯斯特

在《追憶似水年華》（Remembrance of Things Past）的開場，那段關於瑪德蓮的知名描述，但也顯示了這段經常被引用的記憶線索，實際上比想像中更不常引發人們對往事的回憶。

　　但這並非意指味道與氣味對於自傳式記憶沒有任何效果。幾乎所有人都有過這樣的經驗：無意中把某種香氣或滋味與強烈的記憶混雜連結在一起。這可能是因為香氣或滋味不容易複誦，這方面的記憶也不容易在心智上再現——所以就需要與真正的東西連結；也因為如此，藉由嗅覺／味覺所喚醒的記憶會如此強烈，因為它們較不在個人的意料之中，也比較少遇到。Maylor、Carter 與 Hallett（2002）發現，若在呈現線索字詞的同時配合呈現某種氣味（例如，「玫瑰」這個字詞搭配玫瑰精油的氣味），不論是年輕人或者年長者，回憶的記憶數量都會倍增。這個發現本身很有意思，但也帶出了一些問題，是否其他自傳式記憶測驗，無意中受到測驗室裡的氣味、研究者身上的味道等等影響，而出現了偏誤。另外，Chu 與 Downes（2000）的研究顯示比起字詞線索，由氣味線索引發的自傳式記憶，明顯是來自生命更早期的記憶。因此「普魯斯特現象」確實存在，即便它並不是自主回憶的主要來源。

　　儘管有這些考量，許多研究者都曾報告過回憶顛峰（**reminiscence peak**）（又稱為回憶高峰（**reminiscence bump**））現象。這是指在測驗方法許可的前提下，產生的較遠期的自傳式記憶（相對於剛發生的過去），多數可能是來自 10 歲到 30 歲之間的經歷（例如 Berntsen and Rubin, 2002; Rubin, Rahhal and Poon, 1998; Webster and Gould, 2007）。這並不令人意外，因為多數重要的生命事件是發生於這段時期（初次的性經驗、求職、考試、婚姻、為人父母等等）（參見 Jansari and Parkin, 1996）。許多研究者認為，回憶高峰僅適用於正向的生命事件記憶——負向記憶並沒有相同的回憶高峰現象（例如 Leist, Ferring and Filipp, 2010）。反之，在生命極早期的自傳式記憶是非常少見，或甚至不存在的（**童年失憶症（childhood amnesia）**）。佛洛伊德與他的追隨者認為，

這是來自對不愉快記憶與心理分析式衝突的壓抑，但今日的看法則認為這是年幼的孩童，缺乏將可提取的自傳式記憶適當編碼的心智能力所致。

與記得什麼樣的內容有關的一個議題是回憶的鮮明程度。透過內省可知，某些記憶會較其他記憶清晰，而早期的記憶通常比近期的記憶「模糊黯淡」（Cohen and Faulkner, 1988）。這點也可以 Nigro 與 Neisser（1983）的研究說明，他們發現人們對遠期記憶的感覺，通常像是站在旁觀者立場看著事件發生（亦即彷彿看著自己經歷），較近期的記憶則是從個人當時的觀點回憶而來。此外，人們感覺鮮明的原因也隨著生命期而改變。Cohen 與 Faulkner（1988）發現年輕人與中年人會受到事件本身帶有之情緒強度影響——感受越強烈，鮮明度越高。但對年長者來說，鮮明與否的最大決定因素，是他們在之後有多常想到這些事件。Cohen 與 Faulkner 建議，因為老化會使記憶的鮮明程度減弱，唯有不斷複誦，才能將這些記憶的細節保留住（就像經常把銀器從樹櫃裡拿出來擦拭，以避免失去光澤）。

Rabbitt 與 Winthorpe（1988）發現年長者在自傳式記憶測驗的反應品質較差（而且產生回憶的速度也較慢）。例如，他們給出的答案較模糊而不特定（例如，「我記得兒時曾經去野餐」相對於「我記得 7 歲生日時曾經去索爾斯伯里平原野餐」）但 Rabbitt 與 Winthorpe（1988）說明這並非老化本身的效果，而是流體智力與工作記憶（用於在講述過程中追蹤剛才說過什麼，以及接下來需要說什麼）剛好都出現退化所致。這些研究者在後續的另一個研究中，發現了回憶的細節受年齡、流體智力以及晶體智力決定（Holland[舊姓 Winthorpe] and Rabbitt, 1990; Phillips and Williams, 1997；兩個研究得到類似結果）。此結果詮釋為，儘管老化歷程以及流體智力的衰退，導致回憶能力的減退，不受年齡影響的晶體智力可能某種程度提供了補償。這些發現，在加上 Levin 等人（2002）的研究結果後更加完整。他們發現年輕人會針對特定的回憶提供較多細節，而年長者傾向回憶可跨情境適用的一般性語意資訊。這個現象即便是在刻意探問參與者、

請他們給出更多細節之後，還是持續存在。同樣的，Piolino 等人（2010）的研究說明了，自傳式記憶若屬於越詳細描述的類型，年齡的缺損會越大，這個現象研究者認為與執行功能與工作記憶功能的改變有關。同時也需要注意，即便年長者與年輕人在鮮明程度相近的記憶表現可相比擬，但年齡差異還是存在，相較於年輕人，年長者產生的回憶偏向正面，較不涉及個人，與社交情境較有關（Webster and Gould, 2007）。

有越來越多的證據顯示，自傳式記憶產生的過程涉及腦部海馬回的活動（例如 Maguire and Frith, 2003; Viard、Piolino et al., 2007; Viard, Lebreton et al., 2010），那是一個已知受老化影響甚深的區域，這或許可以部分說明主觀上的鮮明度與細節何以會有差異。額葉功能一直與此有關（McKinnon et al., 2008），這是另一個公認在生命晚期會嚴重受到影響的區域，它尤其與記憶規劃與順序安排有關。有趣的是，記憶的時間新近性看起來並未引發不同年齡在神經活動上的明顯差異（Donix et al., 2010）。

焦點從自傳式記憶的質與量移開之後，另一個議題是它的功能。一個合理的論點是，自傳式記憶是認同感衍生的關鍵成分（參見 Cohen-Mansfield et al., 2010）。Cappeliez 與 O'Rourke（2002）的研究確認了自傳式記憶與人格類型之間的關聯。他們運用人格的 5 因素理論（參見第五章），發現自傳式記憶的產生與外向性、神經質及經驗開放性有關。這結果或許不令人意外，外向性與產生記憶用於對話交談有關，神經質與過去不愉快事件的反芻思考有關。經驗開放性則是與生命及死亡意義的尋求有關。因為與生命意義的發現有關，往事的回憶也被運用於治療脈絡。許多評論者認為年長者的「懷舊治療」值得鼓勵，因為它使長者能為自己的人生命名（參見 Kermis, 1983; Pasupathi and Carstensen, 2003）。也有證據顯示，誘發自傳式記憶是年長者憂鬱問題治療的有效成分，原因是一樣的（Serrano et al., 2004）。但是許多年長者的懷舊，只是他們對應無聊的方式：「年長者可能越來越感覺到，相對於多采多姿的過去，當前的

生活缺乏值得記憶的亮點。」遠期記憶因爲在記憶系統中較常獲得搜尋與複誦，而使這個內心劇場成爲他們唯一的選擇（Rabbitt and Winthorpe, 1988, p.302）。

◉ 前瞻式記憶

除了記得過去，記憶的一個主要功能是計畫未來。這某種程度意謂著從個人的經驗與錯誤中學習，使下次再遇到相同情境時能有更好的因應。可視爲是智慧／晶體智力的一部分。另一個更直接符合的記憶類型是前瞻式記憶，或是在未來記得去做某件事情的能力。前瞻式記憶可能會被當作是另一種形式的長期記憶，因爲它涉及將訊息保留一段較長的時間。但是從簡單的證據便可推翻這個說法。第一，這兩種記憶類型從理論上來說是不同的。在回溯式記憶，只要能針對某個動作回想出某個項目或者事件，記憶運作就算成功。但在前瞻式記憶，不論某個動作被想起多少次，唯有此人能在正確的時間正確地執行這個動作，記憶的運作才算成功（West, 1998）。第二是，兩種記憶在實徵研究發現上也有不同。它們之間不論是正確率或者使用的記憶策略都少有相關性（Jackson, Bogers and Kersthold, 1998; Kvavilashvili, 1987; Wilkins and Baddeley, 1978）。

前瞻式記憶的回憶方法相當因人而異，但整體而言可分成兩大類：內在線索（**internal cues**）及外在線索（**external cues**）。外在線索就像日記裡記下的內容，或者手帕上的蝴蝶結這類熟悉的事物。換句話說，是個人於外在環境所留下的提示物。有些實驗所設計的測驗是採事件為本的作業（**event-based tasks**）爲記憶策略（參與者在接收到某個提示時，必須據以將某個記憶提取出來，並付諸行動）。內在線索則完全是個人想在適當的時機自我提醒時採用的心智策略。它可透過時間為本的作業（**time-based tasks**）（參與者需在特定時間點做反應）測量。然而，這個區分方式並不如某些評論者認爲的那麼截然二分。例如，一個常見的策略是，搭

配某個熟悉的日常活動進行（例如，每天早餐喝咖啡時），試著記得並完成某件事（Maylor, 1990a, 附錄 A）。這算是內在策略（只是記得把另一個動作加在某個熟悉序列動作的最後）還是外在策略（咖啡的畫面成為一個備忘錄）？同樣的，日記裡的某段紀錄雖然屬於外在測略，但也需要內在策略的運用，使人記得察看日記。因此，兩種記憶策略在功能上的區分是很模糊的，必定會因為過於模稜兩可而難做深入分析。因此，在此段落的後續討論中，內在及外在策略將只被視為是實務上使用的策略，不去質疑它們如何運作。

某些前瞻式記憶作業，既不存在年齡差異也沒有老化優勢。例如，一個「傳統的」前瞻式記憶作業要求參與者記得在預先排定的時間打電話給實驗者。Poon 與 Schaffer（1982，引自 West, 1988）以及 Moscovitch（1982）發現較年長的參與者記得打電話的比例較高，而且也較準時。但這可能有部分是世代效應所致。年長者可能過著比較平靜安穩的生活，因此較少會有什麼使他們分心而沒能打這個電話。而且，年長者所受的教育可能讓他們較重視準時以及信守承諾，使他們有較強的動機打電話。後面這個假設受到 Poon 與 Schaffer 的研究發現支持，他們發現增加回電所能得到的金錢回饋，提升了年長者的表現，但並未提升年輕參與者的表現。此外，Altgassen、Kliegel、Brandimonte 及 Filippello（2010）發現前瞻式記憶作業具有社交上的重要性（相對於單純只是典型失真的實驗室實驗裡的一部分），年長者相對於年輕人的表現明顯較好。Kvavilashvill 等人（2009）描述到，當參與者被要求報告真實生活的記憶流逝情形，年長參與者比較傾向報告它們無法記得過去的某個事件，而非某個失敗的前瞻式記憶，而年輕的參與者剛好相反。

減少世代效應的一個方法是，以 50 多歲的參與者組成年輕成人組，這個年齡的族群，其智力表現與他們 20 多歲時（也就是典型的「年輕成人」組）的表現大致等同，但教養經驗與年長者較為接近。Maylor（1990a）如此設計了研究，並進一步挑選生活風格相似的參與者。這些

參與者必須連續 5 天，每天打一次電話給研究者。可能是在某個精確的時間（「精確」情境）或者在兩個時間點的中間（「期間」情境）。Maylor 發現不同年齡組，不論是準時程度或者回電次數都沒有差異。她也發現幫助記得回電的線索使用沒有年齡差異。這與早先的研究發現的，年長者傾向使用較多外在線索的結論相違背（例如 Jackson et al., 1988; Moscovitch, 1982），而這可能是世代效應所致。Maylor 之外的其他研究，通常招募年輕學生為參與者，他們可能是因為課程要求而被迫參與研究（許多心理學研究會偽裝成實作課）。依據一般大學生對於實作課的熱衷程度，年輕組的參與者可能較為冷淡，也可能採用內在線索，因為它比使用外在提示物省力。Maylor 研究中的年輕組參與者，都是某個更大規模的老化效應研究計劃案的主動自願者，因此可能有較高的動機。

但是 Maylor 確實在參與者的外在及內在線索使用上發現了年齡效果。亦即，內在線索的使用者，犯錯的明顯是年紀較大的人，而外在線索使用者，犯錯的明顯是是年紀較輕的人。因此，那些始終只仰賴自己記憶的人表現會逐漸變差，而轉往尋求外在協助的人，表現則會改善（也許是因為他們變得比較有經驗了）。不過，參與者某種程度是根據所面臨的作業性質來選擇策略。Maylor 發現「期間」情境裡，外在線索的使用會比在「精確」情境多。她認為這是因為兩種作業的主觀難度不同（即較困難的情境，會使人較積極以預備外在線索的方式回應）。West（1988）對於線索使用與作業要求之間的類似關聯已有描述。

然而，在其他情境中，可觀察到前瞻式記憶相當大的年齡差異。例如，Cockburn 與 Smith（1988）發現年長參與者，在記得約會以及記得傳送簡訊的測驗表現是較差的。同樣的，West（1988）的研究，說明了年長者被要求在測驗過程中記得傳送簡訊，表現會明顯較差。確實，一般來說如果參與者在做其他評量的同時必須記得完成某件事，他們的表現就會出現年齡差異。甚至，年齡相關的表現衰退會隨著作業複雜度（例如 Einstein, McDaniel and Guynn, 1992）與／或注意力負荷（Einstein et al.,

1998）的增加而更形明顯。爲何年長者在某些前瞻式記憶作業的表現應當比其他作業表現要好，是個尚無定論的問題。有人認爲，年長者在事件爲本的作業表現得比在時間爲本的作業要好。但是，若略過先前關於此種分類方式的評論不談，多個研究的發現都不贊成對此現象採取單一解釋。例如，Maylor（1998）在一個要求參與者辨認名人照片的作業中發現了年齡差異，這個研究的作業就包含前瞻式記憶作業的成分（要求參與者指認戴眼鏡的名人）。換言之，這個實驗提供了有力的事件爲本的線索，但仍舊存在著年齡差異。另外，Park 等人（1997）合理地推論，在某些情況中，時間爲本的作業所測得的是時間監控能力，而非記憶本身。最後，Henry 等人（2004）說明在時間以及事件爲本的作業中，年輕人的表現都優於年長者（而當作業處理的要求提高時，後者的年齡差異亦更加明顯）。

或許一個更令人滿意的解釋來自 Craik 等人（1995）的觀察，他們發現在較短的時間架構之下，前瞻式記憶作業的表現反而很容易就出現最顯著的年齡差異。因此，如果被要求記得在進行某個相當複雜作業的過程中，同時做某件事情，比起例如要在整個禮拜之中記得去做某個單一的動作，前者會比較容易忘記。在較長期的自然情境之下，與較短期的實驗室情境之下，兩種記憶典範所評估的前瞻式記憶是否等同，是受到質疑的。例如，設想某人被要求玩一個相當困難的射擊類電玩遊戲，並被告知每次只要他們射到紅色的怪物，就得大叫「香蕉」。如果他們忘記在每次射到紅色怪物時大叫，這是他們忘記自己在某個時候得做某件事，或者也不過是在本來持續進行的作業裡的其中一個失誤而已（譬如說，類似於忘記射殺黃色怪物可得到雙倍射殺藍色怪物的分數）？相較之下，忘記在某天的某個時間致電研究者，比較像是記憶的失誤，而非有大量的作業要求，在同一時刻競相爭奪參與者的注意力，而使其分心所致。

需注意短期前瞻式記憶作業，作業難度不必太高即可引發年齡差異，譬如，Maylor（1998）的作業就根本稱不上困難。另外，Maentylae 與 Nilsson（1997）發現，甚至只是在兩小時的測驗結束之後，請實驗者在文

件上簽名這樣簡單的作業，年長者都明顯容易忘記。儘管如此，在較易分心／較嘈雜的環境中，年長者對前瞻記憶作業會顯得更不在行（Knight, Nicholls and Titov, 2008），而 Kliegel、Jager 與 Phillips（2008）的整合分析說明了線索越聚焦（也就是「超級明顯」），年長者的表現越好。另一個考量是，時間較長的作業，例如記得在某日某時打電話，可以被整合進一般日常的規律活動之中，因此成為充分練習過的程序裡的一部分。但同時作業或者在開會時傳簡訊給研究者，就不是年長者曾經反覆練習過的事情。這個論點受到 Bailey 等人（2010）的支持，他們發現如果把一個標準實驗室類型的前瞻式記憶測量，拿到自然情境中施測，年長者的表現明顯有所改善。作者認為這是因為在自然情境或者真實世界中，年長者能夠「根據每日活動的目的行動，但在實驗者設計的持續作業中，就難以前瞻地記得該做的事」（Bailey et al., 2010, p.646）。換句話說，如果年長者在他們的世界裡依循自己的步調工作，不試圖在自己無法掌控的非真實世界裡追隨基本上不真實的作業要求，他們就能有比較好的記憶表現。

　　簡而言之，當前關於前瞻式記憶的老化研究可能把兩個相當不同的現象納入了同一個概括的標題之下。「第一類前瞻式記憶」用於自然情境，是記得未來的約會或某些職責。此類的測量幾乎不可避免在真實的情境中進行。「第二類前瞻式記憶」是記得在進行另一個作業的同時執行某個動作。此類的測量則必然是在實驗室情境之下進行。此一差異似乎也受到 Henry 等人（2004）的整合性評論研究證實。他們發現年長者在自然情境的作業表現優於年輕參與者，在實驗室情境的作業則相反。然而，智力在兩類前瞻記憶的研究中，都不是相當有力的預測因子（Cockburn and Smith, 1988; Maylor, 1998），雖然第二類前瞻式記憶的衰退與工作記憶的衰退類似（Logie and Maylor, 2009）。

　　Zollig、Martin、Kliegel（2010）發現年長者、青少年以及年輕成年人，在進行前瞻式記憶作業分別有不同的腦部活動型態，這隱含了前瞻式記憶的神經機制在整個生命期的不同時期可能有所改變（亦可參見

West and Bowry, 2005）。McFarland 與 Glisky（2009）發現前瞻式記憶測驗表現（在時間爲本的作業上）與額葉功能水準有強烈的關聯。此外，Livner、Wahlin 及 Backman（2009）的有趣研究，認爲甲狀腺功能水準可能對前瞻式記憶表現有影響。沒有甲狀腺問題的人，其甲狀腺功能水準仍可能有所起伏，而這對額葉某些方面的功能表現有影響，是已知的事實。Livner 等人發現促甲狀腺激素（TSH）水平較高的年長者，其前瞻式記憶測驗分數明顯較好。但是，甲狀腺功能的效果並不那麼明確（例如，TSH的濃度與記憶測驗分數之間並不存在線性關係），仍有待更多的研究探討。

◉ 後設記憶與老化

年長者能夠評估他們的心智能力到什麼程度？對記憶較抽象特徵的判斷（例如，決定哪些種類的 TBR 項目是最容易記得，最好的記憶策略是什麼），只受到老化些微的影響（Perlmutter, 1978）。但是，後設記憶其他方面的表現，通常確實會呈現隨記憶衰退的現象。年齡差異主要出現在：(1) 被要求針對某個未完成的記憶動作進行判斷，或者 (2) 被要求對過去以及未來的表現作整體判斷。此外，後者的測驗方法學問題，無論如何都將使得研究文獻的結果更加難以解釋，這點後面也會再做討論。

評估自身記憶能力的一個方法是後設知識（**metaknowledge**）或者記憶知感（**feeling of knowing, FOK**）。一個典型 FOK 實驗可能要求參與者先看過一個問題，而後告訴實驗者他們對於自己正確回答此問題的信心有多高（通常採用數字量尺）。我們已從目擊者證詞等研究主題，了解了年長者的正確性判斷相當不好（亦可見 Perfect and Hollins, 1999）。此發現在其他記憶類型也同樣適用，例如，事件記憶（Dodson, Bawa and Krueger, 2007）以及前瞻式與回溯式記憶（Reese and Cherry, 2006）。此方面的一個例外是直接的語意回憶，多數這方面的研究報告的 FOK 正確

率都沒有或僅有非常少的年齡差異（例如 Allen-Burge and Storandt, 2000; Fozard, 1980; Perlmutter, 1978）。更廣泛地來說，記憶能力的自我預估甚至可預測 6 年後的記憶測驗表現（Valentijin et al., 2006）。Souchay 等人（2007）比較相同參與者於不同記憶類型的 FOK，發現在事件記憶有顯著的年齡差異，但在語意記憶則無此發現。

因此，雖然隨著老化衰退的例子很多，但某些類型記憶的後設記憶在晚年仍能維持正確率。但即便事實可能是這樣，年長者卻未必相信。例如，Camp（1988）發現，年長者認定自己的語意記憶已有衰退。在其他例子裡，FOK 可能與對記憶作業主題的信心程度有關。例如，Marquié 與 Huet（2000）的研究說明年長參與者的 FOK，只在電腦資訊方面比年輕人差，在一般知識題項的表現並沒有顯著差異。這可能屬於更大的年齡相關悲觀主義趨勢的一部分，因為長久以來，研究者對於年長參與者的自信心低落已多有報告（例如，Botwinick, 1967）。當然，在事件記憶作業中，如果編碼時與 TBR 項目有較多接觸，後續 FOK 分數的提高（意指有較高的信心）可能就是較大的接觸量所致（參見 Hertzog, Dunlosky and Sinclair, 2010）。

然而，FOK 的改變並非只是悲觀的結果，較差的執行功能這類因素也一直被引用（參見 Bouazzaoui et al., 2010; Juncos-Rabadan et al., 2010; Perrotin et al., 2006），還有運用脈絡訊息的能力較差（Thomas, Bulevich and Doubois, 2011）。此外，Dodson 等人（2007, p.122）發現「年齡相關的記憶缺損，是來自年長者在回答需要記得近期所學事件之特定細節的問題時，容易犯下高度自信的錯誤。」換言之，如果一個人的記憶不完整，那麼這份記憶可能不好到，讓此人無法得知自己記憶的不好。因此他們的後設記憶判斷也註定是不好的，因為他們的判斷從本質上來說，根據的是不完整的資訊。神經運作的缺損或許可以解釋這點。Chua、Schacter 與 Sperling（2009）注意到，處理有高度信心的項目時，年輕人內側顳葉的神經活動會增加；同樣情境下，年長者沒有此現象。因此很可能，晚年

神經活動的改變，使人難以做出與年輕時同樣明確清晰的判斷。

　　不完整的記憶活動的一個主要例子是舌尖（**tip of the tongue, TOT**）狀態（有興趣深入探討的讀者，需注意某些評論者把舌尖狀態歸為語意記憶而非後設記憶的一部分；亦可參見 Schwartz and Frazier，2005）。這是個多數人熟悉的經驗。無法徹底地回想起某個正在搜尋的字詞或名字，但能記得它的某些特性，例如，第一個字母、有多少音節、類似發音的字，諸如此類。Brown 與 McNeill（1966）率先密集地研究這個狀態，他們給參與者一些未知字詞的定義，要求他們說出這些字詞為何。通常參與者要不是知道是什麼字，就是完全沒概念，但是在某些情況下會出現舌尖狀態。一般來說，參與者確實可說出字詞的細節（例如，在 57% 的情況中他們能夠給出字詞的第一個字母）。舌尖狀態不過是個惱人的感覺，只有在定義罕見字詞時才會出現。但如果不知不覺地它也出現在日常對話中，那麼就有可能是失能了。Burke、Worthley 與 Martin（1988）決定研究老年族群的舌尖狀態，有一部分是因為他們在進行一個研究的過程中，老年參與者抱怨這個狀態造成困擾。確實，一般來說年長者記憶字詞的表現不佳，尤其是名字（Crook and West, 1990; James, 2006）。Burke 等人要求他們的參與者，連續 4 週在日記裡記下所有舌尖狀態的發生。他們需要記下這狀態發生時，他們能想起的這些字的所有細節，以及後來他們是否找到實際上想找的那個字（亦即，舌尖狀態是否解決）。Burke 等人發現年長參與者明顯報告了較多的舌尖狀態，雖然獲得解決的舌尖狀態之比例沒有年齡差異（兩個年齡組最後找到正確字詞的情況都超過 90%）。但是，在舌尖狀態當下，年輕參與者明顯能報告出較多字詞細節（呼應 Maylor, 1990b）。後續研究指出，年輕人的舌尖狀態比年長者包含更多資訊，也比較接近再認的閾值。例如，White 與 Abrams（2002）發現，如果參與者被問到偶爾也會導致舌尖狀態的一般知識問題，給予一個語音促發（例如，參與者所搜尋之字詞開頭的發音）便會解決年輕參與者的舌尖狀態，但卻無法對年長者有幫助。從不同文法類別抽取出來的促發字詞，也會不

同程度地影響不同年齡組在舌尖狀態的解除（Abrams, Trunk and Merrill, 2007）。

在與 Burke 等人類似的研究中，Cohen 與 Faulkner（1986）請參與者針對適當的名詞（即，人名）完成為期兩週的舌尖狀態日記。令人驚訝的是，結果大多數（68%）都是朋友及熟人的名字。或許就像 Cohen（1989, p.104）說的，「常用的名字比較容易忘記」（雖然對於人名的記憶，不太可能在人的晚年不成比例地居於弱勢，如同 Maylor（1997）仔細分析之後所做的說明）。同樣必須注意的是，一般而言年長者在記得新的人名以及與人有關的新細節（例如，他們的職業）時，其表現比起年輕人明顯特別不好（James, 2004）。這可能是因為心智處理的效能降低（簡單來說，要記得「農夫（farmer）」這個語意類別比較容易，記得「法莫（Farmer）先生」這個名字比較難）。此外，年長者仰賴的方式，似乎是等名字自己「浮現」。以這些研究發現，可推測年長者難以提取微弱的記憶痕跡。這點從他們有較多的舌尖狀態，且當舌尖狀態出現時想到的字詞細節較少，都可以看得出來。因為他們缺少目標字詞的許多細節，以這麼少的可得資訊搜尋字詞，對他們來說要花費的時間可能是不值得的（某種後設記憶策略的產物？）反之，年輕人對舌尖狀態的字詞有較多辨識，因而有較多訊息能夠據以做反應，於是便可能感覺花點時間投入記憶搜尋是值得的。從神經學的角度來說，既有證據顯示舌尖狀態與大腦灰質流失，以及左側腦島（已知是與語音處理有關的腦區）活動度減低有關（參見 Shafto et al., 2007, 2010）。此外，年長者在舌尖狀態下，前額葉的活動也有不同，這暗示了神經運作會隨老化產生改變（Galdo-Alvarez, Lindin and Diaz, 2009）。

⊙ 總結與概述──老化如何影響記憶？

唉，許多長輩對於自己的記憶力「不如以往」的常見抱怨，基本上似

乎是正確的。人到了晚年記憶^確^實^會衰退，儘管有少部分仍可維持得較好（例如，「基本的」STM 廣度以及前瞻式記憶與記憶的某些面向），整體卻是走下坡的。

　　有些評論者認為，正向看待老化能抵銷記憶的喪失，這不完全是個不合理的想法。Earles 等人（2004）發現給予緊湊的時間限制，或者高作業難度，都會導致年長者特別明顯的表現衰退。研究者認為這至少有部分源於作業中所引發的焦慮以及降低的自我形象。但相反的，Yoon 等人（2000）思考一群對老化有非常正面態度的華裔加拿大人的反應，發現除了較高的回憶項目數量與華人文化有強烈相關性（可能來自特定的世代效應），並無其他證據支持該論點。Rahhal、Hasher 與 Colcombe（2001）認為，或許年長者對自身記憶能力的負面觀感，預設了他們在記憶作業表現不佳。研究者操弄記憶作業開始時的指導語，以強調或者不強調作業的記憶面向。在指導語明確強調記憶的情境，年輕與年長參與者的表現有顯著差異；未明確強調的情境則沒有顯著年齡差異。這意味著許多老化與記憶研究可能誇大了記憶喪失的程度。研究測量到的不是年長者真正的記憶能力，而是操弄年長者自尊對測驗表現的破壞程度。

　　Murphy 等人（2000）發現年輕人在嘈雜環境中記憶項目，與年長者在安靜環境中記憶項目，兩者的表現是相似的。這引導出一個論點，也許老化記憶衰退有部分是來自感官輸入能力變差（基本上，因為 TBR 項目缺乏感官保真度，本來可花費在記憶項目上的心智力氣，於是都分散在基本的知覺之上了）。其他身體的生理改變也可能有影響。例如，West 等人（2002）發現，在一天之中的什麼時間施測對記憶表現也有影響。年長者會覺得自己在早上比較警醒，年輕人則是傍晚。在一天之中的「錯誤」時間點測量會使年齡差異更為明顯。

　　儘管有這些的警告，記憶的年齡差距似乎還是存在。許多次我們都提到，記憶與一般性的老化衰退有強烈關聯。在神經層次，很明顯記憶表現與腦部結構之間必定存在連結，從腦部結構到個別的神經元層級。腦部結

構與記憶之間的關聯很容易說明。除了本章引用過的一些例子，以下也可提供思考：

- 腦部白質完整性（即有多少白質 [參見名詞解釋] 仍未受損）與工作記憶表現顯著相關（Charlton et al., 2008）。
- 額葉活動度與工作記憶表現顯著相關（Dahlin et al., 2009; Rypma et al., 2001; Stebbins et al., 2002; Tays et al., 2008）。
- 腦容量與長期記憶顯著相關（Charlton et al., 2010; McArdle et al., 2004）。
- 語意記憶分布遍及大腦皮質，這使它比其他記憶功能（例如事件記憶）不容易受老化衰退的影響。事件記憶較仰賴海馬回（Eichenbaum, 2003），也容易受到多巴胺系統衰退的影響（參見 Bäckman and Nyberg, 2010）。

神經變化研究的一個風險是，生命晚期生理與心智變化之間的關聯其實不難發現，因為兩者可能都受到一般性老化的影響（參見第 2 章），因此找到的身心關聯可能只是單純的巧合，某些研究的例子就屬於這種情形。但也有其他研究發現相當特定的生理與心智衰退關聯，而無法用上面這個論點來解釋。例如，稍早引用的 Charlton 等人的研究，發現長期記憶的改變與腦部總體積的減少有關，但與腦部特定區域（例如海馬回）之間的關聯就並不顯著。幾乎所有引用於此的文獻中都是如此——它們發現的都是非常特定的關聯。這表示我們探究的是特定神經損傷的效果，而非一般性老化的效果。雖然混淆變項的影響仍無法排除，但這些研究發現使得「一般性老化影響」這個解釋更站不住腳。

有些研究者轉往從神經變化的特定模式角度思考，他們將生命晚期的記憶衰退歸因於某種形式的反分化假說（參見第 2 章）——也就是，心智狀態的神經表徵在生命晚期變得較不具區辨性（distinctive），這尤其導致記憶儲存的表現不佳。此論點的進化版本是**神經回路補償機制假說**（**Compensation-Related Utilisation of Neural Circuits Hypothesis**，

CRUNCH）（Reuter-Lorenz and Cappell, 2008）。這個假說主張，年長者在低作業要求情境中的神經表徵比較獨特，但當作業要求變高時，神經表徵的區辨性就變低。背後的邏輯著重在大腦細胞流失（參見第1章），以及剩餘的神經元為了因應此流失而產生的改變。這類神經結構改變一度被認為可能性很低，但是現今已知，即便到了老年，腦部結構仍有相當的可塑性（可適應性）。例如，Lövdén等人（2010）的研究顯示，大量的記憶作業訓練（180天之內，進行101次每次一小時的訓練），導致年經與年長參與者的胼胝體白質出現相同程度的增長（參見附錄一）。這顯示經驗為本的可塑性（即因應心智實務的變化而有的腦部結構改變）直到老年階段仍舊存在。因此，腦部神經結構在生命後期絕不是僵化固定的（雖然Dahlin等人（2008）的研究認為，年輕人還是比較善於把他們在單一作業中的學習概推到類似情境中）。

　　CRUNCH模式認為隨著老化大腦細胞流失，既存細胞之間的相互連結也消失了，因此老年人的大腦相較於年輕人，需要激發更多的神經元，以完成基本作業的處理。但是當作業要求提高，年長者的神經元數量以及處理能力，不足以使其有效因應，因此會出現區辨性的變化。實驗發現大多支持這點（Schneider-Garces et al., 2010）。運用多元體素形態分析法（**multi-voxal pattern analysis**），Carp、Gmeindl與Reuter-Lorenz（2010）在一個同時包含多種作業負擔的工作記憶作業中，發現了同時支持反分化以及CRUNCH的研究證據。與年輕人相比，年長參與者的感覺皮質出現反分化的訊號，同時在作業要求時，前額葉也呈現較明顯的區辨性，但是當作業要求提高之後，區辨性就變低。Cappell、Gmeindl與Reuter-Lorenz（2010）也發現類似的結果。

　　生命晚期的記憶改變，可能是老化的大腦為了彌補細胞流失的影響，盡可能徵召可用資源所致。這在低度作業負荷時是行得通的（也許比行得通更好），但是當作業要求升高，還是不夠有力。Reuter-Lorenz與Park（2010）將這個論點更往前推進，提出一個補充的**老化與認知的鷹架理論**

（**scaffolding theory of ageing and cognition, STAC**）。這個理論認爲爲了彌補神經衰退，大腦也從其他來源招募幫手——與他人的社交互動、補償以及類似的資源。這個理論因此結合了老年心理學領域，曾多方思考的多個老化神經處理模式（例如，普遍變慢假說），同時將這些理論與其他模式結合（例如，補償；參見 Reuter-Lorenz and Cappell, 2008），形成一個可望說明許多認知老化現象的整合性理論。但是，這個理論不同之處在於它具有的彈性——因爲腦部運作是一個互動的整體，沒有哪個部分的功能絕對最重要，而確實不同成分的相對重要性也可能相當因人而異（參見 Kennedy, 2010）。但是在本書撰寫的當下，這個理論還在發展初期，需要更多的研究探討。

然而，在神經模式深具說服力的外表之下，這些論述也有相當需要注意的地方。爲記憶喪失找到神經學解釋，並不是記憶與老化研究的唯一「解答」。發現神經機制當然相當重要，但不論記憶改變的原因爲何，人們在日常生活中，都需要去面對記憶改變的本質。因此，在某種意義上，從神經處理角度解釋老化記憶改變的來源，就像發現長尾鸚鵡是澳洲原生鳥類。這在很多方面是有用的資訊，但在任何情況下，都不會對長尾鸚鵡的日常生活產生影響。

◉ 另一個真實性檢驗

如果說到表面上的價值，這章的內容是個令人沮喪的閱讀經驗。記憶定義我們——除了記得購物清單以及約會這種世俗的事物，它也提醒我們自己是誰，爲我們提供在時空裡的定位。這聽起來頗有野心，幾乎可說是自以爲是，但只要想想以一個失憶症患者的經驗寫成的書或電影，便可理解失去記憶的扭曲感受。此外，嚴重的記憶喪失等同於失智，於是記憶喪失也伴隨著汙名化與恐懼。所以，記憶喪失的證據讀來沮喪，也就不令人意外了。

　　但是我們需要客觀一些。雖然我們通常說是「記憶喪失」，但實際上使用「記憶衰退」這個詞彙才正確得多。我們的記憶力並沒有喪失，只是變得比較差。當然這會造成困擾，甚至有時令人沮喪。但我們應該避免過度戲劇化這個改變。簡單來說──我們的記憶從不完美（參見 Baddeley, Eysenck and Anderson, 2009），總是容易出現扭曲或者錯誤。年齡只是使得我們容易出錯的毛病變得更加明顯。但它並不等同於失智症的那種災難化的記憶喪失。我們大部分人都遇過年長者抱怨他們近來的記憶有多差，還有囉囉嗦嗦講述他們忘記事情的趣事。但是如果他們能夠記得自己忘記事情的例子裡的種種細節，他們的記憶想必還是運作得很好的。

　　我們生活在一個能讀能寫的世界，一大優勢是不必再仰賴記憶儲存訊息，不論是在過去的歷史或立即的當下（例如，購物清單）。我們不該害怕使用讀寫能力，實際上，即便最好的記憶還是是容易出錯，所以拒絕利用讀寫是很愚蠢的事。有多少人會相信？一個記憶力很好的人，在每週的購物清單上絕對不會出錯。不過這也不是應該自滿的事。正如我們已經發現的，透過心智練習（輔以規律的身體運動）維持好的智力與記憶功能，仍是個相當好的策略。

◎ 進階閱讀建議

　　Baddeley（1983）針對記憶的一般心理學知識，提供了相當清晰的介紹，我們熱切的推薦此書。Baddeley（1995）與 Baddeley 等人（2009）的內容較為進階，但對於非專家讀者仍算容易理解。Old 與 Naveh-Benjamin（2008）是一篇有用的老化與記憶簡短調查報告。Luo 與 Craik（2008）及 Peraita（2007）則是關於老年語意記憶的回顧評論。至於事件記憶的回顧評論，可參見 Craik（2000）與 Smith（2006）。Reuter-Lorenz 與 Lustig（2005）則是關於大腦老化與 CRUNCH 模式的一篇精彩介紹。

第四章

語言與老化

何雪綾 譯

◯ 概論

語言能力包含言語與書寫的產出與理解。

　對於不熟悉基本心理語言學詞彙的讀者，建議閱讀完附錄 3 之後再閱讀本章內容。

　接下來的每個部分雖然都有相當的獨立性，但因爲研究者並未特意針對明確目標設計它們的研究，讓研究能夠乾淨俐落地歸類在教科書的次標題之下，所以彼此之間仍會有些許重疊。實際上，若說老化與語言能力的研究，比起智力或記憶力這些方面的研究來得缺乏條理，也不會太不公平。讀者需注意，在本章的各個段落，幾乎引用的都是橫斷式研究。以縱貫式設計探討語言功能變化，同時於其中包含認知表現測量（參見第 2 章）的研究，發現的改變幅度小於橫斷式研究（參見 Connor et al., 2004）。舉個比較特定的例子，Alwin 與 McCammon（2001）探討字彙量大小的橫斷式研究中，發現同一年齡組內的差異明顯比不同年齡組間的差異大（這可能反映教育經驗及其他世代經驗的根本差異）。因此，在解釋橫斷式研究資料時需要多加小心。同時也需要注意閱讀涉及之不同能力間的交互作用相當複雜，目前了解尙少，可能有相當大比例的能力變異，是與特定情境、個人或團體有關（參見 Stine-Morrow et al., 2001）。

　研究發現的改變程度，某種程度取決於研究聚焦的程度。Burke 等人（2000）認爲相較於語言產出問題，語言接收的年齡相關衰退在實務上是

不存在的。整體以及相對而言，這可說是事實，但卻也形成一種語言訊息的接收完全不受老化影響的印象，這並不正確。

接下來的段落會以閱讀的一般思考為起點——其作為生活風格的一部分，同時結合一般認知功能改變的角度。而後我們會從一個（大致）階層的方式探討語言技能的不同面向，從字詞再認出發，而後「向上」探討語言理解。

但值得我們再次強調的是，跟智力以及記憶力一樣，我們所探討的改變是相對的，不是絕對的，再說一次，不是絕對。討論語言理解能力的退化一類的事，會引導出一個被誤解但卻也可理解的印象：研究者已經明確證實，年長者無法理解超過最基本與簡單概念之外的單一事物。實則不然。雖然某些實驗室情境下，年長者的表現會比較差，但這些情境通常與現實有很大差距，僅是呈現在極端困難狀態中的表現。這些場景有時是必須的，可了解特定歷程如何運作，但或許與日常經驗不太有關。雖然就像引擎的表現，只有在推至極限狀態下得以測試出來，但這與僅用於接送小孩上下學與週末採買之用的私家車引擎，也是兩回事。年長者的理解力與語言使用的各種表現，在多數與每日常規生活相符的情境中，都落在可接受的範圍之內（參見 Whitbourne and Whitbourne, 2011）。

◎ 閱讀於年長者生活中的角色

閱讀能力適用於各種媒介，在此我們著重於書籍、雜誌以及報紙，但也會包含日常瑣事中的項目，例如海報、時刻表，以及近年發展出來的電腦螢幕上的文字。書籍閱讀方面，為了興趣而讀書的人口比例，從中年期的高峰之後略有減少，但在年長者族群的比例仍比年輕族群高（例如 National Council on Aging, 1975; National Endowment for the Arts, 2007）。其他類型的印刷文字閱讀，尤其報紙，至少在美國，年長者閱讀的比例比年輕族群高（National Endowment for the Arts, 2007）。另外

需注意的是，網際網路與其他數位媒體，作爲年長者閱讀素材來源的比例也在增加當中。例如，雖然在美國就比例而言他們是數位媒體最小的消費族群，幾乎只有四分之一的老人，報告過去一天是以數位媒體作爲新聞資訊的來源（Pew Research Center, 2010）。另外也需要留意，不同文化之間閱讀活動雖然有很多相似之處，但確切的方式還是可能不同（例如 Chen, 2008）。

閱讀在晚年生活中看來是有益的，例如，Verghese、Lipton 及 Katz 等人（2003）發現閱讀是一種（除了下棋或者演奏樂器與跳舞之外）與較低失智風險有關的休閒活動。Lachman 等人（2010）發現閱讀作爲整套認知活動的一部分（其它包含寫作、字詞遊戲以及聆聽演講），似乎可彌補認知表現分數的衰退。同樣的，Dellenbach 與 Zimprich（2008）指出，閱讀是**典型智力投入（typical intellectual engagement, TIE）**的主要預測指標。TIE 是個人投入需耗費認知能力之活動的意願程度測量（類似第 2 章引用的對認知測量的需求）。這些例子可被視爲不用論（參見第 2 章）的佐證，因爲閱讀是一種心智運動，理論上可使腦部維持活動狀態。反之，Ackerman、Kanfer 與 Calderwood（2010）給予年長者額外的閱讀作業一個月，卻未能從認知表現的改變發現明顯的轉移效應（一個月的 Wii 電腦遊戲訓練也同樣沒有效果）。但也可合理質疑，僅只一個月的額外閱讀是否能稱得上實際的介入治療。

因爲是取得資訊的重要方法，所以閱讀扮演的角色，不僅只是一種心智鍛鍊方法。例如在美國，美國醫療保險（Medicare）是年長者健康保險的主要來源。個人每週花費於閱讀的時間，即便在控制教育程度之後，仍與他們的美國醫療保險知識水準顯著相關（Bann et al., 2006）。Jacobs 等人（2008）採取縱貫研究設計，發現閱讀與 8 年後的存活率有關，此結果即使在控制各種健康與社交測量變項之後仍是如此。研究證據幾乎一面倒支持**健康識能（health literacy）**（取得以及建設性地使用健康照護資訊）對減少死亡率與提升生活品質都有幫助（參見 Perlow, 2010）。但劇

本不該簡化爲如果一個人能閱讀越多關於健康的素材，就會按照其中的建議行事、改善健康（參見 Sudore et al., 2006）。其中或許還有許多重要的中介因子（例如，自我效能，Kim and Yu, 2010），影響建議是否確實被閱讀、理解與／或遵從。簡單來說，如果人自覺無法改善自己的生活，那麼對於健康素材的閱讀也就無關緊要了。健康文宣的設計也需注意，因爲很明顯小小的語意內容調整都會影響閱讀理解，尤其對於語文能力本就較不足的人而言（參見 Liu, Kemper and Bovaird, 2009）。

此外，每當研究中發現閱讀能力是顯著的預測因子，也通常是與諸多對健康行爲有影響的因子一同被引用（例如 Baker et al., 2000; Scazufca, Almeida and Menezes, 2010）。同時，只有在直接閱讀健康文宣時，閱讀這種活動才能改善健康識讀能力。這個結論看似相當明顯，但舉例來說，如果年長者的閱讀僅止於娛樂的內容，閱讀效果就會減弱（參見 Fisher, 1990）。但不論如何，在某些情況裡，閱讀難度仍造成嚴重問題，即便這只是問題的一部分。Beckman、Paker 及 Thorslund（2005）的研究發現就是一例，他們探討年長者以正確劑量服用藥物的能力。將近 10% 的研究參與者（年齡 77 歲以上具有人口統計學代表性）甚至無法唸出樣本藥袋上的指示。這已十分令人憂心——但有更高比例的年長者無法理解他們唸出的那些指示。生理問題方面的因素，像是無法順利打開藥瓶的安全蓋或類似的問題。有三分之二的參與者至少出現一個問題，使他們無法正確服藥。Banning（2007）回顧了英國年長者理解的耐心不足可能導致的嚴重問題，除了造成年長者自身的健康危害，也導致資源嚴重浪費，而這本可藉由調整相關說明，使其更易理解的方式輕易避免。

若僅關注那些仍積極閱讀的年長者，會發現他們與年輕的閱讀者存在有趣的差異。年長閱讀者花較多時間在閱讀上面（例如 Rice, 1986a），但明顯較著重在報紙與雜誌（例如 Ribovich and Erikson, 1980; Rice, 1986a）。這表示年長者透過閱讀所做的「練習」可能品質較差，因爲報紙的內容相較於「大部頭」小說，其閱讀難度可能簡單許多。就像運動員

若不接受份量繁重的訓練，運動表現就會下降，若閱讀的文字缺乏足夠的難度，可能導致閱讀能力的衰退。此種閱讀習慣改變出現的原因仍有待探討。心智資源的減少可能意謂著某些年長者在智力上不再能堅毅地讀完杜斯妥也夫斯基（Dostoevsky）或類似作家的作品。或者年紀大了以後，許多人會覺得自己已經讀完多數想讀的小說，也不再有慾望重讀那些已經相當熟悉的作品。比較憤世嫉俗的一個觀點是，年長者覺得他們所剩時日不多，無法浪費在閱讀這些冗長艱澀的無聊「經典」。年輕人可能會閱讀「重磅」作品，以「提升」自己。年長者也許不再有這種上進心。不管是什麼理由，超過 90% 的時間裡，年長者選擇「簡單」的素材閱讀，可能是雜誌、報紙或者「輕量」小說。甚至，他們從閱讀所獲得的樂趣，似乎更高於年輕人。（Bell, 1980; Rice, 1986a）。

⬤ 身體的限制

在第 1 章也曾提到，多數年長者的視力變差，視覺敏銳度（「聚焦的能力」）減退。尺寸較小的文字即便仍在年輕人可閱讀程度之內，也會讓擁有正常視力的年長者閱讀能力減退（Hasegawa et al., 2006）。一份研究（Bell, 1980）估計大約有 23% 的社區老人，難以閱讀正常印刷文字。解決這個問題的一個方法是，把書本的文字以較大的字體印刷（技術上可考慮 18 到 20 的字體，約莫就是本書的章節標題字體大小）。英國在這方面最廣為人知的例子大概就是大型印刷版（Ulverscroft）系列。大型印刷文字方便視力不佳的人閱讀，但英國的一個研究卻也發現一些缺點。首先是大型印刷文字書籍的市場較小。視力缺損者的年輕人傾向使用放大設備，來閱讀正常大小的印刷文字，因此主要市場對象是年長者。但進一步的限制是，鮮少有讀者直接購買大印刷文字書籍——多數是向在地圖書館借用。這些考量背後，意謂著出版商傾向出版相對「安全」的輕小說，以吸引較大的讀者群，例如吉米‧哈利（James Herriot）、阿嘉莎‧克莉絲蒂

（Agatha Christie）、凱瑟林·庫克森（Catherine Cookson）等作家的作品。這些作者本身沒有什麼問題，但這個政策顯現出視力不佳的年長者，對於書籍的選擇有限，難以拓展其閱讀能力。另外一個考量是，許多年長者能閱讀的量也有限。大型印刷文字書籍很厚重，年長者能夠從圖書館搬回家的書不如他們年輕的時候多，因為就是搬不動了（Bell, 1980）。再者，證據顯示，雖然大的印刷文字能提升文字被大聲讀出的可能性，但比起默讀文字，讀出來會降低閱讀速度（Bouma et al., 1982）。不過 Lovie 與 Whittaker（1998）的研究發現，大的印刷字體對於閱讀速度的影響有限。如同第 2 章曾提及，調整智力測驗的文字大小雖會降低年齡差異，但卻不會令這個差異消失（Storandt and Futterman, 1982）。Rosenstein 與 Glickman（1994）發現放大文字尺寸，對於人事徵選測驗的表現沒有影響。字體種類的選擇也可能影響閱讀速度（Vanderplas and Vanderplas, 1980），雖然需注意 Cerella 與 Fozard（1984）的研究發現，文字印刷得較不易閱讀，對於年長者以及年輕人的影響沒有不同。針對有視力問題的年長者，實務上他們可能有哪些選擇，可參見近期的 Dunning（2009）的文獻評論。

字體大小問題的考慮，最終可能因為有聲書越來越容易取得而變成一個過時的問題。例如，Bouchard Ryan 等人（2003）觀察到，有像是黃斑部病變等視力問題的年長者（參見第 1 章），比較可能從閱讀報紙及雜誌（通常文字較小且對比較差）轉為聽有聲書。這些作者也發現，他們的研究參與者大約有四分之一會透過電腦把字體放大。然而，雖然有聲書對於視力有問題的人是個解決方式，但以此直接取代閱讀的比例還是沒有想像中的高。原因有 3 個，首先，說書者在讀出文字的時候，必會有其強調之處，而這與聽者自己閱讀時所強調的重點未必一致。第二，聆聽有聲書時得聆聽每一個字，但就像先前提到的，閱讀並不是每個字都讀（閱讀眼動研究顯示，某些必要但可預期的字詞，例如，「the」與「and」通常會被跳過）。第三，閱讀時可輕易回看剛才讀過的文字，或瀏覽一段散文。這

在使用有聲書時是非常困難，或甚至不可能的。

需注意許多年長者並未覺察到自己的視覺問題。Holland 與 Rabbitt（1989）發現所有參與者，在 50 歲之後對於自身視力的主觀評估幾乎都沒有改變，即便實際上年長參與者的視力會有明顯退化。但是知覺能力的衰退，並非意謂年長者需要較大的印刷文字與／或聽力協助。感官喪失會直接影響訊息處理的效率。例如，Rabbitt（1989）發現輕微聽力受損的年長者（35-50 分貝），在記憶口說字詞列表時有較大困難，即便稍早他們在聽這些字詞的時候能夠完美地複誦。這顯現出，聽力受損的老人能夠接收字詞，但需要耗費較大心力，使他們僅剩少許心智資源收錄與記憶這些字詞。他們的記憶力實際上沒有特別的問題，這點可從以下事實發現：如果提供參與者紙本的字詞列表，他們的表現與聽力控制組就沒有差異了（亦即，這個效果僅限於聽力屬於整個訊息處理鍊的一環）。此外，Cervera 等人（2009）的研究也說明，口語再認與記憶作業的年齡差異，在聽力的影響被排除之後便消失了。

同樣的，Schneider（1997）的研究說明耳蝸退化與訊息傳輸的保真度之微小變化，可能造成廣泛的影響，例如，難以在吵雜的環境中或者較快的語速之下跟上對話。Schneider 等人（2000）發現，只有在未控制聽力程度的情況下，年長者對於對話的記憶表現才會顯現出缺失（包含所聽到的細節以及要旨）。如果刺激音量調控在適合個別參與者的聽力程度，那麼不論背景是否吵雜，年長與年輕參與者所能回憶的對話內容都一樣的好（只有在非常高度的背景噪音之下，年輕人會有較佳的細節回憶表現）。Schneider、Daneman 與 Murphy（2005）發現改變口語訊號的參數，讓聽覺損害的情形降至最低，同樣也會去除年齡差異。因此，周邊聽力的改變，可很大部分解釋透過聽覺輸入刺激之語言技能的老化衰退。但是，這並不表示所有語言能力都絕對完好無缺。例如，被要求完成某項作業的同時記下所聽到的字詞，年長者的作業表現明顯會比較差，即便字詞的音量已有放大，免除了聽力損傷的影響（Tun, McCoy and Wingfield, 2009）。

　　說話的聲音也有改變。音調提高與清晰度變差，這些表面明顯的變化成因有許多，包含肌肉量減少與肺活量下降。其他改變則可能來自較當代的現象，例如（尺寸不合的）假牙與吸菸（Thompson, 1988）。但不管理由為何，年長者的發聲能力確實較差（Xue and Deliyski, 2001）。發聲效率的喪失，也顯現在一般即興言談中與誦讀短文時的發音速度變慢，以及字詞發聲的反應時間拉長（例如 Laver and Burke, 1993; Oyer and Deal, 1989; Ryan, 1972）。但是，也需注意較慢的語速與記憶廣度有明顯相關（Multhaup, Balota and Cowan, 1996），也隱含著認知上的關聯。

　　手寫字跡也有改變（參見 Miller, 1987），大部分與身體功能衰退有關。除了失智症（Slavin et al., 1999）以及巴金森氏症早期的狀況導致的影響（例如 Contreras-Vidal, Teulings and Stelmach, 1995），「正常」老化也會顯現這方面的問題。例如，手寫文字涉及手指與手腕動作在空間協調上的精細控制，此點在晚年也會有所衰退（Contreras-Vidal, Teulings and Stalmach, 1998），通常年紀較大的人，在書寫時較不善於利用視覺回饋（Slavin, Phillips and Bradshaw, 1996）。然而並非所有年齡差異都必然來自身體因素。例如，值得注意的一個現象是，有許多「天生」左利的年長者，是以右手（即較沒有效率的那一邊）書寫文字，這單純是因為直到比較近代以前，許多學校還強迫學童以右手學習寫字（參見 Beukelaar and Kroonenberg, 1986）。這可能扭曲了某些手寫字跡能力之年齡差異的研究發現。這些改變除了影響書寫文字的美觀與否，還有相當繁雜的效果。Dixon、Kurzman 與 Friesen（1993）發現，整體來說在各種書寫作業裡，書寫的速度都隨著年紀增長而變慢。但是，某種程度還是受到書寫作業的熟悉度影響：作業熟悉度越高，年齡差異就越小。此外，作業經過越多練習，年齡差距也會變得越小（回想第 2 章 Rabbitt 針對練習對反應時間的影響的研究報告）。

◎ 一般認知限制

　　若基於本書其他章節提及的研究發現，可能會直覺地認為，任何提高處理負擔或使語言作業「更加困難」的事物，都會使年長者處於不利的條件。但是研究結果其實意外地繁雜。例如，Smiler、Gagne 與 Stine-Morrow（2004）發現同時進行某個分心作業所導致的負荷，並不會對閱讀速度造成影響。類似的一個發現是由 Stuart-Hamilton 與 Rabbit（1997b）提出，他們發現操弄文字不同面向的特性（例如，句法複雜度與／或同時呈現的文字數量），與年輕的控制組相比，對年長者的閱讀速度並未有影響。

　　眼動方面，Kemper、Crow 與 Kemtes（2004）發現除了年長者較傾向回頭看有歧義的文字內容（例如，該研究作者舉的一個例子是 *The experienced soldiers warned about the dangers conducted the midnight raid*[1]），其他眼動情形相較於年輕人少有年齡差異。這表示年長者在接收刺激的單一瞬間，能處理的訊息較少，因此面對複雜文字，他們比年輕人更常需要再做確認。Rayner 等人（2006）也有類似報告，他們以各種方式檢驗參與者閱讀文字時的眼動情形，包含操弄字詞的可預測性與字頻。研究者發現較年長的讀者略過不看的字詞比年輕讀者多出許多。Rayner 等人總結認為，年長者處理速度比年輕人慢，於是冒險跳過一些高度可預測的字詞以為彌補，因此提升了他們閱讀段落文字的速度。這解釋了為何研究者發現，操控字詞的可預測性以及字頻，對年長參與者有較大影響。

　　Christianson 等人（2006）的研究支持 Rayner 等人結論，他們給參與者各種花園路徑句子（**garden path sentence**，這是一種讀者乍看之下會詮釋出錯誤意義，但文法正確無誤的句子）。這些句子一開始讀起來

---

[1] 譯注：這段英文可有兩種意思，第一種是「有經驗的士兵提出關於夜間襲擊之危險性的警告」，第二種是「提出危險警告的有經驗的士兵，發動夜間襲擊」。

是某種意思，但讀到後來會明顯變成另外一種意思（例如，*While John brushed the dog scratched for fleas*）。閱讀之後依據理解回答問題，參與者有時給出的答案，是僅考慮句子前半段的語意（例如，對於「Did John brush the dog？」這個問題回答「是」）。Christianson 等人發現年長者會給出較多這類「夠好的」答案（但當然是錯的），他們認為這是因為年紀較大之後，人會變得比較依賴經驗法則，以補償基本能力的退化。在此得要提醒，許多花園路徑句子若以口說方式呈現，可同時顧及說話的韻律（也就是話語被說出來的方式），則會變得比較容易理解。Hoyet、Brownell 及 Wingfield（2009）給參與者一些解釋起來模稜兩可，僅能透過韻律型態來確定其表達意義的句子（例如，The doctor said the nurse is thirsty）。韻律的各方面特性（也就是音調、振幅及時間安排）在系統性的操弄之下，不論對年長者或年輕參與者，都只有時間安排上的變化有最顯著的效果。Christianson 等人的研究發現獲得 Abada、Baum 及 Titone（2008）的附和。他們發現當目標字詞的語音特性較為模糊（例如，聽起來不確定是 g 開頭或者 k 開頭），年長者比年輕人更容易受到脈絡誤導，錯認目標字詞為某個較能與脈絡相符的字詞。

Kemper、McDowd 及 Kramer（2006）在螢幕上的一段目標文字中置入分心字詞（以斜體或紅色字體印刷）（亦即，參與者需要閱讀螢幕上的文字，但過程中不時會出現某個不該出現的字詞），而後檢驗閱讀者的眼動情形。研究者發現年輕與年長參與者，在處理分心字詞時有類似的眼動情形。只是年輕人閱讀速度比較快，也比較能正確回答有關目標文字內的問題。這些發現與抑制缺損假說（**inhibitory deficit hypothesis**）的論點背道而馳。該假說主張，因為抑制能力隨年齡衰退（參見第 2 章及第 3 章；亦可見 Morrone et al., 2010），會導致需運用抑制功能的心智歷程出現特定問題——在這個例子裡是對分心物的處理。需注意的事對於年長者來說，分心物不只是視野中出現一個不同的東西。Mund、Bell 與 Buchner（2010）呈現一個分心作業，參與者被要求只閱讀斜體的文字，忽略其他

以一般方式印刷的分心文字。研究者發現，即便改變年輕參與者的視野，使其視力狀態接近年長者的狀態，或透過將年輕人與年長者依其視力狀態配對，年齡差異仍舊顯著。這顯示年長者在這些情況下的閱讀問題，無法僅歸因於視力改變。研究者認為這是抑制機制的老化改變所致。

某些其他操弄可導致相當直接的老化效果。例如，Speranza、Daneman 及 Schneider（2000）讓參與者閱讀一些被「視覺干擾刺激」覆蓋遮蔽的句子。研究者發現年長者，必須在干擾刺激覆蓋比例較低的情形下，才能與年輕人有一樣的表現。但是當句子伴隨促進語意的刺激呈現，年長者就明顯比年輕人占有優勢（因此呼應了其他研究的發現；參見第167頁）。此外，年長者及年輕人試著忽略分心物而進行閱讀，此狀態下的 EEG 反應測量顯示，年長者的心智歷程明顯比較容易因為外來刺激的出現而中斷（Phillips and Lesperance, 2003）。

Kemper、Herman 及 Lian（2003）讓參與者進行某個活動（例如，走路或輕敲手指）的同時，針對問題給出口語回應。研究者發現，與年輕參與者相比，年長者的口語回應流暢度較低，語法複雜度也較低，因此支持年長者工作記憶廣度較低的論點（參見第 3 章）。有趣的是，研究者也發現年輕人所採取的策略與年長者不同——他們採用文法較簡單的較短句子，年長者則是放慢口說速度。Kemper、Schmalzried、Hoffman 及 Herman（2010）在檢驗成年人於同時作業（**轉子追蹤作業（pursuit rotor task）**；參見名詞解釋）中的語言產出時，發現類似結果。不意外地，當轉子追蹤作業的難度增加，語言能力便會下降，而這個效果在年長者身上比在年輕參與者身上更為明顯。反過來說，處理速度較快與語言功能衰退幅度較小有關，這點在年輕人身上比在年長者身上明顯。

其他效果更為複雜，在不同語言活動中並無一致樣貌。例如，Gilchrist、Cowan 及 Naveh-Behjamin（2008）測量不同結構之口說語句的回憶。研究者發現，雖然年長參與者回憶的字詞比年輕參與者少，但使用完整子句的比例並沒有年齡差距。Gilchrist 等人的結論是，年長者僅是在

語文回憶作業中回憶的組集較少（參見名詞解釋）。DeDe 等人（2004）發現，當研究考量不同的閱讀能力面向時，工作記憶的影響也有不同。這篇研究非常難以簡單總結，但基本上透過結構方程模型，研究者發現工作記憶之中介效果的角色，可從不重要轉變為極端重要，端視研究所考量的是閱讀作業是何種面向。

因此，雖然有許多例子顯示語言技能受到一般認知功能衰退與認知能力下降的影響，但這些效果並非總是那麼明確，其中某些功能明顯較不受影響。這是老化與語言研究領域中反覆出現的主題，某些衰退的例子符合智力與記憶改變的一般研究發現，但也有其他例子是某些功能保存得意外良好，違反一般直覺預測。目前為止，還沒有哪個理論能涵蓋所有情況，解釋這些對立的結果，但是如同前面的提醒，語言技能不論如何相對於其他認知功能是多面向的，且從最基本的角度來說，它出乎意料地不易衰減。同時也需強調，早先考量的大部分研究探討的都是人工的，而非常規的閱讀情境。如同多數閱讀研究，我們很難絕對肯定地宣稱所觀察到的等同於正常閱讀狀態，因此研究的發現，某種程度可能是研究方法的人工產物。這個實驗室內閱讀作業的真實性議題，稍後會再回來探討。

◉ 字詞再認

閱讀單一字詞能力的測驗方式有許多種，最常見的兩種是**詞彙判斷**（**lexical decision**）與**唸名延遲**（**naming latency**）作業。前者單純要求參與者判斷一組字母是否構成一個字詞（注意參與者不需要辨識這個字的「意思」為何）。唸名延遲作業測量的是參與者能多快地大聲讀出某個字詞。一般來說，若這些作業是以一般傳統的形式呈現，年長者的表現並不比年輕人差（例如 Bowles and Poon; Cerella and Fozard, 1984）。Duñabeitia 等人（2009）讓參與者進行詞彙判斷作業。與此處討論重點有關的是，研究在呈現給參與者複合字（即由兩個以上個別字詞構成的字

詞，例如 bookshop）之前，會先給一個促發字，可能是複合字的第一個字、第二個字或與之無關的字（以 bookshop 為例，3 個促發字可能分別是 book、shop 及 house）。Duñabeitia 等人發現促發效果在年輕與年長參與者之間沒有差異，這意謂著**構詞處理（morphological processing）**（字詞結構的處理）的能力在晚年仍保持完好。

然而，如果提升作業的難度與複雜程度，老化衰退的現象還是會顯現。例如，Ratcliff 等人（2004）發現在兩個詞彙判斷作業中，年長者相較於年輕參與者反應速度較慢，但是正確率較佳。此發現可以**雷特克里夫擴散模式（Ratcliff diffusion model）**解釋，該模式認為年長者某些方面的處理較慢，但所採用的決策判準較為保守。

Bowels 與 Poon（1981）發現年齡相關退化的進一步證據。他們讓參與者進行修改版的詞彙判斷作業。參與者必須判斷成對的字母群組，若兩組群組都構成真字，則給予「是」的反應。Allen 等人（1993）操弄詞彙判斷作業中的字詞困難度，方式包含透過調整字詞處理過程中較周邊的特性（例如，改變刺激編碼的容易程度）或較核心的特性（例如，字頻）。研究者的結論是，年齡差異在周邊特性改變比在核心特性改變時明顯（例如，字頻改變並未引發年齡差異）。這也呼應 Madden（1992）的研究，他們發現操弄字詞的視覺外觀（這可能是相當周邊的特性）會得到較大的年齡差異，而操弄核心特性並未導致年齡差異。這方面的證據還有（但不限於）Karayanidis 等人（1993）的研究，他們發現在進行詞彙判斷作業時，年長者與年輕人的 EEG 型態沒有差異（雖然在對某些稍早出現過的字詞的反應尚有些許差異，但這基本上是記憶效果，而非字詞再認效果）。Spieler 與 Balota（2000）發現在一個唸名延遲作業中，年長者明顯利用較多字頻資訊，而年輕人則利用較多字詞的拼寫特性。這些研究的結論是，仰賴的判斷資訊隨著年齡有所移轉，從仰賴字詞內部結構特性，轉變為仰賴字詞本身的特徵。

一般來說，詞彙判斷作業的困難度提升，年齡差異的程度也會上升。

Myerson 等人（1997）發現此點可簡化為一個賓利圖——換言之，此現象可以普遍變慢假說（更多討論參見第 2 章）解釋。然而，Allen 等人（2004）在一個探討年長者與年輕人詞彙判斷速度的研究中，發現錯誤以及反應時間的賓利圖明顯不同，且實際上相互矛盾。運用相當複雜的數學技術（給有興趣者參考：將誤差值轉換為熵函數，而後以此轉換後的資料預測反應速度），作者說明了與周邊歷程有關的反應成分明顯受到老化的影響，但與核心歷程有關的部分則較不受影響——因此，透過間接的方式支持了本章早先引用的研究發現。但是，Allen 等人（2002）的另一個研究點出了事情的複雜性。參與者進行詞彙判斷作業，字詞可能是依傳統方式統一大小寫印刷的文字（例如，same case），或者混合大寫及小寫（例如，MiXed CaSe），且任一情境可以單色印刷或多色印刷。研究預測傳統印刷的字詞處理速度較快，因為心智將依循往例處理（基本上，主要是處理形狀與輪廓，較少是吃力地依序閱讀每個字母）。另一方面，混和大小寫的字詞所呈現的外觀較不尋常，無法透過往常的方式處理，而需要分析其內容（基本上是逐字母分析），因此預測混合大小寫的情境處理速度會較慢。而使用不同的顏色印刷感覺上不會對慣常處理有影響，但其實會提升混合大小寫字詞的處理速度（因為會比較容易區分每個字母）。研究者發現年輕參與者的表現證實了這些預測，但年長者有不同的反應型態，顯示老化並未影響慣常的處理，但導致分析處理的效率減低。這也反映在 Logan 與 Balota（2003）的研究，他們讓參與者研讀一組字詞，並在後續的作業中以字詞片斷為線索完成字詞。如果字詞片斷之前，先出現與之在拼字上相關的阻斷字詞（大致來說就是有許多像似的構成字母），對年長者明顯不利，較會錯把阻礙字詞用於完成字詞片斷。作者總結，這是因為年長者難以壓抑在字詞處理過程中的其他競爭性（但不正確的）反應。這使人回想起第 2 章討論過的額葉功能缺損的研究。

　　在語意促進（**semantic facilitation**）實驗中（參見附錄 3），年長者普遍速度變慢（如同許多測量反應的實驗發現，參見第 2 章）。此點可從

神經層次說明。Federmeier 與 Kutas（2005）發現在對難以預測之句子做反應時，年長者腦部活動速度較慢，訊號也較弱。但若單單比較字詞再認，年長參與者則是明顯因為這樣的情況而處於優勢（Laver and Burke, 1993; Myerson et al., 1992；雖然如此，還是需注意先前部分研究評論，例如，Craik 與 Rabinowitz（1984）並未發現差異）。這個現象的解釋，在某種程度上相單單純——「當距離以固定的量縮短時，跑得慢的馬所節省的時間比跑得快的馬多」（Laver and Burke, 1993, p.35）。如果一匹馬每小時跑 40 公里，另一匹每小時跑 20 公里，當競賽距離從 40 公里縮減為 20 公里時，跑得快的那匹馬節省了 30 分鐘，而慢的那匹則節省一個小時。同樣的，如果年長者反應速度沒那麼快，那麼促進刺激（減少電腦運算層次上的「距離」）對於年長者的幫助會比較大（亦可參見 Bennett and McEvoy, 1999）。

　　目前為止，字詞再認的施測大多是透過印刷文字，但當然也可透過聽覺進行。此歷程也存在年齡差異，Robert 與 Mathey（2007）檢測年輕與年長的法語使用者對字詞的記憶。使用的字詞可能是與其他更常用的字詞有接近拼法（例如，loupe 的拼法類似更常見的字詞 soupe 及 coupe），或者沒有與其他字詞有「接近拼法」（例如，在法語中 taupe 這個字，沒有其他常用的字詞有接近拼法）的字詞。Robert 與 Mathey 發現年輕人明顯受到拼字頻率的影響（也就是，如果沒有相近拼法的字詞，回憶表現就會較差），但年長者則不然。研究者認為這是因為隨著年齡漸長，詞彙處理的活動程度減低，因此這些替代字詞的激發程度不及回憶字詞的程度，無法干擾回憶。Harris 等人（2009）在參與者於不同程度的背景噪音中辨識口說字詞的同時，測量他們的腦部活動。結果不令人意外，年長者在這個作業明顯表現較差。但有趣的是，較差的表現至少部分可歸因於腦部特定區域灰質體積的差異（前內側海希耳氏回／顳葉顳上回）。

◎ 拼字

　　晚年的拼字技能與字詞再認面臨相同命運。拼字知識是晶體技能，因此應該相對免於老化效應。然而，卻有證據發現並不絕對如此。若參與者只是被要求判斷一個字詞的拼字是否正確，一般來說確實是比較不受老化效應影響（參見 Shafto, 2010），但也有例外（如同老年心理學不可避免的狀況）。例如，MacKay、Abrams 及 Pedroza（1999）觀察到年長者從字詞列表中，發現拼字錯誤的能力與年輕人一樣好，但是後續從記憶中提取出拼字正確與不正確之字詞的能力則有年齡差異。Abrams、Farrell 及 Margolin（2010）發現，如果僅只考慮年長者，將他們每 10 歲歸爲一組（60 歲組、70 歲組、80 歲組），那麼在閱讀逐字出現的句子時，最老的兩個組發現拼字錯誤的速度會比較慢，正確率也較差。

　　當考慮字詞的產出，則會觀察到普遍的老化衰退。例如，MacKay 與 Abrams（1998）發現年老之後拼字錯誤的情形會增加，與 Stuart-Hamilton 與 Rabbitt（1997a）的發現一樣。這些與年齡相關的缺損，並非直接歸因於普遍變慢、晶體智力或教育程度。Stuart-Hamilton 與 Rabbitt 發現流體智力對於拼字技能是個好的預測因子，而 MacKay 與研究同僚把這方面的衰退與一個更特定的語言收錄缺失連結（參見 MacKay et al., 1999）。這一部分是基於**傳導缺損假說**（**transmission deficit hypothesis**）（MacKay and Burke, 1990），該假說認爲概念儲存在相互連結的「結點」之內。老化使這些連結變弱，結點因而不再那麼容易激發，雖然仍可透過規律練習及／或更多的提醒做爲刺激來彌補。除此之外，新的訊息片斷的處理，也因此比舊的片斷的處理缺乏效率；再認也因而比回憶容易進行。近期 Shafto（2010）的研究爲此論點提供了更進一步的研究支持。

○ 舌尖狀態

這個狀態在第 3 章談論記憶時已經有著墨。舌尖狀態（TOTs）描述一種熟悉的經驗，是記得某個字詞的多個特徵（例如它聽起來像是什麼），但無法想起這個字詞是什麼。舌尖狀態的研究通常被當作記憶議題，但在心理語言學領域裡也受到關注，因為透過它能探知字詞產出的歷程。一般來說，心理語言學家對於舌尖狀態的興趣是關於它與記憶提取的關聯，而認知心理學家比較感興趣則是舌尖狀態的「現象學經驗」（Schwartz and Frazier, 2005）。然而，這只是概略的說法，還是有許多例外。關於舌尖現象更進一步的討論，請參見第 3 章。

○ 發音

字詞發音的知識在晚年預期可較為完好地保存，而一般的情況確實是如此（雖然需留意字詞發音的速度可能會變慢——參見前面段落）。通常，發音的測驗是呈現一個不規則拼字的字詞列表（例如，yacht、dessert），要求參與者大聲唸出來。因為這些字詞並未遵循傳統的拼字規則，其發音無法從第一個原則推算出來。例如，依據傳統拼字規則，dessert 這個字會得出 desert 的口語念法（反之亦然）。讀過第 2 章的讀者，便能理解何以發音能力被視為晶體智力（簡單來說就是一般知識）必不可少的部分，而晶體智力基本上不受老化影響。循此邏輯，發音能力在老年也應是穩定的功能。

Nelson 與 O'Connell（1978）檢驗 120 位年齡介於 20 到 70 歲的成年人的發音能力，發現測驗分數與年齡大小之間沒有顯著關聯（Nelson and McKenna, 1973）。這個字詞列表後來發展為國家成人閱讀測驗（**National Adult Reading Test, NART**）。後續 Crawford 等人（1988）

的研究發現年齡與 NART 分數之間存在些許負相關，但排除教育年數或者社會地位之後，此關聯就消失了。因此，作者認為「年齡對 NART 表現僅有少許影響或沒有影響」（Crawford et al., 1998, p.182）。因為這樣的論點，NART 廣泛用做晶體智力的快速評量工具（參見 Deary, Whalley and Starr, 2009），尤其適用於仍保有閱讀能力但無法進行其他智力測驗作業，罹患失智症或其他腦部損傷之年長參與者（例如 Brayne and Beardsall, 1990; Carswell et al., 1997; Starr and Lonie, 2007）。然而，NART 不必然是正確的指標，將 NART 的字詞放置在句子的脈絡中，通常會讓測驗表現變得更好（Conway and O'Carroll, 1997，他們將此格式發展成一個新的測驗——劍橋脈絡閱讀測驗（the Cambridge Contextual Reading Test, CCRT），參見 Beardsall, 1998）。

另外，NART 可能高估智力程度（Mockler, Riordan and Sharma, 1996），研究者以美國版的 NART（不意外地，這個版本稱為美國版 NART 或 AMNART 或 ANART）也在美國白人以及非裔美籍、非精神錯亂也沒有失智的年長者身上發現些許不同的結果類型（Boekamp, Strauss and Adams, 1995）。關於在多元種族與多元語言的群體中，以閱讀測驗衡量不同年長者群體是否適當，也存在著諸多疑問（參見 Cosentino、Manly and Mungas, 2007）。單單是因為研究樣本的差異，我們很難從這些研究以及類似的研究中得到一個清楚的整體圖像（例如，某些樣本有失智症，某些沒有；失智症的研究中也使用了不同的評量標準，諸如此類）。儘管 NART 的簡短（且施測較快的）版本被認為正確性不足（Bucks et al., 1996），且完整版測驗也不絕對精準（參見 Law and O'Carroll, 1998），許多研究者還是普遍認為 NART 是相當整體的智力狀態（以及早餐消耗量：早餐麥片食用量與測驗分數呈現正相關；Smith, 1998）預測因子。

◉ 語意處理

　　除了再認字詞以及知道如何拼字與發音，對字義的了解也是必須的。在第 2 章，曾說明字義的知識是許多晶體智力測量的核心成分；而雖然已知晶體智力受到年齡的影響，不若極度仰賴流體智力的作業那麼嚴重（因此字義知識亦然），但在年老之後還是會有衰退。最主要是，年長者產出反應的速度較慢，給出的定義也可能不若年輕人精準。例如，McGinnis 與 Zelinski（2000）讓參與者進行一個作業，為不熟悉的字詞提供定義；這些定義可從字詞呈現的脈絡中收集得到。研究者發現，年長者從可從脈絡取得的訊息之中撿選較少的訊息，也產生較模糊的概略定義。在第二個實驗中，McGinnis 與 Zelinski 針對每個不熟悉的字詞提供四個定義，要求參與者選擇出正確的。其中一個定義正確精準；一個比較概略（因此不是完全「錯」，但實在相當模糊）；一個是對故事的概括解釋；最後一個則不相關。年輕人較傾向選精確的定義，而年長者（75 歲以上）較傾向選概略性的定義。一個追蹤研究中，作者讓參與者閱讀一段散文，其中包含一個不常見的字詞。閱讀的同時，參與者被要求對閱讀的內容「放聲思考」，之後則需要就一組從段落中抽取出來的定義做正確性評分（McGinnis and Zelinski, 2003）。研究者發現，年長參與者在放聲思考中，對於段落內容的評論較為概略，且對概略及無關的定義有較高的評分。整體來說，McGinnis 與 Zelinski 認為，年長者在處理需要從脈絡中抽取意義的較複雜訊息時有明顯的問題。更確切地說，他們無法進行足夠抽象的思考，因此無法做出適當的推論（不論如何，可參見 Madden and Dijkstra, 2010）。此點回應第 2 章引用的 Albert 等人（1987）的研究結果，他們發現年長者在定義格言及諺語時，尤其會出現問題。研究可能也注意到，年長者區分比喻與虛假陳述花費的時間明顯比年輕人長（Morrone et al., 2010）。這方面的問題也可視為是看穿字面意義，

掌握背後象徵結構的能力下降。在神經學層次這是額葉功能下降所導致（Uekermann, Thoma and Daum, 2008）。

然而需注意的是，語意處理一向受到其他技能運用的影響，因此所發現的年齡表現差異，可能是多種不同潛在因素作用的結果。這就像評判蛋糕食譜裡的不同廠牌麵粉。雖然可對廠牌之間的差異合理評判，但是其他食材的影響也總是存在，且在每份食譜之間也有差異。同樣的，語意技能雖可量測，但參與者在進行語意作業時，絕對也會用到其他的技能（例如，語音處理）。因此，這方面的功能會受到各種變項的影響，例如，Taylor 與 Burke（2002）給參與者觀看物件的圖片，參與者會聽到一些分心字詞，同時他們必須說出這些圖片上物件的名稱，在某些情況裡，物件是異義同音字（即有不只一種意義的字詞——作者提供的例子是 ball[2]），看著某個物件的圖片，同時聽到與此物件的其他意義有語意關聯的字詞（例如，參與者看著一顆球的圖片，然後聽到「跳舞」這個字詞），這對年輕參與者的表現是有幫助的，但是對年長參與者沒有，其他分心字詞對於參與者反應的影響則通常不分年齡。Taylor 與 Burke 利用這個研究發現，發展了一個有趣但也相當複雜的連結模式，該模式認為老化對於語音語意機制有不對稱的影響。

相反的，Mayr 與 Kliegl（2000）給參與者的作業是，請他們 (1) 給出同一語意類別的字詞例子，或者 (2) 輪流在兩個語意類別中給出字詞例子（即，類別 A 的例子，而後類別 B 的例子，而後類別 A 的例子，而後類別 B 的例子）。研究者以實驗參數估計參與者在「語意提取本身」的表現，以及在「語意提取所必須之周邊技能」的表現。Mayr 與 Kliegl 的結論是，語意提取能力是相對完好的——明顯有所衰退的是周邊因素。與 Taylor 與 Burke 及 Mayr 與 Kliegl 的研究發現同樣有趣的是他們的研究本身。這裡關切的是在不同的情境中，能透過不同的實驗設計，使年長者的

2　譯注：ball這個字詞，除了有「球」的意思，還有「舞會」的意思。

語意處理表面上看來很好、不好，或不好不壞。此外，「語意處理」的意思又是什麼？較為基本的語意處理看似不受老化影響。例如，Lahar、Tun及 Wingfield（2004）的研究讓參與者填寫句子中遺漏的字詞，答案可以從句子呈現的脈絡中判斷出來，結果發現這個作業的表現相對未受老化的影響（雖然 EEG 活動有差異；參見 Federmeier and Kutas, 2005）。此外，針對某個剛才閱讀過的散文段落裡所出現的新字詞提供定義，這樣相對不複雜的作業中，年長者可給出較為完整的定義（Long and Shaw, 2000）。只有涉及較複雜的語意技能，所獲得的研究證據才是比較謹慎的。然而，如果回想第 2 章的「搶劫比喻」，可能會認為，不論在考量了所有合理的因素之後事物的「真實」狀態為何，通常到頭來真正重要的還是在直接接受檢驗的時候，一個技能能夠有何種表現。

◎ 語法處理

　　語意或語法處理的研究中，未同時考量文本回憶的研究是相對較少的。然而，Susan Kemper 針對年長者語法處理的變化，所進行的一系列傑出研究是值得注意的例外。Kemper（1986）請年輕與年長參與者以相同的語法結構仿造出新的句子，她發現年長者僅能較穩定的仿造出較短的句子，而長句子，尤其內含子句的長句子則是最難仿造。Baum（1993）同樣也發現當句子語法的複雜性提高，就會導致不同年齡組在句子重複作業的表現出現差異；同樣的狀況也出現在詞彙完成作業之中。Obler 等人（1991）在句子理解發現類似的語法效果。此種語法能力的衰退也顯現在日常的自發語言使用。Kynette 與 Kemper（1986）發現語法結構隨著年齡衰退的多樣形式，同時也出現越來越多的錯誤，像是文章中的疏漏增加以及使用不正確的時態。同樣的，Kemper（1992）發現老年人之中，較年輕的老人與較年老的老人在自發的言語中，不完整句子的數量相近，但較年輕的老人句子片段「品質較好」，是在開始陳述時說錯，而較年長的老

人則比較是不完整的陳述，像是在斷句中間加入填充字。

　　Kemper 與 Rush（1988）報告了此種衰退的其他例子。例如，平均每個句子裡包含的語法子句，50 至 59 歲組平均是 2.8 個，而 80 至 89 歲組則是 1.7 個。研究也評估語法的**英梵深度**（**Yngve depth**）指標，這是一個為句子或片語評定語法複雜度「分數」的相當複雜的技術（分數越高，句子建構得越複雜）。英梵分數隨著年齡衰退，更有趣的是，這個分數與數字廣度有高相關（$r = 0.76$）。因此，記憶力越好，語法能力越佳。針對這個研究發現，一個相當簡單的解釋是，語法較複雜的句子幾乎必然比簡單句子長，而為了建構以及理解這樣的句子，對於記憶力造成的負荷勢必較大。或者簡單地說，在同一時間需要記住比較多的字詞。這個一般性原則在 Stine-Morrow 等人（2010）的研究中也有呈現。研究者檢驗了文字處理的打包（**wrap up**）現象。這描述的是當讀者讀到語法分界之處（基本上是一個文法片語的結尾與另一個的開頭處）閱讀速度減緩的現象，這現象被稱為「打包」，即當片語越複雜，閱讀速度減緩的幅度也就越大。此現象的出現，被認為是讀者試圖處理方才讀到的片語語法，當語法越複雜，所需的處理時間也越長。Stine-Morrow 等人也檢驗了年輕人與年長者的眼動情形，說明年長者實際上運用了過多的打包。然而，在某些其他的閱讀能力測量上（例如，調配處理時間給閱讀作業中的不同部分）卻鮮少發現年齡差異，這表示年長的閱讀者運用較多的打包，是為了彌補其他因素的不足。

　　對於年長者何以簡化語法的使用，一個合理的解釋是——他們知道自己的認知能力逐漸衰退，因此透過簡化並縮短句子以及投入更多時間處理等等，以為因應。Dupuis 與 Pichora-Fuller（2010）的研究說明了實際上獲得的較多處理時間，可為年長者帶來的好處。研究者讓參與者聆聽散文，散文內的情緒內容與情緒基調，可能透過與情緒一致或不一致的方式閱讀出來（例如，以快樂的聲音閱讀快樂的故事，或者以快樂的聲音閱讀悲傷的故事）。年長者在不一致的情境表現較差，但是，如果他們在回應

之前，有機會複誦所聽到的句子，那麼表現的年齡差異就會消失。

　　Gould 與 Dixon（1993）報告了類似的結果。他們請年輕及年長已婚伴侶，描述他們曾共同經歷的一個假期，而後分析這些描述的語言內容。一般的發現是，年輕的伴侶所給出的描述有較大量的細節。研究者認為年長的伴侶「做不到」這點，是因為工作記憶的衰退。然而，他們也認為這個與年齡相關的改變，有可能是來自態度的轉變——「年輕伴侶……比起年長者可能較少考量娛樂性問題」（Gould and Dixon, 1993, p.15）。Arbuckle、Nohara-LeClair 與 Pushkar（2000）認為離題的贅言代表著處理技巧不佳。他們找出那些描述裡包含較多贅言的人，發現這些人在描述上，儘管不至於全然偏離目標，但明顯較難提供精確的描述（在這個例子裡，他們被要求向一個聽者描述一個抽象的圖形）。同一個研究團隊的一個進階研究（Pushkar et al., 2000）也注意到，說者的離題贅言較多的時候，通常會使聽者的滿意度降低。然而，同一個研究也發現，贅言多寡與年長者認知功能水準無關，因此並不支持「與年齡有關的衰退中必然包含贅言增加」這樣的論點。

　　與 Gould 與 Dixon 的發現有關的是 Adams（1991）的研究，他們發現與年輕控制組相比，年長者書寫故事摘要偏向以較抽象的方式詮釋故事，著重在故事結構的概略描述。之所以會有這種品質上的差異，可能是因為處理能力下降。例如，若長者無法記得那麼多故事內容，那麼以抽象的方式來陳述故事可能是個明智的選擇。Kemper 與 Anagnopoulos（1993）也認為，年長者可能採用各種交談策略，來避開他們在語意處理上的缺損或差異。Pasupathi、Henry 與 Carstensen（2002）也發現，在陳述一段敘事時，年長者比較會強調故事的正面情緒（也就是說，其中發生作用的可能不只是認知方面的改變）。

　　Kemper（1987a, b）檢驗 6 份日記，內容記載了書寫者大部分的成年時期。從博物館的紀錄可知，這些日記的書寫始於 1856 年至 1876 年，終於 1943 年與 1957 年間。Kemper 發現其中使用的語言，隨著生命期的推

展變得比較簡單，句子長度變短，語法複雜度也下降。例如，在句子裡套入子句的情形也變少，且回指參照（又稱前照應，**anaphoric reference**）失敗的情形也增加了（例如，以「他」指稱前項，但卻未明確地指出是連結到前面提到兩個男性中的哪一個）。同時，敘事的精緻度降低，且描述事件時逐漸變成只是陳述某類事實，而非一個具有情節與結論的「故事」。同樣的，Bromley（1991）讓介於 20 到 86 歲的參與者進行書寫作業，寫下關於自己的描述。分析結果之後，他發現描述中的語法複雜度以及字彙廣度，與參與者的年齡有關，但其他因素（像是字詞的長度與易讀性）則受參與者教育程度與字彙程度影響（以米爾希爾詞彙測驗量測，這是一個常見的晶體智力測量工具；參見第 2 章）。有趣的是，流體智力在其中並未扮演重要角色。

　　有諸多其他的原因，使我們不能自動化地將書寫能力的減退歸因為智力衰退。任何曾寫過一段時間的日記的人都知道，那是一個例行工作。因此，隨著年歲增長，人會越來越沒有動機去寫一個「故事」（也可能是因為生活中，沒有讓人有動力將之描述成一篇精緻散文的經驗發生）。此外，重讀自己在那些創作文字裡展現出的企圖，也可能讓書寫的人感到困窘，而決定改以較不華麗的風格寫作。甚至，日記的目的可能隨著年歲改變，例如，在自我知覺改變的某時間點，便可成為一種自我賦能的方式（參見 Brady and Sky, 2003）。這也可能使書寫風格的改變成為必須。當書寫者逐漸年老也可能是這樣的情況，他們對於書寫的態度變得無拘束，因而刻意採用較簡單的寫作風格（例如，在一開始寫日記的時候，是以大量維多利亞時期的小說風格為主，而到了最後，則轉變為法蘭西斯‧史考特‧費茲傑羅（F. Scott Fitzgerald）以及海明威（Hemingway）的風格）。實際上，Kemper（1987b）僅從她少量的樣本之中就發現了世代差異。在她的研究組別之中，最年長的參與者在寫作中使用的不定詞（to go、to do 等等），比年輕參與者明顯要多。

　　然而，近期研究較支持的論點是，書寫情形的改變反映的是能力的

衰退，而非風格轉變。例如，Williams 等人（2003）針對英王詹姆士一世（同時是蘇格蘭王詹姆士六世）的信件進行了一個精巧的研究，該研究說明了英王的認知相關衰退，可進一步與文獻所記載他罹患的多種疾病連結；這些疾病都可合理假設對英王的智力功能有負面影響。在 Kemper、Thompson 與 Marguis（2001）的另一個比較普通的研究中（沒別的意思），他們針對年長者的書寫進行了縱貫式探討，每年就其語言表現取樣，也進行認知測驗。研究者以此呈現了在文法複雜度及命題內容的年齡相關衰退現象（尤其在 75 歲之後），而這與認知能力的改變是有關的。Kemper 與 Sumner（2001）的研究說明文法複雜度與工作記憶有關，句子長度與語文智力有關（亦可參見 Kemper, Herman and Liu, 2004）。Kemtes 與 Kemper（1997）發現在語法上較為複雜的句子處理，與工作記憶表現相關，包含當下的文字閱讀以及閱讀後的文字理解（亦可參見 Waters and Caplan, 2001）。因此，雖然寫作風格與世代效應，都是年老之後語法改變的可能解釋，但主要可能還是一般性的老化智能衰退所致。

　　一個相關的論點關注年長者的語言變化，與兒童時期的語言使用可能有的關聯。換言之，年長者的語言表現是否退化到有如兒童時期的狀態？這就是所謂的退化假說（**regression hypothesis**）。這個論點嚴格來說似乎不太合理，因為年長者的文法使用還是遠比兒童來得精緻與多樣（參見 Kemper, 1992），雖然在某種意義上，年老之後的語言使用可能比較簡單，但也不至於簡單至此。但從比較不那麼嚴格的角度，該理論也有其合理之處，因為某些語言使用表面上確如兒童的語言表現，兩者形式上都比較簡化；但這也只是說明了年長者使用的語言表達有時比較簡化（海明威使用的語言比湯馬士・哈代（Thomas Hardy）簡單，但沒有人會認為是海明威退化了）。然而，除了這類一般性的考量，這方面也很難有其他非常肯定的說法。

　　從這些論點之中，可以合理將語法的改變與一般智力的改變做連結。然而，也有證據顯示，其中的效果受到晶體認知能力、世代效應以及刻意

調整語言風格（雖然這是否是爲了因應心智處理能力的下降，仍未有定論）等因素的混淆。因此，如同許多其他老化與語言的研究，尚未有明確的結果。

◉ 故事理解

基本的「故事理解」典範相當簡單──參與者聆聽或閱讀一段簡短的文字（通常是 300 至 400 字），而後反應方式可有不同形式，也許是盡可能重複文字內容，或者完成多選題組成的再認測驗。多數研究顯示，年長者記得的內容較少（例如，Byrd, 1985; Light and Anderson, 1985; Petros et al., 1983 爲橫斷式研究；Zelinski and Burnight, 1997; Zelinski and Stewart, 1998 爲縱貫式研究），概括推論較多（Zelinski and Hyde, 1996）。然而，這些一般性發現並非跨越不同研究的普遍事實，選取不同實驗參與者與／或採用不同研究素材，都可能有很大的影響。

「年長」參與者之中，60 多歲的人表現大多與年輕人無異（例如 Mandel and Johnson, 1984）。年齡差異只有在「年長」參與者老於 75 歲以上時才會穩定顯現（Meyer, 1987）。此外，參與者若語文能力較佳，年齡差異也不會顯現（例如 Taub, 1979）。有關於過去經驗的這些發現其實更爲複雜。Soederberg Miller（2003）讓參與者閱讀各種文字，其中某些與烹飪有關，讀者的烹飪經驗各異，此方面知識越豐富，（不意外地）他們對於烹飪有關項目的收錄與記憶就越好，但參與者的年齡對這個現象沒有影響。相反的，Soederberg Miller（2009）進行一個實驗，不同年齡的參與者擁有不同程度的烹飪知識。她測量「閱讀效率」，其定義爲閱讀時間除以他們能從每個閱讀段落中回想出來的訊息數量，結果在閱讀烹飪散文段落，年輕人的閱讀效率不受先前烹飪知識的影響，但是擁有較多烹飪知識的年長者，閱讀效率則比較好；依據參與者的工作記憶能力分組，也發現類似結果，工作記憶表現較佳的人，較不受烹飪知識程度的影響，

而工作記憶表現較差的人，如果有較多先前的烹飪知識，表現會比較好。

　　上述現象是補償策略存在的證據，在閱讀研究中通常稱為**分配策略**（**allocation policy**），這被認為是跨越時間以及作業非常一致的表現（Stine-Morrow, Soederberg Miller and Hertzog, 2006）。實際上，年長者是量入為出，舉例來說，Stine-Morrow、Soederberg Miller、Gagne 及 Hertzog（2008）的研究顯示，如果參與者工作記憶廣度較差，便會分配較多的資源在字詞處理上（指的是僅只花費在辨識每個單一字詞的字義）；反之，有較高語文能力的人，則把較多資源轉而投注在文本意義的處理。分配策略更進一步的例子可見於 Crowley、Mayer 及 Stuart-Hamilton（2009）的研究。他們檢驗孩童、年輕人以及年長者在一連串一般閱讀測驗上的表現（以字詞再認、拼字、語音處理技能量測），同時也測量他們的流體智力與晶體智力。研究者發現，對孩童與年輕人的閱讀與拼字表現有最好預測力的是他們的語音測驗表現（呼應 Majeres，2005 的發現）。然而，在年長者則是流體智力以及年齡最有預測力。這些發現顯示隨著年齡增長，我們在閱讀與拼字歷程中所仰賴的分項能力，可能會有相當大的轉變。

　　Crowley 等人的研究，假設讀者與拼字者都擁有相同的能力。然而，能力的個別差異在不同人生階段卻可能有不同影響。例如，Margolin 與 Abrams（2007）對比年長者與年輕人，發現在拼字能力較好的人身上，年齡差異並不存在；然而，拼字能力較差的人裡面，年長者的某些拼字相關技巧表現明顯較年輕人差。這個發現顯示，拼字表現隨著年齡變化，其中包含許多個別差異因素。

　　預期聆聽的對象不同也會造成不同結果。Adams 等人（2002）告知年長與年輕參與者需要記得所聽到的故事，而後需將之複述給另一個成人或者孩童聽。雖然年輕與年長參與者在對孩童說故事的時候都會有所簡化，並針對關鍵重點做比較精細的描述，但年長者的簡化程度還是比較大；當他們預期聽者是成年人，對於故事的重述都會比較「複雜」，但年

輕參與者說出的故事會明顯比原來的故事多出許多命題。這不見得代表年長參與者在對孩童重述故事的情境中表現較好（可說這個情境比較容易，且額外的精細陳述可能代表對於實際情境不同層次的覺察，而非認知能力上的優勢表現）。如同 Adams 等人所指出的，這表示社會脈絡在此領域的研究中可能是個重要的混淆變項，研究者需要留心「聽者」的選取，對參與者回憶故事與其他資訊的影響。

與此有關也值得注意的是，在許多研究中可能有其他的世代效應。Ratner 等人（1987）觀察到許多研究所比較的是由學生組成的年輕組，以及由更廣泛人口統計背景組成的年長組。這群研究者找來一群非學生的年輕成人組，將他們的語文能力與學生組配對，而後比較這兩組與年長組在散文回憶的表現。學生組表現得比其他兩組好（非學生年輕成人組以及年長組的表現相當接近）。這意味著許多故事回憶與理解研究發現的年齡差異，有很大一部分可能是採用比較年輕的參與者所導致，這些參與者不僅有年齡上的差異，文本的記憶與解釋能力也有相當大的不同。

素材的選取對結果的影響更甚於參與者的選取。即便在看似相當單純的程序（例如，在簡化的文本閱讀之後檢視對於文章內容的理解）也出現不甚明確的結果。例如，Walmsley、Scott 與 Lahrer（1981）發現基於專業作家的意見，將一個散文段落予以簡化，能夠改善對此段落的理解。然而，透過較客觀方式（例如依據可讀性公式簡化段落），則對於回憶表現沒有顯著影響。

基於本章所提出的研究發現，可能會預期年長者理解口說文字的表現明顯比理解書寫文字差。但是，研究發現其實不那麼明確，Cohen（1981）發現年長者回憶口說文字的表現，明顯比回憶書寫文字差，而年輕參與者則沒有這種區別（Zacks et al., 1987）。因此，Benichov 與 Wingfield（2010）發現雖然聽力受損的年長者能就其理解，回答有關所聽到的散文段落的題項，但語音的音量越小，散文的內容越複雜，他們回答問題的延遲時間還是越長。早期有許多研究文獻（雖然不是全部；參見

Petros et al., 1983; Tun et al., 1992）報告，透過人工將文章誦讀的語速加快時，年長者在口語理解表現的下降比年輕人明顯許多（例如 Wingfield, 1996），這通常被認為是普遍變慢所致。

　　然而，如同 Schneider 等人（2005）的提醒，語速加快通常會損及品質（例如，提高說話的音調，或者在實驗中刻意把某些口語片斷移去，使句子呈現的時間變短，但仍保有相同的音調）。Schneider 等人發現，如果語速加快，但並未透過人工方式扭曲聽覺品質，那麼理解的表現便無年齡差異。這意謂關鍵在於聽覺處理，而非普遍認知變慢。同時也需注意，書面故事的呈現速度不同，產生了混合的結果，若參與者可自由以他們自己的速度閱讀，通常不會出現年齡差異，不過，其中還是有些例外（Meyer, 1987）。

　　以各種嘗試操弄故事呈現方式，得到了多種不同的結果。某些作法並沒有效果，例如，要求參與者大聲閱讀或者默讀，並不影響回憶的訊息量（Taub and Kline, 1978），若讓參與者自行選擇閱讀素材的主題也不會影響（Taub, Baker and Kline, 1982）。Margolin 與 Abrams（2009）發現當句子以負面表述的方式呈現（例如，「他沒有那麼做」），年長者及年輕人在理解作業的速度與正確率皆有些微但顯著的變差。整體來說，年輕成人的理解測驗分數較高，但是兩個年齡組受到負面表述影響的程度則大致相同的。

　　其他對於文本的操弄也有其效果。例如，Connelly、Hasher 與 Zacks（1991）讓參與者閱讀一段簡短的散文段落，其中散布著分心的語句，以不同的字體印刷，參與者被告知要忽略這些部分，年輕與年長參與者雙方的閱讀速度都有變慢，回答理解問題的正確比例也都變低，但年長組表現變差的程度較為明顯。此外，Dywan 與 Murphy（1996）發現，在希望讀者忽略的斜體文字段落裡插入必須閱讀的文字，年長者閱讀的起始點比較容易出錯，會包含部分斜體文字（在他們自我修正之前），也比較容易錯把斜體文字的訊息納入，而誤解了必讀的文字。後續的檢測中，儘管年輕

參與者原先較確實地忽略了斜體文字，他們對於斜體文字的再認表現還是比較好，這意味著年輕人並不是不去讀那些文字，他們只比較能夠不去對那些文字做反應。這也表示，不同年齡層的閱讀者對於閱讀歷程初期的控制程度不一。Stine-Morrow、Loveless 與 Soederberg（1996）的研究結果也支持這論點，他們發現在為了後續的回憶作業而進行的文字閱讀中，年輕閱讀者比較著重文字的直接特徵，而年長閱讀者比較著重脈絡訊息的儲存。

　　一般而言，作業複雜性會增加年齡表現差異，這同時也與其他許多老年心理學的現象一致。例如，Byrd（1985）發現年長者除了直接回憶段落文字的能力受損，若被要求總結段落文字內容，那困難更是明顯許多。換言之，若必須同時記憶和處理一段文字，年長者會出現嚴重的困難。此外，Hamm 與 Hasher（1992）發現要從模稜兩可的故事（故事以某件事開頭，而後結局卻轉往另一個與最初預期不同的方向）進行推論，對年長者來說有極大的困難。他們將這個年齡相關的衰退，歸因於工作記憶處理訊息的能力下降（即「記住」一開始的故事，同時解決在故事最後出現的分心訊息）。Light 與 Albertson（1988）發現從句子中做推論的能力，只有在句子較為複雜和／或同時需要處理其他作業的時候才會受損。Cohen 與 Faulkner（1984）的研究，說明年長者在必須整合來自不同故事的資訊，以正確作答的再認作業中，其表現明顯有困難。Smith 等人（1989）檢測對 3 種散文的記憶：「標準型（內容清楚的）」、「雜亂型（句子之間沒有融貫的關聯）」、「插敘型（兩個以上的故事彼此所屬的句子交替呈現）」。年長與年輕參與者在標準型及雜亂型散文的表現品質相同，但在插敘型散文年輕參與者的處理方式與他們在閱讀標準型散文相同，而年長參與者的處理方式則與他們閱讀雜亂型散文相同。換言之，年輕參與者有足夠的處理能力梳理插敘型散文的內容，並以處理標準型散文的方式處理之，而年長參與者則做不到這點。

　　上述的改變，讓人忍不住將之歸因於年長者記憶能力的衰退。當然

在某些情況之下，年齡差異似乎在記憶喪失裡扮演重要角色。De Beni、Borella 及 Carretti（2007）檢測年輕人（18 到 30 歲）、青老人（60 到 75 歲）及老老人（75 歲以上）在一系列測量工具上的表現，其中包含後設理解（對理解歷程如何運作的了解）與工作記憶。當文本以敘事形式呈現時（例如「先發生了 X，而後是 Y」等等），所有參與者可有相同程度的理解。然而在解說性的文本（也就是，文本試圖解釋與呈現一連串的事實與論點，不必然依時序或其他順序呈現），理解的程度則明顯有年齡差異。此外，這些年齡差異可歸因於後設理解與工作記憶的差異，而非生理年齡大小。

但記憶能力的差異可能被過度放大了，既有大量較早期的研究發現，文本回憶與其他記憶測量（例如，記憶廣度）結果之間僅有薄弱關聯（Light and Anderson, 1985）。其他偏向語言方面的因素也可能有影響。例如，Kemper 與 Rush（1988）回顧他們自己與其他團隊的研究，發現所能回憶出的訊息量，直接隨著待記憶段落的語法複雜度之變化而有所改變。基於本章稍早所呈現的語法改變之研究證據，這樣的發現也就不令人意外了。

一個經常被報告的發現是，年長參與者能記得的故事主要重點與年輕人一樣多，但他們對細節的記憶表現明顯較差（Cohen, 1989）。例如，Jeong 與 Kim（2009）發現年輕人對文本內容的回憶明顯較好。但是，對文本的解釋能力則沒有年齡差異。McGinnis（2009）比較年輕人、年輕老人以及老老人的表現。她發現雖然老老年組在理解測驗中表現明顯最差，但在一般化與精緻化推論的得分卻是最高的。因此，心理學家傳統測量方式下的「理解」，可能僅捕捉到非專業人士所認爲的「理解」概念中的一種技巧，而非全部有關的因素。

此外，許多歸因於年老的理解表現的改變，很可能在較早期的成年階段就已出現。Ferstl（2006）的研究中，年輕、中年及老年參與者，對兩個句子的語用判斷力並未顯現出年齡差異；但是對於測驗素材中出現過

的字詞之再認能力，則隨著年齡增長穩定衰退。這個研究最讓人感興趣的是，Ferstl 說明了中年參與者的表現已有顯著的衰退。年齡改變的研究，過去比較的通常是 20 多歲的「年輕」參與者與 60 歲以上的年長參與者，大多忽略中年族群。因此，已發展的研究文獻多半心照不宣地假設衰退是始於年老之後，但是 Ferstl 的研究說明了某些能力的改變可能遠遠早於過去了解的時程。

許多理解研究採用的年輕參與者都是學生，這點或許值得注意；學生這個族群可能比任何其他族群更注意所有訊息，而非只是表面的細節。研究發現年輕參與者對故事細節的記憶表現較佳，並不令人意外，因為年長者處理能力很可能較有限，在已記憶故事要點的情形之下，便無法再注意以及收錄細節資訊（Cohen, 1988; Holland and Rabbitt, 1990）。但這裡是否也有世代效應存在呢？如果我們問一個人，某本書或者某部電影是在談些什麼，我們想要的只是基本的概要，而非細節。許多人可能學會提供「事實即可」，忽略無關細節。通常只有學生才會有注意越多越好的這種思考習慣。

世代效應存在的可能性，在思考對幽默的理解時（也就是理解笑話）會是個問題。Mark 與 Carpenter（2007）發現年長者對於（語文及非語文）幽默的理解似乎較差，研究者發現這與認知能力的衰退有關。Uekermann、Channon 及 Daum（2006）也有類似的發現，他們發現年長者要從多選題中選出笑話之畫龍點睛的結尾語，表現較差。

如同一直以來的看法，要殺死一個笑話，最有效的方法就是解釋它。簡單來說，你要不是聽得懂一個笑話，要不就是聽不懂。幽默絕大部分仰賴的是說者與聽者之間共享的文化，以及對於相同事件慣常共有的一般反應。以下面的這段作者曾在學生雜誌上看到的漫畫為例。漫畫中是一個 1920 年代的年輕人，駕著一輛敞篷跑車。他的頭上出現一個思考框，寫到：「我知道，我會送伊莎朵拉圍巾當生日禮物」。如果你對伊莎朵拉‧鄧肯（Isadora Duncan）有所了解，就能理解這個笑話（應該說，這笑話

的不得體令人毛骨悚然，任何人只要在 Google 搜尋過「伊莎朵拉‧鄧肯」就會明白）。但除非你擁有與說笑話的人一樣的必要知識，能夠從迂迴的資訊中掌握邏輯關聯，否則那笑話就會毫無意義[3]。因此幽默的理解涉及了產生連結的認知能力，但也涉及與說者之間共有的經驗與預設。年長者因為與年輕人所屬世代的不同，可能缺乏足夠的共同文化理解年輕世代的幽默。幽默理解的年齡差異研究，是個具有豐富可能性的領域，很可惜的是既有的研究仍相對較少。Mak 與 Carpenter 也承認，目前距離釐清全貌路途尚遠。

關於理解能力的這些研究發現，必然會因為實驗所報告的生態效度不足（換言之，可能不很貼合實際）而受到再三的斟酌。標準故事回憶測驗（閱讀 300 到 400 字的一段文字，然後試著完整重複出來）是一種日常生活裡幾乎不會出現的作業。Rice（1986b）發現，唯一涵蓋完成這項作業必須之所有技能的日常活動，就只有應付考試的讀書，而很少有老年人樂在其中。這樣的經驗也許比較貼近年輕人，因此造成了某種實驗偏誤。然而，即便是相當擅於考試的人，單次 300 至 400 字的閱讀，也不足以使人逐字回憶這個段落。學習這種長度的散文，更合理的策略是逐句處理（在這類活動上，年齡差異現象更加歧異；例如 Hannon and Daneman, 2009）。簡而言之，文本回憶典範並不實際，許多年齡差異背後可能只是世代效應。在這個脈絡之下，Bonini 與 Mansur（2009）的研究也值得注意，他們發現年長者對於收音機播放的新聞內容，有近乎完美的理解。換言之，在非常自然的作業狀態下，年長者並未呈現與「實驗室作業」中同等程度的表現缺損。

另一個考量是所使用的散文段落長度。實驗者選擇的項目長度，通

3　再舉另一個例子：Comic Sans 走進一家酒吧，酒保跟他說：「對不起，我們這裡不服務你這種客人（我們這裡不提供你這種字型）」。譯注：Comic Sans 是微軟開發的一種字體名稱，受到許多平面設計師反對，認為其設計不佳。

常大約等同於報章雜誌的文章長度——年長者最常閱讀的長度（Rice, 1986b），但這卻不同於其他的閱讀經驗。Meyer（1987）發現，極少數採用「非常長的文字」的研究，大約也只用了 1,600 字。因為一般小說字數大約是 6 萬字，即便是標準實驗中使用過的最長篇幅，也都遠遠不及實際生活中的長篇散文之篇幅。會有這個觀察，就像圖書館員吃過苦頭之後才知道，年長者通常不只是相當不擅於記得書的情節，也根本不記得他們讀過哪些書。作家與電視節目主持人克里夫·詹姆斯（Clive James）曾經擔任圖書館館員，他如此描述這個現象：

> 這幾位嬌小的老太太，想知道她們是否已經讀過這幾本她們想外借的書籍，而我已找不到任何方式為她們解答疑惑。比較聰明的幾位，使用自己個人化的編碼系統……。一直以來，我們都可以在書上看到幾百個這樣的編碼。如果隨便抽取一本桃樂絲·L·塞耶斯（Dorothy L. Sayers）或馬格麗·阿靈漢（Margery Allingham）的書快速翻過，你會發現各種各樣的打點、畫叉、塗抹、圈選、萬字標記等等（James, 1983, p.243）。

這種現象似乎相當普遍。本書作者與許多圖書館員談過，他們從實務經驗上都贊成詹姆斯先生的觀察。然而，這明顯無法回憶較長段落文章的現象，卻未受研究者注意。

○ 神經補償

如同第 2 章及第 3 章對智力與記憶力的討論，關於年長者補償策略的文獻在本章的各處也已有引用。這類策略的使用多少是無意識的，但也不能假設年長者可能有意識地覺察到自身需求的改變，而同時發展出後設理解策略。這個論點受到 Champley 等人（2008）的支持，研究訪談 96 位年長參與者，發現他們在閱讀時，有相當多樣的策略運用。

　　已有大量蓬勃發展的文獻指出，這類補償策略是來自腦部的神經改變，當從小使用的腦部區域在晚年有所退化，新的區域便被開發使用。年老之後，腦中與聽覺及口語知覺有關的部分很快出現神經改變。例如，已知年長者在吵雜的背景之下難以跟上說話者的速度。這類問題始於中年，沒有明顯聽力困難的說話者，卻報告在吵雜的情境（例如，派對中）自覺難以跟上對話。Wambacq 等人（2009）的研究說明，這可能是因為對應輸入之聽覺訊號的神經反應改變。尤其，聆聽他人的關鍵，涉及辨識說話者的空間位置，這是透過對聲音到達兩耳之時間差的心智處理來達成（例如，簡單來說，聲音先到右耳再到左有，表示說話的人在你的右邊）。Wambacq 等人的研究說明中年人在進行此一運算時，有不同的神經激發，背後的原因尚不完全清楚，但有可能是有關的神經元反應速度變慢（實際上，常見的研究發現是年長者的大腦細胞，需要較長時間才能對刺激做出反應；參見 Matilainen et al., 2010）。但是，需注意部分其他歷程，例如，對聲音持續時間長短的「基本」神經處理相對未受老化影響（Ross et al., 2009）。

　　然而，嘗試利用其他腦部區域的功能緩和年齡相關改變的神經補償策略，也有證據支持。例如，Wingfield 與 Grossman（2006）利用功能性磁振照影（fMRI）掃描，發現年長者在理解語法複雜的句子時，腦部有額外的區域激發。因此，年長者利用大腦可塑性徵召新的區域協助心智處理。此外，Richardson 等人（2010）發現在青少年時期，腦中某個區域的灰質（左側後側緣上回）與字彙知識有正相關。此相關性未見於成年人身上，但另一個區域（左側後顳葉區）的灰質數量與字彙知識的相關性則是不同生命階段皆有之。

　　神經影像研究的發現也為這種分配的變化提供支持。例如，Wong 等人（2009）發現年長者的部分腦部區域活動增加，以補償言語處理中其他腦區運轉效能的降低。更確切地說，聽覺皮質的活動量減少，被其他與工作記憶與注意力有關之腦部區域（主要是前額葉區域）增加的活動量抵銷

了。這類活動紀錄出現的越多，表現就越好，顯示這是一個補償策略的運用證據。然而，需注意 Peelle 等人（2010）的研究結果稍有出入，他們檢驗參與者進行語言理解作業時的腦部活動，發現年長者在已知涉及語言理解的腦部區域的激發程度較少，不同腦區間的相互配合也較不成功。作者的結論是，這或許說明了年長者在語言理解這類作業上，如果處在無法正常聆聽的條件之下，便會遭遇特別的困難。

Geal-Dor 等人（2006）在參與者聆聽各種聽覺刺激的同時，測量其腦部活動（**事件相關電位（event related potentials）**或 ERPs）。聆聽言語時，年輕人在 ERP 的某些測量上顯現出較大的左腦神經活動，但此一左右腦的平衡狀態，在年長者則是右腦的神經活動變得較大。中年人的表現居於年長者與年輕人中間。Tyler 等人（2010）的研究也報告了語言理解作業出現上述腦部活動轉向右腦的現象。

雖然對於這些歷程完整的機制與結構的了解還有很長一段路，但即便從早期的研究，也已經清楚知道大腦結構與功能並非靜止不變。例如，年輕人與年長者在聆聽後續需要回憶的句子時，甚至連瞳孔反應（即瞳孔大小的改變）都有不同（Piquado, Isaacowitz and Wingfield, 2010），心智作業所涉及的歷程範疇相當廣泛，且彼此之間有著令人驚訝的巨大差異。

結論

年長者語言改變的研究目前尚不完整。某些領域已有深入探討，但其他幾乎尚未開始。有鑒於此，結果的解釋上更需要小心謹慎。

首先需要注意的是，視力及聽力的退化會影響語言功能表現。更廣泛地說，身體健康狀態的衰退通常會削減一個人對「外在世界」的接觸，包含與人交談、上圖書館等等。待在家裡，閱讀習慣也會改變，通常轉而閱讀比較「輕量」的素材。這是因為智力功能的衰退抑或是動機改變，仍未有定論，但不管如何，許多年長者實際上都有許多可覺察的閱讀與其他語

言功能改變。某部分可解釋為語言功能的一般性改變，然而，一般懷疑普遍變慢及智力變化也需要納入考量（雖然相當意外地，晶體智力可能並未扮演特別重要的角色）。

　　聚焦在字詞再認、語法處理及故事回憶這類特定的認知能力，便可看到年齡相關衰退。然而，任何年齡差異的幅度都可能因為實驗的人為因素（例如，實驗素材的選取、世代效應等等）而放大。而最大的批評可能是，許多閱讀測驗並不符合實際——人們通常不會花時間逐字背誦短篇故事、唸對混淆字詞的發音或者判斷電腦螢幕上的字串是否可構成一個字詞。因此，我們需要大聲疾呼對於這些研究結果的解釋需小心謹慎，因為所使用的測量工具很可能並未直接對應真實生活的經驗。

○ 進階閱讀建議

　　特別著重語言與老化議題之討論的教科書相當稀少，尤其以一般讀者為對象的更是如此。Light 與 Burke（1988）主編的老化語言功能之論文集或許仍是目前此方面可得的最完整的評論回顧。較近期由 De Bot 與 Makoni（2005）撰寫的專書，雖然是比較著重探討多語議題，但仍可能引發一些興趣。儘管超出本書的討論範圍，Coupland、Coupland 及 Giles（1991）針對老年人語言所進行的實用的社會語言學研究，或許也有部分讀者會感興趣。其他有興趣閱讀更多心理語言學資料的讀者，則可參考 Aitchison（2007）。

黃蕙靜譯

第五章
老化、人格與生活型態

⬤ 概論

到目前為止，本書大多數的主題談論的是老人的內心世界：思考、記憶以及大腦和心智如何運作的資訊。在本章節，我們將會討論心理層面的因素是如何影響老人與外在世界的互動，像是他們的人格與生活型態。我們還會討論到老人如何看待自己、如何選擇他們的生活型態，以及人們面對年長者與老化的態度。

⬤ 人格的特質模式

到目前為止，有許多學者嘗試去定義「人格（personality）」，其中一個實用而常見的定義為「人格是個體為了應對週遭環境所表現出的某些特質或行為反應，以特定的規律或模式，構成個人獨特的因應與調適方式」（Hilgard, Atkinson and Atkinson, 1979, p.364）。

然而，弔詭的是，心理學家反而對於讓我們彼此與眾不同的因素不感興趣，相反地，他們更關注的所有人共有的行為模式。最主要的例子就是有關人格特質（**personality trait**）的研究，人格特質指的是每個人所具備的某些行為組型，但是每個特質所呈現出的強弱程度則因人而異。我們可以用以下的例子來進一步理解這個概念：一個常見用來量測人格特質的向度是外向性（**extraversion-introversion**，簡稱 E），是用來描述一個人外向、自信的程度。若一個人有很高的 E 分數，表示他很外向，甚至

很容易被認爲是團體中的核心人物；若一個人的 E 分數相對較低，表示他比較害羞，甚至不太擅長與人社交。而大多數人的 E 分數其實落在中間的位置，也就是不會特別外向活潑，也不至於到很安靜或很退縮。無論如何，**每一個**人都能被放在這同一尺度上測量——我們所有人都具備同樣的特質，只是展現出來的強弱程度彼此不同罷了。

當然，單一特質並無法告訴我們一個人的人格爲何。因此，我們需要結合多項特質來更完整地描繪一個人的心理肖像。然而，若我們使用太多特質，就會很難整合成一個連貫而有意義的圖像。因爲這樣的緣故，心理學家一般來說會儘可能地將他們所使用的特質限制在最小的數量之內。這成了一個必須取捨的情境：用較少數的特質來測量人格能夠讓我們描繪出一個概略的人格輪廓，但無可避免地也會忽略許多細節。然而，若以讓任何人都能理解爲前提，相較於結合較多特質較難以清楚明瞭地呈現人格，簡約原則似乎是一個更好的選擇。

有一個早期的研究主題爲老年的人格特質，由漢斯・艾森克（Hans Eysenck）所執行（Eysenck, 1987; Eysenck and Eysenck, 1985）。艾森克主張人格能夠完整地以 3 大特質來涵括：包括前述的外向性—內向性，再加上**精神病質**（**psychoticism**，簡稱 **P**）和**神經質**（**neuroticism**，簡稱 **N**）。精神病質主要是測量一個人情緒上「冷酷」和反社會的程度，而神經質則是測量一個人焦慮和情緒上不穩定的程度[1]。艾森克認爲 E、P 和 N 會隨著年齡增長而改變，而性別也有重要的影響。P 會隨著年齡而下降，但是下降的速率男性比女性劇烈得多。在 16 歲的時候，男性的 P 分數幾乎是女性的兩倍，但是到了 70 歲，這個差異幾乎不復見。較不尋常的是 E 分數的變化，男性和女性隨著年紀增長都會變得較爲內向，男性在青少年晚期比女性更加外向，但是在那之後男性的外向性以較大的速率下

---

[1] 在P和N分量表上有較高的分數的人並不代表他們有心理疾病，顯示的是他們在壓力情境下較容易展現出精神病或神經質的特徵。

降，因此，到 60 歲時，男性反而變得比女性更加內向（交叉點，也就是兩個性別呈現同樣內向的時候，發生在 40 歲左右）。N 分數的變化就相對平緩，兩個性別的神經質都會隨著年齡下降，但女性在所有年齡的 N 分數皆較男性高（Eysenck, 1987; Eysenck and Eysenck, 1985）。艾森克（1987）主張這些研究結果告訴我們，老人在情緒上較不容易有劇烈波動、較爲冷靜。需注意艾森克並未主張老人在晚年必然會更快樂。眞要說的話，因爲不論正面或負面的心情波動都相對較小，人應該會漸漸變得對世界冷漠。最理想的狀態下，這個冷漠或許可以培養成冷靜與平靜的良好特質，但是同樣地，也有可能造成漠不關心與懶惰的不良特質。艾森克主張隨著人的一生而有的人格改變，主要是神經系的激發程度造成的生理變化。這個論述受到許多其他心理學家的質疑，有一個似乎合理的例子可以解釋 E、P 和 N 的變化主要是因爲生活型態的改變[2]，例如，老人之所以變得較爲內向，不是因爲神經激發程度的改變，而是因爲當他們變老，社會環境也變得較難以符合他們的需求。這造成了老年人的退縮、使得他們更加沈默，而因此變得更內向。因爲男性通常較女性更依賴以社會角色定義自我（詳見後續內容），因此男性隨著老化過於劇烈的喪失自信，也反映在他們的 E 分數的下降。

　　相較於艾森克使用 3 個特質，其他研究者則傾向使用更大範圍的人格特質。常見的選項之一是由柯斯塔和麥克雷（見 Costa 和 McCrae，1980，1982）所提出的**五大人格特質模式**（**Big Five model**），又稱爲五因素人格模式（five-factor personality model）。這個模式如同其名，假定可以 5 個基本特質對人格形成最適切的描述——嚴謹性（conscientiousness，這個人有多可靠）、友善性（agreeableness，對於他人的期待有多順從）、開放性（openness，願意面對不熟悉事物的程

2　還艾森克一個公道，最近有基因的研究指出，神經質與外向性和遺傳因素有關，且彼此間在心理層面上有複雜的交互作用；見Terracciano等人（2000）。

度）、外向性、神經質（見Stuart-Hamilton, 1999a有更進一步的討論）[3]。或許因為採用不同的測驗工具，以五大人格特質模式及其他人格特質進行評估的研究結果，描繪出來的人格圖像都不若艾森克的研究結果簡潔明確，但或許也是因為這些研究在測量方法上就有差異。尤其現在已經有很多研究是以縱貫性資料為基礎而完成。

　　大致來說，早期的縱貫性研究結果發現人格測驗分數並無太大改變，即使研究參與者通常感覺到他們有戲劇性的變化（Perlmutter和Hall，1992）。不過後期的研究結果就有發現一些改變，舉例來說，有一個縱貫性研究的研究對象為荷蘭人，研究者Steunenberg（2005）發現在55歲到70歲之間的N分數有些微的下降，70歲之後則有少量的上升。Field和Millsap（1991）在縱貫性研究中發現老人期的外向性分數有些微的下降。同樣地，Mroczek和Spiro（2003）針對1,600名男性（初始年齡為43至91歲）進行了12年的縱貫性研究，他們發現在這期間E分數與N分數有大量的變化，他們也發現生命中的重大事件（如：喪偶）與這些變化有關聯。

　　Roberts、Walton和Viechtbauer（2006）針對92個人格縱貫性研究進行後設分析，並發現數據顯示整體上在許多特質都有累積性的改變。他們所呈現出的結論有點複雜，因為並非所有的研究都使用同一種測驗工具，但整體來說，某些人格特質（如社交性）相對穩定，而如嚴謹性和友善性等特質則是在晚年有所提升。但是，對經驗的開放性（基本上是指心智的彈性）在晚年則是下降（這可能可以解釋老年人固執保守的刻板印象）[4]。Allemand、Zimprish和Hendriks（2008）使用了橫斷性研究也發現了相似的結果：友善性和嚴謹性在晚年有增加的情形。

3　有時候採用的是情緒穩定性這個概念，因為情緒穩定性和神經質是同一個連續向度的兩個端點，就像外向性和內向性一樣。

4　這裡的改變指的是相對性的而非絕對。因此，開放性下降代表的是一個人變得稍微缺乏彈性，而非他們突然變成徹底脾氣暴躁、或是執著於老舊的想法與作法。

　　整體來說，這些研究結果指出某些特質會維持相對的穩定，某些特質（如：神經質）會稍微提升，其他特質則提升較多（如：友善性與嚴謹性）。然而，我們很難知道要多相信這些人格特質的眾多研究結果。首先是變異性的問題，簡單來說，許多工具測得的特質分數，在不同生命期會起伏不定。舉例來說，Specht、Egloff 和 Schmukle（2011）透過縱貫性研究發現人格變化最多的時期發生在生命的早期和晚期，而中年時期則相對穩定。這個變化很大比例可歸因於生活型態的改變，這代表人格能夠因應個人生活需求的變化而改變。這個結論呼應了 Kogan（1990）更早之前的文章所提到的，許多人格的巨大改變都對應到生活型態的重大轉變。因此，人格可以說是變化無常的[5]。難以預測的生活事件使得人格測量有其波動，而許多研究結果也廣泛指出不同生命期之間的變異性（如：Lucas 和 Donellan, 2009; Ojha and Pramanick, 2010）。

　　再複雜一點的話，還有一點值得一提，儘管有這些波動，同一個人在其所屬世代內的相對位置始終是相當一致的。在第 2 章我們曾提到智力測驗的原始分數也有波動，但是個別參與者的智力還是維持相對穩定的。同樣的道理也對應到個人的人格測驗分數，雖然分數有所波動，但在所屬的年齡群組裡，個人相對於其他成員還是維持在同一個百分等級（Kogan, 1990; Roberts and DelVecchio, 2000）。

　　另外，數據顯示 20 世紀不同出生世代者的人格特質，逐漸趨向更有彈性、更具適應性（見 Schaie and Willis, 1991；Mroczek and Spiro, 2003）。這或許也可以部分解釋對老年人的刻板印象：變得比較保守和固執。變得比較固執的原因並非老化本身，而是因為較年長的族群屬於較缺乏耐性的世代。但在此提出這個論點，其重要性在於如果世代效應存在，

---

[5]　雖然長遠來說還是可能會出現某種模式——舉例來說，Allemand、Zimprich和Martin（2008）發現在他們的縱貫性研究中，經歷多次的測驗後，所有特質的分數之間出現了顯著的相關。

那麼不同年齡層之間的分數比較，就不僅只受年齡影響了，世代效應可能深深影響著這個結果。

最後，絕大多數的人格研究都依賴測驗分數。但是，Noftie 和 Fleeson（2010）有獨到的見解，他們認為這些研究結果可能使人產生誤解。當研究收集一群成人測驗參與者於真實生活中的人格特質資料[6]，便發現現實生活中的特質改變情形，會比測驗分數所呈現的更加顯著。因此，由測驗所測得的人格特質很有可能與現實生活中的狀態不完全相符。

總結來說，我們必須更加謹慎地解釋這些人格研究所得知的特質測驗分數的年齡變化，有許多原因如下：

- 每個研究的分析並無統一的分析方式，雖然大部分研究都採用五大人格特質模式進行研究，但有些並不是，且並沒有絕對的證據顯示五大人格特質的測量方式優於其他特質測量方式。
- 在生命晚年測驗表現的變異性雖然有增加，不過矛盾的是，個人的表現相對於自己所屬的同一年齡世代，其實是相當穩定的。
- 研究並沒有一致的結論告訴我們什麼特質在老年時期會改變或怎麼改變，但是，有一個大致上的共識是友善性和嚴謹性會提升[7]。
- 然而，同樣有證據顯示世代效應會影響研究結果，而且無論如何，特質的測量很難精準地反映出日常的個性展現。

雖然針對生命歷程中一般性的人格變化，研究結果大多並不一致且令人困惑，不過針對晚年人格的其他面向仍有研究產出了豐富的結果。有一個關鍵的例子是研究神經質對人的影響，一個很直觀的概念是，如果一個人很容易擔心且某些想法總是揮之不去，通常很難擁有健康的生活型態，因為憂慮本身會使血壓升高，而且較為神經質的人消除憂慮的方式（如：

---

[6] 作法是請研究參與者在一週或兩週期間，於多個抽樣時間點記錄當下的行為。

[7] 即使Jackson等人（2009）認為謹慎性能夠再細分為次要特質，有些分數增加、有些分數減少。

飲酒、用藥或暴食）往往會惡化他們的健康。此外，一旦他生病了，對於病況過多的擔心只會讓狀況更糟。這其實不只是直觀而已，因為有太多研究都支持這個假設：

- Wilson、Mendes de Leon 等人（2004）在一個縱貫性研究中發現神經質與死亡率之間有強烈的關聯性，N 分數在前 10% 的人的死亡率是後 10% 的人的兩倍。
- Lauver 和 Johnson（1997）則在研究中發現神經質程度較高的人，在晚年時期更難去應付他們的慢性疼痛。
- Spiro 等人（1995）的縱貫性研究則發現神經質與高血壓有相關。
- N 分數較高的人在高度壓力期間的記憶力表現會顯著較差（Neupert, Mroczek and Spiro, 2008）。
- Steunenberg 等人（2007）則發現神經質的程度與晚年的憂鬱症復原狀況有顯著的相關。
- Shipley 等人（2007）在 21 年的縱貫性研究中，發現高度的神經質與心血管疾病的高死亡率有顯著的相關（雖然它受到其他因素的中介影響，如社經地位）。
- 一般來說，老年人的神經質和整體健康狀況成反比（Kempen, Jelicic and Ormel, 1997; Mroczek, Spiro and Turiano, 2009）。

因此，綜觀所有的理由，高度的神經質很明顯不利於晚年生活。然而，若認為神經質是唯一有負面影響的人格特質就太不明智了。許多研究指出，即使 N 分數有主要的影響，但還是有其他可觀的變異量尚未被解釋（如：Mroczek 等人在 2009 年的研究中的百分之 60），或存在其他跟神經質同等重要的因素（如：Steunenberg 等人在 2007 年研究的生理健康因素）。在某些情況下，當較大範圍的混淆變項被控制時，神經質就不再是有效的預測指標（如：Dong 等人在 2011 年研究老年人的自我忽略）。

有關外向性的研究，已經有不同程度之可預測性的研究結果產出。一個研究發現晚年做志工的可能性與外向性有關（Okun, Pugliese and

Rook, 2007），這點或許不全然超乎預期[8]。同樣地，較高度的外向性似乎有利於中風的復原（Elmstahl, Sommer and Hagberg, 1996）、更能維持壽命（Adkins, Martin and Poon, 1996）、有幸福感（Francis abd Bolger, 1997），且能較正向地看待未來的健康狀況（Chapman et al., 2006；亦可見 Jerram and Coleman, 1999）。上述結果大概並不令人意外，因為我們通常認為較外向的人也較為強壯而健康。然而，研究者也經常指出外向性與其他我們感興趣的因素並無相關，即使大多數人直覺地認為有關。例如，Iwasa 等人（2009）發現 E 分數無法顯著預測老年人對健康檢查的參與，也和老年人的未來健康照顧計畫沒有相關（Sorensen et al., 2008）。在其他的例子中，即使 E 分數在其他年齡層與研究問題所測量的指標有顯著相關，但是到了老年期就沒有關聯了。例如，Gomez 等人（2009）發現，雖然外向性分數在年輕成人與主觀幸福感有顯著相關，但是卻無法顯著預測老年人的主觀幸福感。最後，少數幾個例子確實發現外向性是個不利因素。例如，一個研究發現老年人的 E 分數和駕駛能力呈現負相關（Adrian et al., 2011）。

對經驗的開放性與許多測量有關，包括罹患阿茲海默症的風險（Duberstein et al., 2011）和創造力測驗的能力表現（Shimonaka and Nakazato, 2007）。開放性和較高的創造力及想像力之間的關聯，可用於解釋某些研究者所發現的開放性與成功老化（或至少較令人滿意的老化）之間的關係（見 Gregory, Nettlebeck and Wilson, 2010）。有時候開放性是與結合了其他特質的其他測量有關，例如，對於未來照顧的需求覺察跟開放性有關，但也跟神經質和友善性的程度有關（Sorensen et al., 2008）。開放性和嚴謹性一起，在非裔美國人身上會是主動因應行為（基本上可以說是盡力獲得更好的生活型態，即使代價是身體健康）的

8　提供關於Okun等人研究的平衡資訊：該研究的一個關鍵主題是社會資本的效果和關係的形態。

顯著預測指標（Whitfield, 2010）。開放性加上友善性，則會和執行功能（**executive function**：計畫與控制心智歷程的能力）呈現負相關（Williams, Suchy and Kraybill, 2010）[9]。對老年人來說，無論性別，開放性與眼眶額葉區域的活動有關。男性在前扣帶迴區域有額外的活動，女性則是前額葉皮質會有額外的活動（Sutin, Beason-Held, Resnick and Costa, 2009）。然而，如同外向性特質，開放性在許多測量上也不是一個顯著的預測指標（如：服藥遵從性，見 Jarant et al., 2011）。

　　友善性的角色我們已經部分提及了。友善性程度較低（包含他認為在必要時能夠忍受自己不受歡迎），同時外向性程度較高的老年人，對於醫院急診部門的使用率較高（Chapman et al., 2009）。相反地，較高程度的友善性則與他們面對悲傷事件與圖像，具備較有效的調節反應有關（Pearman, Andreoletti and Isaacowitz, 2010）。與友善性類似，嚴謹性的研究也發現零星關聯結果，包含與以下各種測量分數的相關性，例如：較低的多重疾病負荷（Chapman, Lyness and Duberstein, 2007）、較長的壽命（Terracciano et al., 2008）、較低的輕度認知障礙發生率（Wilson et al., 2007；亦可見第 6 章）。若和其他特質一起看的話，嚴謹性也與許多測量分數有關，而這些例子我們在本章稍早已經提過。

　　因此，我們可以總結，即使仍不清楚人格特質在生命歷程中是如何改變的，但是這些特質與健康和活動等指標是有顯著相關的。神經質的負向特性大概是最持續的，較高的 N 分數在大多數的健康狀況跟預期壽命上幾乎都意味著較差的預後。然而，如此論述時我們必須更謹慎，因為即使神經質確實有其效果，但它鮮少能解釋觀察到的所有變異量。人格特質往往會多樣化地和其他測量分數呈現相關，或是留有更多的變異量並未被解釋。當我們發現一個人格特質有其效果，它的影響也可能被其他因素降低或提高，像是社經階層。此外，還要考慮世代效應——較老的研究參與

9　相反地，研究者發現神經質和執行功能呈現正相關。

者，他們的反應可能不若年輕人「開放」，這可能是因爲他們想要表現得更「客氣」，而非在人格特質本身的影響（Stokes, 1992）。

⬤ 精神分析與人格的類型模式

許多早期定義老年人格特質的方法都源自於精神分析（**psychoanalysis**）。我們很難給精神分析下一個準確的定義，一般來說，它指的是以潛意識和潛意識對行爲的影響爲理論基礎的治療取向。然而，這個詞有時候會應用到更廣義的理論模式，這些模式以精神分析爲基礎，同時整合了行爲科學研究結果（尤指較晚近的實務工作者）。精神分析的理論時常以理論創建者命名（如：以西格蒙德・佛洛伊德（Sigmund Freud）命名的「佛洛伊德學派」、以卡爾・榮格（Carl Jung）命名的「榮格學派」）。嚴格來說，精神分析並非主流心理學的一部分（見 Stuart-Hamilton, 1999a），許多心理學家都質疑過它的療效（如：Eysenck, 1952）。不過，至少從歷史觀點簡短地檢視一下精神分析理論還是有必要的。精神分析之父──佛洛伊德曾經對於爲老人提供心理治療是否有意義抱持懷疑態度，因爲對他們來說，所剩不多的生命會讓他們很難享受到治療所帶來的效益（一般來說，在心理分析的文獻裡，老年人的治療一直是次要的主題，即使近年來開始有些改變──見 Gorusch, 1998; Mallick, 1982; Settlage, 1996）。佛洛伊德理論的核心爲：人格由三個部分所組成──**本我**（**id**）、**自我**（**ego**）和**超我**（**superego**）。本我描述的是基本欲求的趨力，自我是指理性的自己，超我則是指一套道德規範（通常都超乎現實地嚴厲）。因著過於複雜而難以在此說明的理由，佛洛伊德論者認爲本我的效能和強度會受到個人自身平滑肌（即不隨意肌）的狀態所影響，而自我的強度則是受到中樞神經系統（CNS）的狀態所影響。由於在老年時期 CNS 退化的速度比平滑肌來得快，自我因此變得比本我更加脆弱。佛洛伊德學派還有一個主張，它認爲自我會努力將本我掌控在一定的範圍內，爲了避免本我有

機會占上風，自我會合理調整資源來保存能量。在精神分析的用詞中，這代表著採用固定不變且保守的態度或回應，即使這相對於老年人自己所認定的情境特性並不完全合適。然而，此番對老人之不可變通的觀察可能是值得質疑的。Pratt 等人（1991）發現道德推理的測量分數表現沒有年齡差異。如同我們前面描述特質的段落所提及，雖然老人對於新的經驗較不開放，但這個變化其實是相對的——年長者並非全然不可變通。另外值得一提是，雖然佛洛伊德並未花太多心力在老化的探究，但是從他的私人生活和信件中可知，他對這個主題似乎抱持相當令人沮喪且缺乏邏輯的態度（Woodward, 1991）。

艾瑞克森（Erikson）（1963, 1982；亦可見 Wolf, 1997）認為人格發展是跨越整個人生階段的，而非像是精神分析學者認為人格受到童年習慣所決定。他認為在不同年齡有不同的衝突需要解決。例如：在嬰兒時期，每個個體都要去解決信任與不信任兩種衝動造成的衝突感受，以發展信任感。人的一生總共有 8 種衝突要去解決，其中僅有一種是在老人時期。這個時期的目標就是自我整合（**ego integration**）——也就是去接納這一生已經完成與解決許多早期目標，已無「未竟事務」。若一個人還有目標尚未完成的感覺，那麼隨著死亡步步逼近，他將會感到絕望，想要補償也已經太遲了。因此，此人會害怕死亡，甚至會焦慮、憂鬱直至生命的終點。

羅徹斯特成人縱貫研究（Rochester Adult Longitudinal Study, RALS）採用艾瑞克森的測量方法研究了美國羅徹斯特大學裡許多不同世代的學生。研究發現成人會依照理論所預測的方向在這些測量上呈現一致的改變（見 Krauss Whitbourne and Whitbourne, 2011），但並非每個人循著同樣的改變路徑。Whitbourne（2010）認為個體可以被區分成 5 種發展路徑：

- 真實的道路——走這條路的人對於挑戰抱持開放心態並且持續發展。
- 成功的軌道——走這條路的人面對困境具有堅韌性。

- 筆直的窄路——走這條路的人發展過程僵化死板，抗拒改變；可能也因此感覺受到限制。
- 曲折的路徑——走這條路的人缺乏清楚的認同感，在關鍵時刻未能做出有決斷力的選擇。
- 往下的斜坡——走這條路的人會做較差的選擇，總會有自我否定或自我毀滅的行為。

值得一提的是，這些發展路徑並非一成不變，路徑仍可以改變（見 Krauss Whitbourne and Whitbourne, 2011），但是艾瑞克森理論中所說的真正的實現，仍然需要人去解決一系列的衝突。Hannah 等人（1996）也證實了人需要成功地解決艾瑞克森理論中早期階段的衝突，才能夠成功做到自我的整合。換句話說，晚年階段的人格特質除了受當前處境的影響，也同時是早年行為的產物。令人開心的是，大多數 RALS 的研究參與者都走在真實的道路上，因而能達成實現（見 Whitbourne, 2010）。然而，RALS 的研究參與者在人口統計學上並無法代表美國民眾，更別提其他國家了，因此其他群眾能否擁有同樣美好的未來仍屬未知。對於艾瑞克森理論的一個批評，簡單來說是它將老化描繪成一個人被動地面對死亡的準備。但這絕非艾瑞克森的本意，他將人生最後的發展階段視為一個學習的過程，且「在此最終的整合之下，死亡將不再可怕」（Erikson, 1963, p.268）。

Peck（1968）拓展了艾瑞克森的理論，他認為在老年時期有 3 個衝突需要被解決。第一個是自我分化與工作角色關注（**ego differentiation versus work-role preoccupation**），許多有工作的人（特別是男性）透過工作來建立他們的地位與自我概念，因此，專業人士有較高的自尊，可能純粹因為他的職業受到社會的認可，但是當他退休後，這樣的地位會隨著工作消失，所以退休者需要必須找到內在的某些能展現他們獨特性的東西，或讓他們稱得上過去工作所賦予他們的價值。第二個是身體超越與身體關注（**body transcendence versus body preoccupation**），老化會使大

多數人的健康與身體狀態退化，若老年人過分地將自己的身體健康狀態視為生活的快樂來源，那麼失望幾乎是必然的，成功地老化包含有能力克服生理不適，或至少能夠從不受身體狀態影響的日常活動中找到樂趣。Peck 的第三個衝突是自我超越與自我關注（**ego transcendence versus ego preoccupation**），這基本上代表一個人正面對自己終將會死亡的事實。這顯然不是個太令人好受的想法，但 Peck 認為人若能試著在死後多留下些什麼給還活著的人，並且持續努力改善周遭環境與身邊所愛的人的福祉，此人便能克服對自我與自身命運的過分擔憂。

Levinson 對於老化的觀點與艾瑞克森和 Peck 的觀點相近，但把更多重心放在老年人在家庭與社會中的角色（如：Levinson, 1980）。生理狀態與工作狀態的改變，代表在 60-65 歲左右（**成年晚期的轉換，late adult transition**）人們必須面對不論在家庭或職場上，自己已經不再是中堅分子的事實（這可能受到退休年齡下降所影響，見 Settersen, 1998）。為了維持滿意的生活，老年人必須因此學著放下領導的角色，退居二線（也有其他學者指出類似的衝突，如 Settersen 和 Haegestad，1996）。這不代表老年人免去了所有的照顧與責任，因為除了擔任家人和年輕朋友明智的顧問角色，他們還要面對自己的過去（就像艾瑞克森描述的那樣）。Levinson 將這樣的過程稱為「臨橋望景（**view from the bridge**）」。

大致上來說，研究傾向支持精神分析的描述。我們已經知道 RALS 研究支持艾瑞克森的理論。Reichard 等人（1962）訪問了 87 位 55 歲至 84 歲的美國男性，一半的人已經退休，另一半的人則是有全職或兼職的工作（註：有些工作在美國並沒有強制退休的年齡），該研究的許多論點也支持精神分析理論，例如，當研究參與者愈接近退休就顯得更加不安且自我否定，這暗示著這個時期充滿著改變與焦慮。整體來說，可以區分出 5 種主要的人格類型（**personality type**）。在本章的第一部分，我們看到特質模式認為所有人都具備共有的人格屬性——我們之間的差異，來自彼此擁有這些屬性或特質的強弱程度不同。人格類型模式則有不同的看法，

這個模式認為我們能夠被分類為各自不同的群體。

　　Reichard 所提出的五大人格類型如下：建設型（**constructiveness**）與艾瑞克森和 Peck 的理論中描述的理想解決方式很像──具備建設性人格的人能夠面對他們的人生，當他們努力跟其他人互動的時候，比較不會過度憂慮。依賴型（**dependent**）或「搖椅型（**rocking chair**）」的人能有某種程度的滿足，但他們視晚年為享福的時候，並不滿足於自己的努力結果，多半仰賴他人的幫助或服務。防衛型（**defensiveness**）或「盔甲型（**armoured approach**）」的人較神經質。這個類型的參與者不斷地工作或參加許多活動，好像是要「證明」自己很健康而且不需要別人的幫忙一樣。第四種類型是敵意型（**hostility**）。這類型的人會把自己的不幸怪罪到他人身上，他們昧於現實地將生命中的失敗歸因於外在而不檢討自己，其中有些部分是由於他們思慮不周所導致。Reichard 等人提出的最後一個類型是自我厭惡型（**self-hatred**）。這類型的人跟敵意型的人很像，不同的是他們將厭惡與憎恨轉向自己。Reichard 等人發現前 3 種類型的人對晚年生活有較好的調適，而後兩種類型的人則較困難。不過因為研究者對於人格類型的敘述隱含著對於生活型態的價值評斷，所以有這樣的結果也不令人意外。

　　Reichard 等人也發現一個人的人格早在進入晚年生活之前就已經持續發展了許久。換句話說，人格類型並非「變老」本身而帶來的結果。這又牽涉到另一個觀念：為了享受晚年生活，人必須為此有所準備。Haan（1972）的一個縱貫性研究部分支持此一論點。他們研究參與者從青少年期到中年的期間，觀察到許多人格類型，大致上能夠分為：穩定且安全類型；相似於 Reichard 等人所敘述的防衛型；還有總是將自己的不幸怪罪於他人的不安全類型，他們的生活型態通常較為混亂。這些人格類型與老年研究所發現的類型非常相似，我們可以合理推斷，那些在晚年階段觀察到的人格類型，很可能在成年早期就已存在（Kermis, 1986）。

　　另一個研究是由 Neugarten、Havinghurst 和 Tobin（1961, 1968）所

執行，他們研究的是 70 歲至 79 歲的老人，並歸納出 4 大主要的人格類型（還有次要類型），這些類型與前述其他研究發現的特質極為相似。最令人滿意的類型就是整合型人格（integrated personality），這個類型的人可能是個重新組織者（reorganisers：當某個活動因為身體限制而變得不可行，他們會找到下一件事情做）；或是專注者（focused：他們只從事少數對他們來說可行且高度有益的活動）；或是疏離者（disengaged：刻意不承擔許多責任）。另一個主要類型是盔甲—防衛型（armoured-defensive）人格，這類型的人可能是個堅持者（holding on），認為自己能夠透過維持高度的活動來延緩衰老退化；或是個受約束者（constricted），他們會老是想著老化造成的各種失落。相較於整合型人格，盔甲—防衛型人格的人比較不容易感到滿足。第三個類型是被動—依賴型（passive-dependent）人格，跟 Reichard 等人提出的依賴型／「搖椅型」很像，這些人依賴別人的幫忙（求助者 succourant seeking）；或是盡可能不跟別人互動（冷漠者 apathetic）。第四種也是最後一種類型則是混亂型（disorganised）人格，這些不幸的人有嚴重的問題（可能是早期的失智症？），無法被分類為功能如常運作的類別。

　　有趣的是，有些人格類型較能適應成年早期的生活，而有些則是較能適應晚年生活。A 型性格（Type A personality）的人較為鋒芒畢露而有競爭心，他們比較不容易放鬆，若用 80 年代的說法，他們是理想的「雅痞」人才。B 型性格（Type B personality）的人則相反，他們顯得很隨性、無憂無慮等等。因此，我們可能會推測 A 型性格的人最適合成年早期，因為這個時期最需要具備競爭心態去爭取工作或運動等方面的大好機會。而由於晚年生活較為靜態，就比較不適合 A 型性格。B 型性格的狀況則與 A 型性格相反。Strube 等人（1985）針對 18 歲到 89 歲的人研究他們的心理健康，發現 A 型性格和 B 型性格的人大致上符合上述的預測，即使該研究結果受到某些因素（如個人所處的社會環境）的中介影響。此外，Shimonaka、Nakazato 和 Homma（1996）發現 B 型性格在百歲人瑞

中較為普遍。

　　類型模式值得一提的特色，就是這些類型在生命歷程中並不會有太大的變化，或是能夠呈現可預測的變化形式。為什麼在特質相當多變的情況下，類型模式卻不易改變？主要原因是研究所使用的測量方式與內容，人能夠表現出一組行為的不同強度，但是仍然歸屬於同一種較大的人格類型中。另一方面，特質是一個量尺，因此任何的改變都會被記錄下來，但是這並不代表類型在生命歷程中完全都不會改變。Aiken（1989）在一個回顧的文獻中提到，雖然有些較穩定的人格類型或許在生命歷程中不會有太大改變，但是也有某些較不穩定的類型會隨著年齡增長而改變。Cramer（2003）的一個更近期的縱貫性研究也呼應了這個論點。許多精神分析理論，如 Vaillant（1992）的模式認為隨著年齡增長，我們的自我防衛機制（簡單來說是指我們如何為我們自己防衛或辯護）也隨之依序發展，因此我們不再（或不該再）出現突然走人或類似的堅持自己立場的動作，改以理性且合乎邏輯的方式解決衝突。但 Cramer 的研究卻告訴我們，雖然有許多成人順利邁向成熟穩重，但是也有些人緊抓著不成熟的防衛機轉，這讓他們在年老時更容易面臨心理問題。

　　如同前面所提及，各種關於類型論的研究之間存在很多相似性。成功老化並非只有單一的方法，但是基本上都包含接納限制和卸下責任卻不因此感到失落而受苦。另一個較不那麼成功的老化策略是對衰老所帶來的災難保持恐懼，並且盡可能地維持活躍以對抗這些災難。但這樣的策略意謂著個人無法接受老化，因此最終還是會不如人意。而最差的選擇就是完全沒有策略，並且將當下的狀態怪罪到所有出錯的原因上面。許多研究評論者都有大致相同的結論，也都在稍早談論過了（亦可見 Aiken, 1989; Kermis, 1983, 1986; Turner and Helms, 1987; Whitbourne, 1987）。然而，這樣的論點是一個普遍化的陳述，同時也可能是一個令人誤解的說法。成功老化包含接受限制並且放棄責任，但是這也可能是要求他們交出權柄的社會壓力所導致。自願接受這樣的改變，跟一個人知道自己快輸了，因此

優雅地向強勁的對手投降可能沒什麼兩樣，這樣做也能將傷害降到最低，換句話說，所謂的「成功」適應老化的人或許並非有什麼哲學性的洞見，而只是採取實用主義行事。另一個重要的考量是社會一經濟階級，所謂「不成功」適應老化的人可能會咆哮抗議外在因素的影響，因為他們的社會地位使他們有較少的特權和「運氣」（學者通常會提到他們在社會性的流動中總是難以往上爬）。相反地，能夠在情緒上及物質上持續擁有成功生活的人，他們也比較容易用輕鬆的觀點看待事物。因此，老年期的人格，除了受到任一內在動機因素影響，同時也可能是社經環境的產物。這樣的考量並非要駁回前述的理論，只是要提醒大家應該更謹慎地避免將人格視為純粹由內在因素所驅動的實體。

　　然而，這樣的結論似乎太過黯淡無光。還有一個危險的觀點是，由於人格受到早年經驗形塑而成，我們因此認為人格早已定型而無可挽救，但是並非如此。這個小節曾提及的縱貫性研究告訴我們人格類型並非一成不變，即使在人格類型之間的轉換並不容易，但是改變並非不可能。雖然過去經驗導致無可避免的糟糕結果，這論調確實描述了常見的事實，但是當一個人真正想要改變時，這絕對無法成為我們逃避改變的藉口。有句老套的話是這麼說的，當你在開車時，方向是掌握在你當下手握著的方向盤，而非過去你曾經走過什麼路。而近幾年，出現了一個逐漸普及的信念（大多是由宗教團體提倡），認為極度深切的相信、希望和祈禱會使想望的事情成真。這造成了許多科學家可以理解的譏諷，他們只願意鼓吹理性主義而非信仰。不過，採取積極的態度並且下定決心一點也不愚蠢——只要一個人能配合他的態度轉變來改變行為。請參考以下 4 點：

- Whitbourne（2010）的研究結果指出，在艾瑞克森發展階段上較為落後的成人確實能夠在晚年階段追上，甚至超越其他人。現階段的狀態並不完全能夠斷定未來的自我發展。

- McMamish-Svensson 等人（1999）的研究則指出，主觀的健康感受比正式的醫療診斷更能顯著預測壽命。這不代表一個人可以一

廂情願地想要活多久就有多長的生命，但是有強烈的信念確實不是壞事。

- 如第 2 章所描述的，即便只是中度的運動，也確實能夠顯著地增進認知技巧。改變生活型態跟行為真的有差。

- 人格的測量工具有很多種，而且並非完全精準的預測指標。正式的心理測驗結果也不能夠全然精準地預知未來的行為表現。

因此，人格測驗工具只是一個指引──而不是對一個人終生的宣判。

依賴性

並非所有探討人如何與這個世界互動的研究都與人格有關。有一大部分的研究是關於社會行為的各面向以及年齡如何對這些行為面向產生影響。其中一個關鍵的例子就是依賴性，這基本上反映出一個人能夠不靠他人的協助自己完成日常生活瑣事的程度。換句話說，一個人愈依賴別人幫他們做事情，就有愈高的依賴性。

老年期的其中一個特色就是失去完全獨立的能力。生理上的小病痛就足以阻礙老年人的行動能力，使他們不再能輕鬆自如地走路，即便只是移動超過幾步路的距離都需要仰賴輪椅。視力變差可能使他們不再開車，明顯的認知功能退化也可能讓他們不再下廚（例如：為了避免忘了關火而導致火災）。有太多的理由讓老年人必須放棄原本那些被認為理所當然的日常活動。但是，這些日常活動有時還是必須的：再怎麼足不出戶的老年人還是需要出門（即使只是看個醫生或牙醫）、被禁止下廚的老人也需要吃飯等等。而為了執行這些例行活動，老年人因此開始依賴他人的幫忙。

依賴性的議題充滿價值判斷。如果一個成年人需要依賴他人才能完成基本日常事務（像是準備三餐、移動到其他地方），那麼這樣的狀態在許多社會（特別是西方社會）都被視為是有損尊嚴的（見 Cordingly and Webb, 1997）。個人主義和「靠自己」都是社會是否認同一個人的判準尺

度。因此，一個需要他人協助的老年人可能被視爲地位低下。但是這個議題還有另一個面向值得一提。有許多社福機構（例如：在地機構或政府機關、慈善團體等）的設立主旨就是提供協助給有需要的老年人，可能是照顧居住在社區或養老院，或是類似庇護機構裡的老人。如果老人沒有使用這些服務，我們可能不會說是老年人試著維持自身獨立性，只會說他們「未能」善用這些機構的豐富資源。例如，Baltes 和 Wahl（1996）發現老年人尋求協助通常都能獲得滿足，但是他們獨立的行爲往往是被忽略的。

　　Baltes（1996）仔細地探討了依賴性這個主題，他認爲依賴性有好也有壞，端看依賴的類型及其養成的情境而定。不好的依賴性可能是源自於不好的動機，機構環境拒絕給予老年住民任何的自主性就是一個清楚的例子。但是，不好的依賴性也有可能源自於好的意圖。例如，社工可能不只提供老年人需要的協助，更把大量其他形式的協助也硬塞給他們（即使這些老年人從未開口要求或甚至不需要），只因這些協助被視爲一整個慷慨的套裝組合。當然某種程度來說這確實是慷慨的協助，但是也同時迫使老年人對系統的依賴超過他們所需。然而，並非所有的依賴都是壞事。Baltes 表示多依賴他人一些也可能是好的，例如，如果依賴能讓老年人不需要糾結於一些瑣碎的照顧事務。此外，不好的依賴性也有可能透過一些介入被反轉或減少。因此，依賴本身其實不好也不壞——重點是我們爲什麼以及如何運用它。Fiori、Consedine 和 Magai（2008）發現好的依賴、壞的依賴與其他因素之間有複雜的關係。舉例來說，他們認爲「健康依賴」與較好的自陳健康情形有關，而另一方面，「失功能依賴」與較高機率服用高血壓藥物有關，而「過度依賴」則與較高度的憂鬱有關。

　　然而，並非所有研究文獻對依賴性議題的處理都與 Baltes 一致。通常依賴性這個用詞是指照顧依賴性（care dependency），或照顧一個依賴的老年人所需要的工作量[10]。目前已經有許多測量方法（見 Boggatz et al.,

---

10 因此，在這個脈絡下，依賴性通常指的是依賴家庭以外的協助，或並非由老人家自掏腰

2009; Gardner and Helmes, 2007）。許多研究者都發現依賴性的增加可以預測未來的疾病（如：Willis et al., 1997）。例如老年人較高程度的依賴性與其罹患急性疾病時較差的復原程度有關（Boyd et al., 2008），這些研究結果其實並不令人意外——人因為虛弱而依賴，因此身體健康和依賴性之間有密切的相關，可以說是理所當然。但這並不表示健康與依賴性之間的關係可以輕易被忽略。某種意義而言，實際上所有的老年人都是依賴他人的，因為他們都依賴退休金或其他福利津貼。這也是為什麼經濟學家或其他學者用依賴人口比率（**dependency ratio**，也稱為扶養比）去指涉總人口之中，老年人與工作年齡成年人的比率。但是，未來更關鍵的議題將不僅限於老年人口的比率，而是他們的健康狀況，以及他們相對應的依賴程度（Goodman, 2010）。持續改變的人口統計數據和逐年增高的存活率告訴我們，不只愈來愈多人即將邁向老年（人口比例因此而改變），老年人大量的生理及心理健康的失功能問題也愈來愈多（見 Lin et al., 2011; Sanderson and Scherbov, 2010）。Shah（2011a）的研究發現，在控制了混淆變項之後，各國資料皆呈現國內自殺率與依賴人口比率之間有顯著相關。這代表依賴導致的壓力（包含老年人和他們的年輕照顧者）所造成的影響可能超過我們所認為的程度。不過，這個推測還是需要更進一步的研究確認。

Boggatz 等人（2010）的研究以埃及的老年人為樣本，他們發現在社經地位最低的群組中測得的照顧依賴性分數最高。這個群組同時也是經濟能力最弱的一組，因此他們仰賴的多是缺乏足夠訓練的志願性團體的服務。許多學者都指出適當訓練的必要性，其中包含評估老年人的實際需求（如：Mendes-Chiloff et al., 2009）。低社經地會和高依賴性之間的相關性在其他文化中也存在（參見 Lucchetti et al., 2009）。

然而，依賴性這個議題不只是關乎身體病痛或社會福利的影響，此歷

包的協助。

程中的心理因素和老年人的反應與態度也扮演重要的角色。例如，Coudin 和 Alexopoulos（2010）發現對於老化抱有強烈的負面刻板印象與高度的依賴行為（例如：尋求健康照顧服務的幫助）存在相關性。MacDonald 等人（2010）也在研究中針對特別老年的人口（80、90 歲和百歲人瑞）檢視經濟依賴性的決定因素，這邊直接引用作者的文獻內容：

> 過去的生活型態、性別、種族、社經地位、功能性健康和因應能力都與經濟依賴性無顯著相關。若除了所需的照顧種類量，百歲人瑞並未比 80、90 歲的老人更依賴他人。而認知能力對於醫療照護和看護服務有最強烈的影響。（MacDonald et al., 2010, p.100）

因此，就人格來說，沒有什麼是必然的。老年人所採取的態度能夠帶來改善，使他們變得更好。

◎ 對老化的態度

對於老化的態度決定了我們如何對待以及看待老年人。因此發現大多數的人都認為老年人不如年輕人討喜，是令人沮喪的（如：Catterall and Maclaran, 2001; DePaola et al., 2003）。在各種層面來說這並不是我們想要的結果。首先，這樣的老化態度對老年人本身是有害的。在前面討論人格的部分我們已經知道，若無法保持正向的自我形象會對晚年的健康跟壽命造成不良的影響。明確已知的還有，老年人很討厭被稱作「老人」，大約只有五分之一的人在 60 歲時和二分之一的人在 70 歲時，能夠坦然接受老人這個標籤（Ward, 1984）。這個研究的作者發現一個諷刺的事實，老年人往往作繭自縛，因為他們自己年輕時對於老化形成了不合邏輯的刻板印象，導致現在的不快樂。刻板印象似乎會影響老年人的自信，且一般來說，若老年人愈相信刻板印象，他的自尊就愈低落（Ward, 1977）。確實，大多數的研究都發現大部分人的自我形象在生命歷程的後期有衰退的

現象（Aiken, 1989）。

　　這個論點在 Ryff（1991）的研究中獲得更進一步的證實。她要求年輕人、中年人和老年人為過去、現在和未來 3 個時間點的自己和幸福感評分，發現年輕人和中年人傾向認為自己是在自我成長的道路上──他們比過去的自己好，而未來將會更好。另一方面，老年的參與者則視過去的自己是最輝煌的時期，而未來的自己則走向衰頹。Graham 和 Baker（1989）研究兩組（加拿大籍）參與者：一組老年人（平均年齡為 67 歲）和另一組年輕成年學生。他們被要求評量想像中各個年齡層的人（如：40 歲的人）在社會中的地位。研究者發現兩組參與者都將孩童評為較低的地位，接著從青少年期、20 多歲、30 多歲地位逐步提升，而後又開始下降。因此 80 歲的老人的地位被評為與 5 歲孩童大致相同。

　　Garstka 等人（2004）接續的研究指出這遠比我們所想像的更糟糕。年輕人若被如此詆毀並不會感覺受到歧視，原因是他們認為那只是（確實）暫時狀態，他們將會從中脫離，但是對老年人來說那卻是永久狀態。回到 Graham 和 Baker 的研究，雖然老年人對評價的相對權衡跟學生組一致，但他們給出的最高分與最低分之間的差距明顯較小。因此，雖然不同世代對於老化與地位的看法有大概一致的趨勢，但是研究者認為老年人很明顯地「比年輕人更加平等主義一些」（Graham and Baker, 1989, p.255）。這個研究結果也跟 Laditka 等人（2004）的研究互相呼應，後者發現較年長的參與者較傾向於給予老年人正向的評分（雖然這也可說是出於利己主義）。Gluth、Ebner 和 Schmiedek（2010）的研究也發現年輕人比較容易對老人有負面的評論，而相反的情況則不那麼明顯。Gluth 等人也提到心情和人格可能扮演重要的角色。他們發現外向性的人較不憂鬱，他們也明顯較不會對老年人有負面的評價。

　　較少的平等主義也在 Igier 和 Mullet（2003）的研究中被提及。他們要求不同年齡層的參與者，描述不同年齡群組在五大人格特質模式中各個特質的典型程度。研究者發現老年人被視為比較嚴謹、較不開放、不明

顯的神經質、中度的內向和友善。這樣的評分並非特別的反老化，但有趣的是，整份研究大約有三分之二的總變異量可被「被評分者的年齡」所解釋，而「參與者的年齡」大概只能提供十分之一的解釋量。探討不同生命歷程自尊高低的研究，對老化都有相近的陳述。Robins 等人（2002）的研究發現人的自尊在童年時期較高，青少年期會下降，然後再上升，直到老年才又下降。此結果跨越性別、社經地位和國家群體都一體適用。同樣地，年輕成年人認為未來主觀幸福感會逐漸上升，但是老年人卻只感覺到逐步下降（Staudinger, Bluck and Herzberg, 2003）。整體的證據顯示大多數人對於「典型的」老化的跡象與狀態都有一致的想法。

　　上述負面的態度即使在護理與醫療人員身上也是存在的，即使他們對於老年人有專業的照護職責，但是仍經常被發現有跟一般大眾相同的年齡歧視（Duerson, Thomas, Chang and Stevens, 1992）。這會導致一種現象：即使呈現出相同的症狀，老年病人與年輕病人獲得的診斷與治療完全不同（Duerson et al., 1992）。同樣地，Helmes 和 Gee（2003）的研究發現，當面對（虛構的）病人憂鬱症狀的敘述，如果病人被描述為「年長者」，不論心理師或諮商師都明顯會對他們有較不樂觀的預後判斷。Peake 和 Thompson（2003）的研究追蹤了大約 1,600 位肺癌病人，他們發現即便其他健康因素等同，年輕病人所接受的治療仍較為密集。例如：37% 的年輕病人接受一種常見的手術治療，而 75 歲以上的病人僅有 15%；診斷後 6 個月，65 歲以下病人的死亡率是 42%，而 75 歲以上病人則是 57%，這個差異被認為無法單純以其他的健康指標來解釋。臨床人員對於老人存有負面的態度並不是什麼新鮮事。在本章前段也提到佛洛伊德不願意為老年病人做心理治療，同樣地，精神科醫師有時候也會認為老年人的治療並非必要，因為對於所剩無幾的壽命，治療並無太大益處（James and Haley, 1995）。此外，老人照護的不友善環境使實務工作者不敢投入這個領域（見 Ferrario et al., 2008; Goncalves et al., 2011）。這是一個前所未有的極度需要老化專家的時代（請見 Lun（2011）相當具說服力的說明）。

在某種程度上，這種不平等的態度可能反映了某種對於老化的無知和實務工作者的態度。舉例來說，Knapp、Beaver 和 Reed（2002）發現神職人員與神學院學生都出乎意料地缺乏老化或晚年的基本常識。護理師也同樣地缺乏老化與老人特殊需求的相關知識（Alsenany, 2009; Wells et al., 2004），即使老年照護的專業人員的表現可能好過其他學生族群（Flood and Clark, 2009）。進一步的研究指出，即使提供某種能夠使人提升老年意識與知識的環境，效果還是有限。Hakamies-Blomqvist 等人（2002）研究瑞典和芬蘭的全科醫師（GP）對於老化與開車的知識。依據芬蘭法律，老年人必須經過醫師的評估過後才能開車，但是在瑞典並無此規範。所以，照理說芬蘭的醫師應該會比瑞典的醫師具備更完整的老化和開車的知識，但是結果並非如此。研究者表示這可能是因為芬蘭的醫師過度自滿，相信他們自己篩選程序的效能，但是很明顯在這個重複的接觸過程中，他們並未獲得太多額外的知識。

值得安慰的是，有些論點告訴我們負面的態度是可以改變的，像是 Guo、Erber 和 Szuchman（1999）的研究指出，讓參與者接觸有關於老化的正向報導，可以改善他們後續對於老人技能的評價。類似地，Schwartz 和 Simmons（2001）的研究則指出和老年人的正向相處經驗（而不是純粹的碰面頻率），是年輕人對老年人抱持正向觀點的重要決定因子。同樣地，Stuart-Hamilton（2000）的研究發現將問卷開頭的前 5 題由中性的立場改為些微的負面（後面的問題則提到英國退休公務員導致的財政問題），便足以導致他們在後面的題項上對於老年人呈現負面評價。此外，Polizzi 和 Millikin（2002）的研究發現，請研究參與者為「70-85 歲」的人做特徵評比，其評分結果會比請他們為「年老」的人做的評比來得友善。Deltsidou 等人（2010）則研究希臘的護理系學生的大學 3 年期間，結果發現他們的態度有顯著地改善（且有趣的是，他們對於老化的友善程度更甚他們的助教）。Ferrario 等人（2008）的研究也有相似的結果。研究參與者在一個訓練課程中接觸到更多有關成功 / 健康老化的知識，

而 Eskildsen 和 Flacker（2009）則是在一個醫學課程中，以爲期一週的緊密單元介紹老年醫學。在這方面鼓勵學生們自我反思可能也有幫助（Del Duca and Duque, 2006）。

觀點能夠這樣輕易被操作似乎也暗示著，某種程度上對於老化的負面觀點可能是實驗設計的結果。確實在那些發現極端負面之老化觀點的研究中，研究參與者或多或少都被要求直接去比較老年人與年輕人（Stuart-Hamilton, 2000），在這樣的情況下，老年人很難避免被冠上較負面的評價。不能因爲我們說一般老年人的生理或心理問題比年輕人多，就說這是歧視老人，就像不能因爲我們說女人的平均身高比男人矮，就認定我們是性別歧視。但是，抱持這樣的論點很容易讓一個人被認爲是老年歧視或性別歧視。因此，若研究參與者被要求去比較年輕人和老年人，後者幾乎必然居於不利的位置。這個論點是由 Stuart-Hamilton（1998）所提出來的，他針對女性對於老化的態度進行了（英國）全國性的調查。他們訪問了所有年齡層的女性，單純地詢問她們對於老年的看法（換句話說，沒有要她們拿年輕人做比較），結果得到的回應比其他研究都來得正向。因此，很可能至少有部分的老化負面觀點，是問問題的方式所造成的結果。

然而，這些態度究竟能夠透過這樣的操作改變到多深遠的程度，以及這些態度傳達眞實意見的程度，都還很值得討論。我們在這邊所提及的研究所採取的態度測量方式，所測得的都是**外顯態度（explicit attitudes）**──也就是，這是一個人能夠有時間準備問題的答案而後表達出來的態度。然而，即使在極度嚴格匿名的情況下，外顯態度還是很容易有自我呈現偏誤（Goffman, 1959; Jones and Pittman, 1982）。因此，質疑外顯態度是否反映一個人「眞正」的想法，是有合理根據的。一般反而會認爲這些測量工具測得的，是一個人對於表達自身眞正意見的準備性。這代表的是，參與者在許多老化態度研究中的回應可能不僅只包含些許印象管理的意涵，關於這方面已有一些證據支持。

舉例來說，Harris 和 Dollinger（2001）發現修習老化心理學的課，

有助學生增進老化知識，但是卻未明顯改變他們對變老的焦慮。簡單來說，訓練課程增進了老化的知識，但是並未真的影響他們對於該主題的潛在情緒和觀點。Stuart-Hamilton 和 Mahoney（2003）針對年輕成年參與者（英國一個地方政府單位的員工）提供半天的訓練課程，增進他們對於老化和老人的意識。課程進行前，參與者填寫兩份問卷——一份測量老化態度（**富爾伯尼老年歧視量表，Fraboni Scale of Ageism**，見 Fraboni、Saltstone and Hughes, 1990），另一份測量老化知識。訓練課程的兩個月後，研究參與者再次填寫同樣的問卷。不意外地，老化知識在訓練課程後有所提升。但是對於老化及老年人的態度，除了避免使用老年歧視語言的意識有所提升，其他並無改變。這樣的研究結果可能相當令人憂心。許多反老年歧視訓練的研究，以老化知識的測量工具來測量訓練課程有沒有效（見 Stuart-Hamilton and Mahoney, 2003）。但是正如同 Harris 和 Dollinger 的研究發現，知識的改變有可能在潛在態度沒有任何顯著改變的狀況下發生（就像一個陸軍上將在戰場上能夠對敵軍有多方了解，但是並不會因此改變敵對的立場一樣）。確實，Stuart-Hamilton 和 Mahoney 發現知識和態度分數之間的相關並不顯著，Cottle 和 Glover（2007）的研究也有相似的結論。因此我們能真正改變一個人的態度到什麼程度還是有討論的空間，可能也必須假設，無論測得如何的外顯態度，反老化的刻板印象還是強烈地存在於許多情況中。

　　實際上，即便是在那些並非以量表直接測得的觀點裡，也會顯現老年歧視刻板印象的蹤跡。舉例來說，Hummert、Garstka 和 Shaner（1997）發現研究參與者判斷人臉的特質時，較年長者的照片被判斷所具備的正向特質數量明顯比較少（該研究也發現一個針對 Graham 和 Baker 所提出的平等主義的有趣反例，即反而是較年長的參與者會把極端年老者的照片評為比較沒那麼正向）。同一個團隊後續的研究（Hummert et al., 2002）進一步補強了這個觀點，研究結果發現相較於公開陳述的內容，人對於老人或老化的內隱聯想通常沒那麼正面。同樣地，另一個研究的參與者被要求

去跟不同年齡層的人說明一件事，面對老年人時他們的態度會比較「高人一等」，雖然如果研究者強調這些老人是「有能力的」會讓這個傾向沒那麼強烈，但是研究參與者對年輕人的說明方式還是跟老年人不同（Thimm, Rademacher and Kruse, 1998）。

請注意這些發現是來自那些參與者至少還可特意控制自己說出什麼的研究。那麼如果在人們有時間刻意為他們的見解加上一層印象管理的外表之前，我們就能辨認出他們真實的想法，那麼了解到的老化態度又會是什麼呢？這就牽涉到內隱態度的研究了。這個概念由 Greenwald 和 Banaji（1995, p.8）定義為「無法透過內省辨認（或準確辨認）的過去經驗的痕跡，它中介著人對社會事物的喜歡或不喜歡的感受、想法或行動」，它其實就是一個人的第一反應，在我們有時間去思考我們的想法是否能被社會所接受或符合自己的信念之前的反應。透過內隱態度去測量一個人「真正」的想法是很吸引人的，但即便這是合理的，我們也無法驗證其真實性。例如情況也可能是，一個人對於一個現象有了「膝跳反應」，但是因為這個反應和他真正的價值觀不同，所以就被修正了。

有許多方式能夠測量內隱態度，其中最為廣泛使用的莫過於內隱態度測驗，或稱 IAT（Greenwald and Banaji, 1995）。IAT 是基於一個穩固的前提：當一個人將兩個項目聯想在一起的程度愈強，他對這兩個項目的反應就愈快速。舉例來說，一般人對於**麵包和奶油**這兩個詞的聯想會比**麵包和雷射**這兩個詞的聯想來得快。依此類推，若人們內隱地歧視老人，那麼他們應該會比較快將令人不悅的字詞與老年人聯想在一起，令人愉快的字詞則比較快與年輕人產生聯想，這稱為「一致的情境」。相反地，老年歧視的人對於較令人愉快的詞彙與老年人之間的聯想相對較慢，而對較令人不悅的詞彙與年輕人的聯想也是，這稱為「不一致的情境」。然而，如果某人並不是老年歧視者，那麼他在一致的情境與不一致的情境的反應應該會有一樣的速度。數個區段的實驗嘗試之後，研究參與者會看過各種不同的配對組合。在每個區段開始之前，參與者被告知若出現的是某一類型

的配對就必須按下反應按鈕，若出現的是另一個類型的配對則按另一個按鈕。要將完整的程序敘述詳盡需要不少的篇幅，但是簡而言之，當測驗完畢時，就會測得一致與不一致配對項目的個別平均反應時間——當兩者的差異愈大，內隱態度就愈強烈。

雖然 IAT 已經被廣泛使用於測量不同主題的內隱態度（見 Baron and Banaji, 2006），但是截至本書撰寫的當下，老化及老年人的內隱態度研究卻相對較少（雖然有許多文獻探討對於老年歧視價值觀的隱性文化接受度；例如 Levyand Banaji, 2002; Zebrowitz and Montepare, 2000）。Jelenec 和 Steffens（2002）的研究運用 IAT 呈現出顯著的老年歧視態度，而 Tuner 和 Crisp（2010）在最近也複製了這個研究結果。這些研究者發現當研究參與者與老年人有愈多的接觸，他們的內隱態度的偏見就越少。這對於許多照護與醫療情境來說是個好兆頭，因為這代表規律與老年人相處工作的人將會有較正向的內隱態度。不過，還是要記得，這些研究者發現的偏見減少都只是相對的，而非全然的消失。即使是那些與老年人有最多接觸的人，他們對老年人的觀感還是負面的。Hamilton 和 Mayer（2009）的研究告訴我們一個更值得憂慮的趨勢。與老年人有規律接觸的護理系學生抱持負向的內隱態度，但是他們的外顯態度卻是正向的。簡而言之，他們表面上殷勤地提供老年人外顯的支持，同時卻懷有老年歧視的內隱態度。持續追蹤這群學生一年的時間，這樣的情形並沒有顯著的變化。此外，內隱態度和外顯態度的測驗分數並沒有顯著的相關。目前針對老化與老年人的內隱態度之研究發展尚在起步階段，而現有的研究結果告訴我們，外顯態度所測得的結果可能僅傳達了個人非常表淺的信念內涵。

◯ 跨文化差異

到目前為止，我們討論的研究絕大部分都是在西方文化下的工業化國家所進行的，這並不是刻意的偏祖，而是單純反映出大多數研究的來

源。一般來說這無關緊要：工作記憶隨著年齡的改變，照理說從奧地利到尙比亞共和國都是相似的，這也同樣能套用到幾乎所有的認知老化。雖然也有例外（如：回憶故事的方式上有些微的不同；見 Hosokawa and Hosokawa, 2006），但是這個論點還是大致成立。然而，在有關於老年人如何向外在世界展現自己的研究中，文化就很清楚地有其影響力。如果一個人所居住的國家普遍接納並支持老年族群，那麼他所展現出的態度與行爲，將會與住在對老人較爲歧視的環境裡的人有所不同。

實務上，在大眾媒體中任何對老化態度的討論，在東西方之間存在極大的對比。一個紀錄片常用來做對比的老套畫面就是，把一個住在英國養老公寓裡的靠領養老金維生的窮苦人，拿來和群聚在一起打太極拳的穩重白髮老人們做比較。東西方的差異是確實存在的。舉例來說，在香港，老年人的社交圈隨著年紀增長，有較高的比例是親近的家人，而較低的比例是熟識的朋友。在德國則是相反的情形（Fung et al., 2008）。一般來說，晚年生活在遠東地區是比在西方更受到尊敬的，但是，這只是概括而論。首先，受到推崇的通常是那些積極活躍的老人，這些老人還能有所貢獻（見 Okamoto and Tanaka, 2004）。晚年的衰弱和依賴比較少被正面看待。此外，全球化正勢不可擋地持續進行中，我們已經看見東方國家逐漸往西方價值觀靠攏——換句話說，老化觀點正在持續變得負向（見 Ingersoll-Dayton and Saengtienchai, 1999）。但是，這當中可能也有文化與年齡的交互作用：中國的老年人在表達意見上不像美國的老年人那樣極端（Blanchard-Fields et al., 2007）。

東方文化在西方研究觀察者眼中有時候顯得較爲單一而均值化，但是事實上並非所有東方文化都有相同程度的態度。舉例來說，Levy（1999）的研究指出日本人看待老年人不像中國人那麼負面。但同樣請注意，即便在最好的狀況下，老化的觀點還是負面的——只是不同文化表達出來的觀點強烈程度不同罷了。而且在東西方的比較中，也並非所有態度及行爲差異，都與預期的方向一致。例如，Fu 等人（2006）的研究發現澳洲男

性和女性的中年生活品質分數（見下方描述）優於台灣男性和女性。而You、Fung 和 Isaacowitz（2009）的研究則發現美國老年人的**特質性樂觀**（**dispositional optimism**，傾向於期待好事發生而非壞事）程度比年輕人高，但是香港的中國人卻是相反（也就是，反而是年輕人有較高程度的特質性樂觀）。然而需注意的是，特質性樂觀研究的結果反覆不定是已知的事實（見 You et al., 2009）。

　　最後要提出的警告是，我們可能太過強調東西方的差異，這隱含著西方文化彼此之間都非常相近，在東方文化也一樣。但是，如同我們前面所看到的，東方文化並非如此，西方文化也不盡然。舉例來說，Clarke 和 Smith（2011）的研究指出，美國老年人的個人控制感明顯高於英國老年人。此外，義大利跟巴西的研究參與者對老化的表徵也不相同（Wachelke and Contarello, 2010）。但是這些文化差異並非單一一致的發現，其他形式的差異也可能存在。例如，一個研究比較巴西跟美國不同年齡的參與者在愛荷華賭局作業（一種關於賭博決策的測驗工具）中的表現，結果發現了國家之間的差異，但是沒有年齡差異。與年齡有關的文化差異並不固定以單一模式顯現（見 Bakos et al., 2010）。

　　跨文化差異的討論也因此呈現一個相當困惑的情形——文化確實不同，但是差異似乎不會總是如我們預期，也未必朝著我們直覺思考的方向發展。不過無論如何，知道這些差異是什麼還是很重要的。測量老人幸福感的重要工具是**生活品質**（**quality of life**，**QOL**）。基本上它是在測量一個人對於自身生活型態和日常經驗的滿意程度。但是不同文化對於良好的生活各有不同的期待，所以被某個文化的代表性成員視爲不足夠，因而無法令人滿意的生活，對於另一個文化的人可能是相當優渥的。這表示如果沒有針對文化差異做彈性調整，生活品質的跨文化比較將會充滿困難（Bowling and Stenner, 2011）。此外，如同第 1 章曾討論過的，老化人口的比例正持續增加中，而隨之增加的將會是各種老年疾病的發生機率，像是多種癌症、心血管疾病和呼吸道的不適等等。久而久之，疾病的增加

再加上其他人口學變項組成，代表著生活品質將不斷變化，對照顧者構成挑戰（de Mendonca Lima, Leibing and Buschfort, 2007）。

　　與此相關較小的是，一般來說非工業化的開發中社會較為重視老年生活，賦予它特殊的地位。這可能是因為晚年生活在這些群體中是相對罕見的，而且在缺乏書寫語言系統的民族中，老年人因為他們對於過去的記憶而特別受到重視。但是正如許多東方國家，那些特別年老且身心都比較虛弱的人往往相當地不討喜（見 Perlmutter and Hall, 1992）。開發中國家就如同東方國家，他們對於老化的態度並非固定不變，了解這點是很重要的。舉例來說，Aboderin（2004）的研究發現居住在都市的迦納人，對於老化的態度有顯著的轉變，愈來愈多人期待老年人能夠倚靠自己，而非（像傳統一樣）依賴年輕的家庭成員提供高度的支持。Aboderin 認為這個重大的改變是由於迦納日益增長的唯物主義文化所致。

　　非工業化國家中的少數族裔往往比較重視老年人，也對他們比較包容。這部分是因為他們有較高比率的多代同堂家庭，和較緊密交織的家庭關係（在歐洲大多數文化中，社會支持系統在不同國家大致上相同；Wenger, 1997）。即使傳統的家庭單位愈來愈少見，支持系統還是能讓老年人感覺得到來自家中年輕成員與社會網絡的足夠支持（如：Cornman et al., 2004）。此外，對某些少數族裔來說（如非裔美國人），教堂可能扮演著重要的角色，提供他們社會支持與凝聚力量（Jackson, Antonucci and Gibson, 1990），而這些族裔各自特殊的文化期待及實踐，也可能大大地形塑了他們的互動與成功（例如：照顧生病的老邁親人所帶來的結果；見 Dilworth-Anderson, Goodwin and Wallace Williams, 2004）。

　　不過，過度推論地認定文化差異是特定文化的獨特產物，且代表某種絕對的本質差異可能也是很危險的。混淆變項幾乎不可能不存在，像是少數族群的社經地位較低，因此被迫需要在經濟上更相互依賴，這些因素很難完全與其他因素切分開來（關於種族研究中方法學含意的討論，請見 Rosenthal, 1986）。舉例來說，Fung、Lai 和 Ng（2001）的研究指出，

對一個族裔來說，預期壽命對事物有明顯的影響力。他們在台灣老年人和中國大陸老年人（通常平均壽命較短）的社會偏好比較中，透過統計控制了預期壽命差異的影響，於是文化差異也消失了。此外，跨種族／文化的研究也發現共同主題與預期，像是體認到世代之間互助互惠的重要性，即使這些不同群體對系統內的個別因素有不同著重（如：Becker et al., 2003）。甚至，不論東西方文化教育程度都一直是健康和健康變化的預測指標（Chiu et al., 2005; Farias et al., 2011）。

儘管如此，少數族裔的老人還是面臨**雙重危機（double jeopardy）**，他們遭受的差別對待不只來自年老，也來自他們的種族身份。少數族裔老人使用健康與社會計畫比一般人少是事實（如：Gallagher-Thompson et al., 1997）。Norman（1985）的說法更為強烈，他認為許多少數族裔的老人事實上面對的是**三重危機（triple jeopardy）**，因為除了上述兩點之外，在他人的偏見與溝通問題之下，他們沒有辦法從地區或國家主管單位獲得他們應該得到的必要幫助（其他研究者，如 Paz 和 Aleman 在其 1998 年的研究裡，發現的 3 個因素是年齡、貧窮和種族，但也同樣採用三重危機這個用詞），Norman 的強烈論點根據的是少數族裔的老人所面臨的實際問題：他們在並無法依其權利使用相關服務與便利設施。

雙重／三重危機的論點有證據嗎？換句話說，少數族裔老人的處境是否明顯不利？我們不能單從字面上解讀少數族裔老人健康狀況較差的研究發現，因為他們通常也處於低社經地位，而這就如我們所見，是相當具影響力的混淆變項。許多早期的研究者也因此對於這個問題的真實性感到質疑，無法完全支持雙重危機的概念（見 Perlmutter and Hall, 1992）。但是，更近期的研究在根據社經變項調整資料後，發現少數族群老人的生理健康狀況顯著比主流文化老人來得差，此外，這個差異在老年人身上又比在相同文化的年輕人身上來得大（Carreon and Noymer, 2011）。研究文獻中有更多這樣的例子，以下的列舉絕非詳盡完整，僅供說明之用：

- Nielsen 等人（2011）的研究指出失智症在少數族裔的老人中診斷

不足，相反地，在 60 歲以下的人卻有**過度診斷**的現象。Nielsen 等人歸因於許多因素，包含使用健康照護系統和尋求協助的問題。

- Warner 和 Brown（2011）的研究發現某些少數族裔者的身體失能呈現出不同的變化型態（而其他族裔則較爲相似）。

- White-Means（2000）的研究發現非裔美籍老人較少使用各種醫療服務，而這個結果在控制經濟狀況差異之後仍然維持不變（亦可見 Dunlop et al., 2002）。

- August 和 Sorkin（2011）的研究發現加州居民在運動程度和健康飲食上有相似的差異（亦可見 Waters et al., 2011）。

- 同樣地，Hardy 等人（2011）發現不同族裔使用安寧照護的方式存在差異。

- Levine 等人（2011）的研究發現，在美國的中風病人當中，墨西哥和非裔美籍的病人所接收到的後續照護與藥物治療都比較少（因爲這些族群相對貧窮），而這也因此提高中風復發的風險。

　　因此，雖然老年的文化差異研究結果有時並不一致，但很清楚的一件事是，少數族群面臨許多的健康問題。這個現象有一部分來自社經地位所造成的混淆效果，此論點對研究者來說雖然重要，但是以道德的角度來看，這不足以做爲不去改善此問題的藉口。然而必須注意的是，雖然少數族裔作爲一個群體會有其遇到的問題，但我們不能直接將之套用到任一文化群體中的每個個體，每個研究中個別分數之間都有很大的變異性（見 Whitfield and Baker-Thomas, 1999）。因此，少數族裔問題的討論是描述性的，而非規範性的。另一個警告是，儘管有最近的資料結果，仍可看出老年人的經驗是會被他們的文化強烈影響的，這代表在許多層面上，老年人的生活型態及生活品質並非不可改變。因此再次證明我們並非註定要循著必然的歷程生活。

◯ 退休

　　雖然說到退休許多人想到的就是「退休年齡」，但這並不精確。在第 1 章我們提到，將某個年齡視爲可正式領退休金的年齡，這主要是 20 世紀才有的現象，而且即使如此，所有國家的退休年齡也不盡相同。例如，許多公部門員工（如學校老師）的正式退休年齡從 50 歲晚期到 60 歲中期都有，視各國狀況而定。此外，並不是每個人都會等到正式的退休年齡才退休。想要解聘過剩員工的公司，通常會發現提供提早退休方案給公司最老的員工，在財務上較易於行事[11]。此外，較人道的勞工法律的出現，也意謂著因爲長期健康問題而提早退休的狀況會愈來愈多[12]。相反地，其他人在超過退休年齡後仍選擇繼續工作（如果該國家法律許可），至於那些自己當老闆的人，根本沒有所謂法律規定必須退休的年齡。這代表即使退休通常是種老年經驗，但並非自動來臨的狀態，確切的退休年齡及理由可能有非常大的個別差異（見 McDonald, 2011）。因此，Settersen（1998）的研究結果完全不讓人意外，他們發現對很多人來說，年齡已經不是評斷退休的標準了。順帶一提，過去這 40 年來，55 歲至 65 歲之間仍然在工作的男性比例有顯著的下降，但是女性的數字則有上升（McDonald, 2011）。

　　我們可以從很多角度來看待退休，例如：社會層面、經濟層面等。基於版面限制，在此僅就退休的心理議題做簡短的概述。有些學者將退休視爲老化或生命歷程發展模式下的一個階段或因素，這類模式在本章其他段

---

[11] 如果辦公室的民間傳說可信的話，提早退休制度也是讓公司能夠擺脫最沒效率／最懶惰的員工的有效方法，這是個還少有研究探討的動機。相反地，在某些技術專業領域（如：醫療），普遍的提早退休則會導致重大的經濟和社會問題（參見 Heponiemi et al., 2008）。

[12] 在高失業率的時候，與憂鬱有關的提早退休案例也會增加；見 Lamberg 等人（2010）。其他精神病狀況，如：人格和焦慮疾患也大幅提高了提早退休的機率（Korkeila et al., 2011）。

落另有討論[13]。其他學者則檢視退休的特定歷程，或與退休歷程相關的個別議題。在這樣的研究中，浮現的是兩個反覆出現的問題，第一，退休的本質是什麼？換句話說，當一個人退休後，他會有多開心？他們會做哪些事？第二，他們如何計劃他們的退休？

　　回應第一個問題，答案通常都聚焦在一個人對於退休的掌控程度。Swan、Dame 和 Carmelli（1991）的研究發現，退休的美國人若感覺自己是「被迫」退休，他們的幸福感大致上都比較低分，以及（大概不會太意外）A 型性格的人比較會去抱怨他們是在違反自己意願的狀況下退休的。但是難以排除的可能性是，這些人不論如何都會遇到問題或有所抱怨。Sharpley（1997）的研究歸納出 3 個因素——懷念工作、健康、關係——而同樣的，我們不難發現後兩項因素是無論是否退休都會出現的問題。Gallo 等人（2000）的縱貫性研究發現非自願退休對生理與心理健康都有顯著的負面影響（相反地，本來被解僱的年老員工若有幸再被雇用，他們的生理與心理健康則會顯著改善，不論他們失業的時間長短），這個結果即使在控制了先前的健康狀況和社經地位之後仍然適用（亦可見 Szinovacz and Davey, 2004）。De Vaus 等人（2007）針對澳洲的退休者進行研究，他們發現在許多可能的影響因素之中，最顯著的似乎是退休者對於整個退休過程的掌控程度。例如，如果他們能決定離開的時間點和方式，幸福感的分數就比較高，即使退休後 3 年也是如此。Calvo、Haverstick 和 Sass（2009）的研究也有類似的結果。同樣地，van Solinge（2007）針對荷蘭的工作者進行研究，發現從什麼類型的工作退休對於自陳健康狀況並無顯著影響，但是被迫退休這件事卻有影響。在這方面，Price 和 Balaswamy（2009）的研究也頗有意思，他們發現女性退休滿意度的重要預測指標是自尊和掌控感。還有，Herzog、House 和 Morgan（1991）針對正在工作和半退休狀態的老人進行研究，他們發現幸福感與

---

[13] 例如：先前提及的艾瑞克森的理論模式，或是撤退理論（見p.209）。

工作量無關，而與工作本身是不是他們想做的有關。在年紀稍輕的工作者組別（55-64 歲）也有相同的發現。

這些結果說明了退休滿意度相當程度地受到退休的自願程度，和一個人對於他的生活的控制程度影響，但也不表示沒有其他影響因素。也有一些研究探討其他因素，結果仍不明確（見 de Vaus et al., 2007）。例如究竟是工作到某天之後隔天完全退休比較好，還是每週減少工作量的漸進退休方式比較好，有些研究者認為這兩者之間並沒有差異（例如：真正有影響的不是轉換的形式 [漸進退休或突然退休]，而是個人感覺這樣的方式是自己的選擇或是被強迫的結果；Calvo et al., 2009, p.112）。然而，其他因素似乎扮演重要的角色，例如，Price 和 Balaswamy（2009）的研究發現經濟狀態雖然不如某些因素那麼重要，但是還是一個顯著的預測指標。在一個針對選擇提早退休的英國公務人員（基本上都是政府官員）的研究中，Mein 等人（2000）發現背後主要因素為高收入（也就是優渥退休金使其能負擔得起提早退休的生活）、健康欠佳、或對於工作的厭惡。有經濟困境（如：債務）的老年工作者通常覺得自己是被迫要繼續工作的。同樣的，van Solinge 和 Henkens（2007）的研究發現，即使退休時間點的自主選擇程度是重要考量，其他因素像是退休者身處的社會環境也同樣的重要。體型滿意度和自評健康狀態也是退休滿意度的重要預測指標（Stephan, Fouquereau and Fernandez, 2008a; van den Berg, Elders and Burdorf, 2010）。

即使所有人都瘋狂試著找出人格特質和各種行為之間的關聯，但我們卻意外地發現少有研究探討五大人格特質（見第 193 頁）和退休之間的關係。一個例外是 Robinson、Demetre 和 Corney（2010）的研究。他們發現五大人格特質分別和退休的不同面向有關：神經質與個人負面看待導致他退休的事件有關；神經質和外向性則與即將退休者的生活滿意度有關；嚴謹性與個人在退休後嚮往追求什麼有關；而友善性（和神經質、嚴謹性一起）與退休後的生活滿意度有關。

在性別角色較傳統的伴侶中，若丈夫仍在工作而妻子已經退休，婚姻滿意度會高於狀態相反的夫妻（Myers and Booth, 1996; Szinovacz, 1996）。或許並不令人意外的是，從一個充滿壓力的工作中退休，婚姻滿意度會因此有所改善，但是健康問題會讓滿意度下降（Myers and Booth, 1996）。同樣不意外地，相較於身體較健康的退休者，那些因為健康狀況欠佳而退休的人所從事休閒活動的程度相對較低（Scherger, Nazroo and Higgs, 2011）。這與以前的研究發現相呼應：非常健康的退休者的滿意度是增加的（如：Parnes, 1981）。有些研究指出白領階級的工作者比藍領階級更能享受退休生活，但是這可能是因為他們有較好的健康狀況和經濟條件（Bengston and Treas, 1980; Ward, 1984）。

一個檢視退休影響力的方法是將它們置於較大的生命歷程發展脈絡之中。**角色理論（role theory）**認為，一個人隨年紀增長，會扮演許多不同的社會角色，包含退休者的種種角色。因為退休者不若工作者受到敬重，因此退休可能也是一個心理狀態有危害的時期。相反地，**退休的持續理論（continuity theory of retirement）**（Atchley, 1989）則將退休視為過去身份認同的延續，因此並不將退休視為充滿壓力的時期（更近一步的討論請參見 Krauss Whitbourne and Whitbourne, 2011）。

退休對於健康的影響並不容易測量，因為退休者通常也都是老年人，這代表許多退休後出現的健康變化有可能與年齡有關，而與退休無關。Fonseca（2007）針對葡萄牙的退休者進行研究，他認為許多人感覺退休是輕鬆而愉快的（大多提到的是免於壓力和「做自己的老闆」）。Fonseca 主張，許多與退休有關的負向因素其實是老化的產物，而非退休本身導致。Hult 等人（2010）針對一群瑞典的建築工人進行研究，比較他們退休的時間點，結果發現死亡率跟退休年齡並沒有關聯。雖然有些提早退休者確實較一般人早死，但研究者推斷這是因為他們潛在的生理健康狀況所致，而非退休本身的緣故。退休對於體重增加的影響也曾在文獻中討論到，但最近的研究指出這個影響是很輕微的。舉例來說，Chung、

Domino 和 Stearns（2009）的研究發現退休造成的體重增加程度小但仍舊顯著（0.24BMI），即使這大約只是人在 50 歲至 60 歲之間所增加之體重（1.30）的五分之一。Forman-Hoffman 等人（2008）的研究則只在藍領工作女性以及退休時體重正常的女性身上，發現顯著的退休後體重增加。

　　由此可知，有許多因素會影響退休後快樂與否。除此之外，個別差異和環境因素也會使情況更加複雜（Moen, 1996）。van Solinge 和 Henkens（2005）的研究可提供進一步說明，他們研究即將退休的荷蘭人，發現有許多因素（持續從事同一份全職工作的時間長短、對於退休時間點和方式的掌控程度、對於退休過程的焦慮和期待程度、自我效能感）共同預測了退休後的成功調適，而這些因素有相當大的個別差異。Kim 和 Moen（2002）也研究了多個因素並有相似的結果。除此之外，還有潛在的文化／國家差異。大多數與退休有關的研究，都是針對那些擁有相當先進公共福利措施（如，政府退休金）的國家進行的，但即使是在採用相近福利措施的不同國家裡，還是可能會有不同的退休行為。例如，在荷蘭提早退休是很常見的情形，但是在丹麥卻是相對少見。上述的影響可能是源於不同的文化習俗與社會風氣的複雜組合（見 van Oorschot and Jensen, 2009）。

　　接下來輪到前述的第二個問題（人們如何計畫他們的退休？），同樣地，這個答案是涵蓋許多面向的。我們都知道大多數人極度渴望退休。歐洲的讀者將會目睹提高退休年齡的提案在許多國家引發軒然大波。退休並享受勞動後的甜美果實已經被大眾視為不可剝奪的權利，即使我們都知道政府退休金制度其實是相對新的產物。但儘管如此，調查人們對於退休年齡後繼續工作的態度，還是發現許多工作者持極力反對的立場（如：Davies and Cartwright, 2011）。一般來說，工作者希望早一點退休而非晚一點。Zappala 等人（2008）訪問了一群義大利工作者，發現他們偏好的平均退休年齡比法定年齡早 3 年。但是，他們也發現這個態度是有可能改變的，例如透過公司提供對年老更加友善的相關政策來調整。

　　即將退休者通常對退休後的生活抱持著樂觀的想像。一個主要的興趣

常是期待能發展新的嗜好。但實際上，個人是否在退休後從事新的興趣，還是受到許多因素影響。Stephan、Fouquereau 和 Fernandez（2008b）研究，發現一個大學經營的退休者組織之成員在退休後之所以參與活動，都是基於內在理由（例如渴望追求更多知識），而不是外在壓力（像是他人的期待）。但是這只代表了一種類型的活動，不必然能完全推論到所有類型的活動。Hopkins、Roster 和 Wood（2006）試著針對（美國）退休者對於退休的態度進行分類，發現若人們將退休視為一種「新的開始」或「中斷」，他們在外向性活動的支出會有增加；另一方面，若退休者將退休視為「人生的延續」或「老年的開始」，增加的則是內向性活動的開銷。

　　其他常見的退休夢想還有期待能活更久以及住在舒適的地方。這看似是完全合理的願望，但是一般人並未深入去探討這個議題的含義。Ayalon 和 King-Kallimanis（2010）向他們的研究參與者詢問以下問題：餘命較短但有最好的健康狀況，或者身體健康欠佳但有較長的餘命，他們會偏好哪一個。原本健康狀況就欠佳的參與者偏好在較短的餘命裡擁有有完美的健康；白人參與者在健康狀況欠佳的情況下偏好較短的存活時間，而黑人參與者則希望即使健康狀況欠佳也能活得久一點；教育程度較低者希望能活得久一些，即使身體狀況欠佳。就像我們即將在第 8 章看到的，這些答案反映了在末期疾病狀態下，人願意犧牲生活品質換取生命延長的文化差異研究發現。

　　Ayalon 和 King-Mallimanis 提出的難題照理說並沒有所謂正確答案。但是在其他層面，對於未來的規劃確實牽涉較明確的決策對錯問題。更進一步的財務規劃顯然是重要的。van Rooij、Lusardi 和 Alessie（2011）針對荷蘭的參與者進行研究，說明若參與者具備更多的理財素養，他們較有可能去規劃退休生活。或許這是意料之中的結果，因為理財素養中不可或缺的一部分就是退休意識。但是，這個研究和其他相似研究指出了一個重要議題：理財教育必須及早開始——退休生活的規劃需仰賴數 10 年的儲蓄。另一個重要議題是重要公共設施的提供。許多退休顧問都絕望地談到

「玫瑰環繞小屋門」的現象——換句話說，就是指有些退休者過度浪漫，夢想住在偏遠的寧靜鄉村的小屋別墅。這樣的地方對於有交通工具的年輕人或許還可以忍受，但是對於那些需要頻繁往返醫院看醫生，而且又沒有車或只能依賴零星的大眾交通工具的老人來說，其實非常不方便。19 世紀偉大的智者西德尼‧史密斯（Sydney Smith）牧師曾經這麼抱怨過，他困在約克郡鄉村的教區，距離最近的一顆檸檬的距離有 12 英里遠。這句話常被引用為機智的笑話，但是就像史密斯牧師了不起的智慧，其中也蘊含嚴肅的觀點。鄉下地區若缺乏足夠的交通能夠通往現代化的公共設施，那將會是最糟的退休地點。但是退休者卻抱持盲目的決心，朝著看起來漂亮的方向前進而不是尋求更符合實際需求的地方。Oishi 等人（2009）簡潔地在他的研究中概述此現象，他們研究韓國跟美國的退休者以及非退休者對於退休地點的選擇。非退休者認為擁有良好天氣和充滿文化公共設施的地方是最佳選擇[14]。但是做出務實選擇（方便抵達醫療機構和日常使用的公共設施）的退休者明顯比其他退休者更快樂。

　　總結來說，退休並不一定就是充滿問題、反覆的健康問題和悲慘的時期，但是，確實需要謹慎規劃，而且這個規劃（特別是理財方面）需要在成年早期就開始。

● 哀慟

　　這個主題在第 8 章的哀慟與喪偶的段落有更完整的敘述。這種經驗主要是指經歷相對短暫的極度痛苦之後，所出現的持久且為社會認可的一段哀傷時期。在不同文化下它有非常大的差異，意思是這個看似非常個人

---

14 但是，認為都市就等同於有比鄉下更好的資源供給，這樣的論點也不全然正確，如：Peterson 和 Litaker（2010）的研究指出，在貧窮地區，城市和鄉下同樣缺乏健康照顧資源。

化的經驗，其實受到社會力量的強烈影響。不過，文化的論點也有可能被過度強調了，因為我們並不能因為一個人來自某個文化，就推論他們「一定」會表現出某種特定行為。哀慟反應的個別差異還是有許多層面需要考慮的。

◯ 幸福感

幸福感這個主題在前面關於退休後的生活滿意段落已經有部分討論，因為大多數的退休人士在定義上是老年人。但嚴格來說，並非所有的老人都會「退休」，因為他們有可能從來不曾有過全職受薪工作，一輩子從事家管或類似工作。因此，許多有關幸福感的研究並不見得會把退休因素考慮進去。

一般認為老化的慢性化特徵會損及生活滿意度。舉例來說，從相對輕微（如：頭髮變白）到比較嚴重（如：關節炎）的不知不覺逐步出現的生理變化，都可能會讓一個人的自我概念發生改變（Ward, 1984）。有些研究發現健康狀況與其伴隨的行動力改變是晚年生活滿意度的最大預測指標，但是也有些學者無法重複驗證此研究結果（如 Bowling, Farquhar and Grundy, 1996），而這些研究發現可能因為著重不同的健康測量方式而有差異。

如果要找出影響生活滿意度的單一因素，那麼對於金錢的煩惱大概是大多研究者們榜上的第一名。以機率的觀點來看，這並不令人意外，因為老年人，特別是老年女性，比其他的群體更加容易遭遇經濟困難（Gillen and Kim, 2009；亦可見 Foster, 2011）。例如，在美國幾乎有半數的老年人會在老年期經歷至少一年的窮困時期（Rank and Williams, 2010）。Krause、Jay 和 Liang（1991）的研究發現經濟困難（在老年人當中很常見）是降低自我價值感和增加憂鬱症狀的主要因素（亦可見 Choi and McDougall, 2009）。在許多文化中都是如此，Krause 等人的研究發現在

美國和日本的年長者身上也有相同的現象。Zhang 等人（1997）的研究發現經濟困難是中國老年人身上主要的負向因子。Ferraro 和 Su（1999）的研究也發現經濟困難對 3 種不同文化的人來說，都同樣地增加了他們的心理困擾（斐濟人、韓國人和菲律賓人，但是馬來西亞人是例外）。不過，研究者也發現社會和家庭的支持程度多少會緩解部分的問題。這個結果與 Russell 和 Catrona（1991）的縱貫性研究互相呼應，他們發現若老年人在研究一開始所感受到的社會支持程度比較低，一年後他們的憂鬱症狀就會愈嚴重（而且他們所感受到的「生活瑣事」也愈多）。同樣地，人格特質在這邊也扮演重要角色。舉例來說，整合良好（well-integrated）的人比混亂（disorganized）的人更能有效地因應壓力。相反地，若一個人本身的健康跟經濟狀況不佳，可能比較能處理衰退的健康跟經濟狀況，因為他們已經很習慣這樣的狀態了（Ward, 1977, 1984）。同樣值得一提的是，除了人格類型之外，其他像是智力改變等心理因素也會減損一個人的自尊。例如，第 3 章曾提到，較多的自陳記憶失誤與憂鬱程度相關。Perlmutter 等人（1987）提到這可能會造成惡性循環──當老年人發覺自己在記憶測驗表現不好的時候，會因此士氣低落，進而阻礙他後續的表現。

　　然而，雖然經濟困難是造成許多老年人產生負面情緒的主因，但這並非普遍現象，也不會支配每一個老年人的生活，即使缺錢確實是生活中的問題。舉例來說，MacDonell 等人（2010）的研究發現經濟困難只是許多同等重要的因素之一，Rurup 等人（2011）的研究也有類似結果。也必須注意到，經濟困難可能跟其他潛在的貧困狀況有關，像是居住在公共設施不足的落後街區，這可能會造成惡性循環，因為居住在條件較差的環境會讓人比較容易產生敵意，因而更少去幫助別人（Krause, 2011）。而且我們也知道需求未能被滿足是造成老年人憂鬱的重要因素（Choi and McDougall, 2009）。此外，其他因素也可能影響經濟困難造成的衝擊，例如，Krause（2010）的研究發現如果老年人傾向默默承受自身經濟問

題，那麼這些經濟困難對憂鬱症狀的影響便會有所改善。簡而言之，內心的態度會改變其他問題帶來的影響。

　　同樣重要地，一個人過去的經歷也會影響他們對於老化的態度，很明顯的像是職業、關係、是否要生小孩等選擇都有直接影響。Stallings 等人（1997）的研究發現人的負向經歷往往影響他的負面情緒，而正向經歷會影響他的正面情緒，這之間極少有交叉影響（支持所謂的**幸福感的二因子理論，two-factor theory of well-being**）。另一方面，Caspi 和 Elder（1986）針對一群曾在 30 多歲時經歷美國經濟大蕭條的老年女性調查他們的生活滿意度，研究結果發現曾經歷艱苦的中產階級女性，如今明顯有較高的生活滿意度。但是處於同樣狀態的勞工階級女性卻相反——她們的生活滿意度比較低，這很可能是因為中產階級女性很明顯地「成功克服困難」而走到目前較好的物質生活型態，但是勞工階級的女性則視自己為「處於谷底」的狀態。相似地，曾經歷經濟大蕭條的人當中，被評為較有智慧的人比那些被評為智慧分數較低的人，在晚年有較良好的心理健康（Ardelt, 1998）。但是，Pinquart 和 Sörensen（2001）的後設分析研究指出，無論背景條件，女性整體來說都呈現出較低程度的主觀幸福感。

　　還有其他因素會影響生活滿意度，舉例來說，Cook（1998）針對居住在安養院的年老女性進行研究，發現有參加團體的回憶主題聚會的人能夠增進生活滿意度。這個結果並不表示它支持老年人渴望回到過去的刻板印象，雖然也有研究顯示部分的老年人確實希望自己過去的成就與地位能夠獲得更多認可（Ghusn et al., 1996），但是當老年人被詢問「回首過去，你一生中的哪一個階段帶給你最大的滿足？」，最常見的回答其實是「現在」（Field, 1997）。一般來說，可能也不令人意外，幾乎所有研究者都發現社交活動和友誼是有助益的（不過，友誼的部分重質不重量；Pinquart and Sörensen, 2000）。Gleibs 等人（2011）的研究則發現針對安養院的老人提供兩週一次、以性別為基礎的（將男性和女性分開）團體有助於心理健康的改善。女性在幸福感和認同感的層面上能夠有維持效果，

而男性則在憂鬱和焦慮的症狀上有顯著地下降，同時對於其他住民的社會認同也有所增加。

　　Greenwood（1999）的研究結果提供了一個有趣的新進展，他發現當人們在變動中的晚年社交生活上遭遇問題，男性較不會報告自己的生活滿意度下降，原因是他們對於人際關係的期待比女性來得低。此外，只是將老年人聚集在一起就期待他們的滿意度上升，這是不足夠的。舉例來說，Kovach 和 Robinson（1996）的研究發現被安排與室友同住，對養老院老人「較高生活滿意度的預測力，只顯現在那些有跟室友講話的長者身上」（p.627）。參與運動活動或是較靜態的休閒活動也跟較好的生活滿意度（和健康）有關，其中一個研究的作者（Menec and Chipperfield, 1997）將這個歸因於對於生活事件的控制感（亦可見 McConatha et al., 1998）。然而，即使社交毫無疑問是有幫助的，但是消遣活動不必然得與團體一起進行才能提升生活滿意度。舉例來說，Sherer（1996）的研究發現，如果可以讓安養院的老人和日間照護的病人使用個人電腦，對於他們的自尊和生活滿意度有正面的影響（值得順道一提的，該研究中的女性傾向使用教育軟體，而男性喜歡玩電玩）。一般來說，有目的的活動有助於增進生活滿意度（Madigan, Mise and Maynard, 1996）。許多前面曾提及的研究都以安養院為研究地點，並且聚焦於心裡議題，將之視為決定老年住民心理狀態的最重要因素。乍看之下這是合理的假設，但 Rioux 和 Werner（2011）最近的研究則指出，許多早期的研究很可能都忽略了一點，那就是安養照護機構本身的物理性質──它的特色、服務提供的方便性、有附近鄰居的樂趣等等。當我們用更宏觀的角度看待時，心理層面和其他因素可能就變得沒那麼重要。Oswald 等人（2011）的研究就發現住在自己家的老年人有類似的結果。在我寫作的此時此刻，我發現更廣泛的環境因素所扮演的角色漸漸比早期研究提及的因素更加重要。

　　這些研究告訴我們有許多複雜因素會影響晚年的生活滿意度。在某種程度上，這可能是因為許多研究對於這些影響因素有一種「去找，就會發

現」的氛圍，所以他們針對一個特定的小範圍問一系列的特定問題，然後某些因素就會因此顯得比其他因素來得更重要。舉例來說，Glass 和 Jolly（1997）的研究發現他們的研究參與者並不認為健康或經濟狀況是影響生活滿意度的重要因素。並非所有的研究都同樣犯下這個選擇性的「過失」，但我們確實很難跳脫那個相當普遍的論述——直覺上健康、經濟、喪親、環境和退休這些因素，明顯會影響一個人的自尊和整體生活滿意度，但是這些絕對不會只有這些因素，而且所有的因素也會和其他因素交互作用，並且受到人格變項中介影響。不幸的是，這樣的論述與一個非心理專業人員對此議題的直覺想法，差距並不是太大。

◯ 心理因素和健康

人格、社會環境等心理因素全都與健康有關，而健康與幸福感有關（比年齡本身更有關聯，見 Kunzmann, Little and Smith, 2000）[15]。確實，我們在本章的前面部分已經知道人格如何與健康產生關聯，但是我們也知道，現實生活中很少有什麼事情是如此簡單的一對一連結，而健康的各個層面也被許多因素影響著。

世界各國的政府部門都很積極地推廣人民追求「健康的」生活型態，進而讓人民能夠更長壽，不會成為健康服務系統、乃至於納稅者的負擔。抽菸、飲食、運動與健康及健康預期壽命之間的關係已經是普遍的知識，不需要在此重申，而且我們也認為擁有健康的生活型態是一件好事。但是如何說服老年人去過一個他們本來沒有的健康的生活呢？而確實有些跡象並不那麼有利。舉例來說，許多研究都發現老年人的飲食習慣並不

---

[15] 請注意Siedlecki等人（2008）的研究發現，若將負面情感控制住，自陳的健康狀態就對幸福感幾乎沒有影響（研究者還發現較一致的影響是神經質）。但是，這裡的健康狀況是一群大體來說還算健康的人，透過自陳報告方法測得的，因此，若使用的是基於更有代表性的跨群體樣本所建立的更為客觀的測量方法，很有可能會有不同的結果。

好（如：Quandt and Chao, 2000; Quinn et al., 1997; Souter and Keller, 2002），雖然還是有例外（例如希臘的老年人——見 Kossioni and Bellou, 2011）。除此之外，老年人避免增重的自我節制比年輕人來得多（Flint et al., 2008）。而其他的因素更多根源於一個人的過去。一般人很少在老年時期才養成「壞習慣」（例如：抽菸的老年人通常都已經養成這個習慣好幾十年了），因此，要老年人去做出改變，某種程度上就是要他們去對抗已經養成數十年的不良行為（見 Keranen et al., 2009）。

　　內在動機是開始和維持一個運動習慣的重要因素（如 Thogersen-Ntoumani and Ntoumanis, 2006）。因此，任何會降低動機的因素都被視為從事運動的阻礙。舉例來說，老年人抗拒做運動可能是因為他們害怕做運動的風險大於好處，像是過度運動造成的心臟病發作（O'Brien Cousins, 2000; Wilcox et al., 2003）。再加上也有研究指出，老年人身邊少有人去鼓勵（或是嘮叨）他們做有益健康的行為（Tucker, Klein and Elliott, 2004）。此外，是什麼樣的人去推廣健康的生活型態也很重要。Hicks 等人（2009）發現體重過重的護士給人的信心，比不上體重理想的護士。因此，我們可以知道老年人要養成較健康的生活真的困難重重。不過，一旦穿越這個阻礙，許多不同文化的研究都發現，較健康的生活方式確實會改善健康狀況（如：Bookwala, Harralson and Parmelee, 2003; Elias, Elias and Elias, 1990; Park et al., 2011; Rana et al., 2010; States et al., 2006）。但需要注意的是，採用自陳式健康狀態所求得的相關程度往往高於客觀的身體健康測量方法所得的相關（如：Whitbourne, 1987）。還有一點，在老年人中最老的組別呈現出的相關程度往往比較弱一些（Pinquart, 2001）。

　　採取健康的生活型態能夠形成較好的健康狀態，這並不令人意外。但是，健康的生活型態和健康之間究竟存在什麼關聯呢？它們的因果關係又是什麼？若以最簡化的觀點來看，我們可以這樣問：是擁有正確的人格／生活型態造就一個人的健康？或是在健康的狀態下才使人成為一個健康的

人？這兩個簡單的問題各有證據支持。舉例來說，已經有研究證明某些心理特質會影響生理健康。有關人格特質的研究指出，若早年明顯具備某些特質會預測晚年的健康狀況。此外，Kermis（1986）認為憂鬱和／或壓力會使健康狀況惡化（如：抑制免疫系統）。在一個為期 7 年的縱貫性研究中，Ostir、Ottenbacher 和 Markides（2004）發現對墨西哥裔美國老年人來說，正向的情緒顯著與較低的衰弱風險有關聯。當老年人透過閾下呈現的方式接收到有關老年人或老化的刻板印象負面陳述，這會升高他們的血壓與心理壓力（Levy et al., 2000）。因此長期而言，持續接觸有關老化及老年人的負面評論，可能危害健康。相反地，也有證據顯示生理健康狀態會影響心理功能。例如，Druley 等人（2003）的研究發現，已婚老年女性對於關節炎的生理疼痛有愈劇烈的反應，則對於她們和她們丈夫的行為就有愈大的負面影響。此外，我們也觀察到生活型態的改良能改善健康狀況。

　　然而，若我們認為這樣的議題可以簡單地用「A 導致了 B」或是「B 導致了 A」說明就太天真了。更可能的解釋是這些影響是多方向的，且事實上適應不良之功能運作的「惡性循環」可能就此產生（如：生理功能衰退造成壓力和憂鬱程度上升，而憂鬱和壓力又讓生理衰退更加惡化，然後又接續…等等）。老年人跌倒是一個恰當的例子，對任何年齡來說，跌倒都不是件好事，但是跌倒對於晚年生活卻帶來更高的健康風險，這主要是因為骨頭變得易碎，髖骨與腿骨骨折的機率就明顯提升，即使沒有骨折，也很有可能產生其他不愉快的傷害；一個研究指出老年人在跌倒後有三分之一的機率會造成功能衰退（Stel et al., 2004）。老年人若曾經跌倒過，那麼他肯定不會想要再重複這樣的經驗，但是這種感覺所帶來的過多謹慎卻可能會讓事情變得更糟。Delbaere 等人（2004）在一個縱貫性研究中發現，曾經跌倒過的老年人通常會更害怕再次跌倒，並且有較少的日常活動。但是這樣的恐懼感增加和活動量下降卻是對於後幾年再次跌倒的最佳預測指標（提供一個較正向的資料，我們有方法可以減緩對於跌倒的害

怕：見 Li et al., 2005）。像這樣的研究結果必須謹慎看待，因爲，可能有潛在的生理因素會使人跌倒，而要找出使人跌倒的生理因素其實並不難（見 Vassallo et al., 2003）。不過根據推論，跌倒的惡性循環論點至少在某些跌倒的例子上是成立的，而且我們也無法否認，如果行動因此被過度限制，那麼害怕跌倒對於生活品質和整體健康都會有負面影響（Li et al., 2003）。

如果認爲心理社會因素和生理因素之間只存在單純的因果關係就太不明智了。許多因素是透過改變其他因素的表現強度來產生影響，而非純粹造成該因素出現或消失。舉例來說，Bailis 和 Chipperfield（2002）認爲當老年人面對生理健康無可避免的衰退，擁有強烈的社會認同感，會讓此衰退的負面影響獲得緩衝（而非使影響完全消失）。有一個針對 1,200 位老年女性病人的複雜統計迴歸分析研究也支持這個假設，Femia、Zarita 和 Johansson（2001）發現，心理社會因素會中介疾病對於 80 歲以上老年人日常活動能力的影響。確實，一般來說支持網絡似乎會增進老年人的健康狀況。Kempen 等人（2001）的研究發現，那些自覺社會支持程度較高的人，在跌倒受傷後5個月和12個月後所呈現的復原狀況也顯著地比較好。同樣地，Duke 等人（2002）的研究發現，一個人因爲生病或失能而被迫放棄某項活動時，他是否會尋求其他替代活動，與他的社會支持網絡大小有關（亦可見 Rodin et al., 2009）。社會經濟因素也可能會有影響，最明顯的例子就是第 1 章曾提及的：社會地位和居住地區差異對於壽命造成的影響。例如，Melzer 等人（2001）的研究發現，教育程度是預測晚年活動能力失能的顯著重要因素，而教育程度較低的人（6 年以下）出現移動障礙的比例，大約是擁有超過 12 年教育程度的人的 1.7 倍。

還有一個相關的主題是敵意（**hostility**）和老化。敵意在前面人格類型的部分已經提及，但是它也可以被定義爲「一種對於他人在認知、情感與行爲表現上的負面取向」（Barefoo, 1992, p.52）。有些研究指出較年輕的成人和較年老的老人分別都有較高的敵意，而在這兩者之間的族群

則敵意較低（見 Barefoot et al., 1993），這在某種程度上可能是有利適應的，因為健康的憤世嫉俗可說是一種有用的工具，幫助初出茅廬的年輕人尋得生存之道，也使老年人更能依賴健康和社會福利服務。不過，Comijs 等人（1999）的研究發現敵意和被虐待有關，也有許多研究者認為敵意對個人是不利的，因為高度的敵意與增加罹患心臟病（見 Meesters, Muris and Backus, 1996; Schott et al., 2009）以及其他疾病（見 Ranchor et al., 1997）的風險有關。它也與認知功能表現程度有關（如：敵意愈高，認知技巧愈低），但是與晚年的認知技巧下降速率並沒有關聯（見 Barnes et al., 2009）。還有一點必須留意敵意與眾多類似的特質屬於相同類別，都是負面情感的一種。許多敵意的研究並未將其他負面情感特質納入探討，因此如果能以較廣泛的方式測量，很可能會發現某些被歸咎於敵意的問題，其實是負面情感所導致（見 Ready et al., 2011）。

　　然而，我們也有可能高估了生理健康和心理社會因素之間的關係。舉例來說，老年生理健康狀況的一個良好預測指標就是早年的生理健康狀況。Maas 和 Kuypers（1974）40 幾年前的研究發現，許多晚年疾病的前身確實就是早年時期與該疾病相關的身體不適。其次，健康狀況也可能與社經地位有關──童年的低社經地位與晚年較差的健康狀態有顯著相關，這某種程度上是因為童年疾病的長期影響，但也是因為成年期較低的收入與生活水平造成的（Luo and Waite, 2005）。此外，Krause、Shaw 和 Cairney（2004）的研究發現，在成年早期遭遇創傷經驗與晚年較差的健康狀況有強烈的相關。這至少意味著，若人格因為疾病而有所改變，原因不會只有晚年疾病──很有可能是跨越生命歷程累積而來的影響。不過，疾病和人格之間的關聯可能被誇大了，例如，A 型性格與較高的心臟病發作比率有顯著的相關，但是 Elias 等人（1990）在一個回顧研究中發現，該論述在年輕人身上適用，但是在 65 歲以後，A 型性格卻不會增加冠狀動脈疾病的風險（而這個結果不能僅歸因於多數 A 型性格的人都在 65 歲之前就已死亡）。

另外值得一提的是，在這個段落的許多討論都集中在量化研究，這些研究的方法強調將資料簡化為潛在的數值模式。雖然看似陳腔濫調，但是我們還是應該要謹記**每一個人**的健康與痛苦才是這些研究最終關切的。Black 和 Rubinstein（2004）的研究探討了老年人的疾病經驗，他們發現許多結果都因人而異，並且不認同簡化主義的研究方法。因此，有關這個主題的整體論述基本上還是忽視了許多重要的細節。

○ 婚姻

一般來說，我們發現較年老的已婚伴侶與年輕的已婚伴侶相比同樣快樂，或甚至更為滿足（Cunningham and Brookbank, 1988），而且通常隨著年齡增加，負向的互動也會減少（見 Akiyama et al., 2003）。這某種程度上可能是因為工作量和照顧子女的責任都減少了（Orbuch et al., 1996）[16]。Levenson、Cartensen 和 Gottman（1993）在研究中針對較年輕（40-50 歲）和較年老（60-70 歲）的已婚伴侶進行多項測量，他們發現老夫妻的目標較為沉著、快樂的來源較多（意見不合的情況比較少），也對健康有比較一致的標準（愈是平等主義，且性別角色愈不傳統，整體上婚姻就愈快樂——Kaufman and Taniguchi, 2006），這些結果很激勵人心，因為這代表著年老的夫妻並非因為分居後的生活，在經濟上與／或情緒上都糟得可怕而緊抓著浮木不放。但另一方面，這些結果提供的訊息不足，因我們不知道究竟這些快樂的老夫妻是一直都在很快樂的婚姻中，還是「舊的戰事縮減」終至停戰了，而因此導致今日顯得快樂的結果（Levenson et al., 1993, p.12）。至少在美國，正在婚姻狀態中的人活得

---

[16] 我們可能會認為50-60歲的人會更願意考慮結婚／再婚，因為他們除了比較有錢之外，也無需負起當父母親的責任。但是，其實這群人是顯著地比年輕人更不願意結婚／再婚，即使排除掉宗教虔誠、撫養孩童等因素（Mahay and Lewin, 2007）。

比較久，而曾經進入婚姻的人（即使現在已經離婚了），也比那些從未結婚的人有更長的壽命（Kaplan and Kronick, 2006）。

　　其他的研究結果似乎沒那麼樂觀。舉例來說，Chipperfield 和 Havens（2001）的研究觀察老年人 7 年的時間，針對這期間婚姻狀態從未改變過的組別以及婚姻狀態有變化的組別（主要是喪偶或離婚），研究他們的生活滿意度變化。主要的研究結果為，男性比女性更受益於婚姻，因此若婚姻狀態沒有改變，女性的生活滿意度會下降，而男性維持不變。喪偶對於兩性都有很大的負面影響，但在男性身上較為明顯。若是一對伴侶結為夫妻，男性的滿意度會上升，而女性則維持不變。這些滿意度的變化受到許多因素影響，像是夫妻依賴對方支持的程度等。Gurung、Taylor 和 Seeman（2003）的研究則發現，年老的丈夫比較依賴妻子的情緒支持，而妻子則是比較依賴朋友及較親近的家人。當老朋友過世或家人搬離至遠方，很容易看見女性因此失去許多支持的來源。De Jong Gierveld 等人（2009）的研究發現，大約有 20% 的年老夫妻，其中一人會感到顯著的孤獨。第二段婚姻中的女性有較強烈的情感性孤獨，而妻子失能的丈夫則是相對更容易有社會性的孤獨。或許不令人意外，當交友圈較小、婚姻溝通不良且／或較多衝突時，也會使孤獨感增加。

　　de Jong Gierveld 等人的研究指出，婚姻中的變化很可能是因為環境的改變或是配偶的特質所造成。其他學者也有類似的研究結果，舉例來說，Hoppmann、Gerstorf 和 Hibbert（2011）發現夫妻，其中一方的功能衰退，可對應至另一方較高的憂鬱指數。也有其他學者發現夫妻之間的相似關聯，只是有時候關係更為複雜，例如，Strawbridge、Wallhagen 和 Shema（2011）執行了一個 5 年的縱貫性研究，他們發現丈夫在研究初始的認知功能與妻子的後續認知功能有關，但是前提是這些夫妻曾描述他們有婚姻問題；不過妻子在研究初始的認知功能卻對於丈夫後續的認知功能沒有影響，這似乎說明了妻子受到另一半影響的程度高於丈夫。但是，Strawbridge 等人關注的只是心理功能的一部分。Walker、Luszcz、

Gerstorf 和 Hoppmann（2011）探討主觀幸福感，且發現相反結果。妻子的主觀幸福感可以預測丈夫後續的主觀幸福感[17]，但是反之卻非如此。因此，夫妻其中一人的狀態變化確實會影響另一人的狀態，只是通常其中變化較為複雜。

目前為止的討論都著重在已婚夫妻身上。考慮到目前的社會習俗，我們或許也會傾向假設這些研究結果能適用在未婚同居的伴侶。針對老年未婚同居者的研究目前還在發展初期（見 Brown and Kawamura, 2010）。有些學者認為已婚夫妻和未婚同居伴侶之間差異不大（如：Brown and Kawamura, 2010）。不過，也有其他學者認為婚姻通常有更多優點。舉例來說，Brown、Roebuck Bulanda 和 Lee（2005）的研究發現未婚同居伴侶中的男方比已婚男性有顯著更高程度的憂鬱，即使已經控制了社經因素、健康和社會支持也是如此[18]。而在同性婚姻的情況中，能夠有機會成為已婚伴侶是比較新鮮的經驗，Lannutti（2011）針對年長的同性伴侶（56-73 歲）進行訪談，發現婚姻讓他們感覺更安全、更「被肯認」——但同時他們對於同性婚姻還是會感到憂慮。然而，在此書寫的當下同性婚姻還在發展初期，未來可能態度也可能會有所改變。

○ 性生活與老化[19]

經常可見媒體將性與年輕或身材姣好做連結，帶有老年歧視意味的幽默總將渴望性生活的老年人視為「骯髒的老傢伙」或者醜陋又不堪（見

---

17 妻子的主觀幸福感程度愈高，丈夫的幸福感下降幅度就愈小。

18 對比加拿大已婚者與單身者，研究發現已婚男性比未婚男性更不容易憂鬱，然而，女性的憂鬱比率在已婚者和未婚者之間則是相似的（St John and Montgomery, 2009）。

19 這個段落主要討論的是老化而非中年，但是更年期的相關議題還是很重要（見 Dennerstein, Alexander and Kotz, 2003; Palacios, Tobar and Menendez, 2002）。受限於篇幅，這些也都僅是針對多數異性戀的實踐。有關同志行為與老化的傑出研究，見 Heaphy、Yip 和 Thompson（2004）。

Nay, McAuliffe and Bauer, 2007; Scherrer, 2009; Walz, 2002）。即使是那些被媒體標記爲「性感」的老年人，通常也是因爲他們「看起來不像他們的年紀」（見 Walz, 2002）。由此可見，年長者很少從日常生活中感受到支持，使他們能把在遲暮之年有性需求當作是正常且健康的。因此不難發現在年過 50 之後，人們較少表達自己對於性的興趣（Arias-Castillo et al., 2009; Segraves and Segraves, 1995；亦可參見 Bauer, McAuliffe and Nay, 2007），這有部分是負面社會觀感之故（雖然疾病與藥物也會影響性慾）。而性別也會有所差異，Waite 等人（2009）針對年紀介於 57 歲至 85 歲的老年人研究，結果發現，男性無論在幾歲時候都比女性更可能有伴侶（有此結果並不意外，因爲女性的預期壽命比男性來得長，見第 1 章所述），且性行爲比率較高，對性的觀念也比較開放。這之中可能存在世代效應，因爲這裡調查的族群，本就是較少談論性話題的女性之中最極端的一群。

　　然而，性行爲與慾望同步減少對於老年人來說反而不完全是壞事。因喪偶或因身體殘疾而失去部分的性生活，在晚年幾乎是不可避免。抱有此種刻板的想法，使老年人明白晚年性生活減少（或沒有）是種常態，因此可能令他們比較安慰。研究顯示，如老年人面臨自己與／或伴侶的性功能降低時，將此認爲這是老化的正常過程，會幫助降低或消除這件事的負面影響（Gott and Hinchliff, 2003）。然這並不代表應該阻止老年人擁有滿意的性生活（完全不是），而是希望大聲提醒當我們強調擁有性生活才是正常時，那些沒有機會（或因生理原因無法）從事性行爲的人便可能誤以爲自己是「失敗的」。

　　研究老年人的性議題時會有各式各樣的問題出現。首先，大多數人對於談論性生活是較爲含蓄的。Castelo-Branco 等人（2010）的研究發現，45 歲至 64 歲的女性相對於接受訪談，她們在匿名的問卷上對於自己的性

生活顯得更為坦然[20]。舉例來說，「問卷組」大概有兩倍機率更能夠承認自己有研究者所稱的「偶爾出現的或非傳統的伴侶」，而這種沉默，可能因為世代效應而更進一步放大——老年人生長於較不開放的年代，較不習慣（或可能缺乏描述的詞彙）談論關於性的議題。回顧關於高齡者性相關的文獻，Gibson（1992）發現，越近年的研究，老年人越會坦然承認擁有性關係。因此高齡者較少談論，並非因為他們的性生活較不頻繁，而是因為不願談。

另一個研究中常見的問題是如何去界定「性（sex）」。比起更廣義的定義，若有插入行為才能被界定為性行為，那麼調查所得的老年人性行為下降情形會更明顯。然在許多文化中，老年人可能投入其他形式的性行為，如：愛撫、親吻、擁抱等，在實質上「重新界定」對他們而言什麼是「性」[21]。然並非所有文化中都是如此，如華人文化中，高齡者可能非常嚴格地將性定義為「異性間有插入的性交動作」（Yan et al., 2011）。無論如何值得一提的是，性生活較活躍的老年人，通常不論沉浸於何種活動都有比較高的滿意度（Gott, 2004; Matthias et al., 1997; Skoog, 1996）。

老年人更進一步面臨的問題是性行為發生的機會。因女性的平均壽命比男性長，使得高齡的女性遠多於男性。年長女性與異性來往的機會因此減少、性生活也中止，這不代表她們沒有性能力或者慾望，而是因為她們缺乏適合的對象。想要尋求性接觸的老年人可能會透過高危險性的方式（如：嫖妓）而增加被傳染性病的風險，包含愛滋病（後天免疫缺乏症候群，AIDS）（Gott, 2004）。舉例來說，針對約 800 名年過 45 歲的瑞士人之研究顯示，他們比年輕人更容易出現提高 AIDS 感染風險的行為（Abel and Werner, 2003）。Kott（2011）更近期的研究發現，較年長

---

20 即使是匿名問卷也容易導致印象管理的回應——見本章前段談論態度測量的段落。

21 對於何謂「性」有類似的重新界定也發生在癌症患者的關係中（見Gilbert, Ussher and Prez, 2010）

的（年齡超過 50 歲者）人類免疫不全病毒陽性反應者（HIV+），有百分之 34 最近曾不安全性行為。此現象和藥物使用與孤獨的狀況息息相關，且也與「戰後嬰兒潮世代（baby boomers generation）」有關。這一代人被認為是首度從較宏觀尺度看待藥物濫用的世代，相較於過去不同世代的物質濫用者，他們在年老之後對於戒除的抗拒也比較少（Topolski et al., 2002）。長期以注射方式使用毒品當然會增加感染愛滋病毒的風險，但除此之外此風險也與高風險的性行為有關，如 Kott（2011）的研究所述。自尊的高低是另一個關鍵的因素——自尊越低，則有更高的可能採取（或被引誘、脅迫進行）危險性行為，如：未採取防護措施的性行為（Jacobs and Kane, 2011）。高齡者與其他年齡層的人都有同樣的風險感染愛滋，證據是美國約有百分之 15 的愛滋病患者年過 50 歲（Emlet, 2004）。而在英國，死於愛滋的男性中，年過 65 歲者占百分之 14（Office for National Statistics, 2011）。

　　最後要提到的是，健康專業人員介入不足的問題。他們可能低估或忽視老年人的性慾（見 Elias and Ryan, 2011; Gussaroff, 1998; Mayers and McBride, 1998），也可能未能正視愛滋病在此年齡層感染的可能（Emlet, 2004）；一般來說，很高比率老年人的性功能障礙並未受到治療（見 Godschalk, Sison and Mulligan, 1997）。在許多情況下，健康照護專業人員更熟知有關於晚年的性與性行為議題是必要且迫切的（見 Sharpe, 2004）。

　　一般來說，除了生理方面的限制之外，性生活的程度與成年早期的活動程度息息相關（如：Martin, 1981）。這也再次說明了個人晚年的狀況是與其早期行為相關的。然而，需要謹記在心的是，性的趨慾是相當因人而異的（如：Masters and Johnson, 1966）。影響老年性生活關鍵的因子在於個人對於性生活重視的程度（DeLamater and Sill, 2005），即使這某種程度上可能是一個循環論證（例如：如一個人無法進行性行為，則可以想見這件事會變得不那麼重要，尤其在刻板印象認為性欲的減低本就是老

年生活「正常」的現象），但也不全然是循環論證。簡單來說，不應去假定老年性生活如何才是「正確的」，也不應認定性生活在成功老化進程中都是必須的。

⭕ 撤退與活動理論

　　許多研究文獻都默認老化某部分是在爲死亡做準備。關於這點沒有什麼比 Cumming 與 Henry（1961）根據對堪薩斯城居民做的大型研究，所發表之撤退理論（**Disengagement theory**）闡述得更明確。該理論認爲當人年紀越大，與世界的連結將越少。在社交層面上，失去配偶與朋友，還有其他社交上的疏離（如：退休），會使老年人與他人脫離連結。Cumming 與 Henry 視此狀態爲一個很正常的進程，起始於老年人本身，並受到社會環境的推波助瀾，就像是老年人藉由減少與這個物質世界的連結來爲死亡做準備[22]。這理論會被批評（事實上已受到批評）爲將被動等待死神到來的行爲描繪成一種老年人的良好榜樣。然這樣的批評對於 Cumming 與 Henry 來說顯得有些苛刻，因他們所說的是相對，而非完全與社會脫離連結。此外，如 Coleman 與 O'Hanlon（2004）研究發現，社會的主流態度（至少在美國）認爲，老年人理想上「應該」表現如中年人一般—因此老年被視爲是種偏離常態的不健康退化[23]。Cumming 與 Henry 並非詆毀老年，而是提出一個有力的立場讚揚晚年的不同認同，從而爲年老退化的人們賦能，使他們能將老化視爲自然歷程，而非異常的經驗。

　　無論如何，近期研究指出，與人疏離的現象主要侷限於那些始終深居簡出的人（如：Maddox, 1970b）或有時也見於那些被環境所迫而需要獨

---

[22] Ekerdt等人（2004）研究過晚年搬進較小的房子以及處理掉較大的財產這樣物理上「精簡化」的過程。

[23] 這呼應了對於當前「成功老化」理論模式的批評（見第7章）。

自生活的人，即使年輕人也會因為感覺健康衰退而現縮對未來活動的期待（見 Kooij and Van De Voorde, 2011）。另一情況則和經濟困難有關，例如：Magai 等（2001）發現經濟越困難，則會與社會越疏離，而此狀況發生的機率則與種族因素有關（非裔美國人比歐裔美國人更加窮困，也更與社會疏離）。也有主張指出，那些與社會疏離的老人，其實在他們人生中大多數的時光都是如此度過的──換言之，此狀態並非單純是對老化的反應（Maddox, 1970a）。Barnes 等人（2004）的縱貫性研究支持此主張，他們發現參與者在進入老年之前，便已經出現與社會疏離的行為。Stalker（2011）也發現，與人疏離的程度不只受到年齡的影響，還有許多因素，如種族、社經地位。文化也可能有很大的影響力：與人疏離在許多發展中國家是個很少見的現象，這些國家中的老年人大多仍在社群中扮演著活躍的角色（如：Merriman, 1984）。換言之，此現象可能是一種特定人格類型的「自然」延伸，和／或普遍狀況與特定事件共同形成的結果。這不是一個普遍的特徵，甚至也不是老化過程的產物。

　　研究者與評論者針對 Cumming 與 Henry 所提出的觀點回應到，對老年人最好的方式是讓他們儘可能的保持活動力。他們的論點簡述如下：老年人通常會想保持活動力，並能發現積極參與的老年人，生活滿意度會較好（可見本章前文，亦可參見 Nimrod, 2007）。此外，更多的社會參與（或有更多的社會支持網絡）能減少負向社會交換的影響（Rook, 2003），且也會使認知衰退的情形減少（Holtzman et al., 2004），而此論點也與 Hao（2008）與 Wahrendorf 和 Siegrist（2010）分別針對美國與歐洲老年人參與社區志願工作的縱貫性研究結果相呼應，這兩個研究有相似的發現（雖然 Hao 的研究中，從事志願工作的老年人本身心理健康分數在參與研究之初就較高）。需要強調的是，這裡所指的「活動（activity）」並不一定要是造成肢體較大負擔的，而可以泛指具有社交成分的行為。因此，在美國的支援性居處（assisted living facilities）裡，單純只是在用餐時間與他人聚在一起，並與機構人員或其他居民享受良好的互動，即被視

爲一種「活動」，能增進幸福感（Park, 2009）。實際上，有研究者指出，活動本身並不具有很大的效果——是伴隨著活動而來的社會互動才是真正有意義的。舉例來說，Litwin 與 Shiovitz-Ezra（2006）的研究指出，考量活動中的社會互動品質之後，活動時間長短便不再對幸福感有顯著影響。

　　因此，好的社會參與是能帶來好處的，無怪乎有一理論觀點指出應鼓勵老年人投入積極的社會發展。然當**活動理論（activity theory）**走到極端形式時，也會像他們所想取代的論點一樣毫無吸引力。一群社工以「爲他們好」爲由，迫使老年人與他人一起玩牌或者進行其他活動，這不是個讓人樂見的景象，且也不必然有幫助。社交活動通常會與健康狀況有關（也就是說，老年人必須相對健康才可能參加社交活動，因此研究發現參與社交活動的年長者通常也最健康，這結果並不使人意外）。Lennartsson 與 Silverstein（2001）研究發現，若將健康這個變項透過統計予以控制，對老年人平均餘命最有益的會是單獨活動。

　　目前一致的結論是，撤退理論與活動理論都描述了對部分的老人而言的理想策略，但都不適用於所有的長者，應多考量更多的因素，例如：經濟情況（如：是否負擔得起活躍的生活方式？）；健康狀態（如：有足夠的體力去從事感興趣的活動嗎？）與人格特質（如：內向者可能討厭社交上較爲活躍的生活方式）。在某種程度上，老年的活動程度可由早年的行爲推測，例如，在 Holahan 與 Chapman（2002）長期研究中發現，40 歲時展現出的目的性可預估 80 歲時長輩期望從活動中主動追求的目標。此外，值得一提的是，許多研究發現，社會參與度的增加對於幸福感的明顯促進僅出現在較低收入的族群（如：Caspi and Elder, 1986; Larson, 1978）。然而也需注意，疏離也可能代表生病且與死亡率有關（如：Bennett, 2002）。因此，雖然需要注意避免對特定行爲貼上負面標籤，但在某些情況裡，退縮行爲可能是嚴重健康問題的早期警訊。

◉ 家庭扮演的角色

　　在西方的社會中，多數的老年人如果可有選擇，會傾向自己生活，但與家人們住在附近。傳統上，百分之 80 的年老父母，會住在與至少一名子女距離 30 分鐘路程內的環境中（Bengston 與 Treas，1980）[24]。家庭有某些獨特的優勢，例如：遭遇的困難可因家人的支持而被抵銷（如：Ferraro and Su, 1999; Zhang et al., 1997）。但家人之間在物理空間上真的有需要如此靠近嗎？在過去，家人之間住得近是因為子女需要提供高齡的父母經濟或者實質上的協助。然而現今社會中，有更好的通訊與交通方式，住得靠近也就沒那麼必要了。經濟上的協助可電子化提供、支付清潔的費用等都能在遠距離狀況下完成。舉例來說，泰國許多居住在農村的老年人，眼睜睜看著他們部分或全部的子女離家，去都市賺更多的錢。傳統上，老年人會需要仰賴年輕的家庭成員照顧，然現在，他們的子女可以輕易從都市提供經濟協助，即使他們並不在身邊，最少也能提供經濟上的照顧。Abas 等人（2009）研究發現，孩子遷居至城市表面上並不會與老年父母的憂鬱狀況有關。將其他混淆變項控制後，子女外移的老年人憂鬱狀況甚至少於其他鄉村老年人。

　　在解讀家庭對於老年人的影響時，有時風險在於某些讀者已經帶著既有假設。這可能是源自於**黃金年代迷思（golden age myth）**──過去許多家庭都是多代同堂的大家庭，在貧困的環境中仍快樂地生活著，關係比狄更斯描寫的更黏膩、更情感豐沛。然現實中，許多窮苦到無法照顧自己的老人仰賴的是濟貧院的幫助，那些多代同堂的大家庭（同一屋簷下有 3 個世代）在 20 世紀早期社會是例外狀況（如：Laslett, 1976）。也就是說，根本沒有所謂的黃金年代（見 Thane, 2000）。然而，許多非專業人員會認為，為高齡父母提供住所是傳統上應盡的責任，如沒有做到，則會

---

[24] 跨文化的居住型態概述，見 Bongaarts 和 Zimmer（2002）。

被視為一種「失敗」。其他常見的假設還有，認為某些文化對老人的照顧
比其他文化多，而從之前談到文化差異的段落中我們已經知道，這並非完
全正確。Willis（2008）發現，除了加勒比海的黑人家庭之外（他們提供
較少），所有在英國的少數文化或種族族群，與英國白人一樣會支持家庭
內的高齡成員。儘管大眾媒體或小說相當熱衷於描寫祖父母寵溺家人的甜
蜜形象，也不應假設老年人就是為了其他家人而活。舉例來說，Sener 等
（2008）指出，對於高齡的女性來說，健康與教育是對生活滿意度最有
影響力的因素，對高齡男性來說只有健康。對兩性來說，家庭關係對於生
活滿意度的影響則是較小的。同樣地，高齡者對於其成年子女是否有能力
奉養自己抱持矛盾的觀點（Radermacher et al., 2010）。因此或許也不意
外，有些研究者認為我們應將家庭視為社會單位的不同層次，而不再將其
看作血緣與養育關係的連結（見 Pinazo-Hernandis, 2010）。

　　這些提醒告訴我們家庭在老年人生活中的角色並不像原先假設的那般
必然，但這也不代表它不重要。家庭成員認同和諧的重要性，回顧相關文
獻，Bengston 與 Treas（1980）發現，雖然家人是危機時最普遍的安慰與
幫助的來源，但老年人對於家人幫助的期待越大，就會越沮喪。換言之，
期待越高，失望也就不可避免，代表人們往往會期待家人之間「應該」要
提供幫助。Bengston 與 Kuypers（1986）研究發現，當危機發生需要幫忙
時，可能因為家庭成員未能適當處理而傷害家庭關係。而日本一份研究也
能支持此論述，研究指出家庭關係較差的老年人，有百分之 31 的可能性
被家人送至安養院，而與家庭關係較佳的老年人，則有百分之 12 的機率
被送至安養院（Kodama et al., 2009）。也就是說，家庭關係並非盲目依
循著一定的規則（例如，若高齡的父母生病，就必定要將他們接回家中照
顧）──這之間是動態的關係。然而，將父母帶回家中照顧，並不一定會
改變關係的本質──一般來說，在此事件發生之前與之後，兩者之間有顯
著的關聯性。

　　針對當老年人遭遇危機事件（如：改變住所）時家人的介入行為，有

多個模式被提出，其中一個詳盡的分析是 McCubbin 與 Patterson（1982）提出的雙 **ABC-X** 模式（**double ABCX model**）——A 表示危機事件，B 則代表家庭資源，C 指的是家人對於危機事件的看法，X 則代表覺知的壓力程度。A、B 及 C 的變動，會影響整個家庭以及老年人對於壓力的整體感受，Bailey 與 Letiecq（2009）使用此模式來描述祖父母撫養孫子女的因應策略（參見 Clark, 1999）。Gatz、Bengston 與 Blum（1990）提出一個相似的模式，包括事件—壓力源—評估—中介因子—結果的程序。「事件」代表的是危機事件，「壓力源」表示壓力帶來的有害影響，「評估」是照顧者用以判斷自己能否控制情況的歷程，「中介因子」指的是可獲得的幫助以及照護技巧，「結果」則指的是整個家庭在事件發生的過程中感受到的壓力程度，以及／或者對改變的適應程度。Di Rosa 等（2011）提出 7 種照護狀況，每一狀況都有其不同的關鍵指標。Davies 與 Nolan（2006）的質化研究描述了家中長輩居住在安養院的照顧者，如何看待自己在照顧上的角色。針對這些觀察，需注意照顧責任大多落在長者的配偶或者子女身上（Qureshi and Walker, 1989）——所以這些照顧者往往本身就是老年或者中年人。因此在照顧生病的家人的同時，照顧者也可能遭遇到自身的生理問題，而提高生病或意外發生的機率（見 Ekwall, Sivberg and Hallberg, 2007; Gatz et al., 1990; Hartke et al.,2006）。

此外，家庭成員越少者，家庭和諧感越高—Fingerman 與 Birditt（2003）的研究指出，家庭成員越少的人們較傾向認為家人之間的關係更加「親近」，且關係之間發生問題的機率較低。有趣的是，家庭中的年長者報告家庭有關係問題的比率比起較年輕者來的低。此現象可能有一個比較苛刻的解釋——當家庭規模越小，家庭成員感覺共同生活所擔負的責任越重；同時隨著年紀增長，人對於家庭內的問題也變得更加不以為意。然這觀點可能太過悲觀，要注意的是，那些沒有子女可與之互動的長者們，心理壓力也許不一定比較大，還受到其他情境因素影響，例如：獨居的長者比起沒有獨居者有更高的孤獨感，且較容易憂鬱（見 Zhang and

Hayward, 2001）。

○ 宗教信仰與老化

　　宗教信仰在危機時刻扮演的角色衆人皆知，其益處也多有記載[25]。舉例來說，宗教信仰的力量與憂鬱症的狀況呈現負相關（見 Braam et al., 1997; Lee, 2007），而信仰也能降低照護年長生病的家人（如，失智症）所帶來的負向影響。同樣地，宗教參與程度也與焦慮狀況呈現負相關（Ellison, Burdette and Hill, 2009）。總體上來說，即便控制了性別、出生世代以及所屬社經團體等因素的影響，虔誠的信仰與幸福感之間仍有強烈的關聯性（Wink and Dillon, 2003）。而宗教活動對於男性在心理健康的幫助比起女性來的大（McFarland, 2010）。虔誠的宗教信仰也與較好的身體健康有關，可能透過使人樂觀進而減少壓力（Krause, 2002）。

　　無論是研究者或非研究者通常會區分宗教（religion）與靈性（spirituality）二詞。一般來說，「宗教」通常意指透過定期的宗教活動（例如：到一個地方做禮拜）來表達宗教信仰。「靈性」則是一個較爲模糊的概念，可指對於靈性或宗教議題的感受程度，也可表示對於各種宗教活動背後之神性的感知。然而，靈性一詞也可用來描述任何模糊的宗教或神秘感受，而不涉及對任何既有之宗教行爲的遵從。許多年長者將「宗教」認爲是一正式的行爲，而「靈性」則是一個較爲廣泛的概念（Schlehofer, Omoto and Adelman, 2008）。爲使「宗教」從世俗的角度也能發揮助益，固定而正式的宗教行爲與儀式是必要的。Sullivan（2010）發現，美國定期上教堂禮拜的基督徒的死亡率較低，即使排除了混淆因子

---

[25] 就作者所知，大多數針對宗教與老化的研究都是以探討工業化國家中的基督教信仰爲主，在美國尤其如此。因此接下來的段落集中討論基督教，並非有意冒犯其他信仰系統。

的解釋力仍舊如此。有強烈宗教信仰者可能認為這證明了信仰的力量。然而，很可能是那些會讓人對於宗教行為特別熱忱的心理歷程，也具有讓人延年益壽的特性[26]。目前這個問題尚無法解答，但也不能假設靈性（與宗教相比）對於心理健康與幸福感沒有價值。舉例來說，Kirby、Coleman和Daley（2004）發現一定程度的靈性，會對降低疾病與身體衰弱對超高齡長者幸福感的影響。

　　將宗教信仰與認知行為治療融合，對於老年病人的憂鬱與焦慮症狀有顯著的幫助（Paukert et al., 2009; Malty et al., 2010）。在生命末期，宗教通常能帶來慰藉，但較少相關的實徵研究（因考量倫理的緣故）。其中一篇探討此議題的研究發現能使瀕死的人獲得慰藉的，主要包括許諾來世的存在，以及視死亡為更廣大宇宙秩序之一部分的觀點（見 Pevey, Jones and Yaber, 2009）[27]。Idler、Kasl 和 Hays（2001）的縱貫性研究發現，在生命的最後一年人對自身宗教信仰的感受程度會保持穩定或甚至有所增長，即便對信仰活動的參與度減低（可能因為生理上的限制）。宗教對哀慟者來說也提供了慰藉（Chapple, Swift and Ziebland, 2011）。總結來說，重要的是無論是將宗教信仰應用在每一天，抑或（更可能）從事相關的活動，都能帶給某些人更好的生活滿意度。

◉ 結語

　　關於人格與生活型態的研究結果相當多元。沒有哪一個人格類型是專屬於老年人，人格特質也不必然依循著可預測的模式。另一方面，某些人格類型能讓人更能因應老年生活。然而看待這些論點時，也需要同時權衡

---

26 雖然奇怪的是，「宗教信仰較虔誠的女性和參與較多宗教活動的男性有較高的機率低估他們的體重」（Kim, 2007, p.121）。
27 對於死亡歷程的進一步討論，請詳見第8章。

既有對人格測驗與研究方法的大量批評。要注意的是，許多人格的分類是涉及價值判斷的，例如，認為成功老化的人必然保有平靜與恬淡的人生態度。然而，這其實無異於對老年人的刻板印象，認為他們該是靜靜散發智慧的祖父母原型形象，或者換個說法，老年人應避免小題大作，且應該要是對人有所助益的。然而，生活型態與幸福感之間的關係也比一開始所看到的更加複雜。社經地位、種族、喪偶、家庭關係、經濟狀況等其他因子之間互相影響，事件與壓力之間構成一張複雜的網，而我們對其影響的了解還遠遠不足。

然而，在本章最後要提出的是另一個對於現實的反思。大多數在本章中討論的是**相對**的狀況。如果設定夠高的標準，任何人的人生都可能看起來很悲慘。如果與那些刻板印象中的富有銀行家或對沖基金經理人相比，某些讀者可能會認為自己過得很貧困或有一段無趣的人生。但同樣的，住在位於現代典型住宅區的典型 3 房屋舍中的一般讀者，他所享有的物質舒適度是世上大部分人口作夢都不敢想像的，也是他 19 世紀的祖先無法相信的。當然，物質財富遠勝一切，但如我們所見，大量的資料顯示，即便有著物質或情緒方面的問題，許多老年人還是有很強烈的幸福感——這有時被稱為**幸福感的悖論**（**paradox of well-being**）（Mroczek and Kolarz, 1998）。即使人們面對某些錢無法解決的議題（如許多關係與健康問題），這些議題也很少是遍布生活各處。晚年雖有這些問題，不代表他們會排擠一切，全然主宰生活。或者若一個人真的如此受到這些問題困擾，他勢必是非常神經質的，對於這樣的人，即使找到其中一個問題的解決方案，其他問題也會很快地發生（Hoyer and Roodin, 2003）。

◉ 延伸閱讀建議

Coleman 和 O'Hanlon（2004）為本章的許多議題提供許多很精采的概述，特別是有關精神分析的理論，有關人格研究的整體概述則是參

考 Caspi、Roberts 和 Shiner（2005）。關於老年人依賴性的程度更細節的討論則可在 Margaret Baltes 書中參見（Baltes, 1996）。Gibson（1992, 1997）則提供更詳盡關於性與情緒變化的資訊（也可參見 Schlesinger, 1996）。Krauss Whitbourne 與 Whitbourne（2011）有本章中的許多主題的相關調查，且此書也提供關於老年人、中年人相關的心理學資料。McDonald（2011）從較廣的學術觀點，針對退休議題提供出色的概覽。

第六章

晚年的心理健康

陳晉維譯

⭕ 概論

老年人比起其他年齡層人口較少受心理健康問題所苦（Smyer and Qualls, 1999）。除了認知功能的受損外，其他的心理健康問題都是較少發生的。當然，這並不表示老年人口的心理健康議題就應該被輕忽。心理健康問題在任何年齡層都是嚴重的問題，且在老年人口中，這個議題往往伴隨著較差的生理健康和較低的智力水準。一般人所承受的慢性疾病數量會隨著年歲增加，這樣的現象在低社經地位的群體中更常見（House et al., 1992）。進一步的問題，如雙重危機（詳見第 5 章）、智力和記憶的退化等被納入考慮時，老年人口所面臨的精神疾患問題就可能變得相當可觀。不令人意外地，有大批的文獻著墨於老年人口的心理健康（例如 Smyer and Qualls, 1999；更詳盡的討論請見 Woods, 1996 and 2011）在本章則會呈現一些關於心理疾患或障礙重要特徵的概觀。

⭕ 輕度認知障礙

輕度認知障礙（**mild cognitive impairment**）常被許多評論者形容為「灰色地帶」；它絕對存在，卻難以被精確地定義。在本書的第 2、3 章中，我們看到，老年人的認知或記憶水準常常比年輕的成人差上許多。對多數的老年人來說，這對生活的影響並不大，頂多就是學習使用新的行動電話或是要想起一個不常見的人的名字稍微慢了些。然而，這問題對

不少老年人來說仍嚴重得多，雖然沒有造成全然的障礙。這些人並沒有罹患失智症，但他們惡化的記憶和／或認知功能卻可能明顯到足以讓他們在日常生活中注意到這個退化。不過，退化並沒有嚴重到使正常功能停擺——沒有達到完全的記憶缺損，認知也只是變得較低效率、較慢，這樣的情況常被稱為**輕度認知障礙（mild cognitive impairment, MCI）**。輕度認知障礙並沒有明確的定義，更加混淆的是，許多相似的術語也被使用。Woods（2011, p.19）列舉了以下術語：老年性良性健忘（benign senescent forgetfulness, BSF）、輕度失智症（mild dementia）、極輕度認知功能下降、疑似失智症、有限的認知障礙、極輕微失智症（minimal dementia）、年齡相關的記憶損傷（age-associated memory impairment, AAMI）（Dawe, Procter and Philpot, 1992）、年齡相關的認知衰退（age-associated cognitive decline, AACD）（Cullum et al., 2000）。另一個常用的說法則是**非失智症認知障礙（cognitive impairment, not dementia; CIND）**。本書寫作的當下，有些學者將 MCI 和 CIND 區分開來，主張 CIND 是描述所有在實驗室測試中表現出認知功能缺損的個案，無論其是否有因此尋求醫療照顧。而 MCI 則被保留給那些可以被客觀測量出有認知功能缺損，且因此尋求醫療照顧者（詳見 Chertkow et al., 2009）。

　　不管精密的定義為何，臨床工作者都對輕度認知障與相關疾患有極大的興趣。雖然有時令人厭煩，但根據定義，輕度認知障礙並不會影響一個人的日常生活，而且幸運地，多數人情況並不會惡化。輕度認知障礙的老人們，會有些健忘、偶爾也會感到困惑，但他們的認知功能仍足夠完好讓他們能享受晚年。然而，有些人在出現輕度認知障礙的輕微症狀後卻一路惡化發展成為失智症（詳見 Chertkow et al., 2009）。從輕度認知障礙發展為失智症的可能性，因學者們常使用不同的測量方式使得數據仍不明確，但 Woods（2011）引述的轉換率介於 10 到 20% 之間。其他的學者則更加地悲觀。例如 Plassman 等人（2011）發現新的 CIND 個案數量遠遠

超過失智症，比例約為 2：1[1]。然而，在 Plassman 等人將近 6 年的縱貫研究中，約三分之二有 CIND 症狀的人後來出現失智症的症狀。

　　無論最後正確的數字為何，現有的證據顯示了輕度認知障礙和其他類似情況有兩種類型。第一種是輕度認知障礙其實是還在前驅期（**prodromal**，早期）的失智症。第二種則是輕度認知障礙是其他疾病或受傷導致的後果，而且不太可能進一步發展、惡化。有好幾種可能成因，例如在一個關於 CIND 成因的研究中，發現導致 CIND 的成因包括了髖部骨折和服用多種藥物（Monastero et al., 2007）。如果能找到關鍵症狀（**smoking gun symptom**[2]）的話，情況會更加明確。這種症狀能夠明確地指向一種疾病。在這個例子中，若能在有輕度認知障礙或非失智症認知障礙的人中，找到一個只會出現在那些隨後會發展為失智症的人身上的症狀，那麼該症狀就能完美地成為診斷失智症的工具。然而，截至目前為止，即使 Ritchie 和 Tuokko（2010）注意到，記憶提取的明顯退化是發展成失智症的一個良好（但非完美）的指標，但關鍵症狀仍然沒有被找到。

◎ 失智症

　　失智症（**dementia**）被定義為因中樞神經系統的萎縮導致心智功能全面性退化。多數專家主張心智功能的減損必須包含記憶水準與其他至少一種認知功能的退化（Woods, 2011）。為了分辨輕度認知障礙或其他相關疾患，心智功能的退化必須足以干擾日常生活。更進一步地說，為了區別失智症與其他能導致暫時性退化的情況，心智功能的退化必須發生在沒有中毒或其他可能導致暫時性混亂狀態的因素下。對失智症常見的誤解有三：

---

[1] GIND千分之60.4患者一年（**patient-year**）對比失智症的千分之33.3患者一年。患者一年的解釋請見名詞解釋。

[2] 譯注：smoking gun在英文中意指證據確鑿。

- 這是一個只有老人才會得到的疾病。

- 它會導致記憶缺損。

- 失智症與阿茲海默症（**Alzheimer's Disease, AD**）是相同的。

- 上述 3 個臆測都只有部分是正確的。第一，失智症並不完全是一個老年才會有的疾患。早發型失智症（**early-onset dementia；EOD**）──最初的症狀在 60 歲前出現的案例已在研究文獻中被證實（例，Garre-Olmo et al., 2010）。不過，在較年輕成人中的失智症案例是非常稀少的。例如，Garre-Olmo 等人（2010）發現在 30 到 49 歲的群體中，早發型失智症的發生率大約是每 10 萬人年[3]中有 5 案例。據估計，在英國所有的失智症案例中，早發型失智症只占 2%（Alzheimer's Society, 2007）。發展成失智症的機率會隨著年紀增長增加，擴張的速度大約是每 5 年會增加一倍的案例（Corrada et al., 2010; Hestad, Ellersten and Klove, 1998; White et al., 1986），而且全世界都是如此。（Ziegler-Graham et al., 2008）。因此，雖然失智症並不完全是一個老年才會發生的疾病，但人們幾乎在晚年時而非成年早期發展出失智症。第二，儘管失智症會導致記憶缺損，但它並不單單是記憶缺損而已。我們會在稍後證明這項事實。第三，失智症並不等於阿茲海默症。大多數的評論者主張阿茲海默症是失智症最常見但並不是唯一的類型。儘管大多類型的失智症是極端少見的，但至少有 50 種類型的失智症被確認過（Haase, 1977）。

失智症在健康與經濟上都是一個值得關注的問題。Dementia UK（Alzheimer's Society, 2007 一個由倫敦政經學院與一個名為 Alzheimer's Society 慈善精神疾病機構共同出版的報告）統計發現在該報告出版時，英國約有 68 萬人患有失智症[4]，占總人口的百分之 1.1。可想像地，這數

---

[3] 譯注：「人年」為疾病發生率所使用的單位，其計算方式為觀察人數乘以觀察年數之總和。

[4] Dementia UK估計約有三分之二的晚發型失智症患者居住在家，三分之一的患者則住在康復之家。居住在康復之家的比例會隨著患者的年齡和病症的嚴重程度提高。

字在 2051 年時可能膨脹到 173 萬 5,087 人。154% 的成長並不是因爲失智症的疫情爆發，僅是因爲更多人活到了老年階段。英國每年度單單花費在失智症患者需要的額外照護上就超過了 170 億英鎊，而這數字仍在攀升中（見 Alzheimer's Society, 2007）。然而，很重要的是要注意到，不是所有人的失智症都會一樣嚴重。約有一半的失智症案例處在早期或相對輕微的階段；三分之一爲中等嚴重程度，剩下的案例才是嚴重的失智症。值得注意的是，當較年長的病患被納入考慮時，嚴重程度的失智症會變得更爲常見，從 65 到 69 歲的人中約有 6% 上升到在 95 歲以上約有 23%（Alzheimer's Society, 2007）。從字裡行間，不難發現到一個於事無補的安慰，就是大多數的年長者在進入中度或重度的失智症之前就過世了。

ᕗ 功能損傷

診斷失智症的初期步驟是去檢測患者在第一次求助時的失能程度。如同先前所述，失智症的前兆常是相對輕微的認知功能改變，從不衝擊日常生活功能演變爲明顯的程度。因爲失智症常是逐漸發展的，所以患者第一次尋求醫療協助時疾病的嚴重程度常有很大的差異。不太令人驚訝地，因爲記憶缺損和其他心智功能退化的徵兆在較年輕的族群裡被認爲是異常的，所以年輕人可能會更快地去看醫生（McMurtray et al., 2006）。在老年人口中，症狀會發展到較爲明顯的階段，是因爲那些會被年輕人警覺對待的早期退化症狀，都被理所當然地當作是與老化有關的「典型」退化而被輕忽（請見 Roe et al., 2008）。

一旦病人的問題被注意到了，有數種測量心智功能的測驗能給予功能損傷程度粗略的指引。一個常用的英國版本測驗是**布雷斯氏失智量表（Blessed Dementia Scale, BDS**；Blessed, Tomlinson and Roth et al., 1968）。在美國則是**心智狀態問卷（Mental Status Questionnaire, MSQ**；Kahn et al., 1960）和**簡短智能測驗（Mini-Mental State**

Examination, MMSE）。這些測驗會詢問患者一些記憶問題，像是「誰是現在的總理／總統？」、「今天是星期幾？」和「你叫什麼名字？」。簡而言之，沒有受失智所苦的人是不會答錯這些問題的。當患者答錯了越多問題，就代表了功能受損的越嚴重，疾病也就越明確。此外，患者的照顧者可能會得到一份關於患者行為的問卷。透過詢問像是患者穿衣需要多少程度幫助的問題，來測定患者在功能上是否還能獨立。這樣的方式能夠一石二鳥，不只能進一步估算出患者功能受損程度，更能衡量出患者需要的護理程度。當疾病惡化時，像是布雷斯氏失智量表和心智狀態問卷這些測驗還能有效的檢測患者的整體情況和需要。

　　有一個更為細緻的方式可以描述出失智患者的功能程度，是由 Reisberg 等人（1989）所以提供的功能性評估分期（Functional Assessment Stages）或稱阿茲海默症功能性評估分期量表（**FAST**），這量表原先是被設計來描述阿茲海默症患者（見本章後續）的功能狀態。患者會被分類在 7 個分類其中之一，其中第六和第七階段又會被分成幾個次階段。第一階段描述的是一般功能。在第二階段會有主觀的智力喪失感，即使其他人並不覺得嚴重。第三階段時，在先前可順利執行的複雜任務中，心智受損（尤其記憶）的情形會開始變得明顯。在階段四時該問題拓展到相對複雜的日常任務（例如處理財務的能力）。階段五被定義成在選擇適當的衣服來穿著時表現不佳，而在階段六患者再也無法獨自穿衣或適當地維持個人衛生（該階段被分為 5 個次階層，從穿衣問題到大便失禁）。階段七則描述了運動與言語能力的喪失（有 6 小階段，從語言能力喪失開始到失去抬起頭的能力）。作者們也估計患者假如尚未逝世的話，在各特定階段可能的時間長度（階段三 7 年；階段四 2 年；階段五 18 個月；階段六 2 年 5 個月；階段七 6 年以上）。另一個稍微簡便的測驗是臨床失智評分量表（**Clinical Dementia Rating, CDR**），一個能夠檢測患者在不同任務上（例如記憶、定向感、在家的行為）功能程度的檢核清單。根據分數，患者會被評分為沒有失智症、疑似、輕微、中度或

重度失智症（Berg, 1988）美國精神醫學學會定期出版的心理疾患分類具有高度的影響力。最新版本的**精神疾病診斷與統計手冊**（**Diagnostic and Statistical Manual of Mental Disorders, DSM-IV**；American Psychiatric Association, 1994）[5] 指出，除了知覺的、智力的，和／或記憶受損至足以影響日常活動外，這些影響必須在病人完全清醒時展現，且沒有（酒精或藥物）中毒的跡象。該疾患依照其對功能的影響被分為：輕微（沒有照料必要）、中度（部分照料必要）或重度（持續照料需求）。

同時值得注意的是**躁動**（**agitation**）的發生率會在失智症患者身上增加（約 60% 的失智者患者會展現；Eisdorfer, Cohen and Paveza, 1992）。雖然有一受較多支持的定義（Bidewell and Chang, 2011），但通常這個詞語被用來稱一組描繪許多躁動行為的症狀，包括攻擊行為（肢體的和口語的）、不合作性、咆哮、亂抓、不安的行為等。認知損傷的程度是一個主要的預測因子（Vance et al., 2003）。Cohen-Mansfield（2007）發現到多數案例的躁動行為，會在清醒後開始增加到大約下午 4 點之後就會下降。然而，也有四分之一的案例是在較晚的時候出現躁動增加。目前已有數種用來降低躁動行為程度的方法，例如：

- 訓練照顧者用適當的方式回應（詳見 Roth et al., 2002），包括提供正向口語回應。
- 使住院的失智症患者參與室內園藝計畫（Lee and Kim, 2008）。
- 光照治療（Burns et al., 2009）。
- 指壓按摩與蒙特梭利活動 [6]（Montessori-based activities; Lin, Yang and Kao et al., 2009）。
- 增加身體活動（Scherder et al., 2010）。
- 聽喜愛的音樂與手部按摩（Hicks-Moore and Robinson, 2008）。

5　譯注：該版為原文作者寫作時之最新版。目前最新版本為DSM-V。
6　蒙特梭利是一個主張教師用最小的指導性／幫助讓學生去發現自己的教育研究家。

然而，沒有任何一種方式是完全有效的（詳見 Kong, Evans and Guevara, 2009），而且部分患者會對行為介入表現抗拒，使得藥物治療可能成為唯一貌似合理的解決辦法（Brown, 2010; Lee et al., 2007; Selzman et al., 2008）。

不同種類的的失智症（有時被稱不同病因的失智症，**aetiology** 或 **etiology**）都有早先被提到的共同特徵。不過在這共同的功能退化之中，每一種都還是有其獨特的失能模式，接下來就來看看這些疾病的主要形式。

∼ 阿茲海默症

該疾患在 1907 年第一次被 Alois Alzheimer 在一位 51 歲的女性個案身上診斷出。現今此疾患以不同的基本術語所為人知，包括**老年型阿茲海默型失智症（senile dementia of the Alzheimer type, SDAT）**、**原發退化失智症（primary degenerative dementia, PDD）**和**阿茲海默型失智症（dementia of the Alzheimer type, DAT）**。為了便利，在本書中主要使用阿茲海默症或 AD。

早期症狀包括了以下：

- 嚴重的記憶退化超過了日常經驗的程度。這可能包括了忘掉非常簡單的清單或指令，或在熟悉的生活環境迷路，例如一間當地的購物中心或患者家附近的街道。標準化的記憶測驗通常會顯示出將新訊息記住幾分鐘或甚至幾秒鐘有嚴重的困難，而數字廣度的短期記憶（short-term memory, STM）或其他相似測驗可能也顯示出退化跡象（見 Terry et al., 2011）。
- 失用症（**apraxia**），無法做出技巧性的動作（見 Capone et al., 2003）。
- 視覺失認症（**visual agnosia**），無法藉由視覺辨認物體（見

Giannakopoulos et al., 1999）。

- 語文技巧貧乏：患者可能在產生適當字彙時遭遇困難（見 Clark et al., 2009），而且可能無法理解抽象措辭，如諺語（見 Chapman et al., 1997; Rapp and Wild, 2011）。

- 患者對他們的症狀反應不一。有些會感到憂鬱，有些則顯得麻木、漠不關心，另一些則會覺察到該問題，但懷疑地看待或低估其嚴重性。有些人會偏執地認為其他人故意把東西從他們身上藏起來或偷走（見 Burns, 1995; Murayama et al., 2009）。

儘管這些在症狀出現的機率或狀況有著可觀的變異性，但隨著該疾患發展，這些症狀的嚴重性會增加（見 Stopford et al., 2008; Wilson et al., 2000）：

- 在記憶新事物上嚴重受限，甚至常包括短期記憶裡的事物。

- 久遠事件的記憶（在發病前學習到的）也會惡化。

- 再認能力退化，甚至到了無法辨認出朋友或家人的程度（明顯地導致嚴重的困擾）。

- 語言能力大量的惡化，失語症（**aphasia**）是 AD 後期的關鍵特徵。患者可能無法言語（布洛卡氏失語症，**Broca's aphasia**）、無法理解對話（威尼克氏失語症，**Wernicke's aphasia**）或兩者兼具。說話能力可能減少到只能說出幾個字和幾個像說話但錯亂的音，或說出幾個可以辨認但不按有意義順序排列的字（見 Whitworth and Larson, 1988）。

- 有時候仍能朗讀、適當地留意出標點符號與腔調（見 Raymer and Berndt, 1996）。然而，患者通常很難回憶起他們剛剛唸了什麼（失智型閱讀困難，**demented dyslexia**）。

- 患者的外觀也反映了他們內在的退化。若沒有專門照顧者的幫忙，患者的打扮與多數舉止必定惡化。

- 動作開始變得難以辨認和笨拙。小碎步的步伐（帕金森症候群

（**Parkinsonism**）的特徵，見名詞解釋）變得常見。

在失智症的最後階段：

- 患者陷入完全無法溝通的狀態。

- 慣性失禁。

- 患者常會表現出克魯爾－布西症候群（**K l u v e r - B u c y Syndrome**）。這是一組行為，包括了多食（**hyperorality**，把所有看見的東西都放進嘴裡的衝動）和暴食（**bulimia**，大量進食的衝動）相關問題。其他克魯爾－布西症候群症狀有視覺失認症、過度回應（**hypermetamorphosis**，觸碰所有東西的強迫性衝動）和失去情感（**affect**，情緒）。

更進一步關於失智症中期和後期的討論請見 Burns（2006）。

死亡通常發生在「主要」症狀出現後的 5 年或以後（雖然不同研究存在著很大的差異，取決於什麼可以算是「主要症狀」等）。當然，住院照料後的存活時間在 1960 年代之後增長了許多（Wood, Whitfield and Christie et al., 1995），可能也反映了一般醫學照護的進步。死亡通常歸咎於呼吸衰竭，可能是患者在失智症後期無法移動的情形更為嚴重所致（見 Burns, 1995）。

如之前所提到的，患者在症狀的嚴重程度、相對被保留下的個人功能和患者在各階段停留的時間都存在著極大的差異性。然而，一個末期的 AD 患者會在某個時候同時承受上述所有列出階段的症狀。**NINCDS-ADRDA** 診斷準則是一個專為 AD 所設計出的診斷標準，是美國國家神經疾病與腦中風研究所（National Institute of Neurological and Communicative Disorders and Stroke）和阿茲海默症暨相關疾病協會（Alzheimer's Disease and Related Disorders Association of America）原文名稱的縮寫，兩機構共同發明了該體系。它將診斷分為三等級：極可能（probable）、可能的（possible）或確診（definite），最後層級的判定只能由活體切片檢查或屍檢的生理證據提供，所以多數的學者遂使用「極

可能」為診斷標準。此診斷需包括其他條件：功能障礙的證據（透過布雷斯氏失智量表或其他類似測驗來測量）、記憶缺損、至少兩個或更多認知功能的缺乏、無其他可能成因的指標（例如腫瘤、譫妄（見 279 頁）等等），換句話說，從這個診斷標準看出一個共識（見 McKhann et al., 2011）：這些衡鑑並不直接用於診斷出 AD，而是排除了其他可能性，使得沒有其他病症可以更符合這些症狀。這可能導致一些問題，會於稍後討論。

有些比較古老的教科書會限縮「阿茲海默症」只能使用在未滿 60 歲的案例中，而在 60 歲以後的案例則使用老人失智症（**senile dementia**）。然而，這樣的用法在近年來已經過時（見 Lezak, 1995; Sulkava, 1982; Sulkava and Amberia, 1982）。這並不表示早發（60 歲以前）或晚發（60 歲以後）AD 之間沒有分別。例如，早發的患者通常有更高的死亡風險（Koedam et al., 2008）而且很有可能有親屬關係相近的家庭成員有同樣的疾病（McMurtray et al., 2006）。一般來說，在早發 AD 的案例，症狀更明顯（尤其在語言功能的缺失；Seltzer and Sherwin, 1983）而且病程發展得更快（Reisberg et al., 1989）。然而，早發或晚發的 AD 基本上仍然被認為是同一疾病（見 Miyoshi, 2009 的概述）。

建議不熟悉神經心理學者在繼續閱讀前先查閱附錄 1。

從細胞的層次來看，AD 患者通常有兩個關鍵的特徵。第一個特徵是大量的**老化斑塊**（**senile plaques**）。斑塊是一小團塊的 β 類澱粉樣蛋白，位在神經元之間。幾乎所有的老人都有一些老化斑塊，但在 AD 患者身上的數量卻大得多。第二個特徵是**神經纖維糾結**（**neurofibrillary tangles**）。部分的軸突之所以能維持他們的結構，要感謝被稱為 tau 的蛋白。在 AD 的情況中，tau 蛋白變得扭曲，導致軸突也扭曲形成神經纖維糾結。這種糾結意味受影響者的神經元之間失去了聯繫（糾結與斑塊的優秀圖例請見 Hyman et al., 1993）。科學家們目前仍不清楚究竟這些神經

纖維糾結與斑塊是導致 AD 症狀的根本原因還是更深層機轉的副產品。不過目前已經知道這些斑塊與神經纖維糾結與部分心理症狀有關。例如，不論失智症狀有多嚴重，老化斑塊的數量與 AD 患者死前的憂鬱程度有顯著相關（Meynen et al., 2010）。而且，科學家們運用一種對斑塊與神經纖維糾結敏感的正子掃描示蹤劑（tracer）（[18F]FDDNP[7]）發現，這些示蹤劑（tracer）的活動與沒有失智症、輕度認知障礙或 AD 的老人的認知表現相關（Braskie et al., 2010）。

AD 的細胞喪失集中在腦部的特定區域：皮質（雖然枕葉區相對沒有受損）和部分皮質下區域，主要是杏仁核、海馬迴和腦幹（Moss and Albert, 1998; Braskie et al., 2010）。值得注意的是中樞神經系統有某些區域常倖免於受損，特別是基底神經節、小腦和脊隨（Petit, 1982）。神經細胞的死亡導致在膽鹼系統[8]的神經元喪失。過去研究就知道，膽鹼系統以外的神經傳導物質系統在 AD 中會嚴重地會減少（Rossor and Iversen, 1986），所以是什麼讓膽鹼系統特別值得注意呢？簡單的答案是蓄意抑制膽鹼激素的活動會損害記憶，所以**膽鹼假說（cholinergic hypothesis）**主張這類路徑的損傷，在AD中扮演了極為重要的的角色[9]。當然，有充足的證據指出 AD 的認知功能損害與膽鹼系統運作有關（例如 Bohnen et al., 2005）。Craig、Hong 和 MacDonald（2011）提出膽鹼系統透過幫助維持神經可塑性有效緩衝了大腦積累的傷害。假如膽鹼系統受損的話，認知功能也會出現嚴重的虧損。這導致了以下論點：如果神經損傷無法被修復，或許在藥理上，可以刺激剩下的膽鹼系統使其產生幫助。有些所謂的「抗失智藥物」以這種方式發揮作用，儘管它們不能治癒，甚至停止 AD 的病

7　全名：2-(1-{6-[(2- [F-18]fluoroethyl) (methyl) amino] -2-naphthyl}ethylidene) malononitrile。縮寫看起來還不錯，對吧？

8　換句話說，該系統使用神經傳導物質乙醯膽鹼。

9　雖然我們都知道另一個神經傳導物質一定也發揮了作用（見Gottfries, 1996; Moss and Albert, 1988），但該議題在這裡相對不重要。

程，但它們可以減少症狀和減緩該疾患的發展（Sabbagh and Cummings, 2011）。

因此，AD 患者隨著細胞死亡的數量增加，心智功能表現也會隨之下降。這是一個該領域先前的研究建立起的真理（例如 Tomlinson, Blessed and Roth, 1968）。然而，如同其他老化的研究者，我們必須提出一個值得注意的問題。雖然老化斑塊、神經纖維糾結和其他類似的指數與 AD 的心理症狀相關，斑塊等情況也可以在沒有失智症徵兆的老人身上被發現（Erten-Lyons et al., 2009; Katzman et al., 1988; Mahley and Huang, 2009; Roe, Xiong, Miller and Morris, 2007）。所以，細胞的異常與行為表現間的連結不能被當成一個簡單的「越多的細胞損傷＝越多的症狀」公式，否則更多人應該會得到這個疾病。

此外，其他因素也會擾亂這個疾病表現和發展的速度。例如，經常被引用的例子是教育的影響。教育程度愈高的老人比起教育程度較低的老人，更有可能在較早的年齡尋求醫療。再者，那些教育程度較低者第一次尋求醫療時有可能有更明顯的症狀（Roe et al., 2008）。關於這現象有直接了當的解釋，教育程度較高的人可能有更高的智力和參與更多的「智力」活動，因此，失智症的影響可能會更早地被辨識為異常[10]。教育程度較低的老人可能缺乏知識去區別正常老化和早期失智症，而對症狀漠不關心，直到症狀變得非常明顯。然而，比起上述，關於教育的好處有一個更強而有力的說法——有些過世後才發現有 AD 的神經表徵的老人，在他們一生當中卻都沒有出現認知缺陷（Roe, Xiong, Miller and Morris, 2007）。Roe 等人認為這是因為認知存量（cognitive reserve）所影響——換句話說，一個人有更高的教育程度，就有更多額外的認知處理能力。反過來意味著，必須要有更多的退化，這些額外儲存的認知能力才會被用

---

[10] 這也解釋了研究所發現的，在教育程度越高的人身上，對記憶力的主觀抱怨，顯著地更有可能是阿茲海默症的前兆。

光，症狀的心理影響才會變得明顯。這也有可能是因爲教育程度更高的個體能使用更多的經驗法則（heuristics）[11] 幫助他們去處理認知任務，所以減少了任務的難度而維持較長一段時間免於失智症的影響。換句話說，更高程度的教育可以讓一個人的問題不易被察覺（見 Gilleard, 1997）。

　　不論什麼原因，多數研究都發現教育程度對至少早期的 AD 是有利的（見 Bruandet et al., 2008; Perneczky et al., 2009; Sando et al., 2008a）。Wajman 和 Bertolucci（2010）發現，智力要求較高的工作會增加更多保護力。然而，也有一些研究並沒有找到任何教育的影響（例如 Lupton, Stahl, Archer et al., 2010）。在 Lupton 等人研究的例子中，也許可以歸因於樣本變異性的不足。[12] 而且，任何教育產生的有利影響在 AD 末期時就會消失（Koepsell et al., 2008）。Koepsell 等人認爲在 AD 早期較好的應試技巧或認知存量或許可以解釋前述的差異，但在該疾病的最後階段這些技巧早就退化殆盡。

　　除了細胞喪失的影響和教育的保護性效果外，AD 的病因也是個疑問。簡短來說，什麼是 AD 的主要成因？在媒體上，偶爾會提到「失智症基因」，但這可能是誤導。目前確切知道的是，擁有某些基因會顯著地增加發展出 AD 的風險。早期該領域的研究（例如 Schweber, 1989a; St George-Hyslop et al., 1987）在第 21 對染色體上發現到一個有缺陷的結構，該結構的位置與帶有第 21 對染色體三體變異（唐氏症最常見的病因）患者基因損傷的位置相當靠近。許多評論者注意到，唐氏症患者有極大的比例在中年時，會發展出類似 AD 的症狀，而且患者腦部的神經病理學也相當類似於 AD 患者（Schweber, 1989b）。最近更確認了幾個更準確的基因因素：例如，位在第 19 對染色體上的脂蛋白 E（**Apolipoprotein**

---

11 譯注：或可稱爲經驗法則、試探法、啓發。
12 這是一個相當複雜的統計學爭論，但基本上，如果參與者間分數差異沒有相當大，就很難找到很多差異。

E, ApoE）基因引起了相當的注意，更特別的是，一個被稱爲 ApoE e4[13]
的一個脂蛋白 E 變種會顯著提高發展出晚發型 AD 的風險，甚至在沒有
失智症的人身上也顯著地與晚年記憶力惡化有關（見 Hofer et al., 2002;
Sando et al., 2008b; Small et al., 2004; van der Vlies et al., 2007）。然而，
需注意脂蛋白 E 並無法解釋多數晚發型 AD 的案例。已經發現數個早發
型 AD 的基因關聯：澱粉樣蛋白之前驅蛋白（**amyloid precursor protein,
APP**），一個位於第 21 對染色體的基因；早老素 1（**presenilin-1**），一
個位於第 14 對染色體，和位在第 1 對染色體上的早老素 2（**presenilin-2**；
見 Bekris et al., 2011; Bertram and Tanzi, 2004; Boeras et al., 2008; O'Brien
and Wong, 2011）。

找到與 AD 有強烈相關的基因，暗示了該疾患可能是遺傳導致，然
而，這樣的暗示是錯誤的。這是因爲，假如同卵雙胞胎的其中之一發展出
了 AD，雙胞胎的另一位則有較高的機率發展出此疾患，但這離確定他／
她一定會發展出 AD 還差得遠呢（Alzheimer's Society, 2007; Scheinin et
al., 2011）。而且，假如他們都患上 AD，他們發病的年齡也可能差距相
當大（例如在 Brickell 等人 2007 年的研究中的雙胞胎就差距了 4-18 年）。
既然同卵雙胞胎具有一模一樣的基因遺傳結構，那麼很顯然地一定有更多
基因以外的因素造成該疾患的發生。最有可能的解釋是失智症閾值模式
（**threshold model of dementia**），該模式認爲，一個人的基因遺傳結構
可能使他們容易罹患 AD，但這還需要環境中的某些因子去促使發病（見
Virta et al., 2008）。

目前已經發現數個環境中的潛在威脅因子：Dodge 等人（2011）發
現，血管疾病會增加罹患 AD 的風險約 10%，而且目前至少已有暫時的證
據指出，美國中風和心臟疾患的死亡率下降程度與失智症、輕度認知障礙
的下降程度一致（Rocca et al., 2011）；近年來，鋁也被認爲是 AD 的一

---

13 或稱爲epsilon 4。

個可能成因，因為研究者在 AD 患者的腦細胞中發現了微量金屬，而且，百年前人們就已知道鋁中毒會導致非常類似於 AD 的症狀（Tomijenovic, 2011）。有些人會為此停用鋁製廚具或其他工具，但這可能徒勞無功，因為鋁是一個相當常見的成分，存在於許多「天然」東西或食品中。為何 AD 患者特別易受鋁影響仍是個未知的謎，也有可能是身體吸收鋁只是個症狀，而非導致退化的主因。例如，可能是 AD 患者腦部的垂死細胞出現吸收鋁的現象，而不是鋁導致了細胞死亡。有研究企圖限制 AD 患者的腦部吸收鋁，但這對病程的發展沒有任何影響（Shore and Wyatt, 1983）。然而，最近的研究認為鋁在神經纖維糾結的形成中占有一席之地（Walton, 2010）。截至目前為止，仍然沒有確定的結論，關於此的爭論仍熱烈持續著（例如 Exley, 2007; Takashima, 2007）。另一個可能是 AD 其實是由一種慢性病毒導致。許多人都知道有些疾病會造成癡呆，例如**庫魯病**（Kuru，影響巴布亞紐幾內亞的少數部族），可以在解剖受感染的神經組織時被發現。對頭部的重擊也可引發某些案例的 AD。然而，總體來說，導致 AD 的成因還是未定論（Mahley and Huang, 2009; Mondragon-Rodriguez, Basurto-Islas, Lee et al., 2010）而研究也在進行中（見 De la Torre, 2011）。

血管型失智症

血管型失智症（**vascular dementia, VaD**）涵蓋了所有因腦部血管受損而導致的失智症。可能是因為血塊形成而出現的血管堵塞（**血栓，thrombosis**）；剝落的血塊卡進動脈（導致栓塞，**embolism**）；或血管壁破裂（**出血，haemorrhage**）導致周遭組織受損。這受損導致了周遭腦部組織死亡，這些死亡的組織則被稱為**梗塞**（**infarct**）。失智症可能是單一梗塞造成的（**單一腦梗塞失智症，single infarct dementia**），但較常見的是由多個梗塞引起，這些梗塞本身太過於微小使患者通常難以注

意到它們個別的影響（多發性腦梗塞失智症，**multi-infarct dementiac** 或 **MID**）。VaD 的主要案例都是 MID[14]。總的來說，VaD 可能是 AD 之後第二常見的失智症類型。注意，該疾患的「純粹」形式（也就是只有 VaD 的症狀而沒有其他類型的失智症表現）只是相對少見，大約占了全部失智症案例的 10%。然而，VaD 常常與 AD 一起結合發生，被稱爲混合型失智症（**mixed dementia**，詳見後續段落）。要區分出 AD、VaD 或混合型失智症可以藉由神經系統指數（例如極大量神經纖維糾結）來判斷（Gold et al., 2007）。

在多數的案例中，VaD 的梗塞可以相對隨機地發在腦部的任何一處。不過在部分案例中，他們會集中在特定的腦部區域。**皮質動脈硬化性失智症**（**cortical atherosclerotic dementia, CAD**）的受損大多發生在皮質，同時**皮質下動脈硬化性失智症**（**subcortical arteriosclerotic dementia, SAD**）的損傷主要是在皮質下區域。CAD 與較嚴重的心智能力受損有關，而 SAD 則是運動功能的障礙（見 Holtz, 2011; Metter and Wilson, 1993; Tomimoto, 2011）。SAD 有兩種常見的類型，分別是陷窩性中風（**lacunar strokes**）和賓斯旺格氏症（**Binswanger's disease**），兩者都有相似的症狀，但在皮質下損傷的區域不同。

VaD 的成因仍然沒有被完全澄清。不令人驚訝地，患者通常有心血管問題（**CV**）的病史、油膩飲食和抽菸行爲，而且可能還有 VaD 和中風的家族傾向（Funkenstein, 1988; Holtz, 2011; Ronnemaa et al., 2011; Qiu et al., 2010）。但這些只是風險因子，要找到一個 AD 的確切病因顯然還相當遙遠（見 Stephan and Brayne, 2008）。在 55 歲之前，這個疾患相當少見，它的平均發病年齡是 65 歲。以發明者爲名的哈欽斯基氏缺血量表（**Hachinski Ischaemic Score, IS**；Hachinski et al., 1975）是常見的衡鑑

---

[14] 注意，比較舊的教科書傾向將所有血管型失智症都稱爲MID或是動脈硬化性失智症（arteriosclerotic dementia）。

VaD 的方式。該量表藉由患者所表現的症狀數量來計分，當中特別顯著的症狀會被加權計分來反映它們較高的重要性。

由於梗塞常常隨機發生，所以常難以預測該疾病的病程。雖然患者間的症狀可能差異非常地大，但與 AD 的患者相同的是，記憶力常是早期的犧牲品。同樣與 AD 相同地，VaD 腦部組織受損的量與症狀表現的關係是微小的（見 Metter and Wilson, 1993）。引用一位學者的話：「很少有研究發現被認為與診斷一致。」（LaRue, 1992, p.236），這是因為控制不同心智功能的腦區可能以不同速率衰亡（根據梗塞最常發生於何處）。舉例來說，假設有數個腦區被稱為 A、B、C、D、E 分別掌控了 X、Y、Z、P、Q 功能。一個 VaD 患者可能出現 A、B、C 腦區的退化，所以 X、Y、Z 功能也就隨之下降。另一個病人可能比較好的保留了 A、B 兩個腦區，但在 C、D、E 腦區都出現退化，那麼下降的就是 Z、P、Q 功能。因此，兩個有相同疾患的患者卻可能隨機地有不同的症狀。有些讀者應該已經注意到，因為梗塞發生的相對隨機，在有些狀況中梗塞造成的損傷可能偶然地類似於其他不同病因的失智症，所以在文獻中很常見到誤診和非常類似其他類型失智症的 VaD 案例（例如 Alzheimer's Society, 2007; Marianetti et al., 2010）。

然而，仍有一個特徵可以讓 VaD 跟其他的癡呆相關疾患區隔開來——即 VaD 的退化傾向階梯式地（stepwise）發生：VaD 患者通常相對突然地表現出退化；然後功能就不再變化或甚至會恢復部分。還有另一種是突然出現退化，接著不再變化或是恢復，然後循環往復。但這並不是一個萬無一失的診斷特徵，因為有些病人（特別是賓斯旺格氏症患者）會出現穩定的退化。不過，多數的書籍還是會以階梯式退化作為 VaD 的基本特徵。

其他類型的失智症

儘管 AD 和 VaD 兩者占了大多數的失智症案例，然而如前面所提，

仍有將近 50 種其他已知的原因會引起失智症。接下來將會描述最常見的幾種病因。

額顳葉失智症（**frontotemporal dementia**），如同名字所暗示的，最先影響的是額葉與顳葉皮質區（見 Mariani et al., 2006）。額顳葉型失智症是相當少見的。目前對於究竟有多少種該病的亞型仍在爭論當中（例 Boxer and Miller, 2005; Whitwell et al., 2009）。不過，普遍都同意匹克氏症（**Pick's disease**，以其發現者爲名）是最常見的亞型，也被稱爲行爲異常型額顳葉失智症（**behavioural variant frontotemporal dementia, bvFTD**）。此症並非好發於晚年，平均是 40 歲後期發病。萎縮從額葉開始並集中在此處。從細胞來看，神經元常退化成爲一種帶有腫脹外型的匹克體（**Pick's bodies**，雖然也有些病患出現如匹克氏症的全面退化模式，但缺乏匹克體）。患者出現的症狀通常最先被推測可能是額葉損傷，像是失去計畫能力、抽象思考的能力等等。克魯爾－布西症候群（**Kluver-Bucy syndrome**）常常在該疾患的早期變得明顯（相對於 AD 晚期才出現）。也可能合併一種常不顧社會禮儀而難以控制衝動的性相關行爲。隨著病程發展，類似 AD 的失智症狀開始變得明顯。通常言語能力受損程度會比記憶力來得嚴重，但這並不是絕對的。匹克氏症患者也更易於出現虛談（**confabulating**，基本上會編造故事或用令人難以置信的解釋，去掩飾記憶或其他能力的空白之處），這在 VaD 或 AD 患者中是少見的。在末期，患者會衰退至植物人的狀態。死亡通常在第一個症狀出現的 5 年後發生。另一種類型的額顳葉失智症是語意型失智症（**semantic dementia**），又被稱爲顳葉型額顳葉失智症（**temporal variant frontotemporal dementia, tvFTD**）。這亞型的初始症狀是由於顳葉開始萎縮而產生的。左側顳葉的萎縮會引起語言功能的惡化，而右側顳葉的萎縮則會使得臉部和情緒辨識的能力喪失。一側腦萎縮最終也會導致另一側的萎縮。隨後症狀就會進一步發展得類似於匹克氏症。

庫賈氏病（**Creutzfeldt-Jakob disease, CJD**）是一個相當少見的疾

病，100 萬人中只有約一人患病。該疾病通常在心智能力惡化開始前就最先出現動作障礙。該疾病在兩大方面與一般失智症相異──第一，死亡通常相當快出現（約發病後一年）；第二，目前已知它透過感染來染病。庫賈氏病特別受到關注是因爲在 1990 年代發現了該疾病的**新型變種（vCJD）**[15]。已有有力的證據顯示感染源應該是受**牛隻海綿樣腦病變（bovine spongiform encephalopathy, BSE**，又稱狂牛症，一種會在牛隻上引起類似於庫賈氏病症狀的致病原）汙染的牛肉。在 1990 年代新聞媒體常常戲劇性的預測新型庫賈氏病的感染者數量。然而，至今爲止疫情並沒有爆發。在 2010 以前，全世界只有 17 例新型庫賈氏病的新案例被通報，這表示了該疾病幾乎被根除了。截至目前爲止，新型庫賈氏病的死亡人數約爲 170 人，平均年齡爲 28 歲。對該疾病的易受感染性似乎決定於受害者的基因型。在此例中的基因只有兩種──M 和 V，這代表了一個人的基因型不是 MM、VV、就是 MV。迄今所有受新型庫賈氏病感染者都是 MM 的基因型，該基因型在總人口中占了約 37%。我們知道受庫魯病感染的大多數人也同樣都是 MM 基因型，但也包含了一小部分 MV 基因型的人在晚年受感染（Collinge et al., 2008）。這導致了一個必然的推測，我們可能會開始發現帶有 MV 基因型的新型庫賈氏病感染者，甚至也許最後也會見到 VV 基因型的案例（Coghlan, 2011）。不過，對此仍有許多理由去懷疑。第一，MV 基因型的庫魯病感染者相對於 MM 型的案例比較少見。因爲 MM 基因型的新型庫賈氏病感染者在總人口中是很少的，這也可能表示 MV 基因型的感染者數量應該會極端的少見，而 VV 基因型的感染者則不會出現。確實，目前仍未發現 MV 基因型的新型庫賈氏病感染者（Coghlan, 2011）。第二，如果新變種庫賈氏病將會成爲一個持續的問題，那麼我們應該預見病例增加或至少維持一致的數量。但現有的證據顯示案例數量是從上升而後抵達高峰，接著便下降的趨勢，與短暫

---

[15] 也被稱爲新變種庫賈氏病（new variant CJD）或新型庫賈氏病（nvCJD）。

的爆發更為一致。當然，持續的警覺是必要的，而且無論如何都不應該因新型庫賈氏病很罕見而減少了對那些失去親友的受害者的同情。不過按理來說，比起危言聳聽地宣稱有一個潛伏著的威脅，一個明智的警覺態度才是一個合理的方式。

杭丁頓氏舞蹈症（**Huntington's disease**，也稱 Huntington's chorea）不被多數評論者認為是一種失智症。如同庫賈氏病，該病相對少見，但杭丁頓氏舞蹈症有強而有力的遺傳要素，易於集中在一個家庭。同樣也與庫賈氏病相同，杭丁頓氏舞蹈症的早期症狀是運動障礙，常以扭動和抽蓄的形式表現。接著，患者會發展出失智的症狀，雖然退化的過程也可能相似於思覺失調症（Kermis, 1986）。杭丁頓氏舞蹈症患者傾向存活得比其他失智症患者還要長，通常在第一個症狀出現後的預期壽命約有 15 年。這疾病可以在任何年齡發作，不過中年發病還是最常見的。

帕金森氏病（**Parkinson's disease, PD**）同樣也是以運動障礙為主要特徵，包括小碎步步伐和顫動。但 PD 患者有比平均還要更高的風險發展出失智症（約 10-15%：Lezak, 1995; Moss and Albert, 1988）。值得注意的是，許多 AD 患者隨著病程發展也會出現像是 PD 的症狀。PD 患者與 AD 患者最大的不同在於，PD 患者他們的語言能力通常維持的比較好（甚至不受影響：LaRue，1992）。

路易氏體失智症（**dementia with Lewy bodies, DLB** 或稱 **Lewy body dementia, LBD**）無疑是一種失智症的亞型。**路易氏體**（**Lewy bodies**）是一種在受影響的神經細胞中發現的微小蛋白球體。在 1960 年代前，路易氏體的出現就已有據可查，但直到 1990 年代更精確的實驗室技術出現，學者們才發現路易氏體在部分失智症案例中比之前認為的還要常見（Mrak and Griffin, 2007）。不過，仍有個問題。在 PD 患者身上的基底神經節可以找到路易氏體。而在 DLB 中，路易氏體不僅在基底神經節也在腦部的其他部位被找到。DLB 真的可以構成失智症的一個獨特的亞型嗎，或者其實它只是 PD 的一個變種？從 DLB 的症狀去思考並沒有幫助，

因為它們綜合了失智症與 PD 的症狀。簡短來說，DLB 的發病相對迅速而且幻覺也是常見（但非通則）的症狀，也可能出現相似 PD 的運動障礙。認知功能可能受損，但記憶受損在早期通常不明顯（Woods, 2011）。因此有些研究者認為 DLB 是一種獨特的失智症類型（例如 Alzgheimer's Society, 2007; Woods, 2011），不過仍有些人認為 PD 和 DLB 症基本上是一樣的（見 Nestor, 2010; Revuelta and Lippa, 2009）。

失智症也可能是其他疾患表現出來的一種症狀，例如**常壓性水腦症**（**normal pressure hydrocephalus**，腦脊隨液被困在腦中無法排出，對腦部組織形成有害的壓力）、腦瘤、愛滋病等；長期暴露在有毒的化學物質或長期濫用酒精同樣也可能導致失智。

ᘓᓄ 皮質型與皮質下失智症

有些評論者偏好從主要的腦萎縮是發生在皮質（**皮質型失智症，cortical dementias**）或是皮質下區域（**皮質下失智症，subcortical dementias**）來為失智症分類。以此方式計算的話，最常見的皮質型失智症是 AD 和匹克氏症，而皮質下失智症則屬帕金森氏病和杭丁頓氏舞蹈症最多（血管型失智症則是根據其類型歸屬在皮質型或皮質下失智症）。因為皮質區被認為主要與較高等的心智功能有關，而皮質下區域則是運動控制與情緒等等（見第 1 章），因此皮質型與皮質下失智症應該在功能上有所區隔，在臨床上的發現通常也是如此。所以，皮質型失智症常明顯地以思考、記憶和語言能力障礙表現，並合併一些相對較輕微的運動障礙。而皮質下失智症則大多以動作活動問題為特點（出於這樣的原因，有些評論者主張皮質下失智症不是「真的」失智症）。皮質下失智症也傾向於在晚年之前發生。Peretz 和 Cummings（1988）的著作對此議題有相當優秀的回顧。

∽ 可能與失智症混淆的疾患

　　有些疾病可能會出現失智症症狀但事實上卻有其他的病因。最常見的兩種（不像失智症）是可以被治療，因此有時候也被稱爲**可逆性失智症**（**reversible dementias**）。第一個是**假性失智**（**pseudodementia**）。這可能發生在有些受嚴重憂鬱症所苦的老人身上（詳見以下）。在憂鬱的情況下，這些患者會喪失動機並反映在記憶力與智力測驗上，造成測驗得分非常低。基於此，加上他們對周遭環境都失去了興趣，便可能表現得相當像失智症。確實，有些評論者認爲這實在太相似，使得「假性失智」這詞反而讓人誤解，這樣的病症其實應該被歸類爲「眞的」失智症中的其中一類型。然而，假性失智與眞正的失智還是有些關鍵性的差異。第一，通常假性失智的患者在時間與空間的定向感很好；舉例來說，他們清楚知道他們身在何處；今天是星期幾，以及他們爲何正在被衡鑑等等。第二，他們一般都能意識到他們在記憶力和智力測驗上表現得很差。第三，假性失智患者的心智表現通常會與他們的憂鬱程度一起波動，當憂鬱症被治療時心智表現就會進步（Jenike, 1988; LaRue, 1992）。

　　不過，別錯認了憂鬱症跟「眞的」失智症沒有關聯。約有 20-30% 的失智症患者也出現了憂鬱症症狀（例如 Marsden and Harrison, 1972；同見 Boland et al., 1996; Carlson, Sherwin and Chertkow, 2000）。而且，有研究發現 57% 老年憂鬱症患者隨後也發展出了失智症（Reding, Haycox and Blas, 1985）。Vinkers 等人（2004）和 Brommelhoff 等人（2009）的研究也顯示，有大量患者的憂鬱症狀其實是一種失智症的早期症狀，而非前兆或危險因子。換句話說，嚴重的老年憂鬱症患者可能表現出假性失智，但同樣地，有高比例「眞的」失智症患者也會出現憂鬱症。因此，有些學者和臨床醫師不願意使用「假性失智」，因爲他們經常是眞的有失智症。

　　另一個非常像是失智症的是**譫妄**（**delirium**），又稱急性意識模糊

狀態（**acute confusional state, ACS**）。譫妄發生一般來說相當迅速（通常幾小時或幾天）。好發年齡群是小孩與老人。有數種原因可能導致譫妄，包括發燒、感染、（合法處方的）藥物中毒、中風和不適當的飲食（見 Lin et al., 2010）。多數譫妄的案例在針對根本原因進行治療後都能痊癒。譫妄的病人會表現出低下的智力、記憶力，也傾向表現非常無生氣（**低活動度譫妄 hypoactive delirium**）或是躁動、焦慮（**高活動度譫妄 hyperactive delirium**），抑或是混合兩者（**混合型譫妄 mixed delirium**）。患者也有可能不會展現出「明顯的」行為症狀。然而，一般來說語無倫次也是常見的特徵。這樣看來，一個譫妄的患者可能相似於，例如，失智症患者、憂鬱症患者或是極度焦慮的病人，使得誤診比較常見（見 Foreman and Milisen, 2004）。這可能導致嚴重的後果。舉例來說，一個有高活動度譫妄的病人可能潛在有相當嚴重且需要緊急醫療處遇的生理問題，若錯把譫妄當成嚴重的焦慮發作並給予鎮定劑便可能造成生命威脅。然而，譫妄與失智症還有一個重要的差異，除了前者發病迅速外，許多譫妄的患者會受錯覺（illusion，對周遭世界有扭曲的知覺）所苦。儘管大眾對這個主題有些誤解，但錯覺在失智症中是比較少見的。此外，譫妄患者的注意力是受限的，但（令人驚訝的）是失智症患者的注意力常常保存得相對完好。目前已有許多檢核症狀的診斷測驗（例如**譫妄評分量表，Delirium Rating Scale**）可供利用（見 Wong et al., 2011 年的回顧）。不過，必須要注意到譫妄確實會在失智症患者身上出現（見 Cole, 2004; Marengoni, Calíbrese and Cossi, 2004），而且由於他們衰弱的認知狀態，可能更容易患上譫妄並且更加嚴重（Voyer et al., 2011）。在老年人身上的譫妄有更高的可能性意味著嚴重的疾病和即將死亡。譬如，Pitkala 等人（2005）就發現到受譫妄所苦的老年病患比起沒有譫妄的控制組在接著一年內死亡的機率高了幾乎 75%。

✑ 失智症亞型的發生率

失智症每個亞型流行率的估算上有極大變異。例如，Plassman 等人（2011）在他們的參與者中發現 AD 是血管型失智症的 4 倍。另一方面，Yamada 等人（2008）則發現在他們的樣本中 AD 與血管型失智症的比率是 1.7：1。拿 AD 在全部類型失智症的比例來看，不同研究文獻的估計從 40 到 80% 或更多都有（見 Alzheimer's Society, 2007; Cohen and Dunner, 1980; Hestad et al., 1998; Smyer and Qualls, 1999）。有幾個原因導致這樣的變異：

- 對還活著的病人所進行的診斷幾乎都是透過行為檢驗。然而，失智症的亞型有非常相似的行為模式。

- 發生率常常由多家醫院共同統計作出，所以診斷方法（和技術）的差異就可能產生統計上的扭曲，且提供患者病史的親屬教育程度與智力也會造成差異（Wancata et al., 2007; Wilson et al., 2011）。舉例來說，有較高智力和（或）有較好的語言能力的患者較不易有失智症的傾向，或者也許至少在前期比較能隱藏它（見 Hestad et al., 1998; Snowdon et al., 1996）。

- 臨床醫師們常常在尋找「純粹的」失智症──換句話說，有單一成因的失智症。然而，失智症的不同亞型常常在一個病人身上同時出現。例如，從大量的遺體檢驗的報告中，Jellinger（2006）記錄到 AD 占所有案例中的 80%，但這當中只有一半的案例是純粹的 AD──另一半則是 AD 加上其他一種失智症（常以混合型失智症（**mixed dementia**）稱之）。純粹的血管型失智症則占了所有案例中的 10%。

- 醫師相當容易沒有覺察到失智症（尤其在早期階段）。例如，Löppönen 等人（2003）發現到以負責初級衛生保健的芬蘭醫師為樣本的研究中，在這些醫師照顧的病人當中，有超過一半的失智

症個案沒有被他們辨識出來。

- 醫師們可能對同一位病患的診斷意見分歧（見 Gurland and Toner, 1983; Lezak, 1995; Roth, 1979）。

- 預設某些診斷只會更進一步地擴大這些差異。舉例來說，醫師可能會決定一個表現出 AD 和血管型失智症的混合型失智症爲 AD 的診斷，僅僅是因爲血管型失智症跟 AD 極爲相似。反過來說，醫師也可能因爲出現急速惡化的證據，而決定將失智症歸類爲純粹的血管型失智症。

所以要估計出一個確定的失智症亞型發生率是非常難的，而性別差異和亞型的比率又會因病人年紀而變化，使得情況更爲混淆。然而，Dementia UK 還是對超過 60 歲的失智症（**晚發型失智症，late onset dementia 或稱 LOD**）提出了一個具共識的估計，如表格 6.1

表格 6.1　失智症各類型的估計百分比，以性別做分類

	男性	女性	總和
阿茲海默症	55	67	62
血管型失智症	20	15	17
混合型失智症	11	10	10
路易氏體失智症	6	3	4
額顳葉失智症	2	1	2
帕金森氏病	3	1	2
其他	3	3	3

從 Alzheimer's Society（2007）Dementia UK London：Alzheimer's Society 的資料推斷出

如所見，AD 是目前爲止最常見的失智症，但相對較常見於女性身上。男性則較可能有血管型失智症。此外，各失智症亞型的比率在較年長

的女性相對一致，但在較年長的男性身上，AD則是越年長越常見（血管型失智症的發生率則是相對下降）。

　　從學者的觀點來看，由於缺乏準確的診斷方式，所以非常難（即便並非不可能）去聚集一群確是患有同一種類型失智症的病人。因此，若要以一個特定的測驗在AD與血管型失智症的兩群患者間找到差異，就可能代表了在AD與血管型失智症之間在能力表現上，能被這個測驗檢測出一個真正的差異。但這樣的結論必須考量到有些AD患者可能同時患有血管型失智症（反之亦然），或是有很大的比例是混合型失智症的患者。另一個問題則在於要比較不同類型失智症的患者。只聚集AD和血管型失智症兩群病人，而不考慮患者受各自疾病所苦的時間有多長是不充分的。舉例來說，假如血管型失智症的患者患病時間遠長於AD的病人，我們要怎麼能確定兩群病人之間的任何差異不是因為患病時間長度，而是兩個疾病之間固有的差異造成的呢？同樣地，這兩群患者有相同的平均年齡嗎——假如沒有，任何的差異都有可能是因為老化而不是疾病造成的。相反地，假如兩群病人有相同的平均年齡，那他們在這些疾病的群體中具有代表性嗎？舉個例子，假設失智症A發生的平均年齡是60歲，而失智症B是70歲。當我們檢測一群患有失智症A跟一群患有失智症B的病人，剛好兩群病人的平均年齡都是70，我們要怎麼能確定失智症A患者的這群沒有任何一點不尋常（換句話說，這群病人真的有代表性？）再拿另一個問題來看，假設我們發現AD的患者非常難以記住口說的字詞，便可能推測這代表他們語言記憶功能低下。然而，失智症（尤其AD）根本就是心智功能版的莫非定律——換句話說，凡是可能會出錯的就**一定會**出錯。所以，發現語言記憶故障可能代表的是語言記憶功能下降，但也可能是語言能力下降而導致患者僅僅是不能理解測驗的指導語而已。

　　這些問題都不必然無法克服，但確實說明了在解釋失智症的研究結果時，我們需要相當謹慎。在任何一個細節上過度延伸都是不智的，因為不論是初始的診斷，或是進行不同病人組間比較的正確性，都充滿問題，以

致於能確定的只有關於這方面的大致論點。

〰 失智症的記憶改變

對失智症記憶改變的研究大多都聚焦在 AD 患者。這並不令人驚訝，因為如同我們所見，AD 是最常見的失智症亞型。但也跟前述的一樣，失智症亞型的誤診也是很常見的，許多研究就建立在這些沒有透過事後解剖檢驗就確定診斷的病人上。這代表了任何對特定失智症亞型特徵的定論都一定得極度小心審視，舉例來說，一組研究發現，被認為應該是來自由 AD 患者組成的樣本，很可能其實是來自一群由部分純粹的 AD 患者與較大比例的混合型失智、單純的血管行失智或完全是其他亞型的失智症患者所組成的樣本。同樣的警示也適用於失智症的其他心理特徵上。

建議不熟悉記憶的心理學理論的讀者繼續往下閱讀前先閱讀第 3 章的前幾頁。

由於失智症的關鍵特徵是記憶缺損，所以許多研究都發現失智症患者有記憶力的全面性惡化，而且隨著疾病越往後發展，記憶就惡化得更嚴重。確實，許多學者都主張可觀的記憶缺損是失智症進入臨床階段前的指標（Lui et al., 2007; Sliwinski et al., 2003）。這個主張被 Saculu 等人（2009）補強，他們認為認知能力的全面低下代表了失智症即將來臨，而長期來看，單獨的記憶力低落則預示了失智症的發病。

記憶力測驗越難，失智症患者在短期記憶測驗的表現就會越差（例如 Nebes, 1992）。這有許多不同的原因。第一，編碼缺陷。例如，Kopelman（1985）發現若給予 AD 患者更多（許多）的機會去複誦有待背誦的項目後，他們就能跟其他沒有失智的參與者一樣好地保存記憶。所以，假如資訊可以進入 AD 患者的長期記憶儲存，那麼該記憶就有很高的可能性能被保留下來。Becker 等人（1987）提出更進一步的證據支持該

假設，他們發現在給予一組要記住的項目後：30秒內，AD患者遺忘的程度顯著比沒有失智症的控制組參與者嚴重許多。然而那些30秒後仍然被記住的項目在30分鐘後被回想起來的機率，跟沒有失智的控制組參與者在30秒後所記得的一樣（請見 Hulme, Lee and Brown, 1993）。

　　我們早已知道AD就如同沒有失智的人一樣，他們記憶有待背誦的清單時，也會受音韻相似性的影響[16]（例如 Morris, 1984），而且大多數的研究都指出語音迴路（和視覺空間寫生板）在疾病早期階段是不受影響的（Huntley and Howard, 2010; 同見 Caza and Belleville, 2008）。然而，隨著AD發展，語音迴路開始有更多的受損（Collette et al., 1999）。杭丁頓氏舞蹈症患者也有同樣的問題（Martone et al., 1984）。或許不令人驚訝地，有假性失智的病人儘管整體有較低的記憶廣度，但仍表現得像是沒有失智的參與者（例如 Gibson, 1981; Mille and Lewis, 1977）。

　　Baddeley（1986）和其他的評論者主張關鍵的缺陷是中央執行器。有大量的證據指出，當給予短期記憶作業時，同時給予另一項分心作業，AD患者的記憶廣度表現會不成比例地下降（MacPherson et al., 2007; Morris, 1986; Sebastian, Menor and Elosua, 2006）。這有力的指出中央執行器的缺陷，因為該能力的主要功能就是控制與協調智力與記憶作業（Baddeley et al., 1991; Morris, 1994; Morris and Kopelman, 1986）。中央執行器解剖學上被認為是由額葉所負責（Baddeley, 1986），也是受AD嚴重影響的區塊（例如 Ihara et al., 2010; Sjobeck and Englund, 2003）[17]，儘管其他腦區例如海馬迴和顳葉也跟記憶缺損有關（例如 Berlingeri et al., 2008）。

---

[16] 例如，一個聽起來相似的字詞清單（cat, rat, bat）比不相似發音的字（例如cat, ran, hug）更難被記住。這可能是因為這些字是透過一種聲音敏感（又稱語音迴路）的記憶機制所編碼，這種語音迴路難以分辨聽起來相似的字詞（見Baddeley, 1986）。

[17] 額葉症狀通常隨著阿茲海默症和路易氏體失智症發展變嚴重，但在早期階段之後，通常在額顳葉失智症患者身上被保留得較穩定（Aries et al., 2010）。

　　遠期記憶也同樣受失智症影響。雖然有時大眾普遍認為失智症患者會忘記昨天的發生的事情，卻會對孩提時代有清晰的回憶，但實際上並不是這樣（除了在非常早期階段，記憶問題可能只對新的訊息有影響的時候）。研究顯示，失智症的患者對有名的事件或人名的遠期記憶顯著比沒有失智症的老人還要糟許多（例 Corkin et al., 1984; Meeter, Eijsackers and Mulder, 2006），而且比自傳式記憶退化得還快許多（Greene and Hodges, 1996）。

　　AD 患者的回憶自傳式記憶，常包含了大量的假記憶（見 Meeter et al, 2006），而且此方面記憶缺損的程度跟對自我真實記憶能力（Naylor and Clare, 2008）和自我感（Fargeau et al., 2010）有較低的覺察是相關聯的。也許並不是那麼令人驚訝，AD 患者的**自知意識**（**autonoetic consciousness**，基本上是個人對記憶中之自我的覺察，是一種能在記憶的時間軸上回溯過去、經驗過去記憶的能力）是受損的（Irish et al., 2011）。而至於是否有**時間梯度**（**temporal gradient**，例如生命中某個時刻的回憶比其他時候還清楚）仍然不確定，因為仍有許多研究發現是互相衝突的（Leyhe et al., 2009）。不過，無論時間梯度是否真的存在，在自傳式記憶作業的表現似乎是一個測量失智症嚴重程度足夠敏感的診斷工具（Dreyfus, Roe and Morris, 2010）。Greene、Hodges 和 Baddeley（1995）將 AD 患者自傳式記憶的退化歸因於記憶提取的問題，進而將之與中央執行器的退化連結，也呼應了 Meeter 等人（2006）的結論[18]。此外，焦慮也可能有其影響：Irish 等人（2006）發現播放舒緩音樂能降低焦慮程度，並不成比例地顯著增加 AD 在自傳式記憶作業的回憶程度。

　　這些研究也引發了關於失智症患者的記憶問題能不能被減輕的疑問。確實增加一些合理的程序看起來對這些患者的表現是有幫助的。例如，事先向患者呈現 TBR 項目的第一個字母促發其回憶，就能夠大大的改善

---

[18] 譯注：這裡應是指 Meeter 等人（2006）針對阿茲海默症患者對遠期記憶的研究。

失智症患者的記憶表現（例 Davis and Mumford, 1984; Miller, 1975）。然而，「促發」其實並不總是那麼有效。例如呈現與 TBR 項目語意相關的字詞，或給予一組彼此在語意上相關的字詞清單，對失智症患者的表現沒有幫助，儘管這對沒有失智症的老人是有幫助的（Davis and Mumford, 1984）。Massimi 等人（2008）描述了一個新奇的個案研究，他們針對一位 AD 患者，以他早年生活的家中景象、音樂和敘事來營造他的環境氛圍後，他的冷漠和自我認同分數改善，但自傳式記憶、整體認知功能、焦慮或憂鬱程度並沒有顯著差異。相反地，De Leo、Brivio 和 Sautter（2011）則報告了一個 AD 患者（AD 評估分期量表第四級）每天 12 小時掛著一台智慧型手機在脖子上，持續 4 個星期。這支手機被設定每 5 分鐘拍張照片，並且這些照片被做成幻燈片展示給參與者看。結果發現這些幻燈片能幫助對自傳式記憶的回憶。不過要適用 Massimi 等人的研究設計有些顯而易見的實務上的限制，而且規律拍照的方式有個人隱私的問題。然而，這些有趣的想法或許在未來能夠發展成為更可行的輔助工具。

✍ 語言能力

簡單命名作業是最常見的語言能力測驗：患者必須辨認出日常物品的圖片。無法正確指稱物體（**命名困難，anomia**）是 AD 最常出現的第一個症狀，而且這些患者不僅表現得明顯比沒有失智症的控制組差，也比杭丁頓氏舞蹈症、帕金森氏病和血管型失智症的患者差（Bayles and Tomoeda, 1983; Chan et al., 1995; Schram, Rubert and Loewenstein, 1995）。而且，雖然有些研究結果彼此相反，但使用動詞可能比命名物體還要難，因為動詞在語義上更為複雜，而使得訊息處理更加艱難（Druks et al., 2006）。研究發現，從聲音辨認並唸出一個物體名稱明顯比從外觀辨認難上許多（Brandt, Bakker and Maroof, 2010），而且從聽覺訊息來命名物體的能力跟其他失智退化的測量結果有較大的關聯（Miller et al., 2010）。AD 患

者有困難的命名類型有很大的變異性（Cuetos et al., 2008）。然而，學者們主張，就品質來說，AD 患者的在命名能力上改變的整體模式跟沒有失智症的同齡人沒有差異（Gale et al., 2009）。較早期的腦部掃描研究發現已知，語言能力跟腦部的萎縮有關（見 Harasty et al., 1999; Hirono et al., 1998; Keilp et al., 1999），而且更近期的證據顯示最關鍵的問題在於腦內側顳區的退化（Venneri et al., 2008）。

語言能力的問題並不是只有命名困難和相關的語義問題，通常來說，語言能力會隨著 AD 的進展而惡化。較早出現的問題是對非字面上意涵的語言理解，例如諺語或隱喻，儘管目前關於在失智症晚期出現理解缺損的穩固證據還很少（見 Rapp and Wild, 2011）。更廣的來說，Grossman 等人（1995）發現 AD 患者在許多語言作業（句子與圖片的配對測驗、判斷語句文法接受度和句子完成測驗）的表現明顯較差，但這些都不是記憶缺損或疾病的嚴重程度可以解釋的（需要注意同一階段的 AD 患者語言能力的缺損並不會表現出同樣的嚴重程度）。常見的症狀有**插入**（**intrusions**，插入不合適的字詞或句子）、**固著反應**（**perseverations**，重複同樣的句子、字詞或詞彙的一部分）和**繞圈子**（**circumlocution**，說話只能在主題周圍兜圈，沒辦法講出想說的主題）。不過，Waters 和 Caplan（2002）的研究中，處在較早期階段的 AD 病人並沒有語法處理上的特別問題。但語法缺損會隨著疾病發展而出現，且跟白質的喪失與記憶的執行控制的退化有關（Giovannetti et al., 2008）。

不過，不是所有的語言能力都會以同樣的速率退化。舉例來說，**音韻**（**phonology**，對語音的覺察，例如正確的發音）和**構詞**（**morphology**，對字根的知識）的能力通常在 AD 患者身上會被很好的保存下來（例如 Appell, Kertesz and Fisman, 1982）。同樣地，閱讀（至少在單字上）也被認為至少在 AD 早期階段是保存得較好的。以至於國際成人閱讀測驗（National Adult Reading Test, NART，用來測試對不規則拼音單字發音知識的測驗）被頻繁用來推測發病前的智力（例見 Starr and Lonie, 2007）。

ᏬᎧ 視覺空間能力

在非常輕微的 AD 患者身上已經能夠發現其視覺空間能力退化的現象（Quental, Brucki and Bueno, 2009），甚至在對記憶要求最低限度的作業中也是如此（Bucks and willison, 1997; Kaskie and Storandt, 1995）。有學者認為視覺空間測驗能相當有效地偵測最早期的失智症（Maki, Yoshida and Yamaguchi, 2010）。Armstrong 和 Cloud（1998）認為，視覺空間能力的退化是因為工作記憶系統元件的效率下降所致。後續由 Bisiacchi 等人（2008）進行的研究也支持這個結論，他們發現 AD 患者和非失智症的控制組間存在的關鍵差異在於，視覺空間作業需要用到中央執行器的功能。

畫圖是視覺空間能力的一個關鍵例子。AD 患者常表現出逼近（**closing-in**）的現象。有些畫圖測驗會給參與者一張已被列印上一個圖形的紙張，然後要求參與者在紙張空白處畫出一模一樣的圖形。沒有失智症的人傾向直接在空白處畫出圖形，讓它跟原本的目標圖形有些距離。但 AD 或血管型失智症的參與者卻有將圖形畫在目標圖形上或圖形旁邊的傾向（Chin et al., 2005）。這現象似乎是為了補償特別明顯的視覺空間功能失常，因為視覺空間能力相對保存較好的 AD 患者比較不會出現逼近的現象（Serra et al., 2009）。

畫鐘測驗（**clock drawing test, CDT**）也是常見的視覺空間測驗，參與者必須仿繪出指針式時鐘的面板[19]。Nair 等人（2010）發現到老練的失智症專家在為畫鐘測驗評分時，有非常高的評分者間信度與敏感度來辨認出非常輕微的 AD 案例。此外，AD 患者在畫鐘測驗的得分顯著的比輕度認知障礙的人低許多（Persey and Schmitter-Edgecombe, 2011），而且若是非失智症的人在該測驗有相對差的表現，也可以預測隨後可能發展出失

---

[19] 假如要求參與者畫出時鐘的時間，這個測驗會更加精確（Berger et al., 2008）。

智症（Babins et al., 2008; Paganini-Hill and Clark, 2007）[20]。

　　需注意的是，畫鐘測驗本身並沒有什麼特別之處，而是失智症患者的視覺空間能力常常較差，尤其是 AD（見 Lezak, 1995）。該能力的缺損是相當多樣的，如複製簡單十字（Grossi and Orsini, 1978）和影像記憶（iconic memory）（Coyne, Liss and Geckler, 1984; Moscovitch, 1982; Schlotterer et al., 1984）。也不應該認為問題只出現在相對複雜的處理上。例如，Neargarder 等人（2003）就表明 AD 患者在簡單如同對比敏感度測驗上也明顯出現退化（見 Cronin-Golomb et al., 2007）。同樣地，Pache 等人（2003）發現失智症患者在色彩視覺測驗上，也比同年齡的控制組有明顯較低分的情況。有趣的是，缺損的程度跟失智症退化的程度是沒有關聯的。

ᕙᕗ 嗅覺

　　嗅覺功能（例如氣味）在 AD 會出現惡化。例如，Nordin 和 Murphy（1996）就發現 AD 患者有較高的氣味閾值（一個氣味必須比較強烈才能被注意到）和較差的嗅覺記憶。在一篇文獻回顧中，Thompsom、Knee 和 Golden（1998）做出結論：嗅覺問題用來辨別 AD 患者和非失智症的老人非常有效，而且有可能在分辨 AD 和其他類型的失智症（例如杭丁頓氏舞蹈症）也有效（見 Murphy, 1999）。腦部嗅覺構造與脂蛋白 E 基因表現的關係已經被確認，可能最終證明了一個重要的因果關係（見 Finkel et al., 2011）。

---

[20] 需注意的是，有關畫鐘測驗的研究多是關於阿茲海默症，但其他失智症亞型的患者也同樣在該測驗表現較差。例如，路易氏體失智症的患者（Pernecky, Drzezga, Boecker et al., 2010）。

ᐖ 對照顧者的影響

不管是什麼疾病，不僅僅對患者本人也會對照顧他們的家屬和朋友造成負面影響。然而，對失智症患者的照顧者來說這影響可能特別強大，因爲這疾病的性質使患者沒辦法給予適當的回應。不難設想要照顧一個需要持續注意、永遠不會康復，更無法認出照顧者的伴侶或父母所產生的壓力。Levesque、Ducharme 和 Lachance（1999）對失智症患者的照顧者進行了一個大型的壓力調查，發現到這些照顧者的壓力明顯比其他疾病的照顧者大得多。因爲失智症是無法被治癒的，這對照顧者們的影響是如此深刻。所以，對失智症患者任何處遇的成功都應該包含測量他們照顧者的生活是如何被影響。這是是相當合理的主張（見 Brodaty, 2007）。

照顧者負荷的程度受大量的因素影響。以下爲舉例說明而非徹底詳盡的清單：

- 照顧較年輕的失智症患者通常比照顧較年長的失智症患者有較高的負荷（Freyne et al., 1999）。
- 在疾病早期，血管型失智症患者比起 AD 患者有更多的問題，但在較後面的階段則剛好相反（Vetter et al., 1999）。
- 患者的症狀對照顧者有越多的要求，則負荷會越重（Tun, Murman and Colenda, 2008）。
- 同樣地，失智症患者能自己完成越多的日常活動，照顧者負荷就會越低（Razani et al., 2007）。
- 或，以不同的方式來看，失智症患者對照顧者的依賴程度越高，照顧者負荷越重（Gallaghter et al., 2011）。
- 對與失智症患者的病前關係滿意度越高，照顧他們所感受到的負荷越低（Steadman, Tremont and Davis, 2007）。

此外，住在某些國家（例如英國）的照顧者必須先忍受健康或福利系統在支付任何治療前常常先讓照顧者們爲此大失血。簡單來說，除非照顧

者很有錢，否則他或她之所以會有照顧負荷，是因為難以負擔他人來分擔照顧的費用。日本制定了強制保險來支付老人長期照護的費用，初步來看是樂觀的（Arai and Zarit, 2011），然而，仍然需要更大型的調查了解其成效，而且是不是所有國家都會有同樣的熱情去應對這所帶來的額外稅務仍無法確知。

不出所料，已經有大量的證據顯示照顧失智症通常會導致家屬顯著較高的憂鬱、壓力程度和其他健康問題（例如 Coppel et al., 1985; Kennedy, Kiecolt-Glaser and Glaser, 1988; Morrisey et al., 1990; Valimaki et al., 2009）。當患者問題行為變得越嚴重時，前述的問題就可能會越惡化（Garcia-Alberca, Lara and Luis Berthier, 2011; Hooker et al., 2002; Neundorfer et al., 2001; Schulz et al., 2008）。此外，照顧者的自殺風險也是比較高的（Fry, 1986），謀殺病患後自殺也不是沒發生過的事（Bourget, Gagne and Whitehurts, 2010）。因為照顧者（無論家人或專業人員）經驗到巨大的壓力，老人受虐事件是很常見的（例 Buzgova and Ivanova, 2009; Lowenstein, 2009）。不過這不一定意謂著暴力行為，而可能是令人不舒服的行為，例如忽視（見 Pritchard, 1995）。

ᏸᏸ 個人中心取向

我們應該要關心失智症議題，這絕對是完全正確與適當的。這是一個難以處理的疾病，無論對患者本人或他們所愛之人都有著可怕的影響。即便沒有被這樣的想法說服，這個疾病帶來的龐大開銷也必定會吸引最不為所動的人的注意力。然而，我們有可能過分強調了我們所要幫助的人的弱勢之處。下面摘述 George（2010）文章的片段對此有很好的闡述：

我們日常用以形容失智症的言語形塑了我們對大腦老化的看法，甚至在導致那些受失智症影響最嚴重的人「社會性死亡（social

death）」。受到像是戰爭般的語言所操縱，我們開始視失智症患者為受一個侵略性疾病所踩躪的「受難者」。AD被人格化成一個「心靈搶匪」，會「攻擊」或「襲擊」大腦後留下神經糾結與斑塊。我們可能會相當感謝這樣原始的比喻是如此的有用處，可以激起那些管理國家資金的人的關心，可以安慰那些得目睹所愛之人發生難以言喻的改變的人。然而，……假如這些比喻會導致對這些自然過程的敵意或恐懼，那麼在我們文化中如此流行的戰爭隱喻可以說是：在將這些過程人格化成為我們之外的同時，也將人類對老化的感受給妖魔化了。

（p.586）

也可以這麼說，將失智症描述為改變病人心智狀態的某個東西的同時，我們也變得無法看見失智症患者仍努力認識並享受這個世界。Kitwood（1993, 1997）曾主張一個失智症患者不僅止於一個患有疾病的病人——她或他是一個混有許多影響的豐富整體。這讓 Kitwood 創造了以下公式：

$$D = P + B + H + NI + SP$$

D 代表的是失智症患者所展現的自己。這樣的展現主要是由他們的人格（P）、目前為止的人生經歷（B）、生理健康（H）、因失智症而有的神經損傷（NI）和社會心理（SP）所組成。除了最後一個，其他都不言自明。「社會心理」常被稱為惡意的社會心理（**malignant social psychology**），指失智症患者發現他們處在的環境會威嚇或剝奪他們身為人的認同。任何人只要曾經拜訪過經營得很差的安養院，就可以馬上知道這是什麼意思。但這並不只是那些明顯經營不佳的機構有狀況。即便很幸運地霸凌或殘酷的員工很少見，還是有些傷害可能會在安養院發生。相對於有意識地為安養院的住戶盡心盡力，他們為了保持一切整潔、井然有序，替住戶做了所有的事情、不允許住戶的行為有任何一丁一點差池，這

剝奪了這些老人的尊嚴與自主性。

　　Kitwood 的文章中最中心的訊息是失智症的照護應該是個人中心的。失智症照護觀察法（**dementia care mapping**）可以用來測量個人中心取向的失智症照護，分析失智症患者對治療處遇的反應和他們在院區的日常活動[21]。觀察可以提供回饋幫助修正行為來創造更好的環境。有些行為可能出奇地微不足道。舉例來說，照護員可能常常沒有注意到一些他們認為理所當然的小事，如一邊跟別人聊天，一邊走進房間或病房而不理睬患者，這可能會孤立患者或令其不快。失智症照護觀察法和個人中心取向的失智症照獲得了許多支持（見 Baldwin and Capstick, 2007; Kelly, 2010）。然而，對於失智症照護觀察法的評分（Douglass et al., 2010）和效度（Edvardsson and Innes, 2010）仍存在著批評。Kitwood 所提出的「人性」概念是否完全合理也有不少爭論（見 Dewing, 2008）。不過，Kitwood 的理論作為一個實務工具在多數案例中的確證明了它非常有效（見 Ballard and Arsland, 2009）。

◎ 失智症總結

　　失智症是個會導致記憶、心智與語言能力逐步喪失的疾病，通常還會伴隨著人格的劇變，有時也會有運動能力的問題。雖然症狀會因人而異，但一般來說，不同的失智症有不同的發展型態。有些嚴重的疾病可能會因為一些表面上相似的症狀而跟失智症混淆，但這通常可以非常輕易地被辨識出來。就生理來看，不同的失智症大腦萎縮的型態與類型有所不同，不過就如之前所看到的，生理損傷跟心理症狀的關聯並非是無懈可擊的。在失智症患者身上，幾乎所有的心智功能都會退化。儘管功能表現上有些

---

[21] 更珍貴的是，會有兩人一起觀察並持續6小時地每5分鐘就對患者的行為編碼一次，記錄患者安適的程度和發生在患者周遭的任何事。

有趣的差異，但需要注意到的是，這些差異幾乎只在非常早期階段的病人身上發現。隨著疾病發展，患者通常缺乏足夠的心理能力來理解和完成測驗。很重要的是，就像其他嚴重的疾病，失智症不只會造成患者本人的痛苦，對他們的照顧者來說也可能是壓力與負擔的來源。

在本段的尾聲值得一提的是，失智症嚴重且嚇人的症狀誇大了它的盛行率，更導致人們罹患該疾病時會有一種「一切都毀了」的想法。其實多數罹患失智症的人在過世前只會體驗感受到失智症的早期階段。而且即使罹患了失智症，患者還是一個擁有尊嚴、自我價值與有權享受生活的人。

◉ 學習障礙

對老年人學習障礙的研究相對稀少[22]（Holland, 2000），而且對於患有學習障礙的老人的服務責任歸屬（請原諒我這樣說）仍是個灰色地帶（Benbow, Kingston, Bhaumik et al., 2011）。有部分特定的疾病狀況已經有相當完好的記載（唐氏症患者晚年的認知功能已經有相當多的文獻，因為跟 AD 有潛在相關性，例 McCallion and McCarron, 2004），但其他的疾病卻付之闕如。舉例來說，Stuart-Hamilton 和 Morgan（2011）發現過去 10 年有超過 20,000 篇自閉症類群障礙症（autism specturum disorder）的研究，但僅有 10 篇以下是關於老年人。

研究發現老年的學習困難者比起一般人有明顯較高的焦慮和憂鬱程度（例 Cooper, 1997a; Patel, Goldberg and Moss, 1993），隨後的研究也有相同的結論（例 Smiley, 2005）。Perez-Achiaga, Nelson 和 Hassiotis（2009）回顧有關老年學習障礙者憂鬱情況的文獻後，有以下警告：他們

---

22 這段落是關於老年人的學習障礙。關於成年學習障礙者的老年父母的主題請參閱Davys和Haigh（2008）。

發現雖然有部分研究使用符合標準的診斷工具 [23]，但其他研究採用的工具則有信度較低的問題。這產生了一個潛在的問題——造成低估或過度診斷疾病的危險。

特別令人擔心的是，那些被認為患有憂鬱症的人在測驗的當下並沒有因此而受治療。Petal 等人（1993）發現照顧者常注意到憂鬱症狀但沒有理解其重要性。就大多老年人口來說，憂鬱症已知會降低心智功能。就如我們在前面曾提到過的，在極端的案例中這可能導致假性失智（Kiloh, 1961）。在學習障礙者的案例中，這樣的效應可能是非常明顯的（例如 2004 年 Pollard 和 Prendergast 所做的個案研究，就是關於一個患有自閉症孩童出現了假性失智的症狀）。Tsiouri 和 Patti（1997）針對老年唐氏症患者進行了一個假性失智的研究。這份研究探討血清素回收抑制劑（SSRIs）處理唐氏症患者的憂鬱症狀的效能。研究記錄到 37 個研究個案裡有 4 位疑似出現假性失智（對 SSRIs 的反應使他們可以跟其他 10 位失智症樣本做出區隔）。

除了假性失智外，學習障礙者也可能真的出現失智症（Kerr, 2007）。目前已經知道唐氏症患者發展出失智症的風險明顯提高（McCallion and McCarron, 2004）。Strydom 等人（2009）則認為超過 60 歲且沒有唐氏症的學習障礙者出現失智症的機率是一般人的 2-3 倍。而在更早的研究中，Cooper（1997b）則發現是 4 倍的機率。是否這些人全都真的發展出了失智症值得疑問。有可能是有部分的人是正常的衰老退化，但由於他們原本就有比較低的認知功能，導致他們在功能上相似於失智症患者。至今，罹患學習障礙和失智症的老年人，其神經造影研究結果仍難以下定論（見 Gangaharan and Bhaumik, 2006）。究竟老年學習

---

23 正式地說，他們所發現的兩個心理量表分別是賴氏適應不良行為篩檢量表（Reiss Screen for Maladaptive Behaviors, RSMB; Reiss, 1988）和成人發展性障礙者精神評估檢核表（Psychiatric Assessment Schedule for Adults with Developmental Disabilities, PAS-ADD; Moss et al., 1993）。

障礙者確實有較高的機率眞的發展出失智症，或他們只是在功能上相似於失智症患者，目前仍有爭議。不過，已有觀察發現被診斷學習障礙失智症患者，其行爲改變與那些未診斷有學習障礙的失智症患者是相似的（Duggan, Lewis and Morgan, 1996）。

要診斷學習障礙者是否有失智症是困難的。因爲一個有學習障礙的人本身就已經在認知測驗上表現得比較差了，要區分出失智症和此現象是有困難的（Bell, Turnbull and Kidd, 2009; Nagdee and O'Brien, 2009; Torr, 2009）。雖然已經有可用於衡鑑學習障礙者的失智症改變的測驗（見 Kirk, Hick and Laraway, 2006），但有許多測驗並不一定合適（見 Perkins and Small, 2006），而且通常是用來測量功能改變的。此外，另一個問題是學習障礙者的認知功能改變也常被低估或忽略（Hassiotis et al., 2003）。

並不是每個有學習障礙的人都會發展出憂鬱症或失智症。當沒有重大的問題出現，證據顯示老年學習障礙者跟一般人經歷的老化過程非常相似（Oliver, Adams and Kaisy, 2008）。

● 憂鬱

幾乎所有人在一生當中的許多時刻會以較輕微的方式經驗到憂鬱[24]。在大多數的情況，憂鬱的感覺可以對應到特定的事件，感覺幾天內會消散，而且通常不會被視爲一種心理障礙症。臨床上的憂鬱症是指持續一段時間且嚴重到足以影響正常功能。臨床上的憂鬱並不只是「感覺低落」，而是患者受該病症影響導致日常功能受損。除了憂鬱心情外，患者通常無論身心都欠缺能量到一個極端的程度，而且可能腦中佔滿了死亡與自殺的想法（一般來說，老年患者有較高的傾向有身體上的症狀；Caine et

---

24 自殺議題請見第8章。

al., 1994）。憂鬱症在老年人口較其他年齡層少見許多（Luijendijk et al., 2008）。然而，有一例外是接受住院照護的患者[25]，失智症患者和他們的照顧者罹患憂鬱症的風險高出許多（Woods, 2011）。而且老年人也較不傾向報告憂鬱的症狀（Bryant, 2010）。不過，自我孤立的症狀則較一般人常見許多（Kasl-Godley, Gatz and Fiske, 1998; Smyer and Qualls, 1999; 同見 Teachman, 2006）。可能是因為老年人經歷到較多令人沮喪的事件，例如喪親、嚴重的身體病痛等等。另外值得注意的是，雖然無論何種年齡層的憂鬱症患者都會經驗到一些相當相似的關鍵症狀（Nolen-Hoeksema and Ahrens, 2002），但老年憂鬱症患者有特殊的風險罹患假性失智（見前述；關於假性失智的流行率在不同的研究間有相當大的差異，但 Kasl-Godley, Gatz 和 Fiske 估計出了一個合理的數字約為 11%），這可能會阻礙做出正確的診斷（同見 Lezak, 1995）。

不意外地，老年憂鬱症常被歸因於壓力或負向事件。例如，喪親會導致憂鬱症狀早已為人所知（見第 8 章），儘管在大多數情況中是相對短暫的。獨立於身體疾病之外，睡眠障礙則是另一導致憂鬱的因素（Cho et al., 2008）。其他疾病或醫療導致的副作用也可能導致或惡化部分病人的憂鬱症（見 Sadavoy et al., 1995）。Osborn 等人（2003）認為，當有兩個或以上的生理疾病會增加罹患憂鬱症的風險。Pennin 等人（1996）則指出，憂鬱症狀會隨著患者的疾病數量增加。而且，有些疾病似乎更容易導致憂鬱症，像是會導致慢性疼痛的疾病（如關節炎）就被發現，比起那些嚴重但比較不會疼痛的疾病（如糖尿病[26]）與憂鬱症有較高的相關。Beekman 等人（1997）主張相對於疾病，身體健康的程度才是憂鬱

---

25 跟常見的迷思相反，住院機構並沒有導致憂鬱，現有的證據指出大多憂鬱症患者在他們進入療養院或其他類似機構之前，就已經有憂鬱的情況了（Woods, 2011）。不過這並不表示住院照護一定會有幫助。

26 只要控制好混淆變相後，第二型糖尿病就不會增加憂鬱症的風險（Browm et al., 2006）。

症更為有力的預測因子。類似地，Palinkas、Wingard 和 Barrett-Connor（1996）發現，肥胖的老年人憂鬱症的情況明顯較多。不過，我們需要注意到憂鬱與疾病的關係是雙向的。舉例來說，Karakus 和 Patton（2011）長達 12 年的縱貫研究就發現，在 10 到 62 歲的研究參與者中，若在研究一開始即有憂鬱症，後續罹患疾病的可能性明顯提高。

其他數個因子已被確認跟憂鬱症有關。例如下列清單：

- 知覺到的社會支持（Taulor and Lynch, 2004）。
- 財務問題（West, Reed and Gildengorin, 1998）。
- 基因遺傳（Carmelli et al., 2000）。
- 知覺到的非專業照顧程度（Wolff and Agree, 2004）。
- 傷後復原程度明顯不佳（Scaf-Klomp et al., 2003）。
- 低程度或無宗教信念（見 Braam et al., 1997）。
- 對他人依賴程度增加（Anstey et al., 2007）。

如此多元的成因顯示出，即使允許混淆變項存在，仍有許多因素可以導致憂鬱症。憂鬱症可以因單一或多重因素導致。Harris 等人（2003）發現到身體障礙、健康、社經地位、控制感和社會支持的程度都是憂鬱症的獨立預測因子。Fukukawa 等人（2004）則發現了更為複雜的影響，家庭關係的品質能緩衝健康問題與憂鬱症狀之間的關係。

對治療的反應幾乎沒有年齡差異，大多數的年輕或老年憂鬱患者都會復原（Kasl-Godley et al., 1998; 同見 Andreescu et al., 2008），但症狀的復發率在晚發的憂鬱症較高（Woods, 2011）。增加運動量有助於老年人的憂鬱症（Penninx et al., 2002）。

◉ 焦慮

不同於憂鬱症，大多數人都可以從他們經驗中理解焦慮症。幾乎所有人都曾有過經驗，在生命中的某個時刻發現他們身處令其感到焦慮的

環境。但尋求治療的人，他們的焦慮程度遠遠超過如此，稱之為**焦慮症**（**anxiety disorder**），指長時間的極度不安、失眠、疲倦症狀的焦慮狀態，導致損害日常生活功能。焦慮症有許多不同的類型，包括了**恐懼症**（**phobias**，指對某樣物品或事件有不合理或不適當的極度恐懼，例如空曠空間、蜘蛛等）、**廣泛性焦慮症**（**generalised anxiety**，根據 Wetherell, Le Roux and Gatz（2003）的文獻，認為在老年患者的廣泛性焦慮症會有持續或經常出現的不可控制的焦慮感、睡眠障礙和肌肉緊張）、**強迫症**（**obsessive-compulsive disorder**，指患者為了舒緩焦慮感而強迫性地重複同樣的行為，例如重複洗手意圖洗去引發焦慮的灰塵等等；見 Gupta, Austin and Black 在 1997 年關於一位 93 歲的個案研究）、**恐慌症**（**panic disorder**，指重複出現的恐慌發作（**panic attacks**）──突然的恐慌感伴隨著呼吸短促、失控感等）。

焦慮症在年長者中較年輕人口少見（Smyer and Qualls, 1999），但並不表示其不值得被注意，因為無論在哪個年齡層它都是最常見的心理疾患（Scogin, 1998），而且常與憂鬱症共病（例 Flint and Rifat, 1997）；雖然焦慮症狀通常來說比憂鬱症（Wetherell, Gats and Pedersen, 2001）和失智症（Scogin, 1998）穩定。但老年人口的焦慮症狀也可能並未被完整報告出來（Bryant, 2010）。

研究者一般都同意，約有 10% 左右的年長者患有某種類型的焦慮症，其中大多數是恐懼症（Lindesay et al., 1989; Cohen et al., 2006; Woods, 1999）。而當中最常見的是**懼曠症**（**agoraphobia**，害怕開放空間），此疾患常跟害怕「離開屋子」混淆在一起。其他害怕的來源則有害怕跌倒、死亡或社交場合（見 Woods, 1999）。這些無疑都是焦慮的來源，但若一個人無法控制這些感受，就稱之為「恐懼症」，未免有些太嚴厲了，因為這些擔憂都其來有自。舉例來說，有個常被提起的悖論就是年長者通常最不可能是犯罪的受害者，但他們卻是最害怕罪犯的年齡層。那這是否就表示年長者因為害怕罪犯或害怕被搶劫而不敢出門就是不理性

的？就統計上來看的話，可以很簡單的得出答案是「對」。然而，若如同Woods（1999）和其他研究的觀察，這個統計數字描述的是全部的犯罪類型，若單看某些類型的輕罪，年長者受害的風險並沒有比較小。或許最合理的解釋是若人對於一個實際或合理的事情過於「執著」，而有較高程度的焦慮，這時恐懼症就會產生。

　　不過在某些特定情境下，某些程度的焦慮是有益處的。Bierman 等人（2008）發現在年長者的焦慮與認知表現間的關係呈現倒 U 曲線。換句話說，研究參與者在輕微焦慮下有較好的表現（認知測驗的得分隨著焦慮提高），但若有高程度的焦慮則表現得較差（此時認知測驗得分則隨焦慮升高而下降）。

◯ 物質濫用

　　物質濫用指過量地使用非法藥物或合法但具成癮性的物質（如酒精），導致日常生活功能受損。一般人對老年人的刻板印象使我們難以想像他們會成癮，但醫療專家們正逐漸重視有為數不少的老人正受成癮行為所苦（Blow and Osline, 2003; Stewart and Oslin, 2001）。但醫療照護者在過去常有辨認和處理成癮問題上受訓不足的問題（見 Finlayson, 1995; Schonfeld et al., 1993）。

　　成癮的概念通常立即使我們聯想到酒精或藥物濫用，但事實上成癮也包括了賭博行為。尤其在美國，遍布的賭場不僅允許人們賭博也提供了一種社交體驗，老年族群時常規律地拜訪（且常受到賭場鼓勵或贊助，見McNeilly and Burke, 2001）。這代表了賭博行為雖有令人討厭的一面，但也有其迷人之處。就負面影響而言，McNeilly 和 Burke（2002）報告了數個有賭博問題的老年人個案。而最近的研究則顯示約有 3% 的美籍老人的賭博行為應接受治療（Weibe and Cox, 2005）。同樣地，若賭博越容易，年長者就有越高的風險發展出賭博習慣，並被歸類為成癮行為的風險

族群（Preston, Shapiro and Keene, 2007）。不過就其正面影響而言，也有研究發現對某些年長者來說，參與賭博行為（例如去賭場）是一個重要的社交活動，而且並不會帶來明顯的負面影響（例 Hope and Havir, 2002; Vander Bilt et al., 2004）。Sittwell、Giacopassi 和 Nichols（2003）也同意通常賭博行為對年長整體而言並沒有太大的壞處。然而，我們很容易因此低估了賭博行為的社會影響。就如同酒精成癮等其他成癮行為一樣，賭博行為會造成嚴重的問題。根據 Southwell、Boreham 和 Laffan（2008）在澳洲昆士蘭針對賭場電子機台的研究，發現年長者將這些俱樂部作為一個社交場所。其中有許多人都是獨身或具肢體殘障。不過其中有 27% 的受訪者表示他們花光了全部的積蓄在賭博上，而且這些全部都是低收入族群。更糟的是，有輕度認知障礙的年長者往往不擅於賭博的風險決策（Zamarian, Weiss and Delazer, 2011）。

即使是看待老化最不偏頗的人，也很難想像老年人會使用精神藥物，但事實上他們其實是安眠藥和鎮靜劑的重度使用者。Simoni-Wastila 和 Yang（2006）估計每 4 位美籍年長者就有一位（至少在理論上）可能濫用藥物，而大約有 11% 的年長者確實如此。無意或蓄意的濫用這些藥物是美國急診室裡最常見的原因之一（Midlov, Eriksson and Kragh, 2009）。其中有不少案例是因為即使遵照醫囑服用，老化的身體還是無法正常地代謝這些藥物，造成嚴重的健康問題，例如譫妄（Midlov et al., 2009）。然而，也有為數不少的年長者服用處方鎮靜劑後出現藥物依賴的狀況（如 Gomberg and Zucker, 1998; Midlov et al., 2009）。使問題更加惡化的是，患者可能沒有覺察到許多精神藥物的潛在風險，因為他們可能認為「是醫生開立的藥物一定就沒問題」，因此，警醒程度及認知能力衰退的問題就被忽略了。

諷刺的是，有許多藥物根本一開始就不應該開立。舉例來說，Avorn 等人（1992）的研究顯示有許多住院年長者的精神藥物可以大大地減少，而不會對他們行為或心理症狀有任何影響。McGrath 和 Jackson（1996）

則發現，88% 有行為問題的住院年長者被不當地開立了**抗精神病藥物**（**neuroleptic drugs**，基本上來說，主要是鎮靜劑）。這值得憂心的原因不僅是因為使用「化學成分」來控制行為的道德爭議，抗精神病藥物也可能會降低認知功能（Brown, Chobor and Zinn, 1993），以失智症患者為例，這些藥物會增加患者的退化速度（McShane et al., 1997）。儘管過度開立藥物的精確比例仍待釐清，而且可能不是在所有情況中都是如此，但任何這類不當處方的情況都是值得關注的。令人難過的是，許多近期的研究指出，不論是在英美或其他歐洲地區，住院或在社區的年長者們仍面臨著處方不良的問題（Fahey et al., 2003; Gallagher, Barry and O'Mahony, 2007）。

年長者藥物使用問題不僅僅是合法藥物的誤用，更包括了使用禁藥的問題。儘管不如年輕人來得多，還是可以注意到有年長藥物成癮者的存在（見 Rosenberg, 1997）。有些人可能會很直覺地認為，年長的藥癮者是那些原本有藥癮的年輕人在醫療奇蹟下活到老年的人。確實有這樣的人，而且根據現有研究指出，有藥癮的人在他們一生到當中都很難放棄這個習慣。認為老年人會戒除藥癮的觀念其實是個大大的錯誤（Chait, Fahmy and Caceres, 2010）。Levy 和 Anderson（2005）就發現到年長的藥癮者（50-68 歲）除非有嚴重的疾病或死亡，否則不會放棄注射非法藥物。長期藥物濫用重則跟提早死亡風險大量提高有關，輕則是跟嚴重的行為或心理問題的風險有關（Chait et al., 2010; Hser et al., 2001），而且這終究可能會比我們所希望地提早發生。此外，藥癮行為可能會因為用藥或為了支付藥癮的錢而犯罪導致牢獄之災。Arndt、Turvey 和 Flaum（2002）在他們對美國監獄囚犯的研究中就發現到，有 71% 的老年囚犯（55 歲或以上）有物質濫用的問題（藥物或酒精），而且其中有三分之一從來沒有為此接受過任何治療處遇。而那些沒有坐牢的濫用藥物長者，也往往發現自己在那些主要由年輕人組成的用藥社群中被邊緣化（Anderson and Levy, 2003）。這問題可能會越來越嚴重。逐漸年老的「戰後嬰兒潮」世代會帶

來大量的藥物濫用問題，不僅是因為原本人口基數的增加，也因為這世代藥物濫用的人們並沒有如之前世代一樣減少藥物濫用（Johnson and Sung, 2009）。Gfroerer 等人（2003）估計，美國在 2020 年因物質濫用而需要治療的年長者，會從原本 2001 年的 1,700 萬人來到 4,400 萬人。而更近期資料則指出預期的數字可能會上漲到 5,700 萬人 [27]（Han, Gfroerer, Colliver and Penne, 2009）。伴隨的健康議題（包括了感染人類免疫不全病毒／後天免疫缺乏症候群 HIV／AIDS 的危險提高）將會使得未來健康照護面臨更為嚴重的問題（見 Topolski et al., 2002）。儘管在老年族群可能有診斷低估的問題，但 Kerfoot、Petrakis 和 Rosenheck（20111）仍發現到物質濫用的治療使用率隨著年齡增加而下降。

　　值得注意的是，不是所有的藥癮行為都是從年輕時開始的。Lofwall 等人（2005）發現到他們研究中較年長的藥癮者（41 位 50-66 歲的成人）是在中老年才開始使用類鴉片藥物。不過這些人可能並不是突然從原本沒有使用藥物變成有藥癮的人。他們注意到這些人在這之前都有其他類型的物質濫用史或是精神疾病問題。Roe 等人（2010）也有同樣的發現，他們提到早年朋友或家人的死亡（導致孤立）是某些案例的促成因素。他們也注意到並沒唯一一種入門藥物 [28] 會導致年長者開始濫用藥物。Rosen（2004）的研究解釋了這個現象，他發現年長的美沙冬 [29] 使用者（50 歲以上），他們願意嘗試其他在他們的社交網絡中可以得到的非法藥物。因此，一個成癮行為會導致其他的成癮問題。在有些文化中，成癮問題也有種族差異。Vogt Yuan（2011）指出在年輕的族群中，歐裔美國人（白人）比非裔族群更容易使用藥物。然而到晚年時，非裔美國人的使用率就跟上了。有一解釋是歐裔美國人有更多機會轉變進入更有責任的高階社會角

---

[27] 根據2002-2006年平均有2,800萬位50歲以上的非法藥物使用者。

[28] 譯注：又稱誘導性毒品。

[29] 譯注：一種類鴉片藥物。

色，而那些非裔美國人（就統計而言，他們較難以負擔起這些機會）就更可能表現出脫離社會常規的行為。

　　另一個常見的物質濫用就是過量使用酒精。通常會認為在晚年時使用酒精的情況會下降。有一令人毛骨悚然的論點或許可以部分解釋這個現象，該論點認為重度飲酒者有可能因為酒精的關係，或是他們傾向過著較不健康的生活，導致他們在步入晚年之前就過世了（見 Fillmore et al., 1998; Leino et al., 1998），這部分的人在統計中至少佔了一部分。Gilhooly（2005）則更進一步主張，我們目前對在不同年紀飲酒行為改變的知識都是從橫斷研究而來，因此我們所觀察到的飲酒行為「下降」現象其實是因為世代效應的影響──簡單來說，較年長世代的人比起現在世代的人本來就飲用較少的酒精，因此在研究中才會巧合地顯示出當人們變老時飲酒量就會變少。一個嚴謹且橫跨 3 國（英國、美國與荷蘭）的研究指出，飲酒行為的確看似會隨著人們年紀漸長而下降，但該研究事實上也存在著世代效應的影響。如同 Gilhooly 所提到的，這是一個嚴重的潛在問題，因為這群相對飲酒較多的戰後嬰兒潮，可能對要將飲酒量降低至醫學上合理的程度這件事情上不夠謹慎，因而導致問題產生，造成醫療照護系統額外的負擔。

　　然而，不管飲酒行為改變的情況為何，據估計大約 5% 的美國的老年人活在對酒精依賴的生活裡（Emlet, Hawks and Callahan, 2001; Stoddard and Thompson, 1996）。Hajat 等人（2004）指出英國的年長者也有相似的情況（男性約 5%[30]，年長女性約 2.5%）。Stoddaed 和 Thompson 針對美國年長者的研究發現，在感到孤單時會導致飲酒過量，同時有數種因素會維持此情況，如伴隨著負向生活事件、健康問題等等。然而，Hajat 等人在英國的研究卻發現過度飲酒者往往都是經濟無虞（例如有錢可以買

---

[30] 英國年長男性的平均飲酒頻率幾乎和年輕成年人一樣多（Hallgren, Hogberg and Andreasson, 2010）。

酒）和傾向有活躍社交生活[31]的人。St John, Montgomery and Tyas（2009）也發現，酗酒與憂鬱症狀和功能狀態不佳（例如處理日常活動有問題）有關。

DeHart 和 Hoffmann（1995）與 O'Connell 等人（2003）的研究指出在辨認年長者飲酒的一些問題。許多現有的診斷測驗是設計給年輕人的，因爲大多數的研究文獻都預設了飲酒過量是年輕人的問題——只考慮到目前衛生當局欲解決青年人狂飲問題的當務之急。O'Connell 等人認爲現有的衡鑑方式可能低估了年長者的飲酒問題。DeHart 和 Hoffman 也提到了酗酒可能與年長者大量的健康問題有關（見 Stoddard and Thompson 早先的研究），而這也讓單純只是找出飲酒量增加的前兆變得有問題。同樣地，測量年長者戒酒對健康的效果也因爲混淆變項的存在而變得困難（見 Sinforiani, Zucchella, Pasotti et al., 2011）。

一般來說，研究發現年長男性比女性更容易有酗酒問題（例 Graham et al., 1996; Hajat et al., 2004; Hallgren, Hogberg and Andreasson, 2010）。Emlet 等人（2001）發現男性飲酒的可能性是女性的 3 倍。不過要注意正確的數字可能因不同研究而有差異（例如 Hajat 等人發現只有 2 倍），這取決於在哪個特定文化下研究和使用何種測量方法，而且世代差異也有部分影響。

不管有飲酒問題的占人口比例多少，酗酒者的健康風險都是比較大的（O'Connell et al., 2003; Weyerer et al., 2009）。但若由此推斷出任何飲酒行爲都對年長者有負面影響，這樣的掃興態度是有危險的。事實上，將飲酒的變項控制住之後，老年人比年輕的飲酒者有較少的行爲問題（Livingston and Room, 2009）。在許多情況，酒精使用量和老年人的疾

---

31 在這個比較被過多著墨之前，也許相當值得注意的是，該情況或許不應拿來比較（而且尤其在飲酒過量的例子上，估算酒精使用量的方法不同，可能無法彼此計算。見Wilcox and King, 2000）。更多關於酒精使用的國際差異，見Blay et al. (2009); Castro-Costa et al. (2008); Du, Scheidt-Nace and Kopf (2008); Haarni and Hautamaki (2010); Popoca et al. (2007).

病與受傷情況的關係仍不明確（Reid et al., 2002）。而且飲酒行為確實可能對健康有益處。McCaul 等人（2010）進行了一個長達 10 年的縱貫研究後發現，比起每週滴酒不沾的人，每日適度飲酒（男性每日 4 份[32]，女性 2 份）可以顯著降低死亡風險。但仍要注意，規律飲酒的人，一週內有一兩天避開酒精，其死亡率更低。很有可能是輕鬆愉快的生活方式而非喝酒本身對健康有幫助。有些證據指出，對 50 多歲的人來說，飲酒在男性身上跟較慢的記憶退化有關，但在女性上則是跟較差的心理動作能力有關（Richards, Hardy and Wadsworth, 2005）。然而，較近期的研究則宣稱適度的飲酒並沒有辦法預防晚年的認知退化（Cooper et al., 2009）。

在結束這個段落之前，也許需要再次提醒，儘管物質濫用是相當嚴重的問題而且無疑正在成長當中，但受其影響的老人仍是少數。雖然不應因此而減少對這群人的關注，不過仍要注意到年長者的物質濫用的比率在所有年齡層中仍是最低的（Satre et al., 2004）。

● 人格違常

在第 5 章已有提到許多不同的人格類型都應被一視同仁，然而的確有些行為模式由於過於極端且不符社會常規，而導致患者本人或是與之接觸的人的困擾，這些人格行為遠遠超過「古怪但還可接受」的範疇。一般認為人格違常在老年人的發生率相當低，但臨床工作者仍有可能因為抱持著老年人「應該」會有何行為的預期，而輕忽了一些不尋常的行為。年長者確實較少被診斷為人格違常（Rayburn and Stonecypher, 1996）。從英國和美國的文獻來看，年長者比較常見的人格違常是迴避型（avoidant，低自我形象和迴避與人接觸）和依賴型（dependent，過度地讓他人為每件事做決定）。由於與大眾對退休長者的刻板印象一致，所以這些行為

---

[32] 譯注：份（unit）為英國計算酒精的單位，一份意指10毫升（ml）的純酒精。

模式被誤認為「正常」的行為也是很合理的事。此外，Sadavoy（1996）也認為人格違常很可能因為其他心理或身體疾患而難以被察覺。因此，人格違常在年長者身上的數量可能比我們認為的還要多（見 Abrams and Horowitz, 1996; Oltmanns and Balsis, 2011）。不過，有人認為人格違常在憂鬱症患者中特別常見（見 Abrams et al., 1998），而且跟自我傷害行為有顯著的相關（Ritchie et al., 2011）。要注意人格違常的發生率可能有文化差異，例如克羅埃西亞的研究就發現在他們國家中男性最常見的施虐型和反社會型人格違常，女性最常見的則是自我挫敗型、邊緣型和分裂病性人格違常（Mandic and Barkic, 1996）。

◯ 思覺失調症

　　本章要介紹的最後一個疾患是思覺失調症（schizophrenia，過去稱精神分裂症）。Schizophrenia 的英文字義是「分裂的心靈」，意思是破碎的自我感，而非大眾常誤解的「人格分裂」。思覺失調症是一種非由智能不足所造成的思考、知覺和語言障礙的嚴重精神疾病，對現實的知覺會有嚴重的扭曲，同時伴隨著情緒與行為上的改變。思覺失調症有許多不同的類型，每一種類型都有其獨特的症狀組合。在這些症狀中最常見的是，患者對世界運作的方式有不合理的信念，常相信自己是被迫害的，也可能會有幻覺（例如腦內的聲音）。人們會用「荒誕」來形容患者的語言，患者會有異常的想法、表達方式和自己發明的字眼（見 Stuart-Hamilton, 1999a）。

　　通常來說，思覺失調症好發於成年早期（早發型思覺失調症；early onset schizophrenia, EOS），但也有四分之一的患者是在中年或晚年才發病（晚發型思覺失調症；late onset schizophrenia, LOS）[33]。有些研

---

33 有些學者將晚發型思覺失調症定義為40到59歲，而更年長的個案則稱為極晚發型類思覺失調精神病。

究估計大約有十分之一的思覺失調症患者，在他們 60 幾歲或更老時才第一次出現思覺失調症的症狀（見 Bartels and Mueser, 1999; Karon and VandenBos, 1998）。所以，年長的思覺失調症患者可用患病的時間長度來區分為早發型與晚發型兩大類。有人可能會誤以為晚發型思覺失調症是沒有任何前兆就突然出現。研究發現晚發型思覺失調症患者其實先前都過著一段相當孤寂、認為沒人在乎自己且很少社交的生活。他們往往受到親友有意或無意的保護，但在親友死亡或無力照顧後就很快的導致發病（見 Quin et al., 2009）。換而言之，晚發型思覺失調症很可能之前只是等著發病罷了。

　　要直接比較早發型和晚發型思覺失調症是件不容易的事情。舉例來說，因為早發型思覺失調症患者因此疾病而受過的治療與晚發型思覺失調症患者完全不同，很可能存在著世代效應。同樣地，患者第一次服用抗精神病藥物的年齡也會有影響，較年長的患者明顯有比較多的副作用（雖然這些是可以改善的；見 Bartels and Mueser, 1999）。除了在某些測量上，如對聽覺刺激的腦波圖，早發型與晚發型思覺失調症患者的表現會有差異（Olichney et al., 1998），兩者在症狀上沒有太大的不同（Lacro, Harris and Jeste, 1995; Reicher-Roessler et al., 1997; Sponheim et al., 2010）。另外值得注意的是，有不少思覺失調症患者最後都患上了失智症或至少出現失智的症狀（見 Arnold and Trojanowski, 1996）。然而，除了一些早期的組織學研究支持兩者間的關聯，近期的研究都沒能在年長的思覺失調症患者身上找到如 AD 患者會有的腦部萎縮（Arnold et al., 1998; Purohit et al., 1998）。儘管如此，不論是哪一類型的思覺失調症患者，治療預後還是相當樂觀的（Karon and VandenBos, 1998），儘管在治療晚發型思覺失調症患者的資源可能比較少（Mitford et al., 2010）。

⬤ 總結

　　與總人口相較，精神疾病在老年人口仍是較少見的。年長的精神疾病患者所面臨到的當然是個嚴肅的問題，但在許多情況中，他們的情況並不會明顯比有同樣疾患的年輕人更糟。當然，這些年長的精神病患者還是會有年齡相關的生理疾病（如關節炎或聽力損傷），而且可能會使得問題更加惡化。

⬤ 建議閱讀

　　Woods（1999, 2011）、Smyer 和 Qualls（1999）與 Nordhus 等人（1998）都對老年的心理健康有非常好的介紹。Lezak 在其著作神經心理學衡鑑（1995）中也對這個主題有大量且廣泛的回顧。Dementia UK（Alzheimer's Society, 2007）則是一本對失智症在英國的盛行率和經濟、照護成本都有介紹的優秀指南。初學者則適合閱讀 Graham 和 Warner（2009）所寫的概論。Chertkow、Massoud 和 Nasreddine（2009）對輕度認知障礙（MCI）和非失智症認知障礙（CIND）也有相當實用的介紹。對於發展障礙症和老化的介紹則可參閱 O'Brien 和 Rosenbloom（2009）。Tallis 和 Fillit（2003）對晚年的心理與生理健康議題有非常詳盡的說明，雖然部分章節對有些讀者來說可能會有些過於「技術性」。Manthorpe 和 Iliffe（2005）的書對年長者的憂鬱症的描述相當平易近人，讀者可能會覺得相當有幫助。Leentjens 和 van der Mast（2005）對譫妄的研究也有深入的整理。Stuart-Hamilton（1995a）也對精神疾病的分類與處遇有很好的回顧。

第七章

老年心理狀態的測量問題

陳晉維譯

○ 概論

本書意圖從主流科學共識的觀點來介紹老化心理學。但其實還有許多不同的觀點。例如，Calasanti（2004）以完全不同於研究傳統的角度提出女性老年學。Dixon、Backman 和 Nilsson（2004）的著作探索老化認知研究的新方向，對那些已經有某些心理學背景的讀者來說應該會相當有趣。同樣地，探討心理功能與腦部造影關聯（見第 2 章）的研究熱潮可能會促進對老年神經心理學、分子心理學[1]與精神疾患的進一步大量研究興趣（見 Licinio, 2009）。

目前本書所涵蓋的主題是由大量關於老化心理學的研究所組成。如讀者所見，這些研究難免會受到批評，不過這些在前面章節的批評大多都是針對特定的理論而不是整個研究主題。到目前為止依然隻字未提的是，那些對老化心理學各主題共有的研究假設或方法的批評。在本章，我們應將這些批評納入考慮。作者無意在此做非常詳盡的討論，而是想簡單地刺激那些已經了解基本知識的讀者，開始以批判性的角度來看待這些主題。

○ 混淆變項與探尋「純粹的」老化現象

老化的研究是基於一個假設：我們可以找到所謂「純粹的」老化現

---

[1] 一個較少人理解的主題。可參閱Franklin（1987）對此主題的介紹。

象。這個假設主要是認為，當我們控制世代效應的影響之後，任何年齡差異「必然」都是老化造成的。學者們很少直接明說，但在多數論點中至少都默認了這個假設。本書在第 2 章就已經提到，流體與晶體智力測驗的年齡差異，在某種程度上取決於使用何種測驗方式，譬如流體智力的測驗表現，其實有部分會受到個人寫下答案的速度影響。由於關節炎、風濕或相關疾病，老年人通常寫得比較慢，而影響到他們在限時的紙筆測驗終能寫下多少答案。簡而言之，測驗工具可能會低估了老年人的真實心理狀態。相反地，晶體智力測驗中沒有出現年齡差異，則可能是因為完全相反的原因——測驗通常沒有設定時間限制，如果設定了時間限制，那就會顯現出年齡差異。

　　書寫速度和測驗是否應設定時間限制，絕對不是唯一會影響年齡差異的議題。簡單閱讀在作者桌上成堆的研究摘要 [2]，就可以發現以下潛在混淆變項：教育程度（Anstey, Stankov and Lord, 1993; Christensen, Hendersen et al., 1997; Christensen, Korten et al., 1997; Compton, Bachman and Logan, 1997; Jones and Gallo, 2002）、基因遺傳（Deary et al., 2004a; McGue and Christensen, 2001）、健康狀態（Horn, 1982; Riegel and Reigel, 1972）、運動程度（Powell, 1974）、動機（Bauer, 1966）、特定技能的練習程度（Charness, 1979, 1981; Milne, 1956; Plemons et al., 1978）、感官功能（Lindenberger and Baltes, 1994）、社交人際網路的品質（Holtzman et al., 2004）和社經地位（Rundinger and Lantermann, 1980）。而這些都還只是冰山一角，若有人願意花足夠的時間，他可以列出更長的混淆變項清單。要注意到的是，不是每個的變項都有相同的重要性。但這麼龐大的清單讓我們理解到，年長者與年輕人之間的大部分差異可能都是因為世代效應造成的，而非「純粹的」老化。

2　這段句子是先前版本所寫，描述的是我2005年時的桌面。現在的文獻會是比較近期的（跟我的家人與同事想像的相反，我偶爾還是會整理我的書桌）但論點仍然是一樣的。

Salthouse（1991b）對老化的研究進行整合分析後發現，在移除了健康和教育程度影響之後，會降低但不會完全消除年齡差異。然而，雖然Salthouse 是位謹慎且值得尊敬的學者，這也只是清單中，數以百計的潛在混淆變項中的其中兩個變項。假如我們不是只控制兩個變項，而是控制大量的混淆變項會發生什麼事呢？理論上，在控制了 5、10、20 個，甚至 100 個混淆變項之後，我們可以決定是什麼造成了年齡差異。並沒有任何一條「定律」限制研究者們這麼做。例如，我們可以不斷的加入更多要控制的混淆變項，直到年齡差異完全消失。當然，就統計來說，這樣的方式是有疑義的，但重點是我們無法清楚的知道，哪些構成有影響性的世代效應的變項應當被控制，而哪些則不用，以下試舉一例。

假設決定要控制心血管疾病的效果，因為當人有心臟或血液循環問題時，智力測驗的表現可能較差，所以有此疾患的病人在實驗中都將被排除。然而，為什麼只針對心血管問題呢？為什麼不將有關節炎、風濕和癌症的患者也排除呢？這些疾病都可能影響智力表現。若將這樣的策略無限上綱，就會得到一個全由符合「A1」標準組成的老年人樣本，這可能可以排除所有疾病的世代效應，但也就使樣本不具老年人口的代表性了（見Stuart-Hamilton, 1995），而且這還只是考慮健康因素而已。若我們現在決定要將老年人與年輕人的教育程度也考慮在內時會發生什麼事？通常老年人所受到教育的時間較短，因此，對這個變項必須加以控制。然而，我們又能如何控制不同類型教育的差異呢？比起年輕人，老年人通常受較為僵化且強調機械式記憶的教育長大，而且有許多老人（至少在英國）受到較多的實務技能訓練，例如針線活、木工等。我們又要怎麼控制這些差異？

很顯然地，我們不可能控制所有可能的混淆變項。有些混淆變項必然會留在分析當中，而且或多或少會汙染我們研究數據。若詳細閱讀老人學的期刊，就會發現到，許多研究者甚至根本不擔心要去校正可能的世代效應，若有的話，也頂多控制一或兩個變項。假如所有的研究者都從同

一群人中挑選志願者的話，不會造成嚴重的問題，因為在這種情況下，不同實驗間的比較仍是建立在同樣的基礎上。但事實上現在許多測驗對象的組成差異相當大。以此舉例，作者選了某一期的老人學期刊[3]，並記錄收錄於期刊中的非失智症老化研究是如何招募受試者。有兩篇研究沒有提供足夠的資訊，而剩下的研究則有以下不同的方式：在紐約地區的報紙刊登廣告、在加拿大的報紙與不同社區機構中刊登廣告、透過媒體發佈廣告、在老人中心或老人公寓刊登廣告、從大學的老年研究志願參與者資料庫中招募、從 1960 年代的全國調查中招募、當地的志工團體、澳洲部分地區的選民名冊中超過70歲的人，和社區健康之家的志願者。研究篩選條件（尤其健康往往是參與者自陳報告）的程度五花八門，從嚴格排除掉所有非「A1」標準的參與者到完全沒有設限都存在。稍作想像就可以明白，上述這些研究的參與者差異度極大。有些研究的參與者可能比其他人來得健康，有些則是有更高的社經地位等等。

　　或許會有人認為上述的主張過於學究、太執著於細節。然而，如同前面章節所述，人在晚年時變異性大量增加，任何會強化此差異的研究操作都會阻礙我們對不同研究的直接比較，使得我們難以釐清老化現象。而且更進一步的問題是，若要納入年輕人一起做比較，研究幾乎都是從大學生中招募參與者，年長的研究參與者則來自較為多元的智力背景（例如，因為不是所有年長者都有正式學位，所以大學生智力平均幾乎總是比較高），而且兩者往往有不同的參與動機（例如真的有心參與研究，或只是為了得到學位而做枯燥無聊的測驗），所以任何比較年輕人與老年人的研究從一開始就被汙染了。

　　在閱讀這些批評之後，顯然任何有關老年人的實驗必然會有些世代效應的影響。不過，還是能採取某些策略來控制影響最顯著的世代效應，可

3　假如記憶無誤的話，這是2000年出版的期刊。我曾數次在學生的專題討論會上，隨機的在不同的出版品重複這樣的活動都得到相似的結果。

以設立一個所有研究者可以接受、願意遵守的控制標準（在其他科學領域也有類似的控制方法，而且效果卓越），包括了：控制至少最常被提到的變項（教育、整體健康狀態等等）、使用特定的方式招募研究參與者（例如每個研究者都同意以相同的方式招募）、務實地接受有些混淆變項就是會存在，以至於某些「雜訊」會留在研究資料中。很遺憾地，目前並沒有這些變項的「學界標準」規範所有研究者（見 Stuart-Hamilton, 1995）。所以，研究者可以自由地採用不同的研究設計，結果就如目前所見的，我們很難判斷年齡差異的真實效果有多少（Stuart-Hamilton, 1995, 1999b）。

　　上述的論點是建立在「『純粹的』老化的測量值被世代效應所掩蓋」的假設上，所以認為此種測量是有效的。然而，這是一個存在爭議的議題，進而衍生另一個相反的觀點。學者們常心照不宣地假設「純粹」老化現象的測量值是存在的，但卻很少清楚地去探索這樣的假設。然而，研究者為了要對老化現象有「更精確」的觀察而移除世代效應，也就可能預設了「純粹的老化現象」是一種可以不受教養影響的測量值。簡而言之，這是個研究個體差異的研究者所鍾愛的「先天─後天」的辯論，即是：純粹的老化是先天的，世代效應則是後天的（Stuart-Hamilton, 1999a）。然而，要了解智能如何在完全不受教養或人際互動影響的情況下發展，即使可行也是很困難的一件事。甚至極端來說，這就是像是主張只有在與世隔絕的空間內被扶養長大的人才能體驗到純粹的老化。大多數會在晚年表現的心智能力，是因為有教養與社會互動才使它們展現，而非排除了教養與社會互動之後才得以展現（見 Pratt and Norris, 1994）。因此，世代效應可能不會是扭曲「真實」結果的麻煩，而是人心智的一部分，無法被輕易在不會否認到一個人部分心智狀態的情況下被排除。或許可以說每一年齡世代不可避免地存在著差異，因此若有部分差異是因為養育上的差異，那就接受它吧。這議題也為控制縱貫研究中混淆變項效果的企圖帶來了疑問（見第 2 章）。企圖移除練習效果與退出效應的影響，會有每一世代獨特的老化現象在過程中也跟著被消除的危險。如同在本書第 2 章所提到的，

某些研究發現的老化影響，看起來其實比較像是採取的特定統計技術所導致，而非資料本身的結果，因此我們必須抱持著健康的懷疑態度來看這些研究結論。

將所有觀點都納入考量後，我們只能獲得一個結論：老年人傾向在智力測驗中表現得比較糟。然而，這結果是否反映了「純粹的」老化仍然有待討論——如同我們認為什麼是「純粹」老化的討論一般。

◉ 研究發現對日常生活的意義

老化研究的進一步問題在於它常常與日常經驗相左。整本書中所提及的心理測驗（尤其是智力測驗）都表現得像是他們在測量「真實的」（pure）心智能力。然而若真是如此，那麼我們邏輯上應會認為這些心理測驗跟我們日常生活技能有密切相關。舉例來說，智力測驗的得分應該可以相當優異地預測學業能力、工作地位、工作能力等等，然而事實並非如此。有一個心理學笑話是這麼說的：智力商數（IQ）與現實（real）生活中的某種測量值所能找到的最高相關是 0.7，而這個真實（real）生活測量的測量值其實就是參與者的真（real）牙（相對於假牙）數目。通常，IQ 測驗難以預測現實生活中的表現—兩者間的相關通常落在 0.2-0.3 之間。換句話說，IQ 大約最多只能預測 10% 的現實生活變異量。當然這並不是說智力測驗是沒有用的。即使是詆毀智力測驗的人也會承認，這些測驗辨認特定能力的極端者是很有用的。因此，IQ 測驗可以用來辨認那些智力異常聰穎或貧弱的人（雖然也有人爭論其實不需要 IQ 測驗，就可以辨認出智力異常貧弱的人了）。智力測驗沒有辦法做的是，正確地區別那些處在極端中間的（也就是大多數）人們的表現。這為老人心理學帶了一個令人不太舒服的問題：如果智力測驗無法正確地反映日常生活能力，那目前這些關於老化與智力改變的大量研究又有何價值？

Salthouse（見第 2 章）為此疑問提供了一個答案：雖然智力對絕對能

力來說是個糟糕的預測因子，它作為一個控制歷程仍是不可或缺的。或許真是如此，但一定會有人想知道為何心理學家們仍要投入這麼多研究，在一個與日常生活關聯極其微弱的測量值。一個比較殘酷的觀點是，雖然IQ 測驗是相當差勁的預測因子，但仍舊是目前所能夠找到的最佳評量方式，所以我們只能繼續使用它們，「直到真愛到來」[4]。根據前面的估計，老年心理學熟諳老年人智力中的 10% 發生了什麼事，但就如同冰山一樣，還有90% 仍被掩蓋著。其實這樣的看法有些過於嚴厲，平心而論，IQ 測驗大概是智力改變研究中足夠充分的指標。整本書都可看到在智力測驗表現下降跟特定記憶、語言和心智能力的改變有關。不可否認的是，雖然彼此之間的相關程度常常很小，但仍是有統計上的顯著性，並且符合預期的關聯方向。譬如，從未有研究發現老人的流體智力得分比年輕人還要高，或是智力測驗得分越低卻記憶力得分越高。智力測驗在預測趨勢上可以說是相當充分且相當一致的。

　　責怪老人心理學未能找到智力測驗單純一般性描述以外的功能是不公平的。其實這是個從一開始就困擾著心理計量學（**psychometrics**，從事心理差異的研究）的問題，其關鍵是測驗的便利性（convenience）。在心理測量學的理想世界裡，參與者只需要接受單一個智力測驗，其得分就能完美地預測他們在任何智力作業上的能力。單一個測驗得分就能告訴我們關於參與者身上所有我們需要知道的心智能力。然而對心理測量學家來說不幸的是，這樣的測驗並不存在，而且事實上不可能有人能設計得出來，原因在於根據心理學研究，智能並不是由單一個因素所決定的，而是由若干個彼此之間至少某種程度相互獨立的心智能力所組成。因此，一般智力測驗其實只是所有這些次級能力的表現集合，只能使我們對個人的能力有個整體印象而已。

　　這情況類似於預測一支足球隊的表現，隊伍中的不同隊員有不同的專

4　譯注：這裡作者引用了一首歌：Until the real thing comes along。

長能力。聯盟排名表透過顯示該隊伍相對於其他隊伍的位置，給予這支隊伍表現優異程度一個整體性的評估。但聯盟位置並無法告訴我們太多關於個別球員的能力資訊。當然，一支好的隊伍會傾向有優異的球員，只是這並不是絕對的。例如，某一球隊可能有足球史以來最好的前鋒，不過仍可能因為球隊中的其他隊員都很差勁而使球隊在聯盟排名中逐漸下滑探底。同樣地，智力測驗的整體分數可以給我們一個關於個人整體智力表現的指標，但不能正確預測該人在特定任務上的表現有多好，而次級能力的測量值也不必然可以告訴我們更多資訊。心理測量學存在著這樣的雙束訊息（double bind）：一般智力測驗不是日常生活技能的良好預測因子，而雖然次級能力的測驗可以有較好的預測力（因為它們所評估的能力較類似於那些「現實生活」中使用的能力），但是，由於這些次級能力測驗相似於現實生活中的問題，使得有人可能會直接棄置測驗不用，轉而直接使用現實生活中的能力作為測驗。因此，測驗會缺乏效用。有時候是因為它所測的範疇太廣泛，但其他時候也可能因為它所測的太過明確具體。

　　另一個心理測驗未能貼近真實的批評可以從第 2 章的觀察可以得知，年輕人與老年人在許多智力測驗上的差異幾乎達兩個標準差。有教育研究相關背景的讀者就會知道這是個有重大意義的數據。因為，以兒童的情況來說，若其表現低於平均數的兩個標準差之外，那這個孩子就會被認為可能需要補救教學或特殊教育。若是老年人在智力測驗的表現真的是現實生活中行為的指標，那大部分的老人應該會跟那些不幸有「特殊需求」的年輕人或孩童表現得差不多，或是比他們表現得還糟。但很顯然地，事實並非如此。老年人和那些有學習障礙的孩子在研究上的相似性並沒有在主流研究文獻中引起討論。有部分的原因在於這些測驗並不等同於日常生活經驗。很顯然，這些老人在「現實生活」中並不會表現得像是有學習障礙的孩童，因為即使在某些實驗室測驗中的表現下降，其他的認知能力並不會同樣受到老化的嚴重影響。此外，可推測補償策略也會有其影響。不過不論如何，老年心理學研究普遍很少注意到發展心理學，這個現象仍相當值

得好奇。

　　試想以下問題：假如我們今天要開創老年心理學，我們會請哪位現存的心理學家做研究？答案當然是發展心理學家，畢竟他們在調查隨時間推移的發展與改變上是最具專業知識的學者。這樣的任務，一般最不會交給認知心理學家，他們通常是對心智模型的運作有興趣，個體內的變化則大多被視為需要從分析中排除的混淆變項。但很反常的是，目前老年心理學看似大多是由認知心理學家和一小部分的心理測量學家的研究興趣而來的。一本寫得非常值得稱讚的書，老人心理學自傳史（*A History of Geropsychology in Autobiography*，Birren and Schroots, 2000）記載了活躍在 1940 到 1960 年代之間的第一代老人心理學家的生涯，幾乎所有人都來自認知或個體差異的心理學研究背景。這些學者非但不是來自對處理跨時間改變相當熟悉的心理學領域，反而大多人都是想要在他們從年輕人身上得出的完美心智歷程模型之中，探討老化如何產生負面影響。因此，老化現象並未被當作是發展歷程，而是相對少數行為的退化狀態。這幾乎就是認為青年期是表現的巔峰，而老年期則代表著失去（Stuart-Hamilton, 2010）。

　　此時，批評者可能會說，對老化的負向看法並不是今天才出現。Butler（1969）創造了年齡歧視（**ageism**）一詞，但當時 Butler 是在描述一種至少從有文字紀錄以來就以各種形式存在的偏見。發現正式的科學方法來以退化的觀點描述老化現象，只不過是以學術包裝古老的歧視。但這從來不是老人心理學研究的本意。研究者們都相當關心任何暗示種族間「真有差異」的種族差異報告。然而，即使是種族群體間有史以來最大的差異，在許多老化的研究發現旁邊也相形見絀、顯得不顯著。研究報告記載各種退化現象，使一般老年人被描寫成無法在沒有任何醫療幫助的情況下發揮生活功能，但卻很少有評論指出這研究發現有何實務上的意義。彷彿老人心理學家找到跟年齡有關的退化後卻希望這些研究發現無關緊要。

　　當然這是個相當誇張的說法，因為至少退化是可以透過其他策略來補

償的,或老年人在日常生活中其實不會常使用這些退化的技巧。但倘若事實真是如此,那為什麼要研究這些可能對年輕人來說重要但卻跟老人沒什麼關聯的能力呢?有部分的答案是因為這些測量是看出哪些技能改變或下降的良好指標。除非我們知道老年人在補償什麼技能,否則我們無法得知老年人是否有在使用補償策略。然而,許多心智能力之所以被研究,是否是因為學術界對於何謂理想的老化和智能生活存有某種心照不宣的預設,這點仍值得商榷。學術界習於使用他們的標準來評判事情,而且還期待著其他人也是如此。例如,我們有時會被評論者嚴厲的抨擊說有些人缺乏學科所培養的能力。又如,藝術圈的代表會認為生活在機械世界裡的人會對美學比較遲鈍,相反地,科學家會主張我們花太多時間在教「簡單的」藝術科目,導致一般大眾缺乏邏輯或必要的科學知識來做有根據的決定。在本書對此爭論做進一步的討論,是無必要且時機不當的。但這個普遍的議題突顯了學術界對學習類型和人們應當習得的知識,已經抱持著某種根深蒂固的偏好,而這難免會包含著某種價值判斷,認為某些類型的知識比其他知識更好。

回到老化的心理學問題,這些老年心理學家所使用的心智能力測驗通常不是為研究老年人而發展的。通常,這些測驗早已被設計好要測量年輕人,然後順便拿來給老人使用,看老年人相對於這群年輕族群表現得如何。換句話說,心智老化被設定成:老年人距離年輕人所設立的理想標準落下多少。也就是,在多數老人心理學家的眼中,「成功的老化」就是老年人在維持「他或她年輕時候的表現」的程度有多少(Stuart-Hamilton, 1999b)。所以,這也預設了老年人一旦在青少年後期或 20 幾歲時達到智力的巔峰,那他的心智狀態應該就不再發展,而是盡力維持在某種靜止狀態。雖然有些評論者提到老年人的智慧可能會更有深度,或是變得更精熟於整合邏輯思考與實用的考量,目前大多數的老年心理學主題還是著重描述老年人從年輕時理想典範退化的程度是增長還是減少。

然而這又引出了另一個明顯且有爭議的問題:為何一個人在晚年時,

不如年輕理想狀態時那樣分析事情或知曉許多事物，就應被如此負向地看待？儘管這些事情在學術上有意義，但並不代表若有一天人們語言能力退化，再也不能寫出領袖魅力的「魅」或聯繫的「繫」，又或者記不得「蒹葭蒼蒼」的意思，他們就會認為這是災難。對高度理想智能的追求對某些人來說很重要（包括了學術界），但並不是每個人都會覺得必要或嚮往的。多數老年人的生活並不是被閱讀知識期刊所推薦的書籍、觀看有字幕的電影，或玩時代雜誌的填字遊戲所填滿。把高智力或特定的心智能力視為生命中必要的部分，是虛偽又容易引起紛爭的想法。這種以高智力為老年生活的目標除了反映大學教授怎麼計畫他們的退休生活之外，跟多數人的理想生活並沒有什麼相似之處。若假定所有老人應被放在此標準來衡量，那就太過魯莽了。我們可以發現老人心理學是透過描述老年人與年輕人的心智之間如何不同，來建構出對老化的觀點。這背後假定的是兩個年齡群體都會用相同的心智能力來執行任務。做個比喻，老年人與年輕人就像是兩個對賽的足球隊，但如果其中一隊決定要放棄足球而去打保齡球會發生什麼事？換句話說，老人心理學對智能改變的觀點，是建立在認為老年人仍使用年輕人會使用的心智能力。就目前為止的證據，這個論點顯然難以令人信服。

在本書第 2 章已經提到許多關於老年人在傳統兒童發展測驗中表現的研究，例如皮亞傑的研究。簡單來說，老年人通常採用較為原始（primitive）的方式，而非較為複雜的、理論性（academic）的問題解決方式。Klaczynski 和 Robinson（2000）提出進一步的證據，發現老年人整體而言會採用捷思法（heuristic），而不是用分析問題的解決方法作為主要原則。Allarie 和 Marsiske（2002）也發現日常生活情境中的問題在預測老年人日常功能上，比傳統心理測量方法還要準確許多。

倘若老年人拒絕採用許多學者認為老年人「應該」要使用的能力，這也許有部分理由跟生活方式的選擇或動機有關，那麼我們也就很難繼續使用相同的、僵硬的標準來比較老年人與年輕人。然而，我們仍有需要解

釋心智運作風格的轉變是如何發生的。以下是一個可能的解釋[5]，假設發展是由知識和問題解決的累積而來，並且受到基因遺傳和生活的環境所決定（其中沒有任何一個因素應該是有爭議性的）。知識和問題解決策略可以被（些微詼諧地）稱為「點子族類」。點子族是否會成長茁壯端視它們處在什麼樣的環境中。只有當人類可以將點子一族整合進現有的心智架構，才學會這些點子，而且必須有效地儲存跟反覆練習它們才能被保存下來。所以，孩提時習得能力和老年時喪失能力，都受到同樣的機制所掌管。現有的各個老人心理學模式描繪在某個時間點下各個歷程的橫切面──相對於發展心理學研究拓展寬度，他們則增加理論的深度。其中有許多已經以不同的方式提過了，最重要的差異在於過去隱微地假設發展和老化基本上是指向特定的目標的。這被認為最終重演了肆虐電腦模型研究多年的小矮人（homunculus）問題。此處的不同在於整個過程基本上都是盲目隱蔽的──人並沒有真正地覺察到這些歷程，所以心智歷程是否被獲得或遺忘，最後就落入了機率性的賭注。我們可以透過計畫在特定方向下注，但基本上這過程已經不是現行研究所關注的了，現行的研究假設了發展就只有一個單一、美好的路徑。注意，這理論並不否定「不用論」或「普遍變慢理論」──兩者都提出了造成改變的可能機制。例如，Singer 等人（2003a）發現在非常老的老年人身上，技能的發揮相當依賴流體智力（因此引起了對普遍變慢的討論），進而可說明何以老年人傾向以原始的捷思法來回應其他認知能力的喪失。

◉ 無意的年齡歧視

　　上述的論述讓人認識到老化基本上是由人創造出來的，所以很僅以在測驗裡的表現好壞，來定義老化其實是錯誤的理解。許多研究者即使並

5　Hendry和Kloep（2002）另外提出了一個相似的模型。

不同意先前敘述的理論模型，也很可能會贊成這樣的結論。然而，儘管具備了平等的哲學觀點，我們還是很容易在不同的年齡群之間創造人為的藩籬。Simone de Beauvoir 將她經典的研究《老年》（*Old Age*, de Beauvoir, 1970）劃分為兩大部分，一個是排除老年的觀點，另一個則是包含老年的觀點。大多對老年的研究是由年輕人所進行的，這個長久以來的問題提高了**年齡歧視**（**ageism**，一種對老年人的非理性偏見）的風險。即使是從其他偏見的低標準來看，刻意的年齡歧視也是非常粗鄙而且愚昧的。一個種族主義者可能就像是池塘底的骯髒汙泥一樣，而一個男性沙文主義者還可能玷汙了像豬這種高貴生物的名聲，但這兩者都能使用他們絕不會改變種族和性別的有力事實，來攻擊他們的仇恨目標。然而，歧視老年的人卻有高的機會變成他們所痛恨的對象──也就是，他們自己也會變老。值得慶幸的是，很少有老年歧視者會從事照護或研究老年人的工作。但即便如此，老年學還是難逃年齡歧視的哲學影響。

說「老年人比年輕人較易有生理疾病」，或說「老年人更容易得到失智症」，或說「他們通常在智力測驗中能力較差」，並**不會**是老年歧視。如同說「就平均而言，女人比男人矮，不能舉起一樣重的重量，或不能跑得像男人一樣快」不會是性別歧視一樣。然而，若是將這些測驗當作是價值判斷，而非簡單描述（重要性仍有疑義的）測驗測出來的平均差異的話，就會導致一種觀點，認為某個群體本質上低劣於其他人。即使是最為平等主義的動機也可能導致同樣的結果。舉例來說，一開始可能只是個值得讚許的一般性聲明──認為老年人需要更多的照護，因為就平均而言，他們有較多的需求。但這樣的說法很容易發展成：認為老年人必然會變得較虛弱，或在大多的測驗比較不靈巧。抱持這樣觀點的人可以出於非常良善的理由，但對老年人的汙名也由此而生。譬如，試想在介紹病患性虐待議題的護理教學影片中，主持人在陳述老年患者遭受性虐待的案例時提到「即使是老人也無法倖免於侵害」。從一個角度來看，此舉提高了人們對「性虐待是相當嚴重的事情」的關心。不過，「即使是老人」這種措辭也

帶有明顯的價值判斷，認為老年人是虛弱且沒有性吸引力的──一個從絕對真誠且令人讚賞的關心中浮現出的強烈刻板印象。

然而，即使不是有意歧視老年人，全神貫注地研究年齡有關的退化，太過強調改變「為何」和「如何」發生，仍會有相當嚴重的問題。雖然嚴謹的科學調查是值得鼓勵的，但仍有一個危險是，我們為研究而研究，忘了一開始為何提出研究問題。在其他地方（如 Stuart-Hamilton, 2010）我將這個過程比作是小熊維尼在雪中追蹤一個被稱為大臭鼠（woozle）的危險怪獸。當然這樣的怪獸並不真實存在，而是這隻傻傻的小熊在追蹤自己的腳印。但每當小熊維尼花越多時間追蹤著自己的腳印繞圈，他就認為有越多怪物就在前方。筆者並沒有意圖要暗示老化心理學的學者們就像是這隻虛構的小熊，但很確定的是，即使是對老人心理學最有熱情的人，一定也很想知道除了廣為人知的普遍變慢理論、照顧者壓力等研究文獻外，在這領域還有什麼新曙光。

第八章 死亡、瀕死與哀慟

何雪綾 譯

◉ 概論

正如第 1 章曾經提到，直到 19 世紀，死亡經常是發生在人年老之前。即便今日，死亡也絕非專屬於年長者。在第 1 章提及，今日大約百分之 70 的西方人，預期壽命可超過 65 歲，百分之 30 至 40 可超過 80 歲。這聽起來相當不錯，直到你發現這意味著，大約也有百分之 30 的人會在他們活到老年之前就死去，而這個數字在發展中國家當然更高一些。死亡原因也並非與年齡特別有關。例如，在 2010 年，死於循環系統疾病的男性之中，有百分之 16 是發生在 65 歲之前。相反的，死於人類免疫不全病毒（HIV）的男性之中，僅有百分之 14 的死亡是在 65 歲之後（Office for National Statistics, 2011）。但不論如何，如果老年之後，已沒有更進一步「變老」的空間，那麼基於這個平凡的事實，老年期便明顯而不可避免地，是人生中與死亡關聯性最大的時期。死亡最深刻面貌裡，其中之一是不論一個人有多健康、多善良正直，都難免一死。就像大衛‧霍克尼（David Hockney）在他的藝術作品上所放置的宣告：「不管你抽不抽菸，死亡都會來到」（Malvern, 2011）。

因此有關於死亡、瀕死以及哀慟的心理因素研究，並未自動被歸屬於老年心理學的一部分。它應用於老年人的可能性最高，但並非僅與老化有關。儘管如此，老年期有許多慢性病與使人虛弱的疾病與狀況，其中某些（例如，癌症、心血管與肺部問題）長遠來說很可能致命。因此，老年期並非死亡唯一發生的時期，但卻可能是這個議題最明顯縈繞於人心的時期。

◎ 死亡覺知

精神分析通常認為,我們對於自己終將一死的覺知,是形塑我們人格與行為的關鍵因素(例如,Akhtar, 2011)。常見的反駁論點是,人們通常對於自己何時思考過死亡渾然不覺,而這個論點卻深刻符合了精神分析的普遍回應,也就是這類反應通常是下意識的,因此個人未能覺察。這就像精神分析的許多其他觀念,都是無法驗證的。然而對西方社會來說,死亡的討論極度受限是不爭的事實,顯現在婉轉用語出現的比例超乎尋常(例如,「過往(passed over)」、「走了(gone)」、「在上面(in a higher place)」),以及強調哀悼過程中必須謹慎節哀(Hoyer and Roodin, 2003)。但這個「死亡壓抑」的論點可能誇張了。通常只有在面對切身相關的死亡,人們才會婉轉低調地應對。例如,英國的電視節目上,通常不會出現英國人的死亡照片,但如果是發展中國家人民的屍體則不受此限。其他許多西方國家也是如此。也並非全世界都對死亡抱持否認態度。研究者認為,擁有強烈靈性信念系統的族群,死亡與瀕死是(也應該是)被接納的,視為可增加(而非減少)我們對生命的了解(例如,Green, 2002; Moller, 1987; Sheikh and Sheikh, 2007)。此外,社會學家主張,雖然人們可能表面上看來逃避談論這個議題,實際上西方社會並未真的否認死亡(Kellehear, 1984)。

對多數人來說,第一次意識到自己終將一死多是在中年時期。在這之前,人們很可能已遭遇親屬或摯愛之人的死亡。例如,美國人平均第一次面臨非陌生人死亡的年齡是大約 8 歲(Dickinson, 1992)。但一般認為,中年時期是連結了個人自身終將一死的想法,使死亡開始變得有意義的時候。多數中年人的雙親很可能會在這個時期死去,朋友之中也首度有人罹患威脅生命,甚至致命性的疾病(例如,癌症)(Coleman and O'Hanlon, 2004)。因此人們開始有死亡覺知(**death awareness**)——不只是了解

死亡與瀕死的抽象概念，也從實務面、情感面變得能夠意識到這對他們來說有何意義，不管是相對於他們自身的必死性，或者做為一個喪失朋友或親人的人。這與眞正的瀕死經驗不同，但被認爲是形塑人在生命最後幾週或幾個月，會如何經驗的重要前置經驗。

　　隨著年紀漸長，人們通常對於死亡與瀕死有較高的覺察，理由先前已有討論（Woodruff-Pak, 1988）。較高的覺察帶來較低的恐懼（Bengtson, Cuellar and Ragan, 1977; Woodruff-Pak, 1988），因此年輕人與中年人會比老年人傾向表現出明顯對死亡與瀕死的恐懼。這不太可能是財富與財產水平差異造成，因爲研究證據顯示對死亡的態度，在不同社經地位的群體之間少有差異（Bengtson et al., 1977）。年長者與年輕人的態度，一個關鍵的差異似乎是對瀕死過程的關切程度不同，年輕人腦中會比較常想著這類事情（de Vries, Bluck and Birren, 1993）。相較於瀕死（Woodruff-Pak, 1988），年長者通常比較關切他們死後的情況（例如，誰會發現他們的屍體之類的）。此外，如果年長者感覺缺乏對自己生活的掌控，則比較容易對死亡感到焦慮（Baum, 1984）。

　　各種從更細節的角度探討人如何感知死亡與瀕死的模式，已被發展出來。最具影響力模式之中，有些是針對不同生命期階段人格改變（例如，Erikson 的主張）的最後階段所提出的各種模式，這些模式在第 5 章已有討論。這些模式一般認爲，生命末期應該是各種衝突都已獲得解決，個人已能達到超越狀態。Tornstam 的超越老化理論（gerotranscendence）可代表這個取向許多方面的看法：「簡單來說，超越老化是種後設觀點的轉換，從物質與實用的世界觀，轉往更宇宙與超越的世界觀」（Tornstam, 1997, p.17）。

　　該理論這樣認爲，人的晚年很大部分是態度的轉換，從此時此地的轉換爲超越的。由於擁有端坐思考的時間，有些年長者能夠讓自己至少達到某種程度的啓蒙，但有些人則需要引導。要斷章取義地找到一些名言警

句，並將這些警句視爲僞宗教很容易 [1]，而 Tornstam 的模式確實某部分是以禪宗爲基礎，禪宗認爲人生晚年是人從世間事物撤離，專注於超越覺知、脫離空間與時間這類表象議題的時期。但 Tornstam 是位備受尊敬的社會學家，且該模式帶著嚴肅的意圖，希望能提出一個關於生命晚年與瀕死的模式，以去除了關於這兩者的諸多消極負面態度。因此，瀕死被放在一個更廣大而持續變化的歷程脈絡下，被視爲人類前進歷程的一部分。若僅以個人爲中心看待死亡，就幾乎不可能免於恐懼；但若被視爲是更大圖像中的一個部分，死亡便不那麼可怕，而確實我們也就能將之視爲持續存在的必要成分了。

　　Tornstam 的主張，就像 Erikson 與其他學者，一般認爲是試圖至少爲死亡覺知提出基本的架構。這個類似宗教調性的主張，對某些人來說可能不是那麼容易閱讀，但一個論點就定義上而言，本就既是規範性也是描述性的，而且要處理生命末期這樣的主題，及考量比自我之需求更廣泛的議題，不用這樣的調性，還能是什麼呢？然而，也許也不意外，一個人的靈性／宗教信念程度，會影響他們採納超越老化理論的意願（Ahmadi, 2001）。研究顯示，年長者過去對宗教投入得越少，超越老化理論與他們主觀的生命與存在意義的理解之正向關聯性就越大（Braam et al., 2006）[2]。換言之，如果一個人缺乏既有的靈性信念可以幫助他們減少對於死亡及瀕死的恐懼，那麼超越老化理論便可能做爲替代。這與許多研究結果相符，說明在思考世界不久將在更廣闊的天地裡消失時，較爲靈性的語彙是有效的。例如，Wadensten（2010）以超越老化理論爲原則，在年長者的養護中心進行一個介入研究，結果發現參與者的自我覺察與機構內社交生活出現些許改善。確實，整體來說，年長者與照顧者若被鼓勵運用超

1　試著想像一段引文以歐比王・肯諾比（Obi Wan Kenobi）的聲音被念出來，你就會明白我的意思了。

2　然而一個香港中文大學學生的研究顯示，在西方社會，較低的宗教信仰投入與較高的死亡焦慮有關（Hui, Bond and Ng, 2007）。

越老化理論，該理論便能協助長者有所改善（參見 Tornstam, 1999）。

　　然而，該模式也有它的限制。例如，許多介入研究缺乏治療控制組。因此，我們無從得知其他介入是否也有相同的效果，或者效果比它更好。其次，一個人的啓蒙徵兆，是另一個人茫然凝視空洞的徵兆。Tornstam 與 Tornqvist（2000）以一組他們稱之爲超越老化理論各方面的行爲，詢問護理之家的職員他們是否在住民身上觀察到過。某些被 Tornstam 與 Tornqvist 標記爲發現「時間之超越性」的行爲，通常被職員視爲某種症狀表現，可能是 1) 失智症，或者 2) 某種活動度過少的有害產物。研究者認爲，這些替代解釋可能是護理之家職員本身缺乏啓蒙所致，但仍可視爲是基於經驗以及可驗證的觀察方法，所做出的強韌的實際反應資料。

　　不論超越老化理論模式有效與否，死亡覺知的研究確實需要一些堅實的指引。如同我們在第 1 章提過的，老年期成爲絕大多數民眾都會經歷的時期，其實不過是最近一個世紀的事。同樣在這段期間，我們也都變得多少能夠不帶批評地接受老年等同於退休。如今根深柢固的想法是，晚年退休是理所當然，是「自然」且最好的規劃。但事實是，我們缺乏對老後生活徹底完善的規劃，沒有什麼是老年生活「自然」有的，而由此延伸，也沒有仔細有效的邏輯能夠告訴我們，人生最後階段裡怎麼樣的時間運用是正當合理的。我們所擁有的，或多或少已做爲歷史偶然的結果發生過了，不多不少。如同 Baltes（1997, p.367）強而有力的論點：「不論生物或文化的演進，都不曾有足夠的機會，爲生命晚期演化出一個完整而理想的鷹架。」

　　Wong 與 Tomer（2011）認爲，目前我們幾乎尚未承認有研究死亡接納的需要。對於在個人身上此概念如何發展所知甚少，也不太了解個別差異與文化扮演何種角色。缺乏這樣的資訊，要爲個人量身訂做出最理想的取向幾乎是不可能的。Scalmati 與 Kennedy（2009）指出，心理治療對生命末期照顧議題的處理也同樣發展有限。作者也提到，發展出來的任何模式都必須相當富有彈性，因爲不同的人以及他們所愛之人的需求，通常有

著巨大的異質性。因此需要對於死亡覺知有更大的理解，但目前我們可說還沒有特別令人滿意的模式可選擇。那麼瀕死歷程本身的模式，現況又如何呢？如接下來所見，研究文獻主要都由一個理論所主宰。

◎ 庫伯勒－羅斯的瀕死5階段模式

一般人很少會有驟然死亡的經驗。大部分總會知道自己處在瀕死狀態，能有一些時間對此事做反應。這顯然是段憂心忡忡的時光，各種描述這個議題的心理與精神病學方面的文本，都出自較早期的學者筆下（例如，Eissler, 1955）。然而，真正第一個廣泛被引用的是庫伯勒－羅斯（Elisabeth Kübler-Ross）（例如，Kübler-Ross, 1969）的論述主張，以及她所提出的瀕死5階段模式[3]。庫伯勒－羅斯是一個照顧末期病患的精神科醫師，她觀察行為背後的一致組型，從中提出了她的模式。該模式主張，在獲知死亡不可避免的消息之後，人會經歷5階段的反應：

1. 否認——相當簡單，就是拒絕接受事實。通常之後可能出現的反應有兩種。有少數人是處在一種「把頭埋在沙子裡」的心理狀態，好讓自己能持續完全拒絕接受那不可避免的事實。而其他人則是變得越來越能覺察過去所忽略的事物。常見的現象是，人們突然能從最簡單世俗的事物裡面覺察美好。

2. 憤怒——這個階段可能有一些不同的反應；人們可能對自己及／或他人感到生氣。主要的特徵是，對於發生這樣的事情感到生氣或者暴怒。這會明顯影響這些人是否容易被他人關心照顧，以及他們能夠接納他人建議的程度。

3. 討價還價——個人開始透過討價還價爭取能活得更久。可能的形

3　請注意該模式的名稱也經常採用「哀傷的階段」這個詞彙，但為求統一本文皆使用「瀕死」這個詞彙。

式有許多，其中擁有宗教信仰的人，通常會向他們所信仰的神祈求，透過他們自身更好的行為、放棄某些財富，或類似作為來延長生命。

4. **憂鬱**——這個階段的提出有其考量，它被描述為對自己的哀傷。個人對於死亡不可避免感到無望與無助，因此產生一種深刻的憂鬱，以及對他人失去興趣的感覺。當想到要去做什麼事情，通常會有的都是類似「有什麼意義嗎？」的反應。

5. **接受**——人們開始接受當前情勢與計畫，儘可能在這樣的處境之下做到最好。

某些曾經有過創傷經驗的讀者，可能會發現這些階段跟他們自己當時的反應類似。而庫伯勒─羅斯後來也認為，這個階段循環可能不只是在面臨死亡時才會被啟動，遭遇像是離婚一類的重大事件時也可能出現（例如，Kübler-Ross, 2005）。這個模式的基本概念很符合直覺也容易理解，且也廣為流傳，尤其在美國[4]。此外，對於瀕死者的行為會展現出這5個階段的特徵，也沒有太多爭議。例如，在一定程度上，有很大比例的瀕死者在接近死亡的時候，會否認他們的瀕死。在一個研究中，他們發現大約有四分之一參與研究的瀕死者，斷然否認自己很接近死亡（Kastenbaum, 1985）。

然而，這個模式明顯過於簡化也被認為是它的不足之處，因為從比較「強」的解釋角度，這個模式把瀕死的人描述為「必須」完全經歷5個階段——換句話說，並非瀕死的人可能處在否認、憤怒、討價還價、憂鬱

---

[4] 一般認為，要了解一樣事物是否為大眾所知，最好的指標是看看這個事物在主流文化中，是否曾被諷刺性地改編模仿，因為只有在當創作者認為這是群眾共同認識的事物，這樣的創作才會產生。因此我們會看到這些階段以各種喜劇形式（最典型的是由一個角色，以不太可能的速度走完所有階段），出現在電視節目、漫畫、書本一類的素材中。《今天暫時停止（*Groundhog Day*）》的呈現方式比較微妙，是部值得一看的電影——可觀察註定反覆活在同一天裡直到厭煩的主角，如何在經歷5個階段之後，終於成為一個更好的人。

或者接受的狀態（這實際上沒有爭議），而是經歷這每一個階段，是瀕死必然的階段性歷程。因此，如果你發現某個瀕死的人處在否認階段，那麼他們就必然繼續通往接下來的 4 個階段。同樣的，某個人處在討價還價階段，也必然進入憂鬱階段，接著進入接受階段。但是，一份文獻調查顯示，研究者幾乎無法於研究結果中找到這個階段進程（Neimeyer，2001）。因此，我們可以拒絕這個強解釋。

　　事實上，在庫伯勒—羅斯的部分著作中，她曾經強調這些階段僅是做為指導原則：她表示，這些階段在每個人身上持續的時間並不相同，確實，人們可能多次經歷整個循環，或也有證據顯示他們同時處在不只一個階段內。看來庫伯勒—羅斯真正在談的，是瀕死者可能呈現的各種行為，而這些行為有時候（但不必然）會順序發生。這樣的說法，使庫伯勒—羅斯在其模式被批評過於單一時，得以擺脫困境，不過也有代價。如果這些階段之間沒有穩定可靠的順序關係，那麼庫伯勒—羅斯除了對瀕死者做了一連串的觀察，說明他們可能表現出否認、憤怒、討價還價、憂鬱或者接受等等症狀，她真的有貢獻什麼嗎？這些表現並不是新發現，許多其他研究者也有類似觀察，甚至幾千年來的劇作家、詩人及小說家也是。再加上並沒有證據顯示庫伯勒—羅斯採用的是系統性與一致取向的資料收集方式。她的論點基礎是臨床筆記，但這些並非透過一致的系統完成。因此也就不難理解何以會有許多研究人員與臨床工作者，對她的模式與論點抱持懷疑態度（Newman, 2004）[5]，甚至有許多是相當極端的批評（例如，Konigsberg, 2011）。

　　然而，所有指向庫伯勒—羅斯主張的批評，都不可否認造成一個效果，它敦促了死亡、瀕死與哀慟的學術與臨床研究之開展（Edgley，2003）。這點並非總是被正面看待。庫伯勒—羅斯對於「善終」的強調，就其本身而言，表面上看來是好的。但若推得太過，便落入了 Lofland

---

5　她對於神秘學的信仰也沒有正面幫助（參見附錄4）。

（1978）所蔑視的樂終（**happy death**）心理狀態——也就是認為在瀕死的人身上出現的抱怨、絕望以及其他負面情緒，都能透過討論與協商而解決，整個過程都能有效控制。如果病人沒有遵照庫伯勒－羅斯的標準改變模式，因而「未能做到」讓他們最後的時光能在平靜而明白事理的順服中結束，他們實際上就是拒絕被控制，病人會被視為不合作個案。Edgley（2003）認為，以社會學的語彙可以從偏差的角度看待此事，病人實際上是拒絕遵照健康照顧專業人員對他們投以的符合常態的期望（亦可參見Zimmerman，2004）。或者，瀕死的病人因為被強迫要顯得更開心、行為舉止也要明事理，使他們表達挫折或悲傷願望的可能被否認了。一個人在死去的時候，不能表達自己長期的擔心或不滿，不能「一吐為快」，這樣是公平的嗎？

　　這些批評從實用的基礎上，可能不是那麼站得住腳——它背後預設大部分的健康照顧專業人員，都奴隸般地遵循庫伯勒－羅斯的主張，甚至，若病人膽敢越線一步，就會予以壓抑控制。而這是不太可能的，不只是因為通常不同健康照顧單位之間，其標準末期照顧政策與實作存在巨大分歧（Goodridge, 2010）。同樣重要的是，照顧者希望瀕死病人真正滿足的，與他們壓抑瀕死病人的願望只為使他們看起來被滿足，這兩者之間必須有明確的區分。

　　庫伯勒－羅斯的理論遭到摒棄可能令人感到失去希望，彷彿這個領域不存在任何合於標準的研究。但是其實還有其他更實用的取向，可用於探討瀕死問題。其中一個是，主張最重要的事情不是去找到任何一個包羅萬象的偉大靈性哲學，而是從實用角度，思考人如何在最不受苦、保有最大尊嚴的情況之下死去，而這正是緩和療護的基石。

○ 緩和療護

　　大致來說，緩和療護是設計用以減緩不適，而非治癒或縮減疾病病

因的任何治療方式。因此，因為牙痛而服用止痛藥，可為緩和療護一個例子——它減緩了疼痛，但並未治癒牙痛的成因。在許多致命且不可治癒的疾病中，緩和療護可能是唯一可行的醫療選擇——在藥石罔效之後，一個負責任的照護者所能做的，就是確保病人盡可能減少受苦。這聽起來很直截了當，但如我們所見，它其實潛藏著問題。這就是為什麼世界衛生組織及其他的研究者，以相當長的篇幅定義緩和療護。例如：

緩和療護是：

- 緩解疼痛及其他不適症狀。
- 肯定生命並把死亡視為正常歷程。
- 不試圖縮短或延長死亡。
- 整合病人照護的心理與靈性面向。
- 提供支持系統，幫助病人在死亡之前盡可能積極生活。
- 提供支持系統，幫助家屬因應病人的疾病與他們自身的哀慟。
- 以團隊取向照顧病人及家屬的需求，若有需要，也包含哀慟諮詢。
- 能促進生活品質，同時也渴望對疾病病程有正面影響。
- 可在疾病病程中盡早提供，與其他以延長生命為目的的治療同時進行，例如化學治療或放射線治療。同時也包含進行必要研究，以對引發病人痛苦的臨床併發症有更好的了解。

（World Health Organization, 2011）

為何緩和療護需要這麼冗長的定義，為何它要對一個人的生活與家庭這麼多方面有所強調？這個答案部分來自醫療觀念的轉變。19 世紀晚期到 1960 年代初，醫療較看重的仍是治癒疾病，而非緩解病患的痛苦；因此，當時的重要工作是尋求疾病病因，而非治療症狀。那樣的知識氛圍並不利於緩和療護。然而，以英國 Dame Cecily Saunders 的工作為首，此方面的態度漸漸有所轉向，導致後來廣受採納的安寧療護運動（參見 Welsh, Fallon and Keeley, 2003）。

緩和療護的關鍵議題一般認為是生活品質（**quality of life**，**QOL**）。

這是相當含糊的概念，不只是因為研究者的定義相當分歧（Bowling, 2007）。但基本上來說，這評量的是一個人對於自身健康與一般處境，感覺舒適與滿意的程度。QOL 是提出用以測量一個很重要，但通常被忽視的病人照護面向：也就是，治療效果與病人舒適度的權衡。透過以下例子可有最適當的說明。試想針對同一個疾病有兩種治療方式。A 療法能非常有效治癒病人，但會造成非常痛苦的副作用。B 療法效果比較差，但不會有副作用。該給病人進行哪一種療法呢？療法 A 因為能夠根除疾病，所以是正確的選擇，但副作用意味著會讓病人的生活品質明顯下降。療法 B，雖然治癒病人的可能性較小，但不會衝擊病人的生活品質。多數人面對這個問題，會認為應該先試試療法 B，如果有效，病人的經驗也會比較好。而療法 A 應該是在療法 B 無效之後再行使用。但如果這是會威脅生命的疾病，且／或病人並無足夠的時間兩種治療都進行呢？臨床醫師應該把病人的舒適，放在比確定治癒疾病更優先的位置嗎？

　　臨床醫師面臨的類似問題是，當病人處在末期狀態，決定是否僅為其提供緩和療護。即便是在生命的最後階段，繼續進行積極治療也是可能的（即持續以嘗試戰勝疾病為主要目標，同時以緩解疼痛及提升病人舒適為次要考量）。但積極治療通常會帶來很討人厭的副作用，且從數百個類似案例的經驗裡，臨床醫師可能已知道，對於一個出現特定症狀的個別病人來說，這治療成功的機會相當渺茫，甚至全無機會（參見 Mallery and Moorhouse, 2011）。病人很可能相當的不舒服，緊抓著救命的稻草，以為他們還有存活的機會。換句話說，他們的生活品質低落。另一種選擇是，接受病人的病況會惡化且最終不可避免死亡，提供他們緩和療護，也就是那些能明顯提升生活品質的治療。但是：緩和療護聽來如此人道慈悲，卻還是有許多挑剔的質疑聲浪，認為這是「棄械投降」，因此也無怪乎有部分病人，還是希望儘可能積極治療到最後一刻（Johnson, Kuchibhatia and Tulsky, 2008）。

　　世界衛生組織的定義中有如此冗長的警告，更進一步的理由是，強

調緩和療護並非安樂死的同義詞[6]。緩和療護有時可能縮短生命：類鴉片止痛藥劑通常是唯一有效的止痛劑，它的一個副作用是抑制呼吸。因此不感受到疼痛與過度限制呼吸及其他相關症狀（如過度坐立不安）之間，是一條細微的線（參見 Welsh et al., 2003）。然而，如果另一邊是難以忍受的疼痛，一般認為哪種情況比較好是個人選擇。反常的是，其他緩和療護面臨正好相反的問題——也就是並非加速死亡，而是延後了原來可能面臨死亡的時間。但這種對生命的延長真的對任何人有好處嗎？除非疼痛控制能夠完善地被落實，否則那可能只是一段更為受苦的時光，而且即便疼痛能被控制，病人還是沒有行動能力，可能感覺自己過度依賴他人（Meier、Issacs and Hughes, 2010）。如果疾病在最終無法復原的前提下被延長了，便可能增加大量的經濟花費。這在由政府經費支持健康照顧體系的國家裡，會增納稅人的負擔；而在以私人健康照護為主的國家，則是增加個人負擔。

　　然而，對此還是有挑剔的質疑出現。我們將以一個具體例子說明。在英國的許多實例中，緩和療護是以利物浦照護路徑（**Liverpool Care Pathway, LCP**）為統一程序（Ellershaw and Wilkinson, 2003；亦可參見 Partington, 2006），這是依據該程序於英國首度執行的所在城市所命名。LCP 通常提倡在生命的末期階段，除了疼痛的緩解，也應停用抗生素與靜脈輸液等等（Preston, 2007）。在某些判準之下，LCP 看似有其效果。例如，病人在 LCP 系統的照顧之下往生，其親屬在病人過世後大約 4 個月，出現稍微（但統計上顯著）較少的身心困擾（Veerbeek, van der Heide et al., 2008）。此外，LCP 也被證實能減少症狀負荷（**symptom burden**）（基本上是指症狀對生活品質造成的負向影響），也能有比較完整的照護

6　值得注意的是，在安樂死合法的國家裡，對安樂死的要求也並非自動被接受。例如，一個研究發現接近百分之75的安樂死要求被駁回（Onwuteaka-Philipsen et al., 2010），雖然其中大約有一半是因為最後決定出爐之前病人便已經過世。

紀錄（Veerbeek, van Zuylen et al., 2008）。然而，這是一個爭論性的話題，而 LCP 也引發了許多爭議性的反應。以下的引文是來自一封由許多知名學者與臨床工作者共同簽署的信函，表達他們對 LCP 的擔憂：

> 政府正把緩和療護的一個新型態治療推展至醫療院所、護理之家與安養機構。該治療是以利物浦一間安寧照護機構的經驗為基礎。如果確實執行利物浦照護路徑的每個項目，那麼治療之後的結果必然是死亡。
>
> 因此，全國各地的不滿逐漸累積，因為家屬與親友目睹病人未被提供水分及食物。微量注射控制器備用於持續提供末期鎮靜，卻未考慮診斷可能有誤。
>
> 令人憂心的是，在 2007 至 2008 這一年內，有百分之 16.5 的死亡是發生在給予末期鎮靜之後。有經驗的醫師都知道，有時當所有基本的藥物停用之後，「瀕死」的病人狀況會變好[7]（Millard et al., 2009）。

不意外地，刊登這封信函的報紙同時也附上一篇名為「NHS 的死亡宣判」（Devlin, 2009），文中指出英國國民健康署（National Health Service, NHS）鼓勵臨床醫師放棄年長的瀕死患者，持續為他們施打鎮靜劑直到過世。這些是很嚴重的指控。希望紓緩痛苦是一回事，但加速某個在不同治療下可能有機會恢復的病人的死亡，完全是另外一回事。但是，在 LCP 被控以加速每個英國年長者的死亡之前，別忘了即便是在執行 LCP 的醫院，它也不是全無條件地被用在所有病人身上，病人與家屬的心理與靈性需求還是最主要的考量（Preston, 2007）。其次，在 2010 年 LCP 或者其他類似的系統，都還完全不是主流——估計大約只應用在四分

7　這些病人存活多久以及他們的生活品質如何，並未被提及；我也找不到檢驗這件事的研究。

之一的健康照顧機構（Hughes et al., 2010）[8]。因此很難把百分之16.5的死亡全都歸因至 LCP 的末期鎮靜。因爲人口統計因素的改變，尤其是死亡的根本病因與可得之治療方式的改變（參見第 1 章），鎮靜劑使用下的死亡數量提升便更容易被注意到了。

然而，緩和療護的問題討論尚未結束。爲了使產生效果，緩和療護必須針對個別病人需求量身訂做。然而，除非照護眞能從其所願地落實，否則還是不會有作用。一個荷蘭的家庭醫學科醫師（general practitioners, GPs）的研究，發現幾乎有一半的 GPs，對於他們的病人希望在哪裡死亡（即，在安寧病房、家裡、醫院等等）一無所知。收入水準較高的病人，及／或與緩和照護方案有聯繫的人，他們的 GPs 比較可能知道他們對於死亡地點的選擇（Abarshi et al., 2009）。此外，緩和療護必須量身訂做方能有效這件事，使得研究結果的外推變得困難，因爲基於少數醫院或者單一病房所進行的研究，所發現對病人有效的做法，在其他地方可能就未必行得通。

這些問題再加上跨文化議題，就會變得更加複雜。例如，雖然許多出色的研究描繪出個別醫院執行照護的優點與缺點（Woo et al., 2011），但舉例來說，這些結果可能無法直接套用在中國，而本書讀者希望獲得的是，如何將這些照護相關的研究發現，應用在威爾斯的郊區醫院。此外，也需考慮到不同的死亡原因，會影響何謂最佳照護回應。但這也並非意謂著只要限定具體條件，便可一體適用。例如，一個探討腎臟癌病人 QOL 改變的研究指出，各種照護回應都是需要的，端視病人狀況而定（Bird and Hayter, 2009）。此外，雖然健康管理當局通常在文宣資料中大力宣傳 QOL 的必要性，但通常理論與實務之間存在相當大的落差，照護品質通常無法符合 QOL 的需要（Vaarama, Pieper and Sixsmith, 2008）。問題

8　各個健康照顧單位的緩和／末期照護之間有相當大的變異性。（例如可參見Galanos et al., 2010）。

也來自基於明顯的倫理考量，我們很難在一個人生命最後幾天，去測量他的生活品質或類似的概念。例如，他們可能病得太重或者（相當合理地）希望把他們最後幾個小時的時間，與他們所愛的人共度，而非與一個帶著板夾向他們探問的社會科學家。因此，許多研究仰賴的是家屬在病人過世（好幾個月）之後的估計資料（參見 Lawton, 2001）。

◯ 死亡

「死亡」究竟包含哪些概念，一直以來都有很大的歧異，至今不同文化中也不相同。許多文化，不論過去或現在都認為死亡包含了深層的無意識狀態。例如，Vanatinai（位在巴布亞紐幾內亞）的居民相信無意識就是死亡，因此某些居民在很多情況中曾有「活回來」的經驗（Lepowsky, 1985）。過去，許多人死而復生的故事，很可能只是某些從昏迷狀態中甦醒的例子——以當時的標準，他們是從死亡狀態中回來，但並非以目前的醫學標準。

在工業化社會，電影、遊戲、書籍都可能讓人形成一種印象是，現今所謂的死亡是指心跳與呼吸停止——因此，沒有脈搏或把鏡子放在人的嘴巴前面而沒有造成霧氣，就表示一個人死了。實際上直到 20 世紀，這樣的定義對多數醫療管理機構而言是足夠的，但仍有某些情況並不適用。首先，這是一個不夠可信的診斷方式。非常微弱的脈搏或者極淺的呼吸可能很難察覺，結果一個被認為「死了」的人，有可能其實還活著。一個尤其可怕的結果是，某個處在這種狀態之下的人，可能就在還活著的時候被掩埋了。19 世紀，許多廣為宣傳的案例中提到，在某些棺木裡面發現有類似手指抓痕的印記，這使當時的人們尤其受到這樣的想法困擾[9]。因此，有段時間殯葬業提供一種裡面附有拉鈴的棺木——如果「死人」醒來，發現

---

[9] 那通常很可能是其他原因造成的，例如老鼠。

自己被埋葬了，可以馬上拉動鍊子，（希望能）吸引他人協助。實際上，要找到無法被其他方式解釋的活人被掩埋的案例是很困難的。但是，害怕被活埋的感受相當真實，只要一個例子就足以說明：[10]

屍體從卡爾特修道院廣場移過來，埋葬在伊斯靈頓墓地的幾天之後，立起了一塊石碑，上面寫著：

紀念

伊莉莎白・愛瑪・湯馬士夫人

卒於 1808 年 10 月 28 日

享壽 27 歲

她完美無瑕，像是月亮的遷徙

月光閃耀，唉！但卻消逝得太快

驗屍官哈德遜先生收到一封信，信中強烈質疑亡者並未自然死亡，於是他請教區人員打開墓穴。墓穴被打開，屍體也被移至教堂的地窖，讓端坐其內的陪審團檢驗，因而發現以下證據。這位女士死於星期五，星期六下葬。與她同住的男士於星期日離開鎮上，從樸茨茅斯搭船前往西班牙。檢驗屍體的時候，從身體的左側，一根大約 9 英吋長的銀針被插入心臟部位。一位曾經照顧死者的男性醫師表示，為避免女士被活埋，在他的要求之下已經使用銀針插入測試過了。陪審團做出裁決，此人因不明原因死亡。屍體仍置於地窖內（早安郵報（*The Moring Post*），倫敦，1808 年 11 月 7 日星期一）[11]。

另一個否定心肺診斷的理由是，現代醫學設備通常可透過電擊或類

---

10 為了閱讀方便，我把某些拼字與發音做了現代化的修改，斜體部分是原始的內容。

11 取自19世紀英國圖書館報刊線上資料庫（the nineteenth century British Library Newspapers online archive），2011年9月10日。

似的方法爲人進行急救。這種情況通常稱爲臨床死（**clinical death**）。此時雖然心臟不再跳動，肺也不再呼吸，身體的細胞實質上卻還活著，如果在大約 3 分鐘之內心臟能夠重新跳動，生命便得以延續。因此，在設備齊全、擁有急救團隊的醫院裡，脈搏停止不必然等於死亡。於是臨床醫師開始認爲，腦死（**brain death**）是更爲周全的死亡定義──也就是 EEG 檢測已無任何腦部活動。這個論點在許多方面都具說服力──沒有腦部活動也就沒有心智活動，即便甦醒也有極高的可能性失去高層認知運作，實際上也無法控制各種身體功能。因此，現今許多主管單位都傾向以缺乏腦部活動做爲死亡的主要診斷症狀。

　　但這個作法並非全無缺點。首先，因爲許多案例中，透過人工呼吸器取代腦部功能，可維持人體的生命徵象。因此，即使腦部停止運作，身體細胞也可透過人工方式保持鮮活。其次，因爲「腦死」的評判可能失準──案例紀錄顯示曾有被推斷腦死的病人，移除呼吸器之後仍持續存活，雖然是處在植物人狀態（Oboler, 1986）。一般認爲，「完全的」死亡（通常稱爲生物死（**biological death**）或者個體死（**somatic death**））是除了心、肺與腦停止運作，身體其他部位的所有細胞也因爲缺乏氧氣及養分而停止活動。

　　一個處在臨床死的人，之後可能復甦，不依賴人工輔助設備存活，一般認爲實際上屬於活著的人。但臨床上或腦死的人，如果他的身體僅能仰賴人工方式（例如，呼吸器）存活，那算是什麼？可以說如果沒有這些介入，這個人在生物學上就會死亡。他或她僅是因爲介入才得以「存活」。甚至，這個人幾乎陷入深度的無意識狀態，高層認知歷程無法運作──並不是因爲他們能體認到自己是「活著」的人（Oboler, 1986）。但是也有批評認爲腦死判定不夠精確，況且，腦部何以就能被認定是最主要的身體系統，能夠代表整個身體（Shewmon, 1998）？再加上，此一腦死定義是有利於器官捐贈，可保持死人的器官有足夠的鮮活時間，有利摘除後供給給等待器官移植的患者，此點也頗受爭議。對於受贈者有利的同時，也有

主張認為這對病人本身並不公平，他們實際上是因為器官被摘除而死亡的（Potts, 2002）。

　　這個問題最初看似單純的醫學倫理問題，但對於亡者的家屬有一定的心理後遺。應該在什麼樣的時間點，由誰來決定結束人工維生設備，讓生物死發生？這個議題明顯具有爭議性。一個最為恰當的案例是**特麗·夏沃案例（Terri Schiavo case）**。在 1990 年，夏沃太太因為心臟病發作而遭遇嚴重的腦部損傷，處於持續的植物人狀態。多年的治療介入之後，被判定其狀態不可回復；夏沃太太的生命完全仰賴人工方式（即餵食管）維持。後來她的丈夫要求醫師移除餵食管，讓她死去。她的父母反對，因此此案訴諸法院裁決。經歷一連串的法律審理，管路被移除，而後又在接下來的審理中，法院以迅速命令要求放回管路，等待下一次審理。最終在 2005 年，管路被永久移除，夏沃太太於兩週後死亡（每日電訊報（Daily Telegraph），2005）。其他比較少被報導的案例也說明了這類情境的複雜性。例如，羅伯·溫德蘭（Robert Wendland）在車禍之後留有嚴重的腦部損傷。他的太太與治療他的臨床醫師，希望能夠終止人工維生設備。但是溫德蘭先生的母親反對，於是訴諸法庭裁決。在這個例子裡，溫德蘭先生的太太表示，在意外發生前溫德蘭先生多次表達，如果他遭遇嚴重腦傷，希望能終止治療。但這個案例的法官判定這個證據（儘管強而有力）不足採納，仍需繼續提供維生醫療[12]（Eisenberg and Kelso, 2002）。

　　夏沃及溫德蘭的案例都發生在美國，很顯然即使是在相同的文化裡，對此也沒有一致的見解。甚至，家庭成員內部對於何謂對垂死病人最適當的治療，會因為多方原因產生衝突，衝突的結果也難以預料（Kramer et al., 2010）。再納入不同文化的考量之後，問題只會變得更加複雜。關於此問題，Klessig（1992）在其相當清楚的回顧評論中，以一系列的短文探問非裔美國人、華人、猶太人、伊朗人、菲律賓人、墨西哥裔美國人以

---

[12] 溫德蘭先生的案例，在他本身於正式裁決結果宣判前死於肺炎而告終。

及韓國人等各種種族的人，對於瀕死病人兩種決策的看法：第一，是否該啟動維生醫療，第二，明顯無復原可能時是否該終止維生醫療。美國白人控制組以及猶太人參與者，幾乎一貫反對開啟維生醫療，偏向終止。許多其他族群意見相反（尤其菲律賓人、伊朗人及韓國人），也有一些態度比較模稜兩可。Klessig 認為這些差異有部分來自宗教信仰（例如，某些宗教對於是否該維護生命，與／或在確定面臨死亡的前提下是否仍需承受痛苦，有相當明確的主張）。但也可能受到文化因素影響（例如，Klessig 觀察到伊朗人裡面，基督徒與穆斯林的回應相當類似）。在特定文化群體中，顯著的個別差異也很容易被低估。例如，在一群表面上同質的群體內，可能有相當多樣化的靈性層次。有效的瀕死病人護理照護，勢必將這點納入考量（Nixon and Narayanasamy, 2010）。

　　還有其他使問題更複雜的因素，許多是有關於照護實務的。舉例來說，有一些證據顯示，相較於年輕的病人，醫師比較不願意讓年老的病人（即便他們能夠說話）參與生命末期討論（Chambaere et al., 2011）。同時，年長病人的緩和療護之中也比較少包含末期鎮靜。Alonso-Babarro 等人（2010）發現在家中瀕死的病人，接受緩和鎮靜[13]的平均年齡是 58 ± 17 歲，相較之下未接受末期鎮靜的病人平均年齡是 69 ± 15 歲。這個差異並非來自年齡歧視，而是因為年輕的瀕死病患，比較容易出現譫妄以及其他身體躁動不安的症狀。安寧病房人員（尤其護理師）的溝通品質，是影響情緒反應及其在親屬間引發之後效的關鍵因素（Efstathiou and Clifford, 2011）。某些健康照顧專業人員（例如，諮商師）探視病人的時間有限，無法（如同護理師那樣）有較長時間互動，也對此動力造成影響（Fine, 2010）。此外，不同健康照護單位有不同的緩和照護實務，對於哪些照護該在何時撤除，也有不同作法（參見 Schildmann et al., 2011）。

---

[13] 緩和鎮靜對於餘命長短沒有影響（Claessens et al., 2011）。

◉ 文化差異與哀慟

Kübler-Ross 的 5 階段模式過去被應用於哀傷歷程，但該模式如今被認為僅是描述人們對於瀕死的調適，用於此方面並不精確。換言之，否認或生氣這一類的行為可能自然展現，但它們沒有嚴格的順序性，也並非所有人都會展現出這所有行為（Hoyer and Roodin, 2003）。然而，這樣的論述並無法阻止大量的網站或類似媒體，繼續以哀傷階段做為喪親者預期可能的經驗，從而給予果斷的建議。雖然這類建議對某些人有幫助，但也可能使某些人因為「未能」表現出相似的行為反應，而對於自己缺乏足夠的哀傷感覺罪惡或焦慮。而真相是正如同瀕死，哀傷及哀慟[14]是一種強烈的個人經驗（例如，Konigsberg, 2011）。此點在當代最早與哀傷有關的研究工作中，也就是 Lindeman（1944）針對在波士頓夜店大火中失去親人的罹難者家屬，所進行的系統性哀傷研究中已有呈現。

某些行為（雖然不到普遍）仍然相當常見：難以置信的心態（例如覺得死亡不可能發生）；極度的痛苦；喪親者出現幻覺，聽到亡者說話或感覺到亡者的觸碰；焦慮與憂鬱；對於自己的倖存覺得罪惡等等（Hoyer and Roodin, 2003；Konigsberg, 2011）。此外，個人在喪親期間的哀傷程度，與他們在病人死亡之前感受到的哀傷程度有關（至少在失智症患者的部分是這樣；參見 Givens et al., 2011）。許多哀傷症狀與臨床憂鬱非常類似，因此最終可自行健康痊癒的哀慟反應，會有被誤診為憂鬱症的風險，進而導致不必要的治療（Flaskerud, 2011）。必須強調，經歷哀慟的時候，所出現的那些本來需要治療介入的異常症狀，會被視為正常反應，在許多文化裡都是被允許的。因此喪親者一反常態顯得憂鬱，或者表現某些行為，是一旦在非喪親者身上出現便會被視為疾病症狀的，也都是相當正

---

14 這個段落是關於個人失去「任何」所愛之人或親近朋友的哀傷與哀慟。針對失去伴侶的反應，則會在後面鰥寡的段落中再做描述。

常的。

　　同時，喪親者也被期待不投入任何其他活動，例如，參與極為歡樂的活動或者再婚。在人們一般認為自己已能處變不驚的年紀，於伴侶過世之後的幾個月之內再婚，仍舊是相當令人難堪的。這類觀念相當根深柢固，使得我們可能幾乎是出於直覺地這樣認定。但這其實是文化的產物。當哈姆雷特對於自己寡居的母親，在第一任丈夫過世之後迅速再婚（「喪禮上的烤肉無情地被供作婚禮的饗宴」等等，哈姆雷特，第 1 幕，第 2 場，180-1）而深感憤怒之際，在當代的觀眾面前，這份憤怒仍顯得如此合理。但對莎士比亞當時的觀眾而言，對他反應的解讀可能剛好相反。那時的女性通常會在守寡之後幾個月內再婚，因為若沒有婚姻的保護，她們的生活會相當的受限（參見 McDermott and Berk, 2010）。在哀慟歷程中何謂適當的行為，此看法相當程度受到文化影響。

　　哀慟的文化差異，無法用簡單一貫的方式描述。一位研究者很恰當地將這個領域描述為「一個包含無限多樣性的領域，探討人們對於死亡的反應、他們如何哀悼，以及他們內化失落客體的本質」（Hagman, 1995, p.909）。無論從何種角度觀之，都有著文化差異的身影。例如：

- 思考瀕死病人及其家屬行為的文化差異議題。Trill 與 Holland（1993）找出 10 個關鍵因素，包含家庭功能、性別角色、語言能力、對疾病與健康實務的態度等方面的差異。這每一個議題皆可再轉而拆解成許多次議題。
- 嘗試將適用於美國大多數民眾的哀慟與哀傷測量工具，改編使用於拉丁美洲族群，結果發現不同的因素結構（Wilson, 2006），且此拉丁美洲族群明顯有較高的哀傷程度（Grabowski and Frantz, 1993）。
- 比較 6 個歐洲國家，Janssen 等人（2006）發現緩和療護用藥（可能因為副作用而加速生命末期的時程）的給藥時機有相當大的差異。若比較極端的情形，病人生命期縮短的時間差異可多達兩週

（亦可參見 Miccinesi et al., 2005）。

- 中國一個喪親者研究樣本中，喪親 4 個月後，與逝者之間持續性連結感受較強的人，在喪親 18 個月後會有較好的適應。但相反的，在美國類似的持續性連結感受較強的研究參與者，反而喪親後 18 個月的適應情形較差（Lalande and Bonanno, 2006）。

- 雖然許多西方民眾偏好在家往生，在華人社群則是相反，因為傳統的觀念相信鬼魂會逗留在他們往生的地點。即便許多華人承認這是種迷信，但在家往生還是會對房價有負面影響 [15]（Koenig and Gate-Williams, 1995）。

- 社會網絡對於哀慟表現的直接影響可見於德國與日本族群；在法國還受到性別與年齡中介影響，而在美國則是沒有效果（Antonucci et al., 2001）。

- 非裔美國人對於安寧療護的看法較不正面，他們比較傾向在生命末期仍進行積極治療，較不願意預立醫囑（Johnson et al., 2008）。

確實，實務上來說，每位哀慟議題的研究者，都注意到了文化差異（例如，Berzoff, 2003; Eisenbruch, 1984; Szabo, 2010）。此外，跨文化研究也指出，西方對這個議題的觀點，並非在任何情況之下都正確無誤，實際上是過於侷限的視野。然而儘管如此，文化差異的議題也可能過度展演。首先是因為，儘管臨床醫師及研究者對於文化實務保持敏感度是對的，但即便在單一文化團體內部，也不是每個人都有相同的行為，或抱持相同信念：

> 將文化當作一個預測因子本身就是有限的──也就是，只是把民族或種族變項放進多元回歸分析內，或在臨床脈絡下，以某個人的民族起源姓氏或外表，當作預測此人的依據。這樣的想像，是才剛聽完

---

15 這裡絕對沒有種族歧視的意圖。西方文化中也有相似的情形：例如，你上次在歐洲或美國航空公司的飛機坐艙內，看到第13排坐位是什麼時候？

一場健康照護之文化敏感度演講的年輕住院醫師才會有的，他在照顧〔一位華人男性長者〕時，從口袋裡拿出提示小卡來參考，而後認為自己不需要直接與他討論他的照護（因為華人文化是家族取向），得到的結論是，住院醫師僅有責任遵循他兒子的意願（Koenig and Gates-Williams，1995）。

此外，部分研究發現的相似性遠多於差異性（例如，Bonanno, 1999; Cleiren et al., 1996）。雖然不同文化對死亡與哀慟的概念存在些許差異，在其他方面卻是共通的（Long, 2003）。許多差異是表達方式的不同，但背後的感受是一致的。因此，舉例來說，不同文化以黑色、白色或紅色的衣物做為哀悼的色調。但這全部的顏色背後都有相同的基本動機——也就是穿著特定種類的服飾，以傳達特定狀態。某些研究者據此認為，哀慟的表達雖然有許多不同的方式，但都是基於共通的信念與態度（Parkes, 2000）。

在不同文化中，哀傷大多能自己逐漸緩解。然而也有很小的一個比例無法自行恢復，喪親者的負面反應持續出現，超過一個文化內普遍認可的哀悼時程。臨床醫師過去通常將這類個案劃分憂鬱或類似狀況，但近年有些努力試圖描繪一個新的臨床狀況，稱為**延長性哀傷（prolonged grief disorder, PGD）**（Prigerson et al., 2009）。主要的症狀是超乎尋常長時間渴求與已逝的所愛之人重新團聚，同時經常出現可能導致（或未導致）失能的哀慟症狀。此外，症狀必須持續 6 個月以上。Prigerson 等人認為，PGD 與某些危險因子有關，包含父母受虐、對死亡的準備不足，及童年分離焦慮。PGD 可發生在任何年齡，但統計上較常見於年長者，他們也比較容易遭遇**哀慟過載（bereavement overload）**。這是指人因為在過短的時間內連續遭遇喪親經驗，而導致其無法因應哀慟歷程。因為以統計上來說，年長者在特定時間內死亡的機率比年輕人高，這使其有比較高的可

能性，經歷來自同年齡朋友或家人接續的喪親經驗[16]。

◉ 喪偶

喪偶是指一個人失去人生伴侶之後的生命時光。可同時指涉男性或女性，但實務上，因為兩性的預期壽命之差異，使女性經歷喪偶的比例遠高於男性（參見第 1 章；若希望了解男性喪偶經驗，參見 van den Hoonaard, 2010）。喪偶是已知會降低許多人心理與身體健康（Vink et al., 2009）以及提高脆弱性（Sreerupa and Rajan, 2010）的關鍵因子。需注意的是，在現今的老年族群，可能存在強烈的世代效應。在許多例子裡，喪偶之後個人才首度經歷獨居生活，因為很多人過去是直接從與父母共同居住的家，搬入與結婚對象共同的家，中間並沒有獨自居住的經驗。

喪偶對個人的衝擊程度受許多因素影響，其中包含另一半死亡的可預期程度。例如，Eisdorfer 與 Wilkie（1977）發現如果亡者在過世之前已經生病很長一段時間，那麼失落帶來的壓力程度就會比較小一些（亦可參見 Wells and Kendig, 1997）。此外，一般也認為年長者的反應比年輕人輕微（Cook and Oltjenbruns, 1989），因為年長者對於接受伴侶的死亡有比較好的準備，也可能已經經歷了一段**預期性哀傷（anticipatory grief）**（也就是在他者往生之前，已經開始了失去此人的哀傷歷程）。然而，Carr 等人（2001）針對這些發現提出不同證據。在他們的縱貫性研究中，發現死亡可被預期的程度並未明顯影響哀傷或憂鬱的程度。突然的死亡會稍稍提高喪親女性對於亡者的思念渴求，但在男性這個部分則是降低的。這些相互矛盾的發現，可能是受到所採用之測驗敏感度，以及受測參與者的年齡分布所影響。同時也需要注意，即便是在生命晚期，死亡仍可能是意料之

---

[16] 這個現象也在其他群體中出現——例如，男同志在第一波愛滋病大流行的時候，連續因應朋友病逝（Elia, 1997）。

外的，在某個研究中大約有百分之 23 的參與者，他們所愛之人的死亡是「極端」超出預期的（Teno et al., 2004）。然而正如 O'Neill 與 Morrison（2011）的提醒，某些「意料之外」的死亡，可能是亡者親屬未能充分告知所造成。若能較細心敏感地告知，許多喪親相關的壓力是可以避免的——大量證據顯示，死亡前所獲知的消息越少，後續的哀傷反應越嚴重（O'Neill and Morrison, 2011）。

此外，失落（與焦慮）的程度與個人對亡者倚賴的程度呈現正相關（Carr et al., 2000）。相信人過世之後靈魂能有好的來世，也會使人在喪親期間較少出現高血壓問題（Krause et al., 2002）。喪親也與較差的健康狀態有關，但 Williams（2004）的縱貫研究認為，這是個人的健康維持行為減少所致，那些能夠繼續保持健康維持行為的喪親者，並未出現健康衰退。大部分的人面對失落都能有尚稱滿意或甚至相當強韌的適應結果（參見 Bonanno, Wortman and Nesse, 2004），雖然在喪親 30 個月之後，仍有些許殘餘的哀傷徵象或其他負向感受（Thompson et al., 1991），以及一定比例的喪偶者（20%）表示他們無法適當因應（Lopata, 1973）。甚至在喪偶者的社交圈之內，也可觀察到喪親之後的數年內，其個人關係的負面特性越來越多（Morgan, Neal and Carder, 1997）。van Baarsen（2002）的一個研究也呼應這個論點。然而，在喪親之後改換朋友與來往之人，也可能帶來一些問題。Zettel 與 Rook（2004）的研究說明了，在喪親之後，喪偶者的社交網絡變化越大，心理健康的損害也越大（亦可參見 Van Dussen and Morgan, 2009）。Korinek、Zimmer 及 Gu（2011）發現中國的年長者，喪偶和與成年子女共居（即遷入同住）可能性提升有關。該研究的結論是，共居抵銷了喪偶與健康衰退對年長者造成的某些負向效果。然而，遷入與成年子女同住或變得更加倚賴成年子女，也帶來一些問題，使彼此之間難以維持適當的互動「規則」，進而可能導致家族成員之間嚴重的摩擦（參見 Ngan, 2011）。

Carey（1979）認為，男性在喪親後的調適狀態優於女性。這可能是

因為傳統性別（歧視）的角色分野中，已婚女性的地位取決於她的丈夫是否在場，而在相反的情況中，則沒有那麼強烈的影響。此外，喪偶的男性在經濟上也比較無虞，比較有機會找到另一個伴侶。然而，其他研究對此觀點提出不同證據（Cook and Oltjenbruns, 1989），可能是因為無法自我照顧的男性比女性多，也因為喪偶者仍以女性居多。Lee 等人（2001）發現男性在喪親之後的憂鬱程度比女性更為嚴重，但在此之前他們的憂鬱程度被認為是較低的。增加的幅度使他們的憂鬱情形，與年長女性普遍的憂鬱程度等同。背後的因素包含比較不喜歡從事家庭雜務，以及比較缺乏協助年輕親屬的意願。Moore 與 Stratton（2003）認為，男性喪偶者顯得較具韌性是因為他們比較容易從雷達上消失。不論是他們比較容易再婚（因為喪偶的女性遠多於男性），或者他們因為感覺被協助團體拒於門外（這些團體被認為主要服務女性，可能刻意排除男性），而自行從有關系統的注意範圍中消失。

晚近的研究點出一個更複雜的狀況。例如，Jung-Hwa 等人（2006）發現喪偶會使得喪偶者（不論性別）更依賴他們的成年子女。喪偶女性比較仰賴成年子女給予她們法律及經濟方面的建議（可能反映傳統性別角色裡，是由男性負責處理這些事務）。但此方面依賴的程度，隨著喪偶女性的教育程度增加而減低。此外，教育程度越高，喪偶者能給她的子女的情緒支持也越高。Sobieszczyk、Knodel 與 Chayovan（2003）研究泰國喪偶者，發現類似的複雜情形。喪偶女性通常識字程度與收入都比較低。而喪偶男性的存活率較差，較少向子女尋求經濟協助（因此有比較高的負債可能性）。但這些研究之中，許多研究的問題在於其採用橫斷式研究設計。Bennett（2005）進行了一個持續 8 年的縱貫式研究，發現從長期角度觀之，喪偶的許多有害影響會逐漸消失[17]，而且也沒有發現性別差異。

由此看來，喪偶經驗受到許多因素的影響，正如同老化研究在許多

---

[17] 基本上，只有年齡以及近期喪偶會對個人外顯的精神士氣有影響。

方面的發現，喪親影響的研究發現，除了在表淺層次提供相關現象些許說明，很難輕易套用於了解不同情況。

◯ 自殺

目前為止我們已經討論人在非自願死亡時的死亡與瀕死議題。然而，自殺也是一個概率上與生命晚年有關的死亡原因。一般來說，自殺率隨著年齡增加而提升（Cukrowicz et al., 2011; Shah, 2011b），但這點並非適用於每個國家：在某些國家，有跡象顯示自殺率近年已有降低，包含英國，這可能是更有效的新一代抗憂鬱藥物大量處方的結果（Shah and Buckley, 2011）[18]。但在其他國家，尤其前蘇聯的許多國家，自殺率則高於世界平均（Shah, 2011b）。自殺一般會被認為是年輕人的死因。這是對統計資料的誤讀。就其本身而言，青少年及年輕成人的自殺數量少於年長者的自殺數量。但因為年輕族群的整體死亡人數遠少於年長族群，自殺占所有死亡的比例於是在年輕族群身上就變得高出許多。

年長者的自殺嘗試，「成功」的可能性比年輕人高（Conwell, 1997），後者的「失敗」率超過百分之 50（Cook and Oltjenbruns, 1989）。有部分的原因是不同年齡族群的身體堅韌性不同，但選擇方式的差異也有影響。年長者較傾向選擇實際上能確保死亡的方法，例如，槍擊、溺水及窒息（參見 Adamek and Kaplan, 1996a, b; Shah and Buckley, 2011），而年輕人較傾向採取比較不確定的方式，例如，服藥過量，並選擇在某個很可能在藥效發揮作用前，就被朋友或親屬發現的地方（參見 Woods, 1999）。此項差異，在老年族群填寫某個比較量表時也同樣顯現；比起較年輕的老年人，最老的老年人會選擇比較「肯定」的自殺方法（Erlangsen, Bille-Brahe and Jeune, 2003）。

---

[18] 在愛爾蘭，女性自殺率已趨穩定，而男性自殺率則有減少（Corcoran et al., 2010）。

　　所選擇的方法，某種程度也反映了嘗試自殺背後的理由。會嘗試自殺，年長者通常是爲了逃脫疼痛與苦難的生活。年輕人可能是希望改變自身處境，而嘗試自殺是對此所做出的反應（參見 Fremouw, Perezel and Ellis, 1990）。然而，單純把年長者的自殺描述爲對苦難的反應，也並不足夠，因爲自殺率還有明顯的種族與性別差異（雖然自殺態度沒有性別或種族差異；Parker, Cantrell and Demi, 1997）——也就是說，年長女性與年長黑人男性，在晚年自殺的情形未有增加（事實上，有的話也是減少）。自殺率的增加主要來自年長白人男性。這個現象最簡省的解釋是，白人男性比較習慣擁有權力以及高標準的生活，這些方面若遭遇失落或者水準下降，對他們來說會難以因應（例如，Miller, 1979）。Barefoot 等人（2001）從縱貫研究的發現中提出這樣的看法：他們發現男性從 60 到 80 歲憂鬱症狀開始逐漸增加，而女性沒有這種現象（雖然 Fiske、Gatz 與 Pedersen，2003 並未發現如此明顯的性別差異）。此外，Leenaars 與 Lester（1998）發現在加拿大，年長者的自殺情形較顯著的省分，是相對富庶但年長者低收入比例較高的地區。

　　然而這樣的說明仍不完整，還有其他因素已被確認，例如：

- 醫療問題與關係失落（Florio et al., 1997）。
- 感覺被醫療照護者或一般健康醫療服務所放棄（Kjølseth, Ekeberg and Steihaug, 2010）。
- （最老的老人）在過去的一年經歷喪親（Erlangsen et al., 2004）。
- 憂鬱（參見 Johnston and Walker, 1996; McLaren et al., 2007）。
- 外向性分數低與神經質分數高（Duberstein et al., 2000）。
- 感覺自己是別人的負擔（Jahn et al., 2011）。
- 因應技巧不佳（Marty, Segal and Coolidge, 2010）。
- 低社會包容（Yur'yev et al., 2010）。
- （年長男性）生日時（Williams et al., 2011）。
- 濕度（Salib, 1997；亦可參見 Godber, 1998 之評論）

這些過多的可能原因（這還遠不是已然窮盡的列表）可能導致一種印像是，我們沒有任何方法預測年長者的自殺，因為因素實在太多。然而，這裡所條列的變項，其重要性並非完全等同，其中某些能夠全部或至少相當程度被列表中的其他變項解釋。換言之，在統計上存在許多共變。

在更廣泛的層次上，Shah（2011c）發展了一道公式，以概略預測國家的自殺率——這公式是：

$$Y = A + BX + CX2$$

Y 是自殺率，X 是社會經濟地位，而 A、B 及 C 是常數。Shah 宣稱當自殺率隨著社會經濟條件起伏時，這個等式能正確描繪自殺率。然而，以個人行為為基礎，我們目前尚缺乏能適當說明年長者個別自殺行為的模式。社會工作者或類似團體目前仍明顯缺乏詳細的預防策略，對此也難有助益（Manthorpe and Iliffe, 2011）。

◯ 結論

死亡、瀕死與哀慟這個領域，本身即充滿各種情緒負荷極強的議題，因此迫切需要有遠見的研究，以建構良好的調查架構投入，使大多被情緒籠罩著的推理過程，能夠獲得邏輯性的分析。唉，但這在實務上很少發生。既有的重要模式被證實是奠基於粗劣的資料收集程序之上，其結論也不正確。剩下的研究，雖然依其所言尚稱合理，但多數是著重於發現混淆變項，以及針對許多個人生命最後幾天的決策適當性，所衍生的強烈倫理問題尋求合理理由。然而很清楚的是，個人需要針對未來自己無法進行高層的認知思考、必須仰賴維生醫療時，希望如何被治療有一清楚的陳述。例如，Bagheri（2007）認為人們應該被允許決定，心肺功能停止或者腦部功能失去何者構成死亡。這與大多數研究發現的，年長者希望能夠自己選擇生命末期將如何被治療是一致的概念（Moorman, 2011）。然而，很

少人停下來思考一件事，當真正需要做決定的時刻到來，他們可能已經無法表達自己的需要。在一個納入 3,746 位（美國）年長瀕死病人的個人史資料研究中，Silveira、Kim 與 Langa（2010）發現百分之 42.5 的病人在過世前的最後幾天需要進行決策，但其中百分之 70.3 已經失去了決策能力。因此，有接近三分之一的瀕死病人，無法完成關於他們生命最後幾天的重要決策。Silveira 等人說明，事先留下指示的年長者，他們的治療通常會跟那些沒有事先留下指示的病人有相當大的不同。因此，雖然醫師與護理師是以他們真心相信最好的方式照顧病人，但他們的行為還是很可能與病人當下若有能力表達的選擇相違背。本章所引用於探討此議題的所有研究中，僅有少數（且通常是相當少數）的參與者，曾留下書面並經過簽署的聲明，表達在需要維生醫療或類似的處境之下，他們希望如何被治療。無法清楚了解病人的末期意願，是令所有人都感到沮喪的事，而若最終需要訴諸法院，通常得到好處的只有律師而已。

◯ 進階閱讀建議

　　Szabo（2010）針對死亡與瀕死的有關工作提供了相當多（超過2000）的參考文獻。Preston（2007）的文章則針對 LCP 有相當精采的概覽。Klessig（1992）針對死亡與終止維生醫療文化差異議題背後所隱藏的種種問題，提供了非常有用的簡介（亦可參見 Bullock, 2011）。針對更晚近與（美國）終止維生醫療有關的法律問題，請參考 Brutoco（2010）。

第九章

正視老化的未來

潘宣露、陳秀蓉譯

⭕ 概論

在這簡短的章節中，將探討置身於這個科技驅策的未來社會，年長者會有的反應和行為模式。將透過引述先前各章節中的論述和資訊，做為討論的基礎。

⭕ 什麼構成「老」？

目前對於什麼會使一個人「老」的判斷包含幾個標準：外貌、態度、休閒時間量。然而，各式各樣的發展將可能在未來改變這些標準。外貌可能會是最受到影響的基本因素。目前整形手術和賀爾蒙補充療法，已經可以讓一個人的外貌年輕 10 歲、甚至更多。這些當然大多是美容技術上的變化。毫無疑問地，這個領域的技術將會變得更進步，且在經濟上也更能讓人負擔得起，將會有更多的人可以利用這些技術。除此之外，醫療服務的進步，也可能會發現進一步延緩老化歷程的方法。目前，已確定僅透過操控環境和飲食，就能夠使一些動物活得更久。雖然將這些動物實驗的發現應用在人類身上不是一個簡單的過程，但我們幾乎可以確定這些改變總有一天將會發生。在未來，超過 60 歲的人的外觀，看起來不再像現在刻板印象中的「老」那麼「老」。然而，問題真的能因此改變嗎？人們難道就不會尋找其他的老化指標？例如將注意力從搜尋皺紋或白髮，轉移到眼睛的亮度？人對於特定生理特徵的知覺反應是有文化差異的，例如：會

使人覺得性感的區域。不同文化的異性戀男性，可能會分別受到女性的胸部、臀部、腿部或頸背的部位所吸引。既然如此，老化的主要指標是否得考慮不同文化中的轉變，而不僅只考慮時間的影響？

另外，未來老化的延緩技術也可能變得非常成功，以致於沒有人能判斷這些成人現在到底幾歲了。這將可能引發一些困境，是否會有一些個體刻意選擇「自然地」變老，而使得他們被社會鄙棄？或許抗老化的治療會非常昂貴，只有一些特定社會階層的人士才可以負擔得起？又或許會引發出新的精神官能症，使人感受到思想和態度被「禁錮」在錯誤年紀的身體之中而倍感折磨？或許，治療可以延緩一系列老化的徵兆，但是老化的年齡雖然變得更晚，最終還是會到來（也就是當治療「無效」的時候）。像這樣透過刻意的步驟避免老化而後出現的生理改變，是否會比自然地老化並被動地讓身體經歷老化歷程更具有創傷性？在草率地支持抗老化的治療之前，先考慮潛在的心理後果是較明智的。此外，需要注意的是，無論結果是什麼，老化的形象仍停留在老化歷程就等同於生理衰退的同義詞上，所以。Warren（1998）從歷史的角度回顧關於老化跡象辨別的研究，指出生理的衰退仍會是未來辨識老化歷程的主要指標。

態度是一個很好的年齡指標。一般對於老年人的觀點是，他們保守及脾氣暴躁。我們已在第 5 章中說明這是錯誤的概念，然而，還有更進一步的理由值得懷疑這個假設：過去 50 年裡，急速的社會變遷導致了更加自由且包容的社會，讓年輕人更易於表達並慶祝自己是年輕的，而非去追求盡快地成為像他們父母世代般的人。作為第一代的搖滾世代（rock 'n' roll generation）的人們已經過了退休的年齡，而象徵嬉皮文化的花之力量世代（flower power generation）也已經到了 60 歲的年齡。這些世代運動變化的影響是複雜的，更適合在社會學的脈絡下處理。但是一個重要的心理意義的預測從這樣的變化中產生：未來的老年人不太可能像過去世代那般心甘情願地，適應於當下社會期望所建立的位置中。他們已經看到社會傳統是可以被蔑視的、抗議是可以起作用的。因此，如果年輕世代不改變社

會的習俗來迎合老年人的需求，老年人有可能就自己出馬來改變。

　　最後一個需要考慮的因素是休閒時間。在休閒時間彌足珍貴的工業化社會，人們對於過多的休閒時間反而會感到厭惡，因為它經常代表著失業或退休。然而，這樣的態度可能會隨著工作產業自動化的增加（尤其是電腦化）而改變。更短的工時、彈性時間的增加以及在家設置辦公室，可能導致勞動人口中有越來越多人，可以待在家的時間超過他們待在傳統工作場域的時間。這也表示退休者和老年人將有可能不再會因為他們沒有投入職場而被標籤。在寫下這個章節時，許多工業化國家正關注著退休年齡的調整，但實質上相關的細節都還在修改中，關於休閒的問題尚未受到影響。

◯ 長者和科技化的社會

　　「過去 100 多年來技術和科技的進步，使工業化國家的人們生活方式產生巨大的變化」，這樣的說法或許是陳腔濫調。然而，不難想像老年人將被捲入這波變化的浪潮之中，這激發了關注他們將如何去因應的議題。

　　我們最直覺的反應，可能會認為最大的影響將會是醫療保健的改善，而人們將能因此活得更長久。然而，如同第 1 章裡所提到的，事實上不盡然會有這樣的發展。平均餘命的增加，其實主要來自於嬰兒夭折率的減低，而非壽命本身的延長。確實，考量的族群對象越年長，現代醫學對於增加其壽命所能提供的協助就越少。許多造成老年人痛苦的疾病，例如：癌症、心血管疾病，其實和它們在 1900 年代的狀況一樣無法治癒（雖然現代的緩和療護的確能有效減輕痛苦，且能稍微延長一點壽命）。同樣的，如果發現了一項疾病的治療方法，也不代表這能夠顯著延長一個人的壽命。舉例而言，發現一種癌症的治療方式，並不能治療其他類型的癌症。除此之外，治療了某位老年人的某一項疾病，也不必然會顯著延長他的餘命。如前所述，老年人，特別是那些 75 歲以上的老年人，可能有許

多生理運作都已經瀕臨崩潰邊緣。防止某個疾病擊潰這些生理運作，並不保證能讓其他運作都免於退化。簡而言之，即使能治療致命的心臟疾病，也許只會讓同樣正在衰竭中的肝臟成爲使人致死的原因（請注意，這並不是認爲老年人的醫療照顧是「枉然」、反對他們接受治療，雖然這樣的現象可能適用於部分老年人的情況，但並非是個普遍的事實）。

基於上述的各種考量，可能不太能期望 70 歲或更年長的老年人未來還能增加多少預期壽命。因爲即使有了個別疾病的治療方式，也必須找到能夠全面克服老化的方法，才能得到更大的益處。而這引發了更具有爭議性的議題：是否有足以讓人類持續追求這個目標的原動力？第 1 章曾經討論過銀髮族帶給社會的經濟負擔，任何能使壽命顯著延長的作法，都可能讓經濟的問題變得更加嚴重。而這也是個道德議題：如果眞的能找到延長壽命的方法，伴隨而來的生活品質是否值得這一切的努力？此外，這樣的過程是否會是危險的？例如現代醫療認爲染色體的端粒延長技術可能會導致罹患癌症的風險增加（詳見 Concar, 1996 及第 1 章）。如果有人全面地考慮了以人爲方式延長壽命的前景，並基於某種原因決定他不要藉此延長壽命，這個拒絕是否會被視爲是一種自願性的安樂死？再者，如果這樣的療程非常昂貴，只有非常富有的人才能負擔，是否應該僅僅因爲他們擁有更多的財富，就被允許擁有更長的壽命？令人欣慰的是，這些未來可能面臨的問題，還僅僅停留在科幻小說家的描寫中〔例如 John Wyndham 於 1960 年寫的科幻小說傑作《地衣的麻煩》（Trouble With Lichen）〕，因爲目前仍然不太可能立刻出現能夠有效延長壽命的藥物。

另一個技術改變帶來的重要影響是工作的自動化。在科幻小說中，常假想未來人工將會被機械取代，目前人工勞動比例在勞動力中顯著的衰退則印證了這個現象。而文字處理器、影印機等等發明的出現，也使「白領階級」的工作減少（例如：打字員）。這些變化並不僅限於是例行公事的工作中，致力於模擬專家診斷能力的「專家系統」的使用，也可能在未來脫穎而出。大型的投資和銀行業機構早已使用電腦來監控股票市場的價

格變化，並能自動進行股票的買賣。在未來，也很有可能向電腦化的醫師做諮詢，這個電腦醫師將運用演算法來分析眞實的醫師診斷的方式，以扮演和一般的醫師一樣的角色。自動化帶來的影響幾乎注定會影響未來世代老年族群的生活。上述曾經提過一個的最基本議題，是關於工作實務的轉變，這樣的變化將無可避免地影響退休人士的社經背景。如同在第 5 章提到的，社會地位和工作類型可以預測對於晚年人生的態度，因此，可以預見老年人口的行爲和生活型態都可能出現轉變。

　　然而，任何奠基於技術創新的未來趨勢考量，無可避免地會具有高度的不確定性。在 1960 年代的教科書中，已針對未來的預測提供了非常切合的警告。在 1960 年代時，有權威性的預測認爲 1990 年代，人們將會死於汙染、核能戰爭、飢荒或人口過量的問題。又或者，人們可能活在奢華的生活之中，有著機器人服侍著任何的念頭。本書做出的預測也很有可能同樣荒謬。人性有個奇怪的習慣，會在舊有的工作機會被自動化所取代時，去尋找更多的工作。

　　技術的革新對於老年人的直接影響可能是心理學家最感興趣的。有些影響可以從過去技術革新帶來的衝擊中預測。現在，無所不在的電話、電視和收音機使老年人可以和外在的世界連結，這在 50 年前的時代，對於不富裕的人而言是難以想像的。在休閒活動的形塑上，電視對於現代生活的影響不容小覷。除了帶來娛樂的效果，電視使老年人可以接觸各地風貌、戲劇、音樂會以及其他的文化活動，這些原本可能是他們在生理或經濟層面上無法親身參與的。老年人（特別是獨居老人）經常表示在看電視或聽收音機時，他們不見得會去注意這些媒介所播放的內容，但將電視機或收音機的聲音當作具有撫慰性的背景雜音。然而，這些新的媒介也有一些缺點。在電視及收音機上的節目，主要考量的是年輕人的需求和要求。這樣的節目對老年人而言可能太過刺激。又或者，節目內容本身就對老年人不具有吸引力（例如：那些以「青春」爲導向的節目）。即使透過衛星和有線電視，在多元頻道出現各種小衆節目，也不太有可以吸引老年人興

趣的內容。絕不會有專門針對老年人所設計的頻道（儘管目前有幾十個頻道，是特別針對兒童或某些較為遲鈍的年輕男性設計的），也很少有令他們特別感興趣的節目。即使社區電視難得出現一些不錯的雜誌節目（絕大部分是沉悶而無聊的），也多半會被電視台安排在離峰時段播出。絕大多數的節目都是以年輕觀眾為目標，然而，老年人通常是電視節目最重度的消費客群，這個發現在不同的國家的研究中都獲得迴響（例如：Dubois, 1997; Grajczyk and Zoellner, 1998）。在至少 9 年之前，這本書出第 1 版時曾經建議過，或許最終將出現規模較小、由社區所主導的電視台，才能提供較多的時段給老年觀眾的節目。然而，目前為止尚未有這類例證，除了在美國少數以套裝活動形式進行的成功個案（Burns, 1988）。提供老年人的印刷品，例如雜誌，則有較多的成果。一些專門的出版品已經在商業上得到成功的發展。然而，這些刊物訴求的可能是特定的老年族群，例如：富裕的中產階級老年人，受到奢華度假和投資建議的資訊所吸引（詳見 Featherstone and Wernicke, 1997）。基於特定人口和社會經濟等各方面的原因，以較普遍老年人為訴求的出版品，是不太可能具有商業利益上的吸引力的。

　　老年人使用網際網路的程度，也有人口特性的限制。網際網路的媒介應該提供許多福益給老年人，例如：能夠提供大量的資訊；讓老年人有機會參與不同的討論團體；不會感到如同一般日常生活中談話討論時被催促的壓力；不需要離開讓他們感到安全和舒適的家就能參與。本書先前的本版曾經提到：

　　「在美國，網路的使用比起其他的國家更為普遍。但與其他國家的差異，亦隨著電腦和電話的價格下降而逐漸縮小。然而，即使在美國，老年人依然是所有年齡層中最少使用電腦的族群（Cutller, Hendricks and Guyer, 2003, p.271）。」

　　一部分的原因是，老年人可能會對於電腦的使用缺乏控制感、不習慣

電腦的非人性化，而因此卻步（Czaja and Sharit, 1998）或者產生焦慮，儘管這些感覺可能和他們實際操作電腦的能力無關（Laguna and Babcock, 1997）。每個人初次學習操作電腦時成功經驗，對於他們未來是否會使用電腦扮演關鍵的角色（Kelley et al., 1999）。另外有些老年人則是覺得他們對電腦沒有什麼興趣。一些危言聳聽的媒體會報導關於下載兒童色情圖片而被起訴的事件，不僅無益於老年人對於上網瀏覽網站的印象，也使他們認為那並不是一個可敬的長者適合從事的活動。

　　若老年人確實有使用網路，絕大部分的原因可能是為了操作網路信箱（Hilt and Lipschultz, 2004），至少在美國的情況是如此。同時，這也發揮了一個十分有益的社會功能，網路可能特別有助於老年人的健康教育，而這項好處也應該大力向老年人提倡。老年人也是較有可能在使用網際網路時，感受到正向經驗的族群（Chen and Persson, 2002）。其他研究同樣發現，一旦老年人接受了電腦的使用，他們就能感受到賦能，或至少覺得愉悅。然而，抗拒使用電腦或中途退出訓練的人數依然很多（Namazi and McClintic, 2003）。除此之外，Priest、Nayak and Stuart- Hamilton（2006）認為對於老年人而言，使用網路的最大障礙通常在於網站設計不佳，而非他們的智力或先前的使用經驗。這意味著，許多對於有效運用網路的阻礙可能並不實際存在，它們多半是劣質的網頁設計所導致，而非自然老化的缺陷。更近期的研究指出：雖然老年人的電腦使用在商業市場中快速增長，但對年長者而言，使用電腦仍是特別困難的事情（Wanger, Hassanein and Head, 2010）。

　　其他技術層面上的改變對老年人是五味雜陳的幸事，一方面雖然理論上，技術的改變對老年人有利，但相關先備經驗的缺乏卻可能會妨礙他們成功運用這些技術（詳見 Charness and Schaie, 2003）。現代的家用電器免除了烹飪和家事勞務帶來的麻煩，這些電器對於許多老年人而言都是經濟上負擔得起的，且毫無疑問地非常具有便利性。舉例來說，冷藏和其他更好的食物保存方法，在老年人變得感官遲鈍，而難以察覺食物變質的時

候，降低了他們食物中毒的危險。除此之外，期待已久的智慧型冰箱的出現（智慧型冰箱可以讀取事先包裝好的食物上的條碼，並在食物超過安全食用期限時發出警告）也能增進這方面的服務。但同時，省力的設備和食物的安全檢查，也可能會使一些老年人不再運動，或變得太過無憂無慮而失去警覺。因此，他們的健康狀況可能會因為缺乏身體活動而衰退，對於食物安全的過度樂觀也可能導致中毒。

其他技術上的改變也可能有被濫用的傾向。例如以微晶片控制的藥物分配儀就曾是爭論的對象（詳見 Kapur, 1995）。某些藥物的服用時間，對於其療效非常重要。由於有些老年人是健忘的，自動分配儀可以透過發出嗶嗶聲提醒這些患者吃藥。這個設備當然有個小問題，那就是它必須要依賴一個健忘的人待在可以聽到儀器聲音的地方，並且要記得當儀器發出嗶嗶聲時該做些什麼。這是這類用來協助心智條件不佳者的產品普遍會遇到的問題：使用者必須要記得使用這些東西。任何所謂的「記憶輔助」，無論是會發出嗶嗶聲的藥盒、掌上型電腦或電子日記都無法避免這個問題。記憶衰退所帶來的困難，顯然使開發者面臨極大的挑戰。其他的技術性革新似乎在第一眼就看起來非常平易近人，並未面對這些困難，例如前面曾提到的專家系統。然而，專家系統需要電腦來運作，那麼電腦必須放在哪裡呢？先前，我們提到電腦的使用在老年族群裡可能是有限的。如果一位老年人必須付出極大的努力才能去到有電腦的地方（例如：有醫療專家系統的醫療診所），他一定寧可見到的是一位真人醫師，以犒賞他的辛苦前往。又假設家裡有一台電腦和醫生軟體程式，這樣的情況依舊會有問題。專家系統只能依據所得到的訊息作判斷，如果人們選擇說謊或掩飾某些病症，將會如何呢？一個人類醫師可以透過觀察聲調和肢體語言，理應比電腦更能偵測到病人的計謀，除非電腦的硬體和軟體都充分改善超越現有的限制。簡而言之，現有的系統容易遭受嚴重的、致命性的濫用。

進一步的考量是，新的技術大多是針對年輕人所設計的。迷你化的電子產品無疑是設計者工藝的殊榮，但對於老年人而言，這些產品常常設

計得太小而難以有效地查看或掌控。在第 1 章中曾經提到，老年人的感知系統已經喪失處理各種感官細節的能力，因此，許多現代化的設計似乎使老年人更受阻礙。位於英國的伯明罕大學應用老年學中心便有一句著名的口號：「為年輕人設計，便排擠了老年人；為老年人設計，則把年輕人也一網打盡。」這並不代表每項物品的設計，都應該適用於所有的年齡層。然而，製造商寧可生產一些難以使用的商品來排擠市場中至少 20% 以上的潛在客戶，也是件難以理解的事情。另一點值得注意的是（請注意，以下言論並非意圖要年齡歧視），將「為老年人設計的觀點」放在心上時，它也同時幫助到許多生理上有困難的年輕人，例如視力不佳或身體靈活度有限的人。從相反的角度來看這個論點時，會發現這樣的聲明存在著一種風險，是表現出一種把老年人的狀況看得比他們實際的情況更加糟糕的態度。舉例而言，一些針對電腦介面設計提供建議的刊物和網站，經常強調需要有適當的輪椅通道、簡單的說明措辭以及大字印刷。當然，這些都是必要的建議（對於一小部分的老年人來說），但有些時候，有些人可能不希望他們顯得太過突兀。

因此，技術上的進步對於老年人而言是一種五味雜陳的幸事。當它們帶來極大的希望時，許多操作上的細節並沒有做好充分的考量。設計用來省力的機械可能難以操作，或帶來比其優點更大的危害；醫療的進步將會治癒某些疾病，但老年人仍可能受到其他的疾病的傷害；醫療技術的突破可能讓老化的歷程得以延緩，使得人們延續享受其人生光陰的同時，也延續了其受苦的時間。若想像老年人會自然而然地因這些進步而過得更快樂，簡直樂觀得太過愚昧。

● 結論

對於未來的展望，幾乎無可避免是發自於對現況的批判。而在本章與前一章中所提出的許多預測和論點，都來自於當代的老年病學研究以及工

業化社會中的老年人所面臨的問題。然而，若因此下結論認爲老年心理學中的敘述有些陳腐，是很不公平的。老年心理學領域呈現的是健康地成長和廣泛的興趣。由本書最後兩章所提出的預測可以分爲兩類：應該會發生的和可能會發生的。第一類的預測來自對於現存研究法的批判。研究者必須停止將老年人視爲是一種特殊族群，不僅是因爲這麼做是很不科學的，也因爲這麼做是在施捨老年人，並可能引起分歧。用緩和一點的口氣來說，雖然目前已經有往去除此種意識形態的方向努力，老化的心智更需要被視爲是一個互動的歷程而非一組獨立的系統。將老化的某個面向分隔起來並加以詳細分析的方法，就跟 3 個盲人摸象的老故事沒什麼不同：每個盲人都只是依據他們摸的部位去描述這個動物。有人認爲他摸到的是蛇、有人認爲是樹，也有人認爲是鳥（如果這不是讀者熟悉的結局，提醒各位這個故事還有其他的結果更爲粗野的版本）。但若改以多因素模式探討，仍無可避免地會出現問題，而單一數據的結果也永遠不可能帶來滿足。然而，如同成就無量的奧斯卡・王爾德（Oscar Wilde）所說：「眞理從來就不單純，也不簡單（the truth is never pure and rarely simple）。」第二類的預測關心未來在科技技術及態度上可能出現的變化，以及這些變化可能會如何影響老年人。當然，這其中所描述的許多變化，都不可能在近幾年內發生。我們始終認爲，科技必然會形塑人們的生活，但卻很少思考另一個可能性，那就是人們會直接忽略這些創新與變化。老年人之所以會抗拒新的發明，並不是因爲他們生性保守（在第 5 章中已經提到這是一種年齡歧視），而是因爲他們看不到採用新措施的價值何在，且新措施的用途也可能是有限的。也許從各方面來說，對未來要領取養老金的世代，最樂觀的看待方法可能是讓老年人爲他們所想要的事物發聲，而非年輕人自行強加「什麼是爲老年人好」的想法。

透過本書，想傳達的訊息是這樣的：

無論一個老年人在心智上處於有利或不利的位置、滿意自己的生

活或想要自殺、身體健康或在家臥床、有多大的程度受到他們的基因遺傳及早期生命的行為所影響。對於老年生活的滿足是一項酬賞，而非自發存在著的權利。這樣的滿足感，只能透過用清晰而開放的心，去貼近老化的遠景才能達成。有一些隨著歲月出現的改變（例如智力上的變化）只能部分控制。但即使可能有些許衰退，除了罹患失智症以外，都不足以毀壞一個人豐富而快樂的晚年生活。在最後，仍有一段話想和那些對這個論點無動於衷的人，以及堅持對老年人產生刻板印象、把老年人視為像是同性戀者或弱勢族群的人說：「所有的老年人都是倖存者」這份榮譽，不是所有詆毀長者的年輕人都能活到老來為自己宣告的。而這句話，正描寫了每一位老年人的真實情況。

神經系統的基本解剖學

何雪綾譯

◯ 神經元

神經元（**neuron**）（或者神經細胞，較不那麼精確地說）是神經系統的基石。神經元的形狀與大小非常多樣化，但全都具備從其他神經元或者特定的感覺受器（接受觸覺、痛覺、熱等等）接受訊號，以及把訊號往其他神經元或者感覺器官傳遞下去的基本功能。這些訊號是沿著如絲線一般的突出物傳送，稱為**軸突**（**axons**）。神經元在稱為**突觸**（**synapses**）的接合處相互連結，在這裡訊號從一個神經元運送到另一個神經元。當神經元被激發，電脈衝沿途傳遞下來直到突觸，在此兩個神經元相會，彼此之間僅隔著微小的間隙。激發的神經元「吐出」化學物質，越過間隙抵達接收的神經元，導致以下 4 種情形之一：

1. 本來處於休眠的神經元被激發，開始傳遞訊號。
2. 本來正傳遞訊號的神經元，因為這個新刺激的輸入加強了其訊號傳遞的強度。
3. 本來已激發的神經元，因為這個新的刺激輸入，使其停止或者降低激發強度。
4. 本來處於休眠的神經元，因為這個新的刺激輸入使其他神經元無法刺激這個神經元使其激發。

在上述的 1 及 2，此種作用稱為**興奮**（**excitatory**）作用，3 及 4 稱為**抑制**（**inhibitory**）作用。因此，神經元的活動可彼此促進，也可相互壓制。其中運用的化學傳導物質稱為**神經傳導物質**（**neurotransmitters**）。

在某些情況中，傳導物質的種類是很方便的神經元分類方式。例如，乙醯膽鹼系統（**cholinergic system**），是以乙醯膽鹼（**acetylcholine**）爲傳導物質。大腦中大約 90% 的神經元是屬於這類，其他主要使用膽鹼系統神經元的是骨骼肌肉的控制。相反的，**正腎上腺素系統**（**noradrenergic system**）（使用正腎上腺素（**noradrenaline**））主要用於控制平滑肌。許多神經元外側會覆有一層脂肪狀物質，稱爲**髓鞘**（**myelin**），其作用類似電線周圍的絕緣材質，阻止訊號流失，也幫助提高訊息傳遞的速度。

◉ 神經系統解剖

神經系統可簡單劃分爲**中樞神經系統**（**central nervous system, CNS**）及**周邊神經系統**（**peripheral nervous system, PNS**）。CNS 包含大腦以及脊髓，PNS 的神經元則是連結 CNS 以及身體的其他部位。神經系統包含至少百億個神經元，其中多數存在於大腦之內。關於 CNS 及 PNS 的基本差異，「教科書的定義」是 CNS 的細胞死亡後無法更新取代，而 PNS 則可以（參見 Brewer，1999；本書稍早也曾提及）。

◉ PNS解剖

PNS 依據功能可劃爲兩個分支，**傳入**（**afferent**）神經元攜帶訊息至 CNS，如果它們是攜帶來自骨骼肌的關節或者皮膚的訊號，稱爲「軀體神經」；如果攜帶來自內臟（**viscera**）（腸）的訊號，稱爲「內臟神經」。**傳出**（**efferent**）神經元將來自 CNS 的指令傳送至身體，如果是將訊號傳輸到骨骼肌，稱爲「運動神經」；如果是將訊號傳輸到腺體、平滑肌、心肌等等（即鮮少能由意識控制的那些身體功能），稱爲「自律神經」。

◉ CNS解剖

　　脊髓（**spinal cord**）的主要功能是負責輸送 PNS 與大腦之間的訊息。但它也有簡單的處理功能。透過反射弧（**reflex arc**）（傳入與傳出神經元之間的簡單連結）這個機制，它可使身體對某些刺激做出反應。許多反射就是透過這個方式產生（例如，大家熟知的膝跳反射）。

　　脊髓投射至大腦，或更精確地說，是投射到大腦裡面名為腦幹（**brainstem**）的區域。許多非專業人士以為大腦是個由「灰質」構成的，性質相同的大塊物質，但實際上大腦是由彼此不同但相互連結的結構集合而成。考量解剖與功能上的理由，大腦通常被劃成 4 個主要部分，首先是腦幹，在腦幹後面頭骨基部是小腦（**cerebellum**），腦幹上方是間腦（**diencephalon** 或 **interbrain**），位於最上方與其他 3 個部分重疊的是大腦皮質（**cerebral cortex**）（通常簡稱為「皮質」），是大腦充滿皺摺的「頂部」。一般來說離脊髓越遠的結構，功能越複雜。

　　腦幹主要與「維生」機能的維持有關，例如，血壓、消化、呼吸等等。它也接收來自感官的訊息，並將之透過其他系統導引至到大腦。

　　小腦透過半規管（位於內耳的平衡感測器）接收來自軀體的刺激與訊息。了解了這件事之後，再認知到小腦負責動作的協調，就不會感到意外了。

　　間腦是許多部分的集合。其中比較重要的是以下幾個部分。視丘（**thalamus**）負責感官訊息與動作執行之間的協調及引導。此區的損傷會引發巴金森氏症（參見第 6 章）。下視丘（**hypothalamus**）大約可說是控制身體需求，例如，飢餓與飽足、性慾、憤怒等等。海馬回（**hippocampus**）從演化的角度來說，是大腦最古老的區域。它涉及情緒控制，但心理學家最感興趣的是它在記憶功能上的角色。有些不幸的人，腦部此區受損（因為疾病或意外）而無法把任何新的訊息，保留在記憶中

超過兩分鐘。因此，海馬回某種程度上涉及的是將訊息保留在長期記憶之中。

　　大腦皮質負責最高層次智力功能的執行。區分爲兩個半球（**hemispheres**），沿著頭的中線垂直方向從前到後劃分。兩個半球之間有許多路徑相連，其中最重要的是胼胝體（**corpus callosum**）。大部分的人，右腦半球主要負責視覺空間能力，左半球負責口語能力。皮質也可劃分爲若干個葉，各自負責不同心理功能。額葉（**frontal lobs**）從頭骨的前方延伸到太陽穴。主要涉及動作的控制與規劃，例如，產生一系列的動作，在說話與拼字的時候產出正確的字詞與字母順序，做出社交合宜的行爲。額葉也涉及記憶，尤其在區分記憶中的事件何者發生在近期，何者是較久遠的過去。顳葉（**temporal lobes**）位於左右側太陽穴的位置。其中一個主要任務是解釋訊息，左側顳葉對於口語及書面文字的理解尤其重要。顳葉也與記憶力有相當大的關係，尤其是訊息的長期保存。因爲左右半球的功能特殊化，左側顳葉偏向儲存語言記憶，右側顳葉偏向儲存空間資訊。枕葉（**occipital lobes**）位於大腦的後部，涉及閱讀，但主要功能是視覺。幾乎所有視覺訊息都發生在枕葉。頂葉（**parietal lobes**）位於大腦的「頂端」，被其他三葉圍繞（大約位於人們戴髮圈或耳機頭帶的位子）。它部分負責使人保持對身體狀態與位置的覺察，主要的智力功能角色據說是與符號解釋，也與物體再認與閱讀有關。

流體智力與晶體智力

彭大維譯

當心理學家在這個世紀初期開始討論智力的議題時，一般認為「智力」是一個單一的概念與技巧。換句話說，無論是哪一種智力測驗的作業，像是語言的、數字的、視覺空間的（例如形狀與圖案的測驗），一個人的智力表現都被單一個基礎能力決定，而智力測驗之父，Charles Spearman 將其稱為 g 因素（一般智力，general intelligence 的首字母）。「g」或「Spearman 的 g」至今仍被使用，儘管目前被用來更廣泛地描述整體的能力，或能夠測量多項智力技巧的測驗組組合之總得分。目前多數的研究者多半否定 g 因素的死板定義，認為「智力」是不同互相相關連的技巧組成，而這些仍然在爭論中（Deary, 2001; Eysenck and Kamin, 1981; Kail and Pelligrino, 1985; Rebok, 1987）。然而，最被接受的理論是**階層取向**（**hierarchical approach**, Cattell, 1971），這個取向提及的是，所有的技巧都會使用一般智力能力，但同時也會因為不同任務的需要，而使用更特定的技能。Cattell（1971）與 Horn（1978）就指明兩種特定的技能，並命名為**晶體智力**（**crystallised intelligence**）與**流體智力**（**fluid intelligence**）。

晶體智力測量的是一個人在他或她在生命中累積的知識，通常都會透過簡單直接的問題測量，例如請一個人定義一個模糊艱澀的字眼（例如，解放奴隸 manumit 的意思是什麼？），或是回答「一般知識」的問題（例如，新約外傳 Apocrypha 是什麼？[1]）。這些問題要求了他們透過自身既有

---

[1] 譯注：在西方的基督教文化中，新約外傳（Apocrypha）是多數人會認識的單字與知識，因此會出現於晶體智力的一般知識問題中。

的知識來回答，有些問題可以是切合實際生活的（你切到手指的時候該怎麼辦？）或是道德的（爲什麼要給小費？）。要回答這些問題，腦中必須要先有必要的資訊，並且能夠在回答問題時提取，因爲人是無法憑空創造一個字詞的意義或是有關狗皮藥膏、防腐劑、稅收結構或政府臨時起意的財政政策的知識。另一方面，流體智力測驗則是儘量減少對既有知識的仰賴，測量在沒有過往教育訓練或文化薰陶的影響下，針對某些問題的解決能力。換句話說，流體智力是一個人如何解決新問題的能力，最常使用的方式是請受試者辨別一組物件的規則（語言、數字或視覺空間），並請參與者根據該規則提出下一個項目，例如：

ACFJ？

或是在系列中挑出怪異的項目：

245 605 264 722

通常，流體智力測驗都有時間的限制，所以要能熟練該問題不能只是做對，同時要也要速度夠快。

（不意外地）也有人根據 Horn 與 Cattell 的架構，建構出測量整體智力 g 因素的測驗，而測驗的分數則是流體與晶體智力測驗的總和。

基本心理語言學概念

何雪綾 譯

　　介紹這個領域最簡便的方式，是一起檢閱閱讀的心理歷程（不論如何，這都是心理學家與教育老年學專家最常研究的語言學技巧）。觀察我們的內在經驗，一般會認為閱讀是相當自動化與瞬間發生的過程（例如，試著不要讀「不要讀這句」），但實際上它包含各種不同技巧的協力配合，從非常基本到非常複雜。按照推論，正常的閱讀需至少包含以下歷程：首先必須有一個辨識個別字母的心理機制，以區分字母與（比如說）隨機的墨漬或者外文字母。接下來，必須有方法辨識某個字母序列是否構成真正的文字，或者只是無意義的字串（例如，aslkdhf），同時也需要判斷文字的發音方法（即，把印刷文字轉換為口語表徵）。以上這些階段之後，需要某種能力去判斷字詞序列是否構成有意義的片語，包含在**語法**（**syntactic**）與**語意**（**semantic**）上是否可接受。例如以下這個片語：

　　　　goldfish make suitable pets

是合理的，但比較無聊。而這個片語：

　　　　hypotheses make suitable pets

比較有趣，但明顯無意義，這就是語意上不可接受的情形（大致上，語意指的是所表達的意義）。但是，這個片語的語法（大致上指的是文法）是可接受的。反之，像以下這個片語：

　　　　goldfish makes suitable pets

語法上是不可接受的（因為文法不正確），但是一般會認為它還是能傳達意義，因此是語意上可以接受的。閱讀歷程的最後階段，必須涉及從片語之中抽取意義。內省的經驗顯示，人不會記得所讀過的每一個字——記得的是故事的要旨。因此，閱讀必須包含抽取一段文字的主要特徵的方法。

　　讀者不要以為所有的處理，都是從基本的字母再認單方向往較複雜的意義抽取進行，後者的運作也可能將訊息往處理系列的前端回傳，以加速閱讀。例如，試想一個人閱讀某段字跡極為凌亂的文字，其中的某些字母完全無法辨識，在以下文句中以 x 表示：

> Ix is xoubtful if anx moxe axxixtance is rexxired. Remxmbxr the xroverb: txo maxy coxks xpoil the xxxxh.

破解這段文字對大部分讀者來說應該不是太困難，背後有好幾個原因：首先，某些字比如 xoutful 與 xroverb 只有可能是 doubtful（懷疑的）以及 proverb（格言）。因此讀者運用對於何種字母組合可構成真字的知識，找出那些難以辨認的字母可能是什麼。其他例子裡運用的是語意知識，例如 Ix 可以是 If、It、In 或者 Is。但是這個句子中只有 It 才合理。這段文字的最後一個字（xxxxh）本身完全無法辨識，但是卻很容易知道它是 broth，因為它是一句名言的最後一個字。這是個語意促進（**semantic facilitation**）的例子，那是指一段文字的語意內容，使人得以預測接下來會出現的文字為何。這些不只適用於閱讀潦草的手寫文字，在正常印刷文字，人也可透過預期加快文字的再認。而這已經說明與前文邏輯相關的文字，讀起來會比不可預期的文字來得快。因此，如果一個人一直在讀與動物有關的內容，那麼他讀出「老虎」的速度，會比讀出「椅子」的速度快。在正式的實驗情境中，這個現象的檢驗是呈現一個字詞或一句話（促發）給參與者，而後再呈現一個語意上可能與促發刺激有關或無關的字詞。參與者通常被要求判斷這個字詞是否為真字，或者大聲地把它念出來。在這兩個例子裡，如果是與促發刺激語意上相關，反應速度會比較快。對於這

個促進效果如何產生，仍有相當大的爭議，但整體看起來，是語意關聯字詞的心智表徵被放在「預備位置」，所以如果它們的文字出現在眼前，意義的觸接就會快一些。

最後考量的是記憶力的角色。很明顯的如果沒有長期記憶，人不可能閱讀與理解故事，因為會記不住任何情節。對於工作記憶的需求雖然較不明顯（參見第 3 章或名詞解釋），但是還是需要能夠記住剛才讀到的內容，否則讀到句子最後面就已經忘記句子的重點了，這點在閱讀很長且複雜的句子時尤其明顯。

因此，閱讀包含主動整合多種知覺、認知、語言及記憶能力。讀者一定都注意到了，其歷程與口語表達的理解過程中所涉及的注意力運作是類似的：再認個別字母或字詞的能力也是必須；還有辨認它們的發音是否正確；辨認意義以及片語的用法是否語意上可接受；以及最後，是抽取口語訊息的要旨。很顯然兩者還是有不同──閱讀是透過視覺觸接，口語則是聽覺。所以讀者可以（也確實會）回過頭再看那些他們尚未完全理解的內容，而聽者通常少有機會做類似的事情，反而是必須要求說話的人重複他們不清楚的內容。口語及書寫也有不同的手法。例如，書寫會比較正式，文法比較正確。甚至口語與書寫之間是否存在任何共通性，一直是有爭議的（Olsen et al., 1985）。在第 4 章沒有討論到這點，但是因為閱讀與聆聽有功能相似的歷程，我們會同時探討老化對這兩種能力的影響。但這不必然表示閱讀次技巧的改變，會自動連結到類似的聆聽次技巧的改變。另外也需要注意，老化對於口語產出與寫作能力影響所受到的關注較少，但若有這類實驗發現，將會被放在注釋的適當位置。

庫伯勒—羅斯後來的職業生涯

何雪綾譯

1970 年代，庫伯勒—羅斯認識了 Jay Barham，他是一位自命為大師，宣稱可與死亡的靈魂溝通的人。相當令人訝異的是，許多知名的知識分子，可惜也包括庫伯勒—羅斯醫師，都受到此人主張的吸引。Barham 主張的基礎是他能使靈魂物質化。以下這段文字來自庫伯勒—羅斯的訃告，能就（可能）發生的事，提供多一點大眾可接受的想法：

> 庫伯勒—羅斯供稱，嚮導從 Barham 身上取下「真正的分子」，以他們自己的模樣複製人類。「要創造來訪的嚮導需要的大量能量，那來自我們這個團體。團體的人越多，物質化的歷程就能越快發生。這是真正的複製，」她說。一個靈性嚮導「馬力歐」顯現其上半身，並在她的背部摩擦了 15 分鐘（Schatzman，2004）。

現實或許沒有那麼美好。從該團體退出的成員指控靈魂長成的肉體是 Barham 在同謀的協助之下假扮的。有幾次，在昏暗的房間內，這些靈體應當進入房間與會眾性交。多位團體內的女性比較她們事後的紀錄，都認為那靈體的聲音非常像是 Jay Barham 的聲音。其中 4 位會眾，在當晚被同一實體進入身體之後，還染上了相同的陰道感染（《時代雜誌》，1979）。持續不墜的謠言是，在某次活動中，群眾中一個心存疑慮的成員輕敲電燈開關，結果發現只包著頭巾的大師全身赤裸。

沒有證據顯示庫伯勒—羅斯與這些活動有關，但當這些消息傳到她耳裡，謹慎一些也許是明智，她全力為 Barham 辯護。當時她在知名雜誌的報導中提到，她說：「他是相當正直的人，這是事實無需辯護」（Jackovitch, 1979）。但某個從該中心逃離的人就沒那麼客氣：「她在情

感上過於依賴（大師以及他的追隨者），使得她跟本看不見。」（《時代雜誌》，1979）。

最終庫伯勒—羅斯與 Barham 劃清了界線，但她的聲譽已經嚴重受損（一般認為她在 1980 年代早期於《花花公子》雜誌專訪中所提出更為極端的神祕理論對此一點幫助也沒有）。而她的爭議性一直沒有減少。在 1980 年代，她進行愛滋患者的死亡研究，宣稱她會採用 20 個愛滋寶寶。在 1980 年代，對愛滋與人類免疫不全病毒（HIV）的了解都遠遠不足，還有許多的恐懼，尤其在鄰近庫伯勒—羅斯住所的郊區。她的房子被縱火，寵物被射殺。庫伯勒—羅斯的兒子為了她的安全，把她接到亞利桑那州。那便是她度過餘生，並在 2004 年經歷一連串的中風之後死亡的所在。

∽ 名詞解釋 ∽

　　本書的名詞解釋，提供各章內文以粗體字標示之專有名詞的定義。此外，也提供部分內文未提及，但在老年學文獻中常見之名詞的定義。

　　名詞解釋定義內文中，以斜體標示的文字或名詞，其定義亦收入此份名詞解釋供讀者查詢參考。

A

◆ **A-68 A-68 蛋白**
於阿茲海默型失智症患者身上所發現的濃度異常提高的一種蛋白。

◆ **AAMI 年齡相關的記憶損傷**
即*年齡相關的記憶損傷*（**age-associated memory impair-ment**）。

◆ **acceptance of prospect of dying stage 對於將近之死亡階段的接受**
參見*庫伯勒－羅斯的瀕死階段*。

◆ **accommodation (vision) 調節（視覺）**
聚焦於不同距離的能力。

◆ **acetylcholine 乙醯膽鹼**
一種*神經傳導物質*。

◆ **acetylcholinesterase inhibitor （AChEI）乙醯膽鹼酶抑制劑**
一種刺激*膽鹼系統*的藥物。

◆ **AChEI 乙醯膽鹼酶抑制劑**
即*乙醯膽鹼酶抑制劑*（**acetylcholinesterase inhibitor**）。

◆ **acquired dysgraphia 後天性書寫障礙**
腦部損傷所造成的書寫方面的明顯困難（尤其拼字）。

◆ **acquired dyslexia 後天性閱讀障礙**
腦部損傷所造成的閱讀之明顯困難。

◆ **ACS 急性意識模糊狀態**
即*急性意識模糊狀態*（**acute confusional state**）。見*譫妄*。

◆ **active life expectancy 活躍預期壽命**
個人（或某個*年齡世代*的所屬成員）預期可較積極活躍過活的剩餘平均生命年數。

◆ **activity theory 活動理論**

是相對於*撤退理論*的論點，認為老年人應該持續積極參與社群。

◆ **acuity (vision)** 敏銳度（視覺）

清楚聚焦的能力。

◆ **acute brain disorder** 急性腦病

即*譫妄*。

◆ **acute brain dysfunction** 急性腦部功能不良

即*譫妄*。

◆ **acute confusional state (ACS)** 急性意識模糊狀態

即*譫妄*。

◆ **acute crisis phase (of dying)** （瀕亡的）急性危機期

參見*派提森的瀕死階段*。

◆ **AD** 阿茲海默症

即*阿茲海默症*（**Alzheimer's disease**）。參見*阿茲海默型失智症*。

◆ **ADL** 日常活動評量

即*日常活動評量*（**assessment of daily living**）。

◆ **AD-MID** 阿茲海默—多發性腦梗塞失智症

一種失智症，患者同時表現出*阿茲海默型失智症*以及*多發性腦梗塞失智症*之症狀。

◆ **aetiology** 病因

來源和起因（尤指疾病的）。

◆ **affect** 情感

在此指情緒。

◆ **afferent**（**neurons**） 傳入（神經元）

將訊息自周邊神經系統傳送至*中樞神經系統*。

age×complexity effect 年齡與複雜度的交互作用

老年長者與年輕人間的差異，隨認知作業的複雜度增加而大量增加的現象。請見年齡與處理的交互作用。

◆ **age×process interaction** 年齡與歷程的交互作用

即*年齡與處置交互作用*。

◆ **age×treatment interaction** 年齡與處置的交互作用

描述在晚年某些心理技能的衰退比其他技能明顯的現象（參見*差異保存、差異性留存*）。因此：如果**A**技能的表現需仰賴**X**心智歷程，**B**技能的表現需仰賴 **Y**心智歷程，但在晚年

A技能的衰退遠大於**B**技能，那麼**X**歷程所受到的影響必定比**Y**歷程所受的影響要大得多。這和*年齡與複雜度的交互作用*不同，後者陳述的是技能需求不變的情形下，改變項目複雜度，對於年長者的影響會大出許多。

◆**age-appropriate behavior** 年齡適切行為
即*社會年齡*。

◆**age-as-leveller** 年齡平準
該論點認為，人到了晚年會感覺不同社經地位／種族群體之間的差異逐漸消失。

◆**age-associated memory im-pairment (AAMI)** 年齡相關的記憶損傷
與老化有關，而非*失智症*或其他因素所導致的晚年顯著的記憶衰退。

◆**age bias** 年齡偏見
即*年齡歧視*。

◆**AGECAT** 自動化老人電腦輔助分類測驗
評估年長者心智狀態的一組電腦化衡鑑工具。

◆**age cohort** 年齡世代
一群出生及成長在同一個時代／歷史時期的人。

◆**age discrimination** 年齡歧視
因為某個人的年紀而對她／他有不公平的偏見。

◆**age-equivalent scale** 年齡等值量尺
測驗分數表示方式的一種，以這個分數通常由何種年齡層的人取得來表示。因此，可用於衡量某個人的表現是超前或者落後其所屬的年齡層。

◆**age grading** 年齡分級
決定何謂不同*社會年齡*的適切狀態與表現的社會壓力。

◆**ageing** 老化
隨著年歲增長而改變的過程。通常僅用於指稱（一般被認為是負向的）青少年期之後的改變。參見*解剖年齡*、*生物年齡*、*腕骨年齡*、*實足年齡*、*遠端老化效應*、*生理年齡*、*初級老化*、*機率老化*、*近端老化效應*、*次級老化*、*社會年齡*及*普遍老化*。

◆**ageing/aging** 老化

兩種拼法皆可。但是美國民眾傾向使用「aging」，而英國民眾則傾向拼為「ageing」。

◆**ageism** 年齡歧視
即*年齡歧視*（**age discrimination**）（通常代表對老年人的歧視）。

◆**age norm** 年齡常模
某個年齡組在某測驗上的平均分數，可作為該年齡組的一般表現衡量。

◆**age-normative effect** 年齡常態性效果
在大多數人生命中的同一時刻產生影響的一個因素。

◆**agerasia** 駐顏
可與*哈金森─吉爾福德症候群*相比較。

◆**age scale** 年齡量尺
即*年齡等值量尺*。

◆**age set** 年齡組
即*年齡世代*。

◆**age-specific mortality rate** 年齡別死亡率
某個年齡群組的人，在其年齡超過這個群組範圍之前的死亡比率。

◆**age stratification** 年齡分層
將生命全期劃分為一系列的*社會年齡*。

◆**aging** 老化
見老化（**ageing**和**ageing/aging**）。

◆**Ageing Semantic Differential (ASD)** 老化語意區辨
評量老化態度的一種方法。要求人們從一組形容詞中選出他們比較偏好用於老年人的形容詞。原初的研究找到**3**個特質──有能力的、自主的以及可被接納的。但後續有些研究者無法重複找到這三個特質，也有其他研究者提出修改後的**4**因素模式。

◆**agitation** 躁動
該詞彙指一系列焦躁不安與不滿的症狀，包括了身體攻擊、亂抓、抱怨、吼叫、言語辱罵等行為。常用來描述居住於機構內老人的問題行為，特別是智力受損或受失智症所苦的住院老者。

◆**agoraphobia** 懼曠症
對開放空間的恐懼。

◆**AIDS dementia** 愛滋失智症
在某些末期愛滋病患身上所發現的*失智症*類型。

◆**alcoholic dementia** 酒精性失智症
(1)*柯索考夫症候群*古老（且易造成誤解）的同義詞；**(2)**因為長期酒精濫用而導致的失智症，與*柯索考夫症候群*相似，僅神經解剖上的退化型態不同（但這個區分目前仍有爭議，並未被普遍接受）。

◆**ALE** 平均預期壽命
即平均*預期壽命*。

◆**alexia** 失讀症
完全無法閱讀或辨認字詞或字母（*閱讀障礙*則是仍保有部分能力），通常僅見於腦傷個案。

◆**allocation policy** 分配策略
為一閱讀模式，主張年長者仰賴某些閱讀的分項技巧與能力，來彌補其他分項技巧退化造成的影響。

◆**alpha waves** α波
*腦波圖*測得的一種電活動型態，頻率介於**8**至**12**赫茲。

◆**aluminium theory of dementia of the Alzheimer type** 阿茲海默型失智症的鋁理論
阿茲海默症患者的腦細胞內經常被發現有高濃度的鋁，因此有此理論的提出：認為*阿茲海默型失智症*的主要病因是腦部受到鋁汙染物質的「毒害」。但最近的研究認為，這可能是細胞分析過程中的人為因素所導致。

◆**alumni education** 校友教育
美國針對高教組織過去學生（校友）提供的教育計畫。課程一般是希望增加智識，而非授予如同碩士獲博士一般的特定學位。

◆**Alzheimer's disease**（**AD**）阿茲海默症
即阿茲海默型失智症。

◆**Alzheimer-type dementia** 阿茲海默型失智症
即*阿茲海默型失智症*。

◆**ambiguous loss** 模糊性失落
描述嚴重失智的患者所遭遇的一種現象，受病痛折磨的個體僅有身體存在——身體裡面並

無法找到情感存在的徵象。

◆**amenity migration** 逐舒適而居
從一個國家或國家裡的一個地
區遷移到另一個地區，因爲這
個地區能夠提供較好的設施／
生活型態等等。這個名詞通常
用於描述退休者搬到國內比較
好的地方居住。

◆**amnesia** 失憶症
記憶喪失，通常肇因於中風、
頭部外傷、疾病（例如*失智
症*）或中毒（例如長期酗
酒）。

◆**amyloid precursor protein
(APP)** 澱粉樣蛋白之前驅蛋白
位於第21對染色體上的一個基
因，與某些類型的早發型阿茲
海默症有關。

◆**anaphoric reference** 回指參照
以適當的名詞，指稱前面提到
的某個人、某幾個人、某個東
西或某些東西（例如，以提到
「那個人」，而後在下個句子
裡以「他」來指稱同一個對
象）。

◆**anatomical age** 解剖年齡
即*生物年齡*。透過較粗略的身

體狀態測量而得（如：骨骼結
構、骨架等），非以*生理年齡*
推定。見*腕骨年齡*。

◆**anger at prospect of dying
stage** 對於將近之瀕死階段的
憤怒
參見*庫伯勒－羅斯的瀕死階
段*。

◆**anniversary reaction** 週年反應
令某人感到痛苦的某個事件即
將屆滿週年（或到了一年之中
的某些一般時節）。

◆**Anomalous Sentences Repeti-
tion Test (ASRT)** 反常句子複
誦測驗
該測驗是設計用來區辨早期失
智症與*假性失智症*患者之用。
參與者必須複誦施測者說出的
句子。

◆**anomia** 命名困難
無法指稱物體的名字。

◆**antagonistic pleiotropy theory**
結抗性多效理論
該理論認爲晚年發生的多種衰
退變化，是某些生命早期對個
體有利的基因影響所致。

◆**antediluvian ageing myth** 上古

老化神話

該神話述說的是，很久以前（「上古」意指「史前時期」）的一個（通常善良又虔誠的）民族，擁有不可思議的長壽生命。另一個為人熟知的名稱是*極北族人老化神話*。

◆**anticholinergic** 抗膽鹼劑

任何可阻斷膽鹼系統活動的物質。此類物質可導致嚴重的記憶喪失，此訊息構成*膽鹼假說*的基礎。

◆**anticipatory grief** 預期性哀傷

對某個預期即將失落的他者，在他們真正死去之前即展現出哀傷。因此，更普遍地來說，是為了所愛之人的死亡所做的準備。

◆**anxiety disorder** 焦慮症

持續的焦慮狀態，伴隨的症狀包括極度焦躁不安、失眠、疲勞，導致痛苦與功能受損。焦慮症有許多不同的表現形式，包括*恐懼症*（對某樣物品或事件，例如空曠空間、蜘蛛等，有不合理或不適當的極度恐懼）、*廣泛性焦慮症*（持續不

斷的焦慮感受，通常伴隨著生理症狀如流汗、覺察到自己的劇烈心跳等）、*強迫症*（一種為了舒緩焦慮而導致的疾患；患者被迫重複相同的動作，例如重複洗手意圖洗去引發焦慮的灰塵等）、*恐慌症*（特徵是重複出現的恐慌發作──突然出現的難以忍受的憂慮、無法呼吸、失控感等）。

◆**apathetic (personality)** 冷漠者（人格

請見*被動依賴型人格*。

◆**aphasia** 失語症

語言障礙。請見*布洛卡氏失語症*和*威尼克氏失語症*。

◆**Aphasia Screening Test** 失語症篩檢測驗

*霍爾斯特德─理坦神經心理測驗組合*的一個分測驗，用於評估*失語症*。

◆**apnoea** 呼吸中止症

呼吸暫時中止的現象，通常出現在睡眠過程中。在嬰兒及老年人較為常見。有多種可能原因。

◆**ApoE** 脂蛋白E

即**apolipoprotein E**（脂蛋白 E）。

◆ **Apolipoprotein E（ApoE）脂蛋白E**
位在第**19**對染色體的基因，被認爲與阿茲海默型失智症（還有血管型失智症）有關。該基因有數種型態，最常見的是 ε**2**、ε**3**和ε**4**。ε**4**被認爲與較高機率罹患晚發型阿茲海默型失智症有關。有趣的是，ε**2**則似乎有較低的機率罹患阿茲海默型失智症。

◆ **apoptosis** 細胞凋亡
預先設定的細胞死亡。

◆ **APP** 澱粉樣蛋白之前驅蛋白
即澱粉樣蛋白之前驅蛋白（**amyloid precursor protein**）。

◆ **apportioned grandmother** 分攤型祖母
參見*羅伯森的祖母分類*。

◆ **apraxia** 失用症
無法做出技巧性的動作。

◆ **ARHL** 年齡有關的聽力喪失
年齡有關的聽力喪失（任何伴隨老化發生或者因爲老化所導致的聽力喪失）。

armoured approach personality 盔甲型人格。
即*防衛型人格*。

armoured-defensive personality 盔甲─防衛型人格
由**Neugarten**等人（**1961**、**1968**）提出的*人格類型*。這一型的人若不是*堅持者*（以持續活動來「抵抗」老化），就是*受約束者*（總是想著因爲老化而失去的事物）。

◆ **articulatory loop** 語音迴路
即語音迴路（**phonological loop**），過去使用**articulatory**這個字。

◆ **ASD** 老化語意區辨
即*老化語意區辨*（**Aging Semantic Differential**）。

◆ **ASRT** 反常句子複誦測驗
即反常句子複誦測驗（**Anomalous Sentences Repetition Test**）。

◆ **assembled cognition** 複合認知
一種除了「純粹」智力以外，也牽涉過往習得的技巧與／或文化經驗的智力技巧。

◆ **assessment of daily living**

（ADL）日常活動評量

任何測量日常活動的方式，通常目的在於確認記憶的缺失、獨立生活的能力等等。

◆ **attention** 注意力

排除其他分心刺激而專注於一目標項目的能力。見*分配性注意力*、*選擇性注意力*與*持續性注意力*。

◆ **autobiographical memory** 自傳式記憶

特定於個人生命的事件記憶，與之對比的是過去所有人共同經歷的事件記憶（也就是新聞曾經報導的事件，例如，大選、火車事故）。參見*閃光燈記憶*及*觀察者記憶*。

◆ **autoimmune theory of ageing** 老化的自體免疫理論

老化的身體自體免疫系統衰退，開始把自己的身體細胞當作是感染來源，予以攻擊。參見*老化的細胞體拋棄理論*、*海佛利克現象*及*老化的細胞體突變理論*。

◆ **autonoetic consciousness** 自知意識

有自我覺察，特別是心智上回溯自身記憶，於其中「遊走」的能力。

◆ **autonomic（neuron）** 自律（神經元）

將訊息自*中樞神經系統*傳送至意識難以控制的身體系統（例如，腺體、平滑肌、心肌）。

◆ **awareness of dying** 瀕死覺知

個人覺知自己罹患致命疾病的程度。

◆ **axons** 軸突

從神經元延伸出來用以傳輸神經衝動的線狀突起物。

B

◆ **baby boom** 嬰兒潮

嚴格來說是指出生率明顯增加的時期（一般而言會是在戰爭結束，軍人在缺席多年之後返回家中以後出現）。但這個詞通常專指生於**1940**年代中期至**1960**年代的*年齡世代*，當時美國及世界各國的出生率都有明顯的上升。

◆ **baby boomer** 嬰兒潮世代

生於嬰兒潮期間的人。

◆ **backward masking** 後向遮蔽

用於影像記憶實驗。在螢幕上短暫呈現*有待背誦的項目*之後，立即以另一個不同的影像（某個「遮蔽物」）取代這個項目，如此可能破壞對這個有待背誦項目的記憶（破壞程度視遮蔽物出現的位置、強度等等因素而定）。這個干擾*記憶痕跡*的過程稱為後向遮蔽。

◆**backward span** 反序記憶廣度
一種*短期記憶作業*。呈現一個項目列表之後，請參與者以與呈現順序相反的順序複誦這些項目。是殘忍版的*依序回憶作業*。

◆**Baltes's theory of lifespan development** 貝特斯的生命全期發展理論
心理學家**P. Baltes**所提出的一個豐富且複雜的理論。該理論認為發展受到三種因素決定：純粹環境因素、純粹生物性因素，以及混和生物性與環境因素。這些影響透過三條軸線發揮：**(1)**常態年齡分級發展是任何人身上都會出現的基本發展型態（例如，生物性老化方面，像是青春期；社會性老化方面，像是退休對行為與態度的影響）；**(2)**常態性歷史分級發展描繪的是歷史事件在正常情況下對所有年齡世代的影響（例如，食物配給的經驗對於大多數**1940**年以前出生的英國人來說很正常，但對於目前**20**多歲的年輕人來說則相當少見）；**(3)**非常態生活發展衡量的是個人獨特的重大生活事件的影響。

◆**bargaining at prospect of dying stage** 對於將近之瀕死階段的討價還價
參見*庫伯勒—羅斯的瀕死階段*。

◆**BASE** 柏林老化研究
即*柏林老化研究*（**Berlin Ageing Study**）。

◆**BDI** 貝克憂鬱量表
即*貝克憂鬱量表*（**Beck Depression Inventory**）。

◆**BDS** 布雷斯氏失智量表
即*布雷斯氏失智量表*（**Blessed Dementia Scale**）。

◆**Beck Depression Inventory**

（**BDI**）貝克憂鬱量表
一份以選擇題構成的量表，填答者需從每題的多個題項中選出最能描述自身狀態的可能憂鬱屬性。

◆ **behavioural variant frontotemporal dementia**（**bvFTD**）行為異常型額顳葉失智症
即匹克氏症。

◆ **Behaviour Rating Scale (BRS)** 行為評估量表
參見克立夫頓老人衡鑑程序。

◆ **benign senescent forgetfulness** 老年性良性健忘
參見年齡相關的記憶損傷。

◆ **bereavement overload** 哀慟過載
因為在短期間內經歷多重喪親經驗，而無法因應哀傷歷程。

◆ **Berlin Ageing Study (BASE)** 柏林老化研究
在柏林進行的一個年長居民之縱貫研究。研究始於**1990**年代早期，多方面檢測老化改變，包含心理及健康方面的變化。

◆ **best practice life expectancy:** 最佳實際預期壽命

全世界中之任何國家在特定時間點最高的生命期望值。

◆ **beta waves** *β*波
腦波圖測得的一種電活動型態，頻率超過**12**赫茲。

◆ **Big Five (personality)** 五大人格特質（人格）
提出**5**個基本人格特質的人格模式：嚴謹性（一個人可靠的程度）、友善性（對於他人的期待有多順從）、開放性（願意面對不熟悉事物的程度）、外向性和神經質。

◆ **Binswanger's disease** 賓斯旺格氏症
血管型失智症的一種。

◆ **biographical approach** 生物取向
分析過去在專業上有卓越成就的人，尋找任何使他們有如此傑出成就的共同因素。此取向廣泛應用於創造力研究。

◆ **biological age** 生物年齡
生理發展／退化下的身體狀態，用於衡量一般人在某個實足年齡相對應的狀態。參見解剖年齡、生理年齡。

◆**biological death** 生物死

所有身體內的細胞不可回復的死亡。

◆**bipolar disorder** 雙極性情感疾患

一種心理疾患,其特徵是在極端且缺乏現實感的狂喜與過度活躍(躁狂)及憂鬱之間交替轉變。此疾患過去稱為躁鬱症,是較為人所知的稱呼。

◆**birth cohort** 出生世代

用於統稱生於同一時期的人們。參見*世代*。

◆**Blessed Dementia Scale**（**BDS**）布雷斯氏失智量表

測量智力功能與受損程度的測驗,常用於*失智*患者的衡鑑。該測驗要求患者回答一些簡單的記憶問題(例如,你的名字是什麼、現任首相是誰)和進行一些簡單的智力作業(例如回算三個步驟)。患者照顧自己的能力細節則由*照顧者*提供。該測驗為患者的智力受損程度以及需要多少專業照護與協助,提供了一個有用的「簡便計算表」。布雷斯氏失智量表(以量表作者布雷斯博士命名)是英國使用的量表,相當於美國所使用的*心智狀態問卷*。

◆**blood-brain barrier** 血腦障壁

阻止潛在有害化學物質透過血液進入大腦的一種生理機制。

◆**body transcendence versus body preoccupation** 身體超越與身體關注

在**Peck**的理論中,指的是到了晚年,個人體認到已無法再將體態與身體健康視為自尊的主要來源。

◆**BOLD-fMRI (Blood-Oxygen-Level-Dependent fMRI)** 血氧濃度相依功能性磁振造影

*功能性磁振造影*中經常使用的一種技術。

◆**bovine spongiform encephalopathy**（**BSE**）牛隻海綿樣腦病變

牛隻的神經系統退化性疾病,俗稱*狂牛症*。病因仍未知,最熱門的理論是牛隻可能食用了受到失智症患者遺體汙染的飼料。

◆**bradykinesia** 運動遲緩

描述動作非常緩慢，是*帕金森症候群*常見的特徵。

◆**bradylexia** 閱讀遲緩

描述閱讀速度非常緩慢（但不必然讀錯）。

◆**brain death** 腦死

腦部活動停止。

◆**brainstem** 腦幹

脊髓與大腦接合處的腦部區域，除了作為脊髓與大腦其他地區的中繼站，也掌控多種維生機能（例如血壓、呼吸）。

◆**brick test** 磚頭測試

*創造力測驗*中的半正式用語。測試中參與者必須針對某個日常生活中的物品，思考它可能的新奇用法（通常是以磚頭做發想，故而得名）。

◆**Brinley plot** 賓利圖

將老年人在某個作業的反應時間，對應年輕人在同一作業的反應時間所繪製的圖表。對老年人與年輕人來說，作業的複雜度上升，兩組的反應時間皆變長，但老年人對應年輕人的反應時間是線性的關係（在圖表上是一直線），這個結果支持*普遍變慢假說*。

◆**Broca's aphasia** 布洛卡氏失語症

因腦部受損導致無法產製語言的問題。

◆**Brown-Peterson task** 布朗—彼得森作業

以發明者的名字命名，此作業讓參與者看一個*有待背誦*的列表，進行一個分心作業（通常是反序數2或3個數字），接著再請他們回憶列表。

◆**BRS** 行為評估量表

即*行為評估量表*（**Behaviour Rating Scale**）。參見*克立夫頓老人衡鑑程序*。

◆**BSE** 牛隻海綿樣腦病變

即*牛隻海綿樣腦病變*（**bovine spongiform encephalopathy**）。

◆**bulimia** 暴食

無法控制的過度進食衝動。

◆**bvFTD** 行為異常型額顳葉失智症

即*行為異常型額顳葉失智症*（**behavioural variant fronto-**

temporal dementia）。

C

◆**CAD** 皮質動脈硬化性失智症
即*皮質動脈硬化性失智症*（**cortical atherosclerotic dementia**）。

◆**CAMDEX** 劍橋老年心理疾病檢驗組合
這是一個*測驗組合*，用於評估年長者是否罹患*失智症*或其他心理健康問題，並評估其心理安適狀態。

◆**CANTAB** 劍橋自動化神經心理測驗組合
這是一個測驗組合，用於檢測神經心理功能，以衡量是否有腦部損傷的徵兆。

◆**CAPE** 克立夫頓老人衡鑑程序
即 *克立夫頓老人衡鑑程序*（**Clifton Assessment Procedure for the Elderly**）。

◆**caregiver** 照顧者
照顧病人或小孩的人。在本書裡用於指稱年長患者的親人之中，主要負責維持這些長者晚年生活福祉的那些人。

◆**Caregiver Strain Index (CSI)** 照顧者負荷指數
對照顧者（通常是指年長病人的照顧者）壓力與負荷的測量。

◆**caretaker** 照顧管理人
(1)*照顧者*；**(2)**在英式英文中也常代表門禁管理員（尤指學校）。

◆**carpal age** 腕骨年齡
以腕骨骨骼狀態計算而得的*生理年齡*。

◆**CAS** 認知衡鑑量表
即*認知衡鑑量表*（**Cognitive Assessment Scale**），參見*克立夫頓老人衡鑑程序*。

◆**cascade model of ageing** 老化的瀑布理論
老化模式之一，認為老化改變一開始於相當隱微，而後動能累積，嚴重度才快速增加。

◆**cataracts** 白內障
水晶體逐漸變得不透明，最終導致失明。

◆**catastrophe theory** 巨變理論
即*失誤巨變理論*。

◆**CBS** 慢性腦部症候群
即*慢性腦部症候群*（**chronic brain syndrome**）。

◆**CDR** 臨床失智評分量表
即*臨床失智評分量表*（**Clinical Dementia Rating**）。

◆**CDT** 畫鐘測驗
即*畫鐘測驗*（**clock drawing test**）。

◆**cellular garbage theory** 細胞垃圾理論
老化模式的一種，認為老化身體的衰退是來自細胞代謝歷程中生產的「廢棄物」逐漸累積所致。

◆**central executive** 中央執行器
*工作記憶模式*的一部分，負責控制與監督各專門*從屬系統*。中央執行器本身也儲存記憶（雖然容量有限）。

◆**central nervous system(CNS)** 中樞神經系統
大腦與脊髓之所有神經元的集合名稱。

◆**cerebellum** 小腦
腦裡專司平衡及動作協調的區域。

◆**cerebral cortex** 大腦皮質
通常以該名詞的縮寫*皮質*較為人所知。大腦皮質是腦部特殊的皺摺表層，分為兩個相互連結的半球，可區分為四個區域或腦葉，分別展現不同功能。大腦皮質負責絕大多數高層智力功能的運作。

◆**cerebral haemorrhage** 大腦出血
腦的內部流血。

◆**cerebrospinal fluid** 腦脊髓液
用於緩衝並部分供給大腦營養的體液。

◆**CFQ** 認知缺失量表
即*認知缺失量表*（**Cognitive Failures Questionnaire**）。

◆**changing environment effect** 環境改變效應
世代效應。

◆**Charles Bonnet syndrome** 查爾斯·班奈特症候群
視幻覺，未伴隨其他心理疾病的相關症狀。真正的病因仍不清楚，但可能與老年人視覺的障礙有關。

◆**childhood amnesia**
描述人缺乏或根本沒有童年早期之*自傳式記憶*的現象。

◆**choice reaction time (CRT)** 選

擇反應時間

參與者從各自對應不同反應的多個刺激之中，做出正確選擇反應所花的時間。可與*簡單反應時間*相互比較。

◆**cholinergic hypothesis** 膽鹼假說

該理論認為，大多數阿茲海默型失智症的記憶喪失是因為*膽鹼系統*的耗損。見*神經節苷脂、歐丹西挫、他克林*。

◆**cholinergic system** 膽鹼系統

以乙醯膽鹼為神經傳導物質的神經元網絡之簡稱。腦中大約有百分之**90**的神經元都屬於膽鹼系統。

◆**chronic brain syndrome (CBS)** 慢性腦部症候群

長期腦組織退化，導致嚴重的人格與／或智力功能損傷。

◆**chronic living-dying phase (of dying)** （瀕死的）慢性生死交替期

參見*派提森的瀕死階段*。

◆**chronological age** 實足年齡

一個人活著以來所經過的時間。

◆**chunking** 組集

使較長的項目列表變得較容易記誦的一種記憶法。此作法是將本來一連串的項目切分成三或四個小組。例如，**1789675401**可能被「切割」為**178**、**967**、**5041**這三組。

◆**CI** 認知障礙

即*認知障礙*（**cognitive impairment**）。

◆**CIND** 非失智症認知障礙

即*非失智症認知障礙*（**cognitive impairment, not dementia**）。

◆**circumlocution** 繞圈子

因為無法想起適當的字眼，而圍繞著談論的主題反覆陳述（在某些失智症的患者身上更為明顯）。

◆**CJD** 庫賈氏病

即*庫賈氏病*（**Creutzfeldt-Jakob Disease**）。

◆**classic ageing curve** 典型老化曲線

部分早期研究者（錯誤地）認為，人一生的智力會在成人早期達到最高峰，接著逐漸緩慢

衰退。

◆**classic ageing decline** 典型老化衰退

老年人出現晶體智力保留與流體智力衰退的型態。

◆**Clifton Assessment Procedure for the Elderly (CAPE)** 克立夫頓老人衡鑑程序

此為一個*測驗組合*，包含兩個「次組合」：認知衡鑑量表及行為評估量表，分別測量年長者的智力功能與人格（尤其住院病人及機構長者）。

◆**clinical death** 臨床死

心跳與呼吸終止，若在**3**至**4**分鐘之內未進行急救，將導致*腦死*的狀態。

◆**Clinical Dementia Rating（CDR）**臨床失智評分量表

用於衡鑑疑似失智症患者多種任務之功能表現程度的「檢核清單」。透過該量表可以計算出患者的功能受損程度，從而計算失智症的嚴重程度。

◆**clock drawing test（CDT）**畫鐘測驗

視覺空間能力的測驗，受試者會被要求仿繪出一個指針式時鐘的面板。

◆**closing-in** 逼近

某些失智症患者會傾向畫得很靠近，或直接畫在他們應該要複製的目標圖形上。

◆**CNS** 中樞神經系統

即*中樞神經系統*（**central nervous system**）。

◆**cognition** 認知

關於思考歷程的研究（包含記憶與問題解決）。

◆**cognitive** 認知的

與*認知*有關的。

◆**Cognitive Assessment Scale (CAS)** 認知衡鑑量表

參見*克立夫頓老人衡鑑程序*。

◆**Cognitive Failures Questionnaire (CFQ)** 認知缺失量表

測驗要求參與者報告他們最近生活中記憶缺失的例子（例如採買的時候忘記買某些東西）。

◆**cognitive impairment (CI)** 認知障礙

可覺察的*認知能力*障礙，足以干擾正常的獨立生活。通常作

為一般性的用語，描述*失智症*、*譫妄*及其他有類似影響之疾病患者的智力技能衰退。

◆**cognitive impairment, not dementia**（**CIND**）非失智症認知障礙

老年人所出現的無法歸因於失智症的認知障礙。

◆**cognitive reserve** 認知存量

是一種假設性的「緩衝」機制，使智商與／或教育程度較高的人，實際出現較大的智力流失之後，才會在智力測驗表現上出現衰退。

◆**cohort** 世代

指稱有共同特徵的一群人。通常是成長於相同環境及／或相同年代的人們，因此這個詞也常被當作是*年齡世代*的同義詞。

◆**cohort effect** 世代效應

兩個不同年齡組別之間，因為生長環境與教育方式不同（而非年齡本身的差異）所導致的差異。

◆**cohort sequential design** 世代連續設計

即*重疊縱貫研究*。

◆**compensation** 補償

一個普遍且通常並未明確定義的理論，認為當年長者的某部分能力（通常是以流體智力為基礎的能力）出現缺失，可以其他能力（通常是以晶體智力為基礎的能力）予以補償。參見*整體當量*。

◆**Compensation-Related Utilization of Neural Circuits Hypothesis(CRUNCH)** 神經回路補償機制假說

老化的神經處理模式。認為當作業難度較低時，年長者的神經表徵比較具區辨性，作業難度較高時，年長者的神經表徵區辨度則比較低。

◆**complexity effect** 複雜度效果

即*年齡與複雜度的交互作用*。

◆**component efficiency hypothesis** 成分效率假說

該假說認為，某個技能之所以衰退，是管理這個技能的一個或多個「基本」次技能衰退所致。

◆**compression of morbidity**

theory 病態壓縮理論

因為**(1)**疫苗接種計畫的進步或治療的進展等，比起以前，老年人面臨醫學無法治癒之疾病或臨床狀況的年紀往後延了，且**(2)**末期疾病受苦的時間也相對較早先的世代縮短，因此人們的健康預期壽命（可望）增加。

◆**computed tomography (CT scan)** 電腦斷層掃描

一種檢驗技術，透過電子方式進行身體掃描（在此書中指的是針對腦部的掃描），並就身體組織各切片拍攝**X**光影像。

◆**conceptual organisation** 概念組織

從抽象層次處理項目的能力，其目的是為了尋找項目之間的基本規律與原則，並據以分類項目。

◆**concurrent processing** 同步處理

在進行某個可能分心的作業的同時，將某些項目維持在*工作記憶*之中（常見的日常經驗是，一邊撥打電話時，一邊記住電話號碼）。透過調整分心作業的本質及／或難度，可影響記憶流失的程度。經常用來測試參與者能持續記住某個訊息的能力。在*工作記憶模式*中，同時處理是受*中央執行器*所控制。

◆**confabulating** 虛談

患者捏造故事或其他不合常理的解釋，來掩蓋記憶或其他認知能力上的缺口。通常該名詞僅用於沒有意圖要欺騙的情況。

◆**confounding variable** 混淆變項

研究當中，可能會干擾原先有興趣研究結果的變項，在老年心理學當中，時常討論的就是*世代效應*。

◆**constraint seeking strategy** 限縮尋找法

在解決問題時（例如遊戲「**20**題」中），透過逐漸限縮可能性找尋正確答案。

◆**constricted (personality)** 受約束者（人格）

請見*盔甲—防衛型人格*。

◆ **constructiveness** 建設型
Reichard等人（**1962**）提出的人格類型。具備這種人格的老年人較能安於他們的人生，也願意幫助別人。

◆ **contextual perspective** 脈絡觀點
相信老化效果主要是來自社會及環境的影響，而非生物歷程所致。

◆ **continuity theory of retirement** 退休的持續理論
該理論指人在退休後仍將維持自己的身分認同，因此退休不會那麼有壓力。

◆ **contrast sensitivity function (CSF)** 對比敏感函數
測量改變聚焦之能力的一種方式。透過調整明暗相互對比之平行細線的明暗、亮度及粗細，測量個人能清楚聚焦的程度。

◆ **corpus callosum** 胼胝體
左右兩個腦半球之間的主要連結。

◆ **correlation** 相關
統技術語。技術上來說，是指一個變項的變異量可被另一個變項的變異量解釋的程度。在一般人的理解裡，相關描述的是兩個變項之間的關聯強度，以及改變其中一個變項對應至另一個變項之改變的程度。相關以符號r代表，數值可能為正值（即當一個變項增加，另一個變項也增加）或負值（即當一個變項增加，另一個會減少）。相關可有不同的強度——相關為0代表兩個變項之間沒有相關，相關為1代表完美的正相關（即在某個變項增加一個單位，在另一個變項也同樣會有一個單位的增加），相關為-1代表完美的負相關（即在某個變項增加一個單位，在另一個變項則會有一個單位的減少）。在「真實生活」中，相關多半落在這些極端狀態之間。相關越接近1或-1，關聯強度越強（通常在0.3以上即被認為是好的關聯指標）。「相關」並不等於「因果」，我們無法判斷是哪個變項導致哪個變項改變。也

同時需要考慮兩個變項接受到第三個因素影響的可能性（參見*淨相關*）。對數學有興趣的讀者：一個變項對另一變項之變異量的預測百分比，可透過 **r** 平方乘上**100**計算得知（例如，**A**與**B**的相關是**0.6**，則**A**可預測**B**之變異量的**36%**）。

◆ **Corsi Blocks Test** 克羅斯積木敲擊測驗

一種*視覺空間記憶測驗*。在參與者面前的桌面上呈現一些積木，實驗者依循特定順序輕碰積木，並要求參與者照著再做一次。實驗者逐題拉長依序觸碰之積木總數，直到達到參與者的*記憶廣度*。

◆ **cortex** 皮質

參見*大腦皮質*。

◆ **cortical** 皮質的

與*皮質*有關的。

◆ **cortical atherosclerotic dementia**（**CAD**）皮質動脈硬化性失智症

主要受損發生在*皮質*的*血管型*失智症。

◆ **cortical dementias** 皮質型失智症

主要損傷集中在*大腦皮質*的失智症。

◆ **creativity** 創造力

生產出新穎且正確的解決方法與點子的能力。

◆ **Creutzfeldt-Jakob Disease**（**CJD**）庫賈氏病

非常少見的*失智症*，透過接觸染病的神經組織傳染。除典型失智症症狀外，還有嚴重的步態或移動困難。近年來出現新的疾病變種（**nvCJD**），貌似（雖然仍不確定）與食用牛肉或其他受*牛隻海綿樣腦病變*感染的產品有關。

◆ **critical loss** 關鍵性喪失

屬於*末期衰退模式*中的一個概念。這模式認為，某些智力能力的衰退對個體來說尚可忍受，但其他有些能力則是一旦衰退即預示著死亡的到來，後者的衰退即是「關鍵性喪失」。

◆ **cross-linking theory of ageing** 老化的交錯鍵結理論

該理論認為老年身體的生理衰

退可能來自組織（皮膚、肌肉）失去彈性。

◆**cross-sectional research/samples/study** 橫斷研究

是一種實驗設計方法。透過在同一段時間測量不同年齡組別來了解年齡差異。與*縱貫研究*對比，也可參照*重疊縱貫研究*。

◆**CRT** 選擇反應時間

即*選擇反應時間*（**choice reaction time**）。

◆**CRUNCH** 神經回路補償機制假說

神經回路補償機制假說(**Compensation-Related Utilization of Neural Circuits Hypothesis**)

◆**crystallised intelligence** 晶體智力

一個人在一生中獲取事實性知識（相對於自傳式記憶）的量，與一般常說的「常識」大致相似。

◆**CSI** 照顧者負荷指數

即*照顧者負荷指數*（**Caregiver Strain Index**）。

◆**CT/CT scan** 電腦斷層掃描

即*電腦斷層掃描*（**computed tomography**）。

◆**cued recall** 線索回憶

用於評估記憶能力的一種實驗技術。提供參與者某些他們欲回憶之項目的訊息（即，給予參與者「提示」，像是提供某個*有待背誦*字詞的第一個字母）。

◆**culture fair** 文化公平

對於不同背景的人們都同樣可接近、可取得。

◆**CV** 心血管的

心血管的（**cardiovascular**），也就是有關於心臟與血管的。

◆**cytologic theory** 細胞學理論

老化理論之一，認為身體的衰退是因為有毒物質的「毒害」（包含代謝歷程所產生的廢棄物）。與之對比的是損耗理論。

D

◆**DAT** 阿茲海默型失智症

即*阿茲海默型失智症*（**dementia of the Alzheimer type**）。

◆**death awareness** 死亡覺知

對死亡與瀕死之經驗與實際情

況的覺知。

◆**death preparation** 死亡準備
對於自身與所愛之人的死亡，
所可能帶來的心理與實際衝擊
所做的準備。通常有助減少事
件的負向影響。某種程度，
「被動的」死亡準備會隨著年
齡增長、接近死亡的機率提升
而增加。

◆**dedifferentiation** 去分化
從不相似的狀態逐漸變得相似
的過程。這個術語特別用於描
述老年人智力次級技能，彼此
間的關聯在晚年會逐漸增加。

◆**defensiveness personality** 防衛
型人格
Reichard等人（**1962**）提出的
人格類型。具備這種人格的老
年人會有強烈的動力持續工作
以「證明」自己還年輕。

◆**deficit attenuation hypothesis**
缺損縮減假說
該理論主張，年長者會調整決
策策略以因應其認知技能衰
退。

◆**delirium** 譫妄
一種（通常是暫時的）嚴重智

力與知覺混亂，因中樞神經
系統新陳代謝出現有害的改
變（例如發燒、中毒、用藥過
量）而導致。常被誤認爲失智
症，但其發病迅速是個足以區
別兩者的特徵。有3種基本類
型：*高活動度譫妄*有躁動行
爲，低活動度譫妄的行爲與活
動程度過分減少。*混合型譫妄*
則混雜了高活動度與低活動度
的症狀。譫妄也可能沒有任何
「明顯」的行爲症狀。

◆**Delirium Rating Scale**
（**DRS**）譫妄評分量表
一種測驗，用以衡鑑患者的症
狀有多少可能性爲*譫妄*（急性
意識模糊狀態），而非其他容
易被搞混的疾病（例如失智
症）。

◆**delta waves** δ 波
*腦波圖*測得的一種電活動型
態，頻率介於0至4赫茲。

◆**demented** 失智症的
描述與*失智症*有關的狀態。

◆**demented dyslexia** 失智型閱讀
困難
一種會發生在*失智症*患者的狀

況，他們可以正常且完美地大聲唸出讀到的字詞，卻無法理解這些字詞的意思。

◆**dementia** 失智症

一種因*中樞神經系統*萎縮而導致的心智功能廣泛性惡化。該疾患有多種類型：最常見的是*阿茲海默型失智症與多發性腦梗塞失智症*。在某些（較舊的）教科書中，失智症單指於老年期之前發病的案例，而老年罹病的案例則以老年失智症指稱。目前多數人已經棄用這樣的區別。

◆**dementia care mapping** 失智症照護觀察法

一種用來分析失智症患者對於所處病房或康復之家環境反應的方法。一組觀察者每**5**分鐘對患者的行為編碼一次，持續**6**小時記錄患者安適的程度和發生在患者周遭的任何事。觀察結果與如何改善問題的建議會回饋給照護人員。

◆**dementia of the Alzheimer type** （**DAT**）阿茲海默型失智症

失智症的一種，其症狀表現具有某種特徵性，在**1900**年代第一次被**Alois Alzheimer**所發現。

◆**dementia praecox** 早發性失智

目前已被淘汰的一個用語，由**Emil Kraeplin**於**1883**年提出，過去用於指稱思覺失調症。這個名詞的意思是「早老型失智症」，但需注意避免與這個詞現今所描述情況混淆。

◆**dementia pugilistica** 拳擊手型失智症

即*拳擊手型失智症*（**pugilistic dementia**）。

◆**dementia syndrome of depression (DSD)** 憂鬱的失智症後群

即*假性失智*。

◆**dementia with Lewy bodies** （**DLB**）路易氏體失智症

一種因*路易氏體*出現在基底神經節或腦部的其他部位而導致的失智症。路易氏體失智症的發病相對迅速，幻覺是常見（但非普遍）症狀，也可能出現類似帕金森氏病的運動障礙。會有認知功能受損，但記憶受損很少是早期明顯的症

狀。警覺程度可能會在一天或幾天之內起伏波動。

◆**demographic time bomb** 人口統計定時炸彈

老年人口比例增加造成的大量財務與行政負擔。稱之為「定時炸彈」是因為此變動對未來可能引發的效應在很久之前就已經知道，但問題未能立刻獲得解決。

◆**denial of dying stage** 對於瀕死階段的否認

參見庫伯勒—羅斯的瀕死階段。

◆**dental age** 牙齒年齡

從個體的牙齒狀態計算其實足年齡。便於計算亡故者或活的馬匹之年齡。

◆**dependency ratio** 依賴人口比率

總人口之中，工作人口與非工作人口的比率。這個詞有時候更特定地指稱領取退休金者與工作成人的比率。

◆**dependent personality** 依賴型人格

Reichard等人（**1962**）提出的人格類型。具備這種人格的老年人對於人生感到滿足，但是較依賴別人的幫助。

◆**depression at prospect of dying stage** 對於將近之瀕死階段的憂鬱

見庫伯勒—羅斯的瀕死階段。

◆**depression-related cognitive dysfunction** 憂鬱相關的認知缺損

即假性失智。

◆**depression with cognitive impairment** 憂鬱伴隨認知障礙

即假性失智。

◆**depressive pseudodementia** 憂鬱性假性失智

即假性失智。

◆**destination memory** 終點式記憶

記得誰已經說過或者聽過某個訊息。

◆**deterioration quotient (DQ)** 衰退商數

伴隨老化出現的智力衰退速度的衡量。魏氏智力測驗（實際上其他許多智力測驗組合

亦然）的各部分可區分爲測量*晶體智力*（不受老化影響）及*流體智力*（隨著老化而衰退）的兩類。這些測驗也可分別稱爲「*保留測驗*」及「*非保留測驗*」。**DQ**的計算方式則是：｛〔（保留測驗分數）—（非保留測驗分數）〕／（保留測驗分數）｝×**100**。從魏氏智力測驗表現上觀察到的現象是，在成年早期保留測驗分數與非保留測驗分數是相同的。因此年長者這兩種分數的差距越大，表示退化的程度越明顯。**DQ**是以百分比來表示這個變化。參見*效率商數*。

◆**Dewey's paradox of ageing** 杜威的老化矛盾

哲學家約翰·杜威（**John Dewey**）提到，「我們處在一種討人厭又不合邏輯的狀態中，一面讚揚成熟，一面又貶抑老年」（**Dewey, 1939, p.iv**）。

◆**diabetic retinopathy** 糖尿病性視網膜病變

因糖尿病問題造成視網膜血管損壞所引發的視力疾病。

◆**Diagnostic and Statistical Manual of Mental Disorders (DSM)** 精神疾病診斷與統計手冊

大眾比較熟悉的是手冊全名的縮寫，並在字尾標註目前討論中的版本。在書寫本書時，現行的版本是第四版（**DSM-IV**）。**DSM**是美國精神醫學學會（**1994**）對所有心理疾患與障礙的分類。不只在美國，在全世界也是相當具有影響力的出版物。**DSM**列出了不同心理疾患與障礙症的主要特徵與區分症狀。它也記載了哪些生命事件或生理狀況可能會惡化或改善患者的情況。

◆**dichotic listening task** 雙耳分聽作業

*分配性注意力*的一種測量方式。參與者會在耳機的兩個聲道中聽到不同的訊息，聽完後需要報告兩耳分別聽到的訊息與內容。

◆**diencephalon** 間腦

也稱做**interbrain**。位於*腦幹、小腦以及大腦之間諸多部*

分的集合名稱。比較重要的區域包含*視丘*、*下視丘*及*海馬迴*。

◆ **differential preservation** 差異保存

該理論認為，隨著老化某些智力功能可能保存得比其他功能好。參見*保持差異*及*年齡與介入的交互作用*。

◆ **digit span** 數字記憶廣度
對於數字的*記憶廣度*。

◆ **digit-symbol test** 數字符號測驗
*魏氏智力測驗*中的分測驗，其測量的是學習抽象符號與數字之間隨機連結關係的能力。

◆ **Diogenes syndrome** 戴奧吉尼斯症候群

在某些失智症患者身上所發現的極端自我忽略的現象，特徵是明顯的個人衛生照顧不足，對於周遭的髒汙與凌亂等毫無感覺。

◆ **disease cohort** 疾病世代
指稱一群罹患相同疾病的人。參見*世代*、*患者世代*。

◆ **disengaged (personality)** 疏離型（人格）

請見*整合型人格*。

◆ **disengagement theory** 撤退理論

年長者減少與外在世界的接觸，以做好死亡之準備。

◆ **disorganised personalities** 混亂型人格

由Neugarten等人（**1961, 1968**）所提出的人格類型。這一型的人無法維持正常功能的行為。

◆ **disposable soma theory of ageing** 老化的細胞體拋棄理論
理論主張身體在「自然損耗」的過程中，「犧牲」以代換所有（沒有再生能力的）身體細胞，以維持生殖的準備性。這被認為是「導致」老化的演化力量。參見*老化的自體免疫理論*、*自由基理論*、*海佛利克現象*，以及*老化的細胞體突變理論*。

◆ **dispositional optimism** 特質性樂觀

描述人的一種傾向，是對於正向結果的期待多於對負向的期待。

◆**distal ageing effects** 遠端老化
效果
指稱那些可歸因於相對遠端的
事件（如：因為在兒童期被霸
凌，而在晚點有很糟的自我形
象），或是需經過多重中介才
感受得到的事件的老化改變。
參見*近端老化效果*。

◆**distracters** 分心項目
與*目標項目*混雜在一起，在實
驗中可能使參與者錯誤選擇的
項目。

◆**disuse theories**（**of ageing**）不
用論
此類理論主張晚年智力退化是
因為智力技能欠缺頻繁練習。

◆**divergent thinking** 擴散性思考
通常與*創造力*有關。從簡單的
命題或問題，創造不同想法與
解決方案的能力。

◆**divided attention** 分配性注意
力
同一時間注意與處理多於一個
訊息來源之訊息的能力。

◆**DLB** 路易氏體失智症
即*路易氏體失智症*（**dementia
with Lewy bodies**）

◆**don't hold tests** 非保留測驗
參見*衰退商數*（**DQ**）。

◆**dopamine** 多巴胺
一種*神經傳導物質*。

◆**double ABCX model** 雙ABC-X
模式
該模式試圖解釋當家族裡的老
年人面臨重大危機時，所引發
的家庭壓力。四個字母指的是
危機的嚴重程度、可得的資源
多寡等因素。

◆**double jeopardy** 雙重危機
意指少數族群的老年人，不只
是面臨*老年歧視*，同時還有種
族歧視。

◆**drop-out effect** 退出效應，
在*縱貫研究*中會出現的現象。
參與者覺得自己表現很差時
就會傾向退出研究，留下一
群「能力維持得較好」的參與
者，因此人為地縮小了測得的
老化改變程度。

◆**DRS** 譫妄評分量表
即*譫妄評分量表*（**Delirium
Rating Scale**）。

◆**DSD** 憂鬱的失智症後群
即*憂鬱的失智症後群*（**de-**

mentia syndrome of depression）。

◆**DSM-IV** 精神疾病診斷與統計手冊第四版

即*精神疾病診斷與統計手冊*（**Diagnostic and Statistical Manual of Mental Disorders**）第四版。

◆**Duke Longitudinal Study** 杜克縱貫研究

20年的*縱貫研究*，追蹤了在美國北卡羅納州**Raleigh-Durnham**，一群年紀約**50**歲以上的社區居民。

◆**dying trajectory** 瀕死軌跡

描述**(1)**一個人即將死亡的速度；**(2)**與瀕死有關的情緒與智力狀態。

◆**dynamic equilibrium theory** 動態平衡理論

該理論主張，隨著預期壽命增加，個人耗費於經歷輕微失能的時間也會增加，但經歷嚴重失能的時間則是減少。

◆**dysarthria** 發音不良／口吃

與言語表達之肌肉控制有關的疾病（通常也會出現與相同肌肉有關的功能問題，例如吃東西、喝東西）。

◆**dyscalculia** 算數障礙

算數能力明顯出現困難。可能是發展性的，或因為成年期的腦部損傷而後天產生。

◆**dyslexia** 閱讀障礙

閱讀能力出現明顯困難（需注意這些個案還是會顯現出部分的閱讀能力）。此症候群可能是遺傳性的（發展性閱讀障礙）或可能後天因為腦部損傷而產生（後天性閱讀障礙）。

◆**dyslogia** 言語障礙—發音不良

口語發音不良。

◆**dysphasia** 言語障礙—拼字困難

明顯的拼字問題。

◆**dysphonia** 發音困難

與聲音產製有關的疾病。

E

◆**E** 外向性—內向性

即*外向性—內向性*（**extraversion-introversion**）。

◆**early onset dementia**（**EOD**）早發型失智症

在患者**60**歲之前就出現第一個

症狀的*失智症*。

◆**early onset schizophrenia（EOS）**早發型思覺失調症

在中年以前出現的*思覺失調症*。

◆**echolalia** 模仿言語

異常地重複所聽到的言語內容。

◆**ecogenic** 環境生成的

非僅發生於某個歷史時期的事件。見*歷史生成的*。

◆**ecological validity** 生態效度

研究發現與日常生活之間的關聯程度。

◆**educational gerontology** 教育老人學

大致來說是指年長者的教育研究。主要關注年長者教育的效益與實際情況，以及他們在學習上可能經歷的眞實或想像的阻礙。

◆**EEG** 腦波圖

即*腦波圖*（electroencephalograph）。

◆**efferent（neurons）** 傳出（神經元）

將訊息自*中樞神經系統*傳送至*周邊神經系統*。

◆**efficiency quotient（EQ）** 效率商數

用於衡量老年人相對於年輕人的智力能力（假設年輕人的智力處於顛峰狀態）。基本上，某個老年人的效率商數，即是另一個與之擁有相同*原始分數*的年輕人的IQ分數。例如某個年長者的原始測驗分數是95分，對於他的年齡組別來說是很好的，IQ落在130。而95分對於一個年輕人來說則比較差，IQ可能會落在70。因此這位年長者的EQ會是70。透過比較EQ以及IQ，可作爲計算年齡相關衰退的指標。但另一個更有用的衡量方式可能是*衰退商數*。

◆**ego** 自我

在佛洛伊德的理論中，指的是理性的自我。請一併參考*本我*和*超我*。

◆**ego differentiation versus work-role preoccupation** 自我分化與工作角色關注

在**Peck**的理論中，意指個人

開始接受退休，並且理解到工作已經無法再提供自己身分地位。

◆ **ego integration** 自我整合
請見*整合與絕望*。

◆ **ego transcendence versus ego preoccupation** 自我超越與自我關注
在**Peck**的理論中，意指個人開始面對自己無可避免將走向死亡的事實。

◆ **elder abuse** 老年虐待
對年長者的虐待，尤指對心理衰弱的長者。虐待可能是身體上的，但也可能是心理與／或財務上的（例如詐騙錢財）。

◆ **eldering** 老邁
指稱*社會年齡*方面的老化。

◆ **elderspeak** 老年語言
與老年人說話時，態度高人一等，像對小孩說話一般。

◆ **electroencephalograph** 腦波圖
通常簡寫為*EEG*。是一種測量頭皮電位活動的裝置，藉此推測下方之大腦皮質的活動。電位活動的速度以及活動發生在頭皮上的什麼位置，可以提供

關於個人腦部健康與活動狀態的資訊。

◆ **embolism** 栓塞
剝離的血塊於血管內流動，行至較狹小處「卡在」而形成阻塞物所導致。

◆ **encoding** 編碼
製造記憶痕跡的歷程。

◆ **encopresis** 大便失禁
即大便失禁。參見*遺尿症*。

◆ **enuresis** 遺尿症
即尿失禁。參見*大便失禁*。

◆ **EOD** 早發型失智症
即*早發型失智症*（**early onset dementia**）。

◆ **EOS** 早發型思覺失調症
即*早發型思覺失調症*（**early onset schizophrenia**）。

◆ **episodic memory** 事件記憶
個人經驗的記憶。

◆ **epogenic** 歷史生成的
僅於某個歷史時期發生的事件。見*環境生成的*。

◆ **EPQ** 艾森克人格量表
即艾森克人格量表（**Eysenck's Personality Questionnaire**）。

◆ **EQ** 效率商數

即*效率商數*（**efficiency quotient**）。

◆ **ERP** 事件相關電位

即*事件相關電位*（**event related potential**）。

◆ **error catastrophe theory** 失誤巨變理論

老化模式之一，主張晚年的身體退化是因為蛋白質的複製有所缺陷而導致。

◆ **ethnogerontology** 民族老人學

針對不同種族／文化群體的老化研究。

◆ **etiology** 病因

參見*病因*（**aetiology**）。

◆ **event-based tasks** 事件為本的作業

前瞻式記憶實驗中的一個作業，參與者需要在得到某個提示或其他「暗號」時，做出某個反應。

◆ **event related potential** （**ERP**）事件相關電位

一種透過頭皮上的電極評估大腦內部電位活動的測量方法。相較於當代許多掃描技術，雖然看來比較粗糙，但**ERP**仍能提供相當有用的資訊，包含腦部一般活動程度，以及這些活動狀態隨著心智作業的進行而有的質與量的變化。

◆ **excitatory**（**neurons**） 興奮性的（神經元）

興奮性的*神經元*可能**(1)**（幾乎總是與其他興奮性的神經元一起）導致其他神經元激發，及／或**(2)**使已經激發的神經元加快訊息傳輸的速度。

◆ **executive functioning** 執行功能

涉及行為或思考的控制與排序的心理歷程。

◆ **expansion of morbidity theory** 病態擴張理論

現代醫學治療的進步增加了*預期壽命*，從而延長了生病之人的壽命，在過去的年代疾病會在這些人更年輕的時候就奪去他們的生命。這個名詞通常隱含著生命晚年所受苦難增加的意思。

◆ **explicit attitude** 外顯態度

一個人有時間準備且完全計畫好如何表達的一種態度。

◆**explicit memory** 外顯記憶

有意識地提取／搜尋而得的記憶。與之對比的是*內隱記憶*，這是個人在回憶項目或運用所記得的資訊的同時，對於此回憶或訊息處理的動作並無自覺。

◆**external cue** 外在線索

參見*內在線索*。

◆**extraversion-introversion(E)** 外向性—內向性

艾森克人格模式中的一種人格特質，測量一個人外向、自信（外向性）或者害羞、孤僻（內向性）的程度。

◆**Eysenck's personality model** 艾森克人格模式

該人格模式認為，人格是由**3**種人格特質混和組成：外向性—內向性、神經質、精神病質。

◆**Eysenck's Personality Questionnaire**（**EPQ**）艾森克人格量表

評估某個人擁有艾森克人格模式中之各人格特質的程度。

F

◆**FAD** 家族性阿茲海默症

即*家族性阿茲海默症*（**familial Alzheimer's disease**）。

◆**familial Alzheimer's disease**（**FAD**）家族性阿茲海默症

較阿茲海默型失智少見，發病皆在老年期之前，患者的近親亦罹患此症。**FAD**患者的子女有百分之**50**的機率罹病。參見*散發性阿茲海默症*。

◆**Famous Names Test (FNT)** 名人姓名測驗

*遠期記憶*評估工具的一種。呈現**1920**年代曾經短暫知名之人士的姓名列表給參與者，請他們指出自己記得的名字。列表包含部分虛構人名，以避免參與者不論是否確實記得，一律都回答「記得」。

◆**FAST model** 阿茲海默症功能性評估分期量表模式

Reisberg 等人（**1989**）提出的模式，描述*阿茲海默症*患者智力逐漸惡化的**7**個階段。

◆**feeling of knowing(FOK)** 知道感

個人對於自己知道什麼的了解（也就是感覺自己的知識程度有多好）。

◆ **five stages of dying model** 瀕死5階段模式

伊莉莎白·庫伯勒－羅斯提出的模式，描述人如何回應自己即將死亡的消息。該模式認為會經歷5個階段：否認、憤怒、討價還價、憂鬱及接受。

◆ **flashbulb memory** 閃光燈記憶

對於人生中某個被視為極度鮮明之關鍵事件的自傳式記憶（如同以閃光燈拍下照片一般）。此類事件與其他事件是否有質方面的差異，或僅只是主觀上特別鮮明，這點仍有爭議。

◆ **fluid intelligence** 流體智力

解決某個在先前的訓練與文化實務中尚未衍生解答之問題的能力。與此有關的一個附帶假設是，流體智力較高的人通常能更快地解決問題。

◆ **Flynn effect** 弗林效應

描述20世紀IQ測驗分數隨著人口世代而增加的現象（Fly-nn，1987）。此現象的成因尚未完全了解——可能部分反映了教育及生活型態的改變，而導致的抽象思考能力增加。但此效應無法套用在所有類型的智力表現，且關於此現象的完整解釋也尚未建構。

◆ **fMRI** 功能性磁振造影

即*功能性磁振造影*（Functional magnetic resonance imaging）。為一種掃描技術，可同時評估身體內部的結構與活動情形。

◆ **FNT** 名人姓名測驗

名人姓名測驗（Famous Names Test）。

◆ **focused (personality)** 專注者（人格）

請見整合型人格。

◆ **FOK** 知道感

即*知道感*（feeling of knowing）。

◆ **formal operations** 形式運思期

皮亞傑認知發展理論中的一個時期，從11歲孩童真正開始進行抽象思考的時期。

◆ **fountain of youth** 青春之泉

相信有某種糧食可以讓人永保年輕。

◆**fourth age** 第四年齡期
晚年的一個時期（通常是指罹患末期疾病、失智症等的時期），需要依賴他人提供基本福利過日子的最後時期。參見*第三年齡期*。

◆**Fraboni Scale of Ageism (FSA)**
富爾伯尼老年歧視量表
由Fraboni等人（1990）所設計的量表，用來檢測對於老化的態度。會測得**3**個分數：仇恨言論（有關老人的負面言論）、迴避（避免與老人接觸）和歧視（認爲老人是比較低人一等的）。**FSA**共有**29**題敘述句，每題皆用同意程度的多寡來回答。

◆**free radical theory of ageing** 老化的自由基理論
自由基是身體內的化學反應所產生的離子（帶電原子粒子）。該理論認爲自由基損壞了細胞與它們的染色體，因此導致生理衰退。有些理論家認爲每日攝取超過每日消耗量的

維他命**C**能抵銷此效應。參見*老化的自體免疫理論、細胞體拋棄理論、海佛利克現象*，及*老化的細胞體突變理論*。

◆**free recall** 自由回憶
參與者可以任何順序回憶記憶項目的記憶作業（也就是不必依循項目呈現時的順序回憶）。與*依序回憶*對比。

◆**frontal lobes dementia** 額葉失智症
起源於額葉，並以額葉退化爲主的失智症。最主要的類型是匹克氏病。

◆**frontal lobe** 前額葉
大腦皮質的前端部分往後延伸至太陽穴附近，與行動及思考的計畫與控制有關（例如，說話時正確安排字詞說出的順序，或是在合適的場所進行合適的行爲）。

◆**fronto-temporal dementia** 額顳葉失智症
根源於*額葉*和／或*顳葉*的*失智症*。實務上，該名詞與*額葉失智症*可以交替使用。

◆**FSA** 富爾伯尼老年歧視量表

即*富爾伯尼老年歧視量表*（Fra-boni Scale of Ageism）。

◆**functional age** 功能性年齡
個人發展出一組特定功能的平均年齡（此年齡衡量一個人相對於其所屬年齡組的表現有多好）。

G

◆**g** 一般智力
一般智力能力。許多研究者認為在某種程度上，**g**是所有智力技巧的基礎能力（雖然不同研究者對於**g**的影響力大小，以及它受基因決定的程度有不同的看法）。

◆**ganglioside** 神經節苷脂
一種藥物，其效果包含促進乙*醯膽鹼*的釋放（*參見膽鹼假說*）。被指為失智症患者的可能治療。參見*歐丹西挫與他克林*。

◆**garden path sentence** 花園路徑句子
這種句子一開始讀起來是某種意思，但讀到後來會明顯變成另外一種意思（例如，
While John brushed the dog scratched for fleas）。

◆**Gc/gc** 晶體智力
用以代表*晶體智力*的符號。

◆**GDS** 老年憂鬱量表
即*老年憂鬱量表*（Geriatric Depression Scale）。

◆**general ageing effect** 一般老化效應
一種與老化有關的效應，但實際的機制仍未明確了解。此效應最常在相關研究中發現，這類研究的變異量可相當程度歸因於*生理年齡*的影響。生理年齡的測量基本上是個武斷的概念（從你出生後，地球公轉太陽的圈數），其本身也毫無意義。因此，生理年齡背後必定有某個目前還未知也無法清楚辨別的歷程，可說明一般老化效應的機制。

◆**general intelligence** 一般智力
一般智力是一個所有智力技能的整體概要測量（語言、數學等等）。

◆**generalised anxiety** 廣泛性焦慮症。
見*焦慮症*。

◆**general slowing hypothesis** 普遍變慢假說

隨老化出現的智力作業表現的改變，是因為神經傳導整體速度的下降所致。通常特別指涉在所有作業上的表現（無論作業複雜的程度），都會隨著年齡增長依著一常數逐漸下降（相對於較複雜的作業，參與者的表現退化速度會不成比例地增加），此現象可以由*賓利圖*解釋。

◆**generationally biased stimuli** 世代偏向刺激

僅有特定*年齡世代*認得或者比較熟悉的刺激（或其他測驗素材）。

◆**Geriatric Depression Scale**（**GDS**）老年憂鬱量表

以是非題構成的問卷，用以了解參與者的憂鬱情形。問題經過設計，可反映憂鬱的年長者常見的症狀與生活型態。

◆**Geriatric Mental State**（**GMS**）老化心智狀態

用以衡鑑年長者心智狀態的標準化套裝訪談程序。

◆**geriatrics** 老年醫學

年長者的醫療處置與研究。參見*老年學*。

◆**geronting** 衰老

指稱*心理年齡*方面的老化。

gerontologists 老年學專家

老年學的實務工作者。

◆**gerontology** 老年學

研究老化與生命晚年的學科。通常僅限於指稱心理學、社會學以及關於老化更廣泛的社會科學學門。

◆**gerontopsychology** 老年心理學

即*老年心理學*（**psychogeron-tology**）。

◆**geropsychology** 老年心理學

即*老年心理學*（**psychogeron-tology**）。

◆**gerotranscendence** 超越老化理論

透過超越此時此地的身體需求，於晚年獲致靈性實現。

◆**Gf/gf** 流體智力

用以代表*流體智力*的符號。

◆**Gibson Spiral Maze** 吉布森螺旋迷津

一種心理運動技能測驗，參與

者需要盡快且正確地以鉛筆循著一個螺旋迷津路徑畫線。

◆**glaucoma** 青光眼
指眼球內累積過多眼液，增加視網膜細胞壓力，導致（永久性）破壞。

◆**GMS** 老化心智狀態
即*老化心智狀態*（**Geriatric Mental State**）。

◆**golden age myth** 黃金年代迷思
認為在過去的年代裡多代同堂的家庭是常態。

◆**Gorham Proverb Interpretation Test** 高翰諺語解釋測驗
透過評估諺語解釋能力來衡量智力的一種測驗。參見*諺語解釋*。

◆**graceful degradation** 漸進退化
隨著老化大量細胞的喪失，顯現於外的卻是記憶及其他技能較和緩的流失（而非大規模的完全功能失去）。

◆**granny dumping** 棄老
俚語，描述照顧者難以擔負照顧老年親屬的責任，而將之拋棄於地方管理單位（有時候是直接棄置在醫院／社福機構的門口）。

◆**granulovacuolar degenerations** 顆粒空泡變性
畸形的死亡神經元，在顯微鏡下看起來像是密集的顆粒。

◆**grey matter** 灰質
*中樞神經系統*中，神經細胞的細胞質、突觸等，其功能為神經訊號的處理。對比*白質*，其功能主要為傳遞訊息。

◆**greying population** 高齡化人口
指總人口組成中，老年人口的比例有一定程度增加的情形。

H

◆**Hachinski Ischaemic Score (IS)** 哈欽斯基氏缺血量表
用以辨別*血管型失智症*的診斷技術。以患者表現出的症狀總數，並加權某些指標性的症狀來計算患者得分。

◆**haemorrhage** 出血
血管壁破裂。

◆**HALE** 健康預期壽命
即*健康預期壽命*（**healthy life expectancy**）。

◆**Halsted-Reitan Neuropsychological Battery**（**HRNB**） 霍

爾斯特德—理坦神經心理測驗組合

神經心理測驗組合，評估抽象*推理、語言、感覺、視覺空間與運動技能*。

◆**happy death** 樂終

Lofland（1978）所提出帶有貶意的用詞，描述某些死亡模式，強調一切「必須」平靜祥和，因而否認反抗及負面情緒表達所扮演的角色。

◆**HAROLD** 老年人大腦半球不對稱性減少

即*老年人大腦半球不對稱性減少效應*（**hemispheric asymmetry reduction in older adults**）。

◆**Harvard Alumni Study** 哈佛校友研究

一個以超過**11,000**名哈佛校友爲對象（平均年齡爲**55-60**歲），探討疾病風險與運動程度、飲食及生活型態等因素之關聯的研究。

◆**Hayflick limit** 海佛利克限制

參見*海佛利克現象*。

◆**Hayflick phenomenon** 海佛利克現象

以發現者**L. Hayflick**爲名。說明從身體裡取出的活細胞可在試管中培養，在細胞死亡前僅能以有限的次數自我複製（稱爲*海佛利克限制*）。當細胞取自越年老的動物，可複製的次數就越低。這意味著預期壽命之所以有上限，可能單純是因爲身體細胞能自我複製的次數亦有限制（而影響複製次數的因素之一則可能是端粒的長度的限制）。

◆**health literacy** 健康識能

取得並建設性地使用健康照護資訊的能力。

◆**health transition** 健康變遷

某個群體在一般健康狀態上劇烈的改變。在老化的脈絡下，這個語詞通常代表健康與社會照護型態劇烈的變化，此變化是感染性疾病所造成的衰退，以及發展中國家總人口之老化人口比例上升所導致。

◆**health life expectancy**（**HALE**）健康預期壽命

剩餘的壽命之中，可預期能免

於健康不良狀態的部分。

◆**hearing impairment**（**HI**）聽力障礙

足以導致失能的聽覺敏感度的喪失。通常以個人可確定聽到的最小音量（以分貝或**dB**測量）來衡量（最小音量越高，損傷越大）。例如，**90**分貝的聽力喪失，代表個人只能聽到超過**90**分貝的聲音（大約等同於交通繁忙時的噪音音量）。參見*深度聽力障礙*。

◆**hemispheres**（**cortex**）腦半球（皮質）

沿著垂直軸線從頭部的前方到後方，大腦皮質被區分為兩個大小相同的半球。大部分人的左腦半球專司語言功能，右腦半球則與*視覺空間*技能有關。兩半球之間透過諸多通道相互連接，其中最重要的就是*胼胝體*。

◆**hemispheric asymmetry reduction in older adults**（**HAROLD**）老年人大腦半球不對稱性減少

腦部功能模型，認為大腦兩個半球的活動在年老以後逐漸變得不相對稱。

◆**HI** 聽力障礙

即*聽力障礙*（**hearing impairment**）。

◆**hierarchical approach (intelligence)** 階層取向（智力）

該理論主張智力包含一般智力（**g**）以及許多特殊的智力技能。

◆**hippocampus** 海馬迴

與記憶力特別有關的腦部區域，將訊息由短期記憶轉換為長期記憶。此區域的損傷會導致相當累人的失憶問題，患者會無法記得任何新的訊息。

◆**holding on** 堅持者（人格）

請見*盔甲—防衛型人格*。

◆**hold tests** 保留測驗

參見*衰退商數*。

◆**hostility** 敵意

對他人展現出非理性的對立，無論是真實或想像的行為。

◆**Huntington's disease** 杭丁頓氏舞蹈症

一種導致神經退化的遺傳疾

病。早期症狀是運動障礙和突然快速的動作，也會導致嚴重的認知功能衰退。

◆ **Hutchinson-Gilford syndrome** 哈金森－吉爾福德症候群
非常罕見的疾病，在嬰兒期發病，特徵是生理（但非心理）快速衰老。病人有著「像鳥一般」的外貌，大的鷹勾鼻以及突起的眼睛，通常死於青春期早期。

◆ **hyperactive delirium** 高活動度譫妄
見*譫妄*。

◆ **hyperactivity** 過度活動
描述某種無法被控制，或相當難以控制的不適切的過度活動狀態。在某些失智症患者身上會出現，他們會來回踱步或者四處*遊走*。

◆ **hyperborean ageing myth** 極北族人老化神話
該神話述說某個遙遠的大陸上，居住著擁有不可思議之長壽生命的人們。另一個為人熟知的名稱是*上古老化神話*。

◆ **hyperlexia** 理解障礙

可正確讀字，但對於所讀的內容缺乏或少有理解。參見*失智性閱讀障礙*。

◆ **hypermetamorphosis** 過度回應
想要碰觸所有東西的強迫衝動。

◆ **hyperorality** 多食
將所有看到的東西放入嘴裡的衝動。

◆ **hypoactive delirium** 低活動度譫妄
見*譫妄*。

◆ **hypokinesia** 運動減退
啟動動作出現困難。

◆ **hypothalamus** 下視丘
位於腦的皮質下區域，主要任務是協助控制身體驅欲（例如飢餓、飽足、憤怒、性）。

◆ **hypothesis scanning** 假設審視
透過特定問題驗證某個特定的假設。

I

◆ **iatrogenic illness** 醫源性疾患
醫療處置所導致的症狀抱怨（例如藥物副作用）。

◆ **iconic memory** 影像記憶

記憶的項目僅出現非常短的秒數，使其在消失之前沒有足夠的時間被完整處理與辨識。

◆**id** 本我

佛洛伊德認為人類行為底下的基礎原欲渴望。請一併參考*自我*和*超我*。

◆**illusions** 錯覺

扭曲的知覺。

◆**immune system theory of ageing** 老化的免疫系統理論

即*老化的自體免疫理論*。

◆**implicit attitude** 內隱態度

一個人在有意識地做出控制或調整之前所產生的立即性態度。

◆**implicit memory** 內隱記憶

參見*外顯記憶*。

◆**individualised grandmother** 個人型祖母

參見*羅伯森的祖母分類*。

◆**infarct** 梗塞

(1)因為血管受損導致受供應的細胞死亡。**(2)**血管的流通受阻導致細胞死亡（雖然嚴格來說應該是形成梗塞）。

◆**infarctions** 形成梗塞

*梗塞*所導致的產物。

◆**inhibition deficit** 抑制缺損

一般指無法抑制：可指稱一種與老化相關、無法適當抑制不必要之訊息或動作片段的問題。例如，試著回憶某個字詞列表時，無法「忽略」先前學習過的、於目前作業中並不需要的項目。

◆**inhibition theory** 抑制理論

認知老化理論，認為年長者較善於抑制無關訊息，專心於手頭上的作業。

◆**inhibitory（neurons）** 抑制性的（神經元）

抑制性的神經元（幾乎總是與許多其他的抑制性神經元一起）可能減緩或者避免其他神經元的激發。

◆**inhibitory deficit hypothesis** 抑制缺損假說

此假說認為在某些狀況下無法正確回憶，是因為個人無法區分有待背誦的項目與無關項目（例如，先前記誦過的列表內的項目）。更確切地說，這個假說通常用來描述個人內心無

法適當壓抑無關的記憶。

◆**inhibitory functioning** 抑制功能

為了正確動作的執行，而抑制（防止）其他的動作發生。這個名詞通常用於描述前額葉的其中一種主要功能。

◆**initial letter priming** 字首促發

提供參與者欲回想之字詞的字首字母。

◆**institutionalised behaviour** 機構化行為

籠統描述某些人在居住於機構（例如醫院、退休之家）一陣子之後（通常較長期）出現之狀態惡化。這些人的特徵是社會技巧不佳、缺乏「個性」，智力分數較低等等。

◆**integrated personality** 整合型人格

由Neugarten等人（**1961**, **1968**）所提出的*人格*類型。這一型的人分為3種：*重新組織者*（當老年人行動力下降時會找新的事情做）、*專注者*（從事的活動範圍有限，但都是對個人有意義的）和*疏離者*（刻

意地迴避責任）。

◆**integrity versus despair** 整合與絕望

艾瑞克森理論所談到的，晚年個人必須解決的一種心理衝突，順應接納過去（自我整合）或是感覺過去再無修正補償的可能。

◆**intellectual realism** 智力寫實主義

該用語首度由Luquet（**1927**）採用。指的是人在描述某個物體的圖像時，是依據該物體「真實」狀態中所具備的特徵，而非個人從圖像中所看到的內容來描述。

◆**intelligence quotient(IQ)** 智商

通常（錯誤地）被當作是「智力」的同義詞。智商（**IQ**）指的是個人相對於其所屬*年齡世代*的智力技巧表現（一般來說，會將**100**定義為智商的平均數，少於**70**或高於**130**都是相當特別的個體）。因此，答對同樣題數（原始分數）在不同年齡組內有不同的意義。例如，一個老年人原始分數為**40**

分，他可能比同樣得到**40**分的年輕人更具天賦，因此，這位老年人的智商是高於年輕人的。人的一生中，智商通常會維持在相同的水準（一個人的智力表現會維持在與他同年齡的人相同的相對位置），年老之後衰退的是原始分數。

◆**interbrain** 間腦
見*間腦*（**diencephalon**）。

◆**internal cue** 內在線索
提醒個人去做某事的心智提示物。這是在沒有外在提醒（例如，鬧鐘）的情況下，衍生於個人內在的提示。與之對比的外在線索，則是提醒某人去做某事的物理性的提示物。

◆**introversion** 內向性
見*外向性—內向性*（**extraversion-introversion**）。

◆**intrusions** 插入
用於描述語言錯誤時，是指語言中出現不適當的片段（例如在句子不適當的位置重複前面的片語）。

◆**involuntary memory** 非自主記憶
參見*自主記憶*。

◆**IQ** 智力商數
即*智力商數*（**intelligence quotient**）。

◆**irregular spelling** 不規則拼字
某個字詞的發音並未遵循常規的拼字發音對應規則。英文中存在大量的不規則的字詞（例如**quay**、**misled**）。

◆**IS** 哈欽斯基氏缺血量表
即*哈欽斯基氏缺血量表*（**Hachinski Ischaemic Score**）。

K

◆**KDCT** 肯德里克數字仿繪測驗
即*肯德里克數字仿繪測驗*（**Kendrick Digit Copying Test**）。

◆**Kendrick Battery for the Detection of Dementia in the Elderly** 肯德里克老人失智檢測組合
*肯德里克老人認知測驗*的較舊版本。

◆**Kendrick Cognitive Tests for the Elderly** 肯德里克老人認知測驗

用於檢測**55**歲以上之參與者是否罹患失智症的測驗組合。包含兩個測驗：*肯德里克物件學習測驗*為系列圖片的記憶力測驗，*肯德里克數字仿繪測驗*測量的則是參與者仿繪一組數字的速度。

◆**Kendrick Digit Copying Test**（**KDCT**）肯德里克數字仿繪測驗
參見*肯德里克老人認知測驗*。

◆**Kendrick Object Learning Test**（**KOLT**）肯德里克物件學習測驗
參見*肯德里克老人認知測驗*。

◆**Kluver-Bucy Syndrome** 克魯爾－布西症候群
一組異常的行為，包括了多食、暴食、視覺失認症、過度回應和失去情感。

◆**KOLT** 肯德里克物件學習測驗
即*肯德里克物件學習測驗*（**Kendrick Object Learning Test**）。

◆**Korsakoff's syndrome**（**KS**）柯索考夫症候群
長期酒精濫用以及飲食中缺乏維他命**B₁₂**，導致腦傷而引起的嚴重失憶。損傷通常集中在*海馬迴*。

◆**Kübler-Ross's stages of dying** 庫伯勒－羅斯的瀕死**5**階段模式
依據庫伯勒－羅斯的工作成果（例如，**1969**）所提出的瀕死者**5**個心理反應階段，包含對瀕死階段的否認，接著依序是憤怒、討價還價（祈求神明或命運等等）、憂鬱以及最後的接受。參見*派提森的瀕死階段*。

◆**Kuru** 庫魯病
一種在紐幾內亞發現的普里昂病。可能源自於吃下腦部組織的葬禮習俗。

L

◆**lacunar deficits** 陷窩性缺損
腦傷病人有時會出現的現象，描述智力功能幾乎全面受損的情形下，仍有其他功能相對完好。

◆**lacunar strokes** 陷窩性中風
*皮質下動脈硬化性失智症*的一種。

◆**late adult transition** 成年晚期的轉換
屆臨退休時期。

◆**late life psychosis** 老年精神病
任何發生在老年期的精神病（以失去與現實之連結為特徵，並可排除*失智症*或*譫妄*的心理疾患，通常描述的是*思覺失調症*）。可與失智症狀同時出現，但非必要條件。

◆**late onset dementia**（**LOD**）晚發型失智症
第一個症狀出現在患者**60**歲以後的*失智症*。

◆**late onset schizophrenia**（**LOS**）晚發型思覺失調症
中年或中年以後才發病的*思覺失調症*。

◆**late paraphrenia** 晚發型妄想性精神病
老年期的心理疾患，特徵是主觀感覺被害，且對此形成精緻化的幻想內容。常見於女性。有多種可能成因，包含心血管問題及過去心理疾患的發作病史。

◆**LBD** 路易氏體失智症
即*路易氏體失智症*（**Lewy body dementia**）。

◆**LCP** 利物浦照護路徑
即*利物浦照護路徑*（**Liverpool Care Pathway**）。

◆**letter strings** 字母串
一組字母，可能構成字詞，也可能不構成字詞。

◆**Lewy body** 路易氏體
一種在*失智症*患者身上發現的腦部細胞損傷。該損傷由高密度的團狀細胞體，周圍包覆較寬鬆的纖維組成。

◆**Lewy body dementia**（**LBD**）路易氏體失智症
見*路易氏體失智症*。

◆**Lewy body disease** 路易氏體病
提出用以泛指*路易氏體*所導致的失智症類別（但目前尚未被廣泛接受）。

◆**lexical decision task** 詞彙判斷作業
呈現一組*字母串*給參與者，並要求他們盡快判斷此字母串是否構成一個字詞。

◆**lifecourse perspective** 生命歷程觀點

生命全期發展理論中，探討早年生活對人老後之影響（包含環境、歷史因素以及醫療與心理因素）的一個觀點。

◆**life crisis** 生命階段危機
從一個社會年齡轉換到另一個社會年齡，所引發的一整組極端負向的感受。

◆**life expectancy** 預期壽命
指一個人預期還能活多久。一般描述特定年齡世代的平均剩餘生命長度，通常正式界定為整個世代有一半人數已死亡的年齡。與之對比的是*生命全期*。

◆**lifespan** 生命全期
某個物種的任一成員可存活的最大壽命。與之對比的是*預期壽命*。

◆**Liverpool Care Pathway (LCP)** 利物浦照護路徑
緩和療護的固定程序，目前運用於英國多所健康照護場域中的末期病人照護。

◆**living will** 生前預囑
個人透過文件簽署並經他人見證，宣稱自己在重病必須仰賴「維生醫療」系統之時，若已無良好恢復的可能，希望撤除維生醫療之設備。

◆**LOD** 晚發型失智症
即*晚發型失智症*（**late onset dementia**）。

◆**longevity fan** 壽命扇形圖
以不同的模式預測而得的未來預期壽命，時間距離越遠模式之間預測的差異就越大，因而形成如扇形狀的圖案。

◆**longitudinal research/samples/ study** 縱貫研究
一種研究設計方法，同一群參與者在不同的年齡階段接受測量。與*橫斷研究*對比，也可參照*重疊縱貫研究*與*序列研究設計*。

◆**long-term memory (LTM)** 長期記憶
對於發生在超過幾分鐘之前的事件的記憶。長期記憶通常可依據所記誦事物的本質再做細分；可參見*自傳式*、*事件*、*前瞻式*、*近期*及*語意記憶*。

◆**LOS** 晚發型思覺失調症
即*晚發型思覺失調症*（**late on-**

set schizophrenia）。

◆ **loudness recruitment** 響音重振
描述某些類型的聽覺障礙會出現的問題。患者在聽到某些頻率範圍內的聲音時，覺知到的音量會比一般人聽到的更大聲，有時甚至會造成疼痛。

◆ **LTM** 長期記憶
即*長期記憶*（**long-term memory**）。

M

◆ **macular degeneration** 黃斑部病變
眼睛裡負責最高解析之聚焦的黃斑出現退化，終至功能喪失。

◆ **mad cow disease** 狂牛症
*牛隻海綿樣腦病變*的俗稱。

◆ **magnetic resonance imaging**（**MRI scan**）磁振造影
用以獲得身體各部位之橫斷面或三維影像的方法。基本上是透過偵測細胞分子在磁場裡的共振，而獲得影像之推估。

◆ **malignant social psychology** 惡意的社會心理
使老人感到被貶低和威脅的環境（不論是否有意為之）。

◆ **manic depression** 躁鬱症
即*雙極性情感疾患*。

◆ **matching**（**participants**）配對（參與者）
確保不同組別的參與者，在某個基本的測量項目上有相同分數（即配對），如此方能確保在其他測量上發現的組間差異，並非來自據以配對的測量項目的影響。舉例來說，如果老人組與年輕組的組成是經過挑選，使兩組智力分數相同，而後在**X**測驗上所發現的年齡差異就不會是智力差異所導致，而是其他的因素（例如年齡）。

◆ **MCI** 輕度認知障礙
即輕度認知障礙（**mild cognitive impairment**）

◆ **ME** 整體等效
即*整體等效*（**molar equivalence**）。

◆ **mechanistic intelligence** 機械智力
Baltes所創立的用語，描述個人當前的智力狀態。與*實用智*

力對比，後者是個人從過去累積至現在的知識。

◆ **ME-MD strategy ME-MD** 策略
參見*整體等效*。

◆ **memory span** 記憶廣度
個人能穩定記得的項目列表之最長長度。研究者對於何謂「穩定」的解釋不一（例如，有些研究者認爲是個人一貫能記得的列表最長長度，但也有些認爲是個人在一半的情況裡能夠記得的長度）。

◆ **memory trace** 記憶痕跡
記憶的儲存。

◆ **mental capacity** 心智容量
人的心智在任一時候所能處理的最大訊息量及／或最快處理速度。

◆ **Mental Status Questionnaire**（**MSQ**）心智狀態問卷
Kahn等人（**1960**）所設計，爲一簡單測驗，測驗（通常是失智症）患者的智力狀態和功能獨立程度。見*布雷斯氏失智量表*。

◆ **metaknowledge** 後設知識
個人對於自身所知之事的數量

與正確性的了解。

◆ **metamemory** 後設記憶
個人對於自身記憶能力的認識。

◆ **method of loci** 位置記憶法
一種增進記憶力的方法。參與者想像一個熟悉的場景，並將影像與有待背誦的項目並置於一塊。透過想像遊走於該場景，參與者便可記起這些項目。

◆ **MID** 多發性腦梗塞失智症
即*多發性腦梗塞失智症*（**multi-infarct dementia**）。

◆ **mild cognitive impairment**（**MCI**）輕度認知障礙
*認知*的衰退程度超過一般老化所預期的程度，但症狀嚴重度不及*失智症*。有些**MCI**的病人隨後會發展成失智症，但這並非絕對會發生的歷程。

◆ **Mill Hill Vocabulary Test** 米爾希爾詞彙測驗
一種詞彙測驗。這個測驗會要求參與者定義字詞，字詞的模糊度會隨著測驗的進行而增加（本測驗無時間限制）。

◆ **Mini Mental State Examination**（**MMSE**）簡短智能測驗
一個能快速施測的整體智力狀態評估工具。問題包括了時間及地點的定向感、以及對短期記憶和常見物體唸名能力的基本檢測。

◆ **Minnesota Multiphasic Personality Inventory**（**MMPI**）明尼蘇達多向人格測驗
人格測驗，以**10**個量表分數作爲人格特質的指標（主要是異常特質）。

◆ **mixed delirium** 混合型譫妄
見譫妄。

◆ **mixed dementia** 混合型失智症
由兩種失智症亞型組成的失智症，通常是*阿茲海默型失智症*和*血管型失智症*。

◆ **MMPI** 明尼蘇達多向人格測驗
即*明尼蘇達多向人格測驗*（**Minnesota Multiphasic Personality Inventory**）。

◆ **MMSE** 簡短智能測驗
即*簡短智能測驗*（**Mini-Mental State Examination**）。

◆ **mnemonic** 記憶術
(1)記憶援助；**(2)**更廣泛的意思是指，與記憶及其運作有關的。

◆ **molar equivalence**（**ME**）整體等效
一個*整體技能*可被細分爲多個次技能（*部分分解*）。如果不同年齡群組在某個整體技能上的表現一樣好，那麼便是出現了「整體等效」。但如果不同年齡群組在某個技能的表現雖然一樣好，但在部分次技能卻表現不一，某些群組比其他群組好，那麼則是出現*ME-MD策略*（或*補償*）。

◆ **molar skill** 整體技能
參見*整體等效*。

◆ **molecular decomposition** 部分分解
參見*整體等效*。

◆ **morphological processing** 構詞處理
字詞結構的處理。

◆ **morphology** 構詞
嚴格來說是型態學。但廣義來說，可指對字詞意義與結構的

覺察與知識。

◆**motor（neurons）** 運動（神經元）
將訊息從*中樞神經系統*攜帶至骨骼肌的（神經元）。

◆**motor skills** 運動技能
控制身體運動的能力。「精細運動技能」描述的是對於較精細之動作的控制，例如，手部靈巧。

◆**MPVA** 多元體素形態分析法
即*多元體素形態分析法*（**multi-voxal pattern analysis**）。

◆**MRI scan** 磁振造影
即*磁振造影*（**magnetic resonance imaging**）。

◆**MSQ** 心智狀態問卷
即心*智狀態問卷*（**Mental Status Questionnaire**）。

◆**multi-infarct dementia（MID）**多發性腦梗塞失智症
一種腦部出現大量梗塞的*失智症*。患者的退化呈現階梯式的變化，而非漸進式的衰退。

◆**multiple regression** 多元回歸
以多個變項預測單一變項的統計技術。該技術也用於了解多個變項之中，何者對某個變項具有最佳預測力，以及當最佳預測變項的解釋力被計算之後，剩餘的變項還能為預測方程式增加多少預測效力。

◆**multi-voxal pattern analysis（MPVA）** 多元體素形態分析法
神經影像技術的一種，用於作業進行當下，辨識*功能性磁振造影*中，可用以預測作業情境的神經活動型態。

◆**mutation accumulation theory** 突變累積理論
老年晚期之所以會出現許多有害的變化，是因為這個時期個體已完成繁衍後代任務，且在野外世界少有物種可以存活到這個歲數，因此在幾乎沒有演化壓力的情形下，老化效果得以發生。

◆**myelin** 髓鞘
許多神經元周圍所包覆的絕緣脂肪層，作用類似包覆於電線外的絕緣塑膠。

N

◆**N** 神經質

即*神經質*（**neuroticism**）。

◆**naming latency** 唸名延遲
能大聲唸出一個新字的速度。

◆**NART** 國家成人閱讀測驗
國家成人閱讀測驗（**National Adult Reading Test**）

◆**National Adult Reading Test**（**NART**）國家成人閱讀測驗
為一字詞列表，多數字詞屬不規則拼字，參與者必須大聲地讀出來（也就是發出音來）。

◆**need for cognition** 認知需求
用於衡量個人對於從事智力要求較高之作業的動機程度。

◆**negative correlation** 負相關
相關係數 r 值低於 0，且大於 -1。換言之，當某個變項的數值增加，另一個變項的數值即減少的關係（例如，已吃甜點量與想吃甜點的慾望之間的關係）。參見*相關*。

◆**negative priming** 負向促發
製造一種情境使參與者在接下來的作業表現變差。通常是透過將本來的目標物與分心物交換的方式，但也有其他的操作方式。

◆**nerve** 神經
見*神經元*。

◆**neural noise** 神經雜訊
此概念描述神經訊號因為受到訊號鄰近神經元的訊號干擾，而導致某種程度失真（有點像是受到其他基地台干擾的無線電收音）。一般認為這個現象在年老以後會變多，使心智處理效率變差，導致智力能力減退。

◆**neural specificity** 神經特定性
*去分化*的相反概念。

◆**neuritic plaque** 神經炎斑點
即*老化斑塊*。

◆**neurofibrillary tangles**（**NFT**）神經纖維糾結
團塊狀的死亡腦部神經元，（在顯微鏡下透過藝術的眼光）看起來像是線繩編成的花結。在阿茲海默型失智症患者的腦部中是常見的特徵。

◆**neuroleptic drug** 抗精神病藥物
被設計用來緩解多種精神病異常行為的藥物，但由於其鎮靜效果，有時（且常不適當地）

被用作患者表現「較棘手」行為時的鎮靜劑。

◆**neuron/neurone** 神經元
個別「神經」或者「神經細胞」（嚴格來說，一條*神經*指的是在*周邊神經系統*內，由一群神經元共同組成傳輸訊息的一般通道；中樞神經系統內的相似結構稱為*束／徑*）。

◆**neuroticism** 神經質
在本書中是指艾森克人格模式中的一種人格特質。一般來說，神經質測量的是一個人焦慮和情緒上不穩定的程度。

◆**neurotransmitters** 神經傳導物質
於神經元之間透過突觸傳遞的化學物質，藉此神經元得以彼此溝通。

◆**new learning deficit** 學習新事物的缺損
相較於記得舊的訊息及／或記得另一組人，學習新訊息的困難較大。部分學者以此來描述年長者在學習新訊息及／或學會新作業方面較為弱勢的現象。

◆**NFT** 神經纖維糾結
即*神經纖維糾結*（**neurofibrillary tangle**）。

◆**NINCDS-ADRDA criteria NINCDS-ADRDA** 診斷準則
評估患者患上阿茲海默型失智症之可能性的一組診斷準則。起首字母為參與發明該準則的組織。該準則提供了極可能（**probable**）、可能的（**possible**）或確診（**definite**）的診斷。

◆**nocturnal delirium** 夜間譫妄
即*日落症候群*。

◆**noise in nervous system** 神經系統雜訊
即*神經雜訊*。

◆**non-normative life development** 非常態生活發展
對個人而言，獨特的生活面向（相對於與同時期生活的他人共有的經驗，例如重大新聞事件等）。

◆**noradrenaline** 正腎上腺素
一種*神經傳導物質*。

◆**noradrenergic system** 正腎上腺素系統

以正腎上腺素爲神經傳導物質的神經元網絡，主要用於控制平滑肌。

◆**normal distribution** 常態分配
一種分數／測量結果的分配型態，其特徵是呈鐘型曲線，端點位於水平軸之上，並沿著垂直中線左右對稱。曲線的最高峰代表平均值、中位數（大於其中百分之**50**之數值的分數）以及眾數（出現次數最多的分數）。因爲許多測驗的分數分布都呈現此種分配，因此它被稱爲「常態」分配。許多統計檢驗的預測，都是基於資料來自常態分配母群的假設。

◆**normal pressure hydrocephalus** 常壓性水腦症
因腦脊髓液無法順利排出而導致腦部組織承受破壞性的壓力。該疾病可導致失智症。

◆**normative age-graded development** 常態年齡分級發展
見*貝特斯的生命全期發展理論*。

◆**normative history-graded**

development 常態性歷史分級發展
見*貝特斯的生命全期發展理論*。

◆**nun study** 修女研究
以一群美國修女進行的一個縱貫研究，這些修女同意每年接受心理測驗組合的評估以及醫療檢測，也同意死後接受腦部解剖。

◆**nvCJD** 新型庫賈氏病
見*庫賈氏病*。

O

◆**Object Memory Evaluation**
（**OME**） 物件記憶評估
以不同時距及嘗試次數測量對物件的記憶。

◆**observer memory** 觀察者記憶
描述一種現象，是個人在回憶較久遠以前的自傳式記憶時，會彷彿自己是旁觀者一般。

◆**obsessive-compulsive disorder** 強迫症
見*焦慮症*。

◆**obsolescence effect** 過時效應
某些年齡相關的退化之所以出現，可能是因爲年長者的記憶

無法適應當代世界（即過時而非遺失）。

◆ **occipital lobes** 枕葉
大腦皮質的一個部分，位於頭部後半部的區域。主要功能與視覺有關。

◆ **old age dependency ratio** 老年依賴人口比例（扶老比）
60歲以上的人口數除以20至64歲的人口數。這個指標代表「領取退休金或其他福利與健康補助的」人口數，相對於「提供支應這些補助之稅務制度主要經濟來源的」受雇工作人口之比例。

◆ **old elderly** 老年長者
較常定義為超過75歲以上的人（需留意不同學者會有不同的精確界定）。請參考年輕長者。

◆ **OME** 物件記憶評估
即*物件記憶評估*（**Object Memory Evaluation**）。

◆ **ondansetron** 歐丹西挫
一種藥物，其效果是促進乙醯膽鹼的釋放（參見膽鹼系統），因而可能對於某些失智

症的治療有幫助。參見*神經節苷脂及他克林*。

◆ **ordered recall** 依序回憶
一種記憶作業。參與者回憶項目的順序必須完全遵照項目呈現時的順序，與自由回憶對比。

◆ **overlapping longitudinal study** 重疊縱貫研究
一種*縱貫研究*設計。多個不同*年齡世代*的參與者，以相同的時間間隔接受一組相同的測驗。透過此研究法，可在各個測驗階段比較跨世代的測驗表現（如同橫斷研究）；也可以在相同個體身上觀察到老化改變情形（如同縱貫研究）。透過比較不同世代生長至相同生理年齡時的表現差異，我們有機會評估*世代效應*的強度。

P

◆ **P** 精神病質
即*精神病質*（**psychoticism**）。

◆ **paired associate learning** 配對聯想學習
記得某個項目先前是與哪個項目配對（例如，「貓咪」與

「公事包」在學習階段一起呈現，之後回憶階段參與者看到「貓」必須回想出「公事包」）。

◆ **panic attack** 恐慌發作
見*焦慮症*。

◆ **panic disorder** 恐慌症
見*焦慮症*。

◆ **paradox of well-being** 幸福感的悖論
描述一種現象：即使面臨較大程度物質上的困難或情緒上的問題，有些族群（如：老人）仍表示高度的幸福感。

◆ **parietal lobes** 頂葉
大腦皮質的一個部分，位置靠近頭戴髮圈（或耳機頭圈）的部位。其角色難以精確定義，但可說與維持對身體狀態與位置的覺察，以及對符號的解釋等功能有關。

◆ **Parkinsonian dementia** 帕金森氏失智症
即同時併有*帕金森症候群*的失智症。

◆ **Parkinsonism** 帕金森症候群
一組症狀，包括了拖移的步伐、手部顫抖、運動遲緩和動作減退。在*帕金森氏病*和其他數種腦部疾患（包括*失智症*）都可發現。

◆ **Parkinson's disease**（PD）帕金森氏病
因黑質（腦部負責產生多巴胺的區域）出現衰退而導致的疾病。特徵症狀被統稱為*帕金森症候群*。

◆ **partial correlation** 淨相關
評估兩變項間的關聯，有多少比例是受第三變項巧合影響的一種統計方式（去除其影響的方式稱為*剔除*）。

◆ **partialling out** 剔除
參見*淨相關*。

◆ **passive-dependent personality** 被動依賴型人格
由Neugarten等人（1961, 1968）所提出的人格類型。這一型的人依賴他人的幫助（*求助者*），或是盡可能地避免與人互動（*冷漠者*）。

◆ **passive euthanasia** 消極安樂死
透過不提供急救或延長生命的治療而允許某人的死亡。

◆**patient cohort** 患者世代

指稱一群不僅有著相同疾病，也抱持相同態度（例如，感覺自己不健康）的病人。可與*疾病世代*比較參照。

◆**patient-years** 患者-年

用以計算某個疾病之發生率的概念。基本的表達方式是「每Y個患者-年有X個案例」，意思是如果有Y個人組成的樣本，其中X個人可能在接下來的一年內發展出此疾患。例如，某個疾病的發生率是「每1,000個患者-年有100個案例」，意謂著接下來的一年內，每1,000個人之中可預期有100個人會罹患此症。

◆**Pattison's stages of dying** 派提森的臨終階段

E. M. Pattison（**1977**）所提出的瀕死病人所經歷的心理階段。(1)急性危機期：理解到死之將近而產生極大的焦慮；(2)慢性生死交替期：哀悼失去的階段；(3)終末期：向內退縮及順從／接受。參見*庫伯勒—羅斯的瀕死階段*。

◆**PD** 帕金森氏病

即*帕金森氏病*（**Parkinson's disease**）。

◆**PDD** 原發退化失智症

見*阿茲海默型失智症*。

◆**peg board task** 木拴板插孔作業

這個作業有許多不同版本，但共同的核心特徵是要求參與者將小栓子盡快插進小洞裡。

◆**percentile** 百分位數

分數超過或低於某個特定分數之樣本或母群所占的百分比。

◆**peripheral nervous system (PNS)** 周邊神經系統

連結中樞神經系統與身體其他部位的神經元。

◆**perseverations** 固著反應

不適當的重複（例如重複一樣的詞組，或者維持某一特定的問題解決策略，即使該策略已被證明為不適當的）。

◆**personality** 人格

「人格是個體為了應對周遭環境所表現出的某些特質或行為反應，以特定的規律或模式，構成個人獨特的因應與調適方

式」（**Hilgard, Atkinson et al., 1979, p.541**）

◆**personality trait** 人格特質
在人格上持久展現的特質，通常假定爲所有或大部分行爲的基礎。

◆**personality type** 人格類型
以相互排除的多個類別來描述人格。換句話說，每個人都可被歸類至某個特定的人格類別，而非如同人格特質的思考，是將每個人放置在特質連續向度上的某個位置。

◆**PET scan** 正子造影
參見正子造影（**positron emission tomography**）。

◆**PGD** 延長性哀傷
即延長性哀傷（**prolonged grief disorder**）。

◆**PHI** 深度聽力障礙
即深度聽力障礙（**profound hearing impairment**）。

◆**phobia** 恐懼症
見焦慮症。

◆**phoneme** 音素
語音最小單位，將之從一個字詞裡移除會改變該字詞的發音。籠統地說，是構成字詞的基本聲音（更籠統一點，可說是字母的口語對應部分）。

◆**phonological** 語音的
與音素有關的。

◆**phonological loop** 語音迴路
工作記憶模式的從屬系統，負責暫時儲存任何能以語音的形式儲存的訊息。

◆**phonology** 音韻
嚴格來說是指與語音有關的研究，但有時被用來表示個人對語音結構的覺察和理解。

◆**physiological age** 生理年齡
依據身體的生理歷程狀態（如代謝率）所展現的生物年齡。見解剖年齡。

◆**Piagetian conservation tasks** 皮亞傑守恆概念作業
一系列的測驗（以其發明者皮亞傑命名），用於說明兒童思考歷程中所出現的不合理性。

◆**Piaget's 'kidnapping'** 皮亞傑的綁架記憶
關於皮亞傑（知名發展心理學家）的一件軼事，可用來說明自傳式記憶的容易出錯的

特性。皮亞傑擁有一個獨特的記憶，是關於自己在兩歲的時候有人試圖綁架他，所幸他的護理師成功避免了此事。幾年之後，他發現整件事都是該名護理師捏造的，因此他所記得的細節都是從她的故事裡所產生的，而非針對真實事件的回憶。

◆**Pick's bodies** 匹克體
在*匹克氏症*患者身上發現的受損神經元，有著腫脹外型的特徵。

◆**Pick's disease** 匹克氏症
額葉與其他皮質下腦區逐漸退化的*失智症*。常在智力或記憶出現困難之前，人格就會出現混亂。

◆**plasticity** 可塑性
神經連結可改變的程度。

◆**PMA** 基本心智能力測驗
即*基本心智能力測驗*（**Primary Mental Abilities Test**）。

◆**PNS** 周邊神經系統
即*周邊神經系統*（**peripheral nervous system**）。

◆**positive correlation** 正相關

相關係數 **r** 值大於 **0**，且小於 **1**。換言之，當某個變項的數值增加，另一個變項的數值也增加的關係。參見*相關*。

◆**positron emission tomography**（**PET**）正子造影
一種電子掃描技術，將某個追蹤標的注入血管之後，可測量身體某個部位（在本書中主要是腦部）對此標的的代謝情形。此可作為活動度的相對指標，了解掃描之身體部位的健康情形。

◆**post-developmental** 後發展
部分老年學學者的用語，代表晚年的種種變化通常不是發展性的與／或有益的，而是有害的。

◆**postformal thought** 後形式運思
描述在成年人階段，人會發展出結合主觀與客觀標準來解決問題的能力。這個名詞意指此種思考出現在形式運思之後。

◆**potential lifespan** 可能之生命全期
即*生命全期*。

◆**practice effect** 練習效應

此現象是描述當人接受心理測驗的次數越多，他們的表現就會越佳。這也適用於不完全相同的測驗（並非單純指稱人會記下前一次測驗中的正確答案）。這可能是因為，參與者逐漸對於整體的測驗方法熟悉，變得比較不緊張等等。

◆**pragmatic intelligence** 實用智力

見*機械智力*。

◆**pragmatics** 語用

了解一個表達的真正意圖，而非字面上的解釋。更廣泛地說，是指稱不必然考慮邏輯上的正確性，而是擷取表達背後之最佳解答的能力

◆**pre-morbid IQ** 病前智商

一個人罹患某種疾患（通常會影響智力，例如*失智症*）之前的智商水準（通常是估計而來）。

◆**presby-** 老人的

代表「年老」或「老化」的字首。

◆**presbyacusis** 重聽

即*重聽*（**presbycusis**）。

◆**presbycusis** 重聽

隨著老化逐漸嚴重的聽力喪失，常見的特徵是無法聽到高頻的聲音。

◆**presbyo-** 老人的

即老人的（**presby-**）。

◆**presbyopia** 老花眼

無法聚焦在近的物體。

◆**pre-senile dementia** 早老型失智症

發病時間早於**60**歲的*失智症*。

◆**presenilin-1** 早老素1

在第**14**對染色體上的基因，與早發型阿茲海默型失智症的一個類型有關。

◆**presenilin-2** 早老素2

在第**1**對染色體上的基因，與早發型阿茲海默型失智症的一個類型有關。

◆**preserved differentiation** 差異性留存

在年老以後，某些技能維持得比其他技能好。此論點對於一般大眾而言是不合理的，但針對擁有非常專門之技能的特定群體（例如專業音樂家）來

說，卻是可能的。

◆**primary aging** 初級老化
指所有老年人都會某種程度經驗到的老化改變（如皮膚皺紋）。見*次級老化*和*普遍老化*。

◆**primary degenerative dementia**（**PDD**）原發退化失智症
即*阿茲海默型失智症*。

◆**primary memory** 初級記憶
即*短期記憶*。

◆**Primary Mental Ability (PMA) Test** 基本心智能力測驗
由**Thurstone**發展的一個智力*測驗組合*。

◆**primary vascular dementia** 原發血管性失智症
即*多發性腦梗塞失智症*。

◆**priming** 促發
在記憶實驗中，針對參與者嘗試回憶的項目，提供與其特徵有關之暗示。

◆**prion disease** 普利昂疾病
用於指稱某一類的退化性腦部疾病，例如*牛隻海綿樣腦病變*及*庫賈氏病*。某些學者相

信，這類疾病是肇因於蛋白質「普利昂」的代謝異常。普利昂（**prion**）是蛋白質感染顆粒（**proteinaceous infectious particle**）的縮寫。

◆**probabilistic ageing** 機率老化
可能影響多數（並非必然出現）老年人的老化特徵（如：心血管問題）。類似於*次級老化*的概念，另可參見*普遍老化*。

◆**processing resources theory of ageing** 老化的處理資源理論
任何主張老化智力技能改變，是心智運算的容量減低及處理速度減慢等因素所導致的理論。

◆**prodromal** 前驅期
早期階段。

◆**profound hearing impairment**（**PHI**）深度聽力障礙
*聽力障礙*大於**90**分貝。

◆**progeria** 早衰症
此疾病特徵是異常快速老化（這類患者通常在青春期死亡）。

◆**programmed cell death**

透過自我破壞，使細胞可控制整體成長的一種方法。該現象在非老化的細胞活動上已多有觀察記載。某些老化理論認為設定細胞死亡可能就是老化的根本原因。例如，*海佛利克限制*即是始於設定細胞死亡。

◆ **programmed senescence** 設定衰老

相信身體的老化是基因上預先設定好的，通常意味著這是演化壓力導致。見*設定老化理論*。

◆ **programmed theory of ageing** 設定老化理論

由於複製系統已內建了某種缺陷，使細胞的死亡已被預先設定（參見*海佛利克限制*）。需與設定衰老概念區分，*設定衰老*較常用於代表演化壓力所導致的問題。

◆ **progressive (illness)** 進行性（疾患）

描述某個疾患在症狀出現之後，其狀況會隨著時間越來越糟糕。

◆ **progressive supranuclear palsy**（PSP） 進行性上眼神經核麻痺症

該疾患的特徵是動作功能障礙，以及輕度至中度的*失智症*。

◆ **prolonged grief disorder**（PGD）延長性哀傷

哀傷過程超乎尋常地延長（超過6個月），不斷渴求與已逝之人再度團聚，同時伴隨著頻繁且／或導致失能的失落症狀。

◆ **prospective memory** 前瞻式記憶

記得未來做某件事的能力。

◆ **proverb interpretation** 諺語解釋

測量對諺語意義的理解（例如，高翰諺語解釋測驗）。失智症早期的患者對於帶有象徵意義的諺語（例如滾石不生苔），可能僅能做出相當字面上的解釋。

◆ **proximal ageing effects** 近端老化效果

可直接歸因於另一個事件歷程的老化改變（如中風）。與遠

*端老化效果*對比。

◆**PSEN1** 早老素1

即*早老素1*（**presenilin-1**）。

◆**PSEN2** 早老素2

即*早老素2*（**presenilin-2**）。

◆**pseudodementia** 假性失智

老年患者因嚴重憂鬱使得認知能力嚴重下降至像是*失智症*的程度。

◆**PSP** 進行性上眼神經核麻痺症

即*進行性上眼神經核麻痺症*（**progressive supranuclear palsy**）。

◆**psychogenic mortality** 心因性死亡率

心理因素所導致的身體症狀，進而導致死亡。

◆**psychogerontology** 老年心理學

老化心理學研究。

◆**psychological age** 心理年齡

個人相對於同*年齡世代*之一般人的心理狀態。

◆**psychometrics** 心理計量學

狹義上是指對心理特質或能力的測量。廣義上則是指心理差異的研究。

◆**psychomotor skill** 心理運動技能

涉及強烈智力才能的身體技能，反之亦然。

◆**psychotherapy** 心理治療

任何基於整合性心智理論而為之的治療方式。

psychoticism 精神病質。

艾森克人格模式中的一種人格特質，測量的是一個人情緒上「冷淡」的程度。

◆**pugilistic dementia** 拳擊手型失智症

重複擊打頭部所引發的失智症，通常經過較常時間才顯現（在某些年老的拳擊手身上觀察而來，故以此為名）。

◆**pursuit rotor task** 轉子追蹤作業

參與者在此作業中必須於目標物移動時（通常是循著圓圈運動）輕觸目標物（或透過其他方式追蹤）。作業表現是測量觸及目標物的時間（即參與者能夠持續觸碰目標物的時間總數）。轉子追蹤作業本身可用來測量動作能力，但一般是被用在其他認知測量的同時，作

爲分心物或感覺作業之用。

◆**pyramidal society** 金字塔社會
指年輕人人數遠多於老年人人數的社會（人口的組成是由人數逐漸減少的各年齡組逐漸往上堆疊而成的金字塔）。與之對比的是矩形社會，矩形社會各年齡層人數大致相同（因此各年齡層人口堆疊起來的圖形是矩形而非金字塔型）。

Q

◆**QOL** 生活品質
生活品質（**quality of life**）

◆**QoL** 生活品質
與**QOL**是相同意思，只是打字比較麻煩。

quality of life(QOL) 生活品質。一個人對自己的生活型態感到快樂／滿意的程度。在心理學裡，生活品質量表通常以一個量表或類似的測量工具，請參與者者評估自身的滿意度程度。在其他專業領域（如：經濟學）也使用這個詞來測量個人或群體的主觀滿意度（如：對於健康或福利資源、公共設施等的提供）。

◆**quality ratio** 品質比
在創造力的研究中，用以描述一個人在特定時段內產出之作品的好壞比例。

R

◆**r** 相關
代表*相關*的符號。

◆**RAGS** 整體症狀之家屬評估
即整體症狀之家屬評估（**Relatives' Assessment of Global Symptomatology**）

◆**RALS** 羅徹斯特成人縱貫研究
即*羅徹斯特成人縱貫研究*（**Rochester Adult Longitudinal Study**）。

◆**Ranschburg effect** 蘭屈伯格效應
當列表內包含重複出現的*有待背誦*項目時，所出現的記憶表現變差的現象。

◆**Ratcliff diffusion model** 雷特克里夫擴散模式
此爲**Ratcliff**（1978）提出的一個決策模式。該模式假設決策包含兩個選擇（例如，接受與拒絕），兩方的證據持續累積，直到其中一方達到閾值、

較另一方更被認可（例如，決定接受而非拒絕，反之亦然）。證據累積的速度、閾值的高低，以及兩種選項的差異都可有不同（例如，練習與否、心智處理的一般效能、設定閾值的保守程度等等）。這類情境類似兩個相互競爭的趕牛人，努力讓他們的牛隻能夠進入各自的柵欄。柵欄與他們出發點的遠近距離（與閾值類比）、牛隻能分辨驅趕人的程度（類似兩種選擇差異的區辨），以及驅趕人誘騙牛隻的速度與強度（類似於證據累積的速度）都可能有差異。這個模式（遠比這段描述所呈現的更加複雜與優雅）廣泛應用於記憶與反應時間作業的研究，除了因為它與經驗證據相當貼近，也因為它使得我們得以將對刺激之反應的不同成分，透過統計予以劃分及檢驗。

◆**Raven's Progressive Matrices**
瑞文氏圖形推理測驗
一種*流體*智力測驗。在測驗中，參與者需（在計時聲中）回答一系列圖形問題。這些問題的共通之處是，都由一組具排列邏輯關係的圖形構成，且都缺少了一個圖形（參與者需要在選項中找出缺少的圖形）。

◆**raw score** 原始分數
測驗的真實分數，與之對比的是調整分數或加權分數，例如*智力商數*。

◆**reaction time**（**RT**）反應時間
一個人對刺激的出現做出反應所花費的時間。見*選擇反應時間與簡單反應時間*。

◆**recall** 回憶
無須任何提示便可將項目記住的能力。參見*自由回憶及依序回憶*。

◆**recognition** 再認
給予一個選項清單，參與者能夠從中正確辨認過去曾經看過的項目的能力。

◆**rectangular society** 矩形社會
見金字塔社會。

◆**rectangular survival curve** 矩形存活曲線
某個年齡世代在未來效率極佳

的醫療照護之下，可能存活比例的假設性圖表。此種推估之下，僅有少數人會在活過生命全期之前死亡，多數人都集中在少數幾年內逐年死亡。因此這種以不同年齡世代之百分比繪製而成的圖表（縱軸是百分比，橫軸是年齡）外觀會是矩形的。

◆**re-engagement theory** 再投入理論
即*活動理論*。

◆**reflex arc** 反射弧
脊髓之傳入與傳出神經元之間的簡單連結，此機制掌管多種反射（例如，有名的膝跳反射）。

◆**regression** 迴歸
一種統計技術，透過某一變項的值，預測另一變項的值。見*多元迴歸*。

◆**regression hypothesis** 退化假說
該理論假設，年長者的語言能力退回到有如兒童一般的品質狀態。

◆**rehearsal** 複誦

在「腦海中」反覆記誦*有待背誦*的項目，使能更記得這些項目。

◆**reintegration** 重新整合
見*去分化*（**dedifferentiation**）。

◆**Relatives' Assessment of Global Symptomatology（RAGS）**整體症狀之家屬評估
患者症狀評估量表，以照顧者的觀察爲填答依據。

◆**reminiscence bump** 回憶高峰
即*回憶顛峰*。

◆**reminiscence peak** 回憶顛峰
描述個人的自傳式記憶大量衍生自10歲到30歲間的經歷。

◆**remote grandmother** 疏遠型祖母
參見*羅伯森的祖母分類*。

◆**remote memory** 遠期記憶
對於個人生命歷程中非自傳式事件的記憶。但通常需要排除知名的事件，因爲這些事件通常經過大衆傳播媒體頻繁播報，已成爲知識的一部分。

◆**reorganisers** 重新組織型
請見*整合型人格*。

◆**replicative senescence** 複製衰老

該理論認為，實際上細胞在死亡前，註定僅能以有限次數自我複製。

◆**retrieval-induced forgetting** 提取引發遺忘

基本上，這個現象描述的是從一組有待背誦的項目中提取某個項目時，會因為抑制的效果而干擾同組其他項目的提取。當參與者被要求從兩個或更多個語意類別中記誦項目時，效果會最強——提取某個項目對於另一個相同類別項目提取的干擾，會比對不同類別項目提取的干擾更強。假設某人被要求記得一組動物名稱以及一組顏色名稱（例如，猩猩、兔子、狗、鸚鵡、貓、紅、藍、綠、紫、白、粉紅）。被提示回憶某個動物名（例如「以ㄒ開頭的動物名」），對於其他動物名回憶的干擾會比對任何顏色名的干擾強（例如，回憶出「白」會比回憶出「鸚鵡」容易）。

◆**reversible dementia** 可逆性失智症

一種會產生失智症症狀的疾病，但可以被治癒，並逐步回復或至少減少失智症狀。

◆**reversible dementia of depression** 憂鬱的可逆性失智

即假性失智。

◆**Ribot's hypothesis** 里博假說

該理論假設，損壞或衰退的心智系統對於近期事件的記憶，應該比對遠期事件的記憶差。

◆**Rivermead Behavioural Memory Test** 瑞弗蜜行為記憶測驗

類比需運用記憶之日常生活情境（例如，認得人臉、記路）的記憶作業組。

◆**Robertson's taxonomy of grandmothers** 羅伯森的祖母分類

J.F. Robertson（1977）將祖母分成4種類行：**(1)**分攤型祖母：對於自己的孫子女抱有社會及個人期許；**(2)**象徵型祖母：抱有社會期許；**(3)**個人型祖母：抱有個人期許；**(4)**疏遠

型祖母：與自己的祖母身分較為疏離。

◆**Rochester Adult Longitudinal Study (RALS)** 羅徹斯特成人縱貫研究
　一個根據艾瑞克森的*生命全期發展模式*，針對羅徹斯特大學校友所進行的縱貫研究。

◆**rocking chair personality** 搖椅型人格
　請見*依賴型人格*。

◆**role theory** 角色理論
　描述橫跨*生命全期*，人都採取各種社會認可的「角色」，以符合自己的*生理年齡*。

◆**Roseto effect** 羅賽托效應
　指改變生活型態對健康造成的影響。命名取自於美國賓州一個義大利裔社區羅賽托，該社區民眾的心臟病易感染性，隨著他們的生活逐漸「美國化」而增加。

◆**RT** 反應時間
　即*反應時間*（**reaction time**）。

S

◆**SAD** 皮質下動脈硬化性失智症

即*皮質下動脈硬化性失智症*（**subcortical arteriosclerotic dementia**）。

◆**SATSA** 瑞典收養／雙胞胎老化研究
　即*瑞典收養／雙胞胎老化研究*（**Swedish Adoption/Twin Study on Aging**）。

◆**scaffolding theory of ageing and cognition(STAC)** 老化與認知的鷹架理論
　為一種神經心理學老化模式，其認為神經功能的衰退，有部分可以透過前額葉的運作獲得補償。

◆**schema** 基模
　關於某個事件或項目的記憶集合，使個人得據以針對該事件或項目計畫反應、解釋訊息。

◆**schizophrenia** 思覺失調症
　一種非由智能不足所造成的思考、知覺和語言障礙的嚴重精神疾病，對現實的知覺會有嚴重的扭曲，同時伴隨著情緒與行為上的改變。思覺失調症有許多不同的類型，每一種類型都有其獨特的症狀組合。在這

些症狀中最常見的是患者對世界運作的方式有不合理的信念，常相信自己是被迫害的，也可能會有幻覺（例如腦內的聲音）。人們會用「離奇」來形容患者的語言，患者會有異常的想法、表達方式和自己發明的字眼。

◆**SDAT** 老年型阿茲海默型失智症

即老年型阿茲海默型失智症（**senile dementia of the Alzheimer type**）。

◆**Seattle Longitudinal Aging Study** 西雅圖老化縱貫研究

由**K. W. Schaie**與其同事進行的老年心理學縱貫研究。第一批參與者是於**1956**年進行測驗，此後定期參與再測（同時也增加新的世代參與者）。

◆**secondary ageing** 次級老化

與老化有關，但不必然伴隨老化發生的改變（如關節炎）。參見*初級老化*與*機率老化*。

◆**selective attention** 選擇性注意力

不被分心刺激影響而注意某個

目標刺激的能力。

◆**self-hatred personality** 自我厭惡型人格

Reichard等人（**1962**）提出的人格類型。具備這種人格的人會不切實際地將不幸怪罪到自己身上。

◆**self-regulated language processing**（**SRLP**） 自我調節式的語言處理

閱讀模式之一，認為人可隨著情境的不同，而著重強調不同閱讀次技能的運用。

◆**semantic** 語意的

與意義有關的。

◆**semantic deficit hypothesis** 語意缺損假說

老化模式之一，主張年齡相關的智力功能缺損是來自無法適當處理項目（例如有待記憶的項目）有關的資訊。

◆**semantic dementia** 語意型失智症

自顳葉開始的萎縮所導致的*失智症*。在左側顳葉萎縮會導致語言能力的惡化，而右側顳葉萎縮則會失去辨識臉部與情緒

447

的能力。一側的萎縮最終會導致另一側的萎縮,而後症狀的發展會類似於匹克氏症。

◆**semantic facilitation** 語意促進
描述一種現象,如果在某個項目之前先呈現與該項目意義相關的其他項目,則辨識此項目的速度會加快(例如,參與者先看過「奶油」,會加快辨識「麵包」的速度;相對的,先看過「汽車」則不然)。

◆**semantic memory** 語意記憶
對事實的記憶。與*事件記憶*對比。

◆**semantic priming** 語意促發
即*語意促進*。

◆**senescence** 衰老
年老,隱含著在沒有失智症或其他心理功能障礙的情形之下老化的意思。

◆**senescing** 衰老
*生物年齡*方面的老化。

◆**senile** 老的
「老」的醫學用語;不可當作「晚年」的同義詞。

◆**senile dementia** 老人失智症
見*失智症*。

◆**senile dementia of the Alzheimer type**(**SDAT**)老年型阿茲海默型失智症
通常與*阿茲海默型失智症*同義,在某些較舊的教科書可能特別代表**60**歲以後的案例。

◆**senile plaque**(**SP**)老化斑塊
死亡神經元構成的不規則團塊,高度集中在某些*失智症*患者的腦部。

◆**sentential grouping** 句子群組
一個(通常不有效的)分類物件的方式:將某些可出現在同一句子或故事之中的物件分在同一類別。

◆**sequential research design** 連續研究設計
縱貫研究之中,檢驗不同年齡世代各自在數年之內的間隔變化。此外,同時也檢驗整個母群之中不同年齡橫斷組別的表現差異,以了解可能的*世代效應*。

◆**SETOF** 速度—錯誤平衡函數
即*速度—錯誤平衡函數*(**speed-error-tradeoff function**)。

◆**short-term memory (STM)** 短期記憶

對於過去幾秒／分內所發生之事的暫時記憶。容量有限（通常介於**5**至**9**的項目之間，視作業困難度及個別差異而定），除非個人刻意努力記誦，否則本來記誦的項目很容易被擾亂、遺忘。參見*長期記憶*及*工作記憶*。

◆**silent stroke** 不自覺型中風

未有症狀的中風，僅可透過腦部掃描或屍體解剖發現。此術語有時用於描述發生當下沒有被注意到，但後續導致明顯行為或功能變化的中風。

◆**simple reaction time (SRT)** 簡單反應時間

當對應某個刺激只有一種反應選項時，做出該反應所需的時間。參見選擇*反應時間*。

◆**single infarct dementia** 單一腦梗塞失智症

因單一腦*梗塞*引起的*失智症*。

◆**slave systems** 從屬系統

取自電腦學的用語，用以代表那些在主要控制器的指令之下才能運作系統，這些系統通常各自只有一種運作功能。

◆**smoking gun symptom** 關鍵症狀

可用以明確斷定某個疾病存在的症狀。

◆**SOA** 刺激呈現時間差

即*刺激呈現時間差*（**stimulus onset asynchrony**）。

◆**SOC Model** SOC 模型

Paul與**Margaret Baltes**提出的發展模型。此模型認為在成人階段，我們的發展是依循著我們對希望發展之技能的選擇，以及透過練習與學習使這些技能逐步精熟的過程；到了晚年時期則努力補償這些技巧的流失。

◆**social age** 社會年齡

指的是個人在某個實足年齡時，表現出來的社會可接受的一組行為與態度。

◆**social clock** 社會時鐘

此為一個假設性的機制，個人「參照」此機制以決定什麼是相對於自身的*社會年齡*最適切的行為。

◆**somatic (peripheral nervous system)** 身體的（周邊神經系統）
從關節、皮膚及骨骼肌肉傳送至中樞神經系統的訊息。

◆**somatic death** 個體死
即*生物死*。

◆**somatic mutation theory of ageing** 老化的細胞體突變理論
該理論認為因為基因上的缺失，使得細胞在「自然損耗」而死亡後，是由不完美的複製品所取代，因此其運作效率會越來越差。參見老化的自體免疫理論、*細胞體拋棄理論*、*自由基理論*，及*海佛利克現象*。

◆**source memory** 來源記憶
關於是在什麼樣的情境之下學習某個項目的記憶，而非關於這個項目本身的記憶。

◆**SP** 老化斑塊
即老化斑塊（**senile plaques**）。

◆**span** 記憶廣度
memory span（*記憶廣度*）的縮寫。

◆**speed-error-tradeoff function**（**SETOF**） 速度─錯誤平衡函數
測量在一個作業中，個人為了減少錯誤，而打算犧牲速度（即慢下來）的程度。是*反應時間*實驗中常用的一個衡量方式。

◆**speed hypothesis** 速度假說
見*普遍變慢假說*（**general slowing hypothesis**）。

◆**spinal cord** 脊髓
周邊神經系統與中樞神經系統神經元的主要接合處。

◆**sporadic Alzheimer's disease** 散發性阿茲海默症
*阿茲海默型失智症*之中，罹病的病人沒有此疾病「明顯的」基因傾向，例如父母在更早的年紀已罹患此症。這個用語會有些誤導，因為實際上還是可能有基因因素（所以這個用詞並未出現在本書正文）。這個用語可用於與*家族性阿茲海默症*做區分。

◆**SRLP** 自我調節式的語言處理
即*自我調節式的語言處理*（**self-regulated language processing**）。

◆**SRT** 簡單反應時間
即*簡單反應時間*（**simple reaction time**）。

◆**STAC** 老化與認知的鷹架理論
即*老化與認知的鷹架理論*（**scaffolding theory of ageing and cognition**）。

◆**standard deviation** 標準差
一種統計指標，用於描述（但不限於）樣本分數的分布範圍。與此有關的實用規則是，常態分配中，平均數以下兩個標準差以及平均數以上**1.96**個標準差之間，可涵蓋**95%**的樣本分數。

◆**statistical theory of ageing** 老化的統計理論
該理論認為老化的發生，是因為損傷隨機累積所導致。多數事件本身相當輕微，但彼此累加之後所造成的衝擊卻是重要的。

◆**stimulus onset asynchrony (SOA)** 刺激呈現時間差
後向遮蔽實驗中，有待背誦項目單獨呈現的時間長度，與該項目之後的遮蔽物呈現以後所需要花費正確辨認出項目的時間，兩者之間的差值稱之。

◆**STM** 短期記憶
即*短期記憶*（**short-term memory**）。

◆**stroke** 中風
血液供應中斷所引起的大腦組織壞死。中風導致的心理損害則視受傷部位而定。

◆**Stroop task** 史楚普作業
選擇性注意力的測驗，參與者必須辨識某個刺激的其中一種特性，忽略另一個特性。最初也最常使用的版本是，請參與者唸出一個字詞的顏色。當這個字詞本身是另一個顏色名稱（例如，「紅」這個字以藍色呈現，參與者需要回答「藍」），作業就會變得極端困難，主要是因為閱讀是極度自動化的歷程，字詞本身的意義干擾了參與者在這個作業所需要做出的反應。

◆**subcortical** 皮質下的
腦部之中*大腦皮質*以外的區域。

◆**subcortical arteriosclerotic**

dementia（SAD）皮質下動脈硬化性失智症

主要損傷發生在皮質以外的腦部區域的血管型*失智症*。

◆**subcortical dementia** 皮質下失智症

主要損傷不是發生在大腦皮質的失智症。

◆**subdural haematoma** 硬腦膜下腔血腫

腦部的血液凝塊。*參見大腦出血*。

◆**subitization** 感數

不經過逐一點算，而「馬上」計算出一堆項目之數目的能力。多數人以此方式能夠計算的項目數量是介於**2**至**4**個，雖然也可能有人能計算更大的數量。

◆**successful ageing** 成功老化

相當籠統的一個用語，描述**(1)**年長者擁有成功的生活型態，或至少沒有困擾，以及／或者**(2)**更確切地說，是在所關注的功能上，其表現可維持如同年輕人的程度。

◆**succourant-seeking** 求助者

請見*被動—依賴型人格*。

◆**Sullivan method** 蘇利文方法

計算*預期壽命*中可望免於明顯失能之時間比例的一種方法。

◆**sundown syndrome** 日落症候群

在某些失智症患者身上觀察到的現象，患者會不顧時間與地點，在半夜起床到處遊走。參見*遊走*。此術語也用於指稱在每天接近尾聲的時候，患者的行為逐漸變得混淆、攻擊性、怪異的情形。

◆**superego** 超我

在佛洛伊德的理論中，代表的是個人自身的（通常過於嚴厲的）道德規範。請一併參考*自我*和*本我*。

◆**supraspan learning** 超廣度學習

項目學習列表的數量超過一個人的*記憶廣度*。

◆**survival curve** 存活曲線

此類圖表繪出某個*年齡世代*的人，在不同年齡時期仍舊存活之人數。

◆**survivors** 存活者

指稱某個*年齡世代*的成員之中，過了某個年紀之後仍舊存活的人。

◆**sustained attention** 持續性注意力

專注於一組任務而不被分心的能力。

◆**Swedish Adoption/Twin Study on Ageing**（**SATSA**） 瑞典收養／雙胞胎老化研究

瑞典的一個縱貫研究，始於**1979**年，研究對象包含同卵或異卵的，分開或者一起撫養長大的雙胞胎。

◆**symbolic grandmother** 象徵性祖母

參見*羅伯森的祖母分類*。

◆**symptom burden** 症狀負荷

一個疾病的症狀對個人生活造成負向衝擊的程度。

◆**synapse** 突觸

兩個神經元接合處的微小間隙，神經元之間跨過這個間隙傳遞神經傳導物質。

◆**syntactical** 語法的

與*文法*有關的。

◆**syntax** 語法

即*文法*。

T

◆**tacrine** 他克林

一種藥物，其效果包含促進乙*醯膽鹼*的釋放（*參見膽鹼假說*），因此可能可用於治療部分類型的*失智症*。

◆**talking book** 有聲書

錄製於錄音帶或其他錄音設備裡的某人對某本書的閱讀。多數有聲書閱讀的是經過編輯的原著版本，以使內容可控制於一或兩個錄音帶、唱片等設備之內。

◆**target** 目標項目

(1)在*再認作業*中，指的是之前曾出現過，必須與分心*項目*區別的項目。

(2)在*注意力作業*中，指的是座落於分心項目中的項目。

◆**tau** tau 蛋白

一種蛋白，受損會導致*神經纖維糾結*。

◆**TBR** 有待背誦

即*有待背誦*（**to-be-remember**）。

◆**telomerase** 端粒酶

在某些特定類型的細胞內負責維持*端粒*長度的酵素（主要是卵細胞及精細胞）。並非所有細胞都有端粒酶，可能是因為如此一來產生癌細胞的風險過高。

◆**telomere** 端粒
DNA之中被認為與老化有關的部分。每當細胞自我複製，端粒的長度就會縮短；多次複製之後，端粒的長度達到最短，細胞便無法再行複製。

◆**temporal gradient** 時間梯度
指稱在記憶的研究中發現的，比起其他時間發生的事件，人比較記得某段時間內發生的事件的現象。這個術語可用於描述比較記得近期事件或比較記得久遠事件，視情境而定。研究者常忘了這個重點，而假設研究結果代表了他們認為的方向。因此建議在解釋此術語時需要極度謹慎。

◆**temporal lobes** 顳葉
大腦皮質的一個部分，位置（大約）靠近左右太陽穴。主要的功能是解釋訊息；大多數

人左側顳葉與語言理解及產製有關。顳葉在記憶的儲存上也扮演重要角色。

◆**temporal variant frontotemporal dementia**（**tvFTD**）顳葉型額顳葉失智症
即*語意型失智症*。

◆**terminal drop model** 末期衰退模式
該理論認為，老年人在過世前幾個月／年之內，會出現突然而明顯的智力技能衰退。

◆**terminal phase (of dying)**（瀕死的）終末期
參見*派提森的瀕死階段*。

◆**Terri Schiavo case** 特麗・夏沃案例
一個法律上的兩難案例，爭議在於終結維生醫療是否符合病人的最大利益。這位仰賴維生醫療的女性病人，其丈夫希望能停用維生設備；其他家人則持反對觀點。相左的意見引發後續多年的法庭論戰。

◆**tertiary ageing** 三級老化
指的是在瀕死歷程中快速的生理狀態惡化。

◆**tertiary memory** 三級記憶
即*遠期記憶*。

◆**test battery** 測驗組合
用來評估某個相同技能（如，
智力）的測驗組合。

◆**test wise** 精於受測
描述參與者逐漸適應於心理測
驗的整體設計（尤其是智力測
驗），因此表現越來越好的現
象。此現象通常源於同一群參
與者太常接受同樣的測驗，因
而表面上提升了他們的能力。
在縱貫研究中是特別需要注意
的問題。

◆**thalamus** 視丘
涉及訊息的協調及傳輸，以及
運動動作之執行的腦部區域。
帕金森症候群與此區的損傷有
很大的關係。

◆**thanatology** 死亡學
研究死亡與瀕死的學科。

◆**theta waves** θ 波
*腦波圖*測得的一種電活動型
態，頻率介於**4**至**8**赫茲。

◆**third age** 第三年齡期
仍可主動和獨立生活的老年時
期。與之對比的是*第四年齡期*。

◆**threshold age** 閾限年齡。
以某個*實足年齡*（武斷地）作
爲兩個年齡群組織之間的劃
分。

◆**threshold model of dementia**
失智症閾值模式
該模式認爲人有發展出*失智症*
的固定基因傾向，但是否眞的
會發展出失智症則取決於環境
中的觸發因素。某些基因傾向
較低的人，就需要大量的環境
觸發，反之亦然。

◆**thrombosis** 血栓
因血塊導致血管堵塞。

◆**TIE** 典型智力投入
即*典型智力投入*（**typical in-
tellectual engagement**）。

◆**time-based task** 時間爲本的作
業
在前瞻式記憶實驗中，指稱那
些要求參與者必須自行在適當
時間做出反應的作業。

◆**time-lag comparison** 時間遞延
比較
於縱貫研究中，比較不同年齡
世代在同一年紀時的表現。

◆**time-lag effect** 時間遞延效應

即*世代效應*。

◆ **time-sequential design** 時間連續設計

一種「延展性的」橫斷研究設計，目前一般不再使用。在某一個時期先檢測與比較兩個或更多組的參與者，數年後招募與先前參與者相同年齡的不同參與者再進行一次檢測。

◆ **tinnitus** 耳鳴

一種聽力抱怨，特徵是干擾正常聽力的（常是永久的）惱人噪音（類似耳朵裡有鈴聲，且有時會造成疼痛）。

◆ **tip of tongue (TOT)** 舌尖

該現象描述可回想起某個項目的特徵（例如，它念起來像是什麼、有多少音節等等），但無法指出該項目為何。在實驗中通常出現在提供項目的定義，請參與者說出該項目名稱的時候。

◆ **Tithonus error** 提托諾斯謬誤

即*提托諾斯神話*。

◆ **Tithonus myth** 提托諾斯神話

（錯誤地）認為醫療科學及老年學希望不計一切痛苦代價延長壽命。

◆ **to-be-remembered (TBR)** 有待背誦

記憶作業中，參與者被要求記住的項目。

◆ **TOT** 舌尖

即*舌尖*（**tip of the tongue**）。

◆ **tract** 束／徑

參見*神經元*。

◆ **Trail Making test** 路徑描繪測驗

*霍爾斯特德─理坦神經心理測驗組合*的一個分測驗，用於評估遵循某個次序的能力。參與者必須以鉛筆在印刷於紙張上的特定數字之間（或者另一個版本裡，數字與字母之間）描繪路徑。

◆ **transient ischaemic attack** 短暫性腦缺血發作

效果較輕微的中風，大約在24小時之內就不再有影響。

◆ **transmission deficit hypothesis** 傳導缺損假說

為一語言功能模式，主張（不論是再認或產出歷程中）字詞的激發，是以可能之替代選項的促發為基礎。這些促發項產

出的速度與效率，很大程度地促進了再認／產出的速度與正確率。老化被認為會降低速度以及效率，而這正是促發項的作用之所在（相較於再認，產出的情形更是如此）。

◆**triple jeopardy** 三重危機
描述的是面臨雙重危機的老年人通常也遭遇第三個問題，那就是因為偏見和／或溝通問題，而使得他們更難獲得他們所需和應得的幫助。

◆**tvFTD** 顳葉型額顳葉失智症
即*顳葉型額顳葉失智症*（**temporal variant frontotemporal dementia**）。

◆**two-factor theory of well-being**
幸福感的二因子理論
基本上該理論認為正向的事件較易影響一個人的正面情緒，而負向事件則易影響負面的情緒。

◆**Type A personality** A 型性格
這種人格*類型*的人比較鋒芒畢露而有競爭心。**B**型性格與之相反，他們比較隨性而放鬆。

◆**Type B personality** B 型性格
請見*A型性格*。

◆**typical intellectual engagement (TIE)** 典型智力投入
個人投入需耗費認知能力之活動的偏好程度測量。

U

◆**UFOV** 有效視野
即*有效視野*（**useful field of view**）。

◆**Ulverscroft large print series**
Ulverscroft 大型印刷版系列
為了視覺障礙民眾所設計的一系列以較大尺寸印刷的大眾讀物。傳統上主要客群是公共圖書館裡的年長讀者。

◆**universal ageing** 普遍老化
任何人來到晚年階段都會面臨的老化現象（如皮膚皺紋）。見*機率老化*。

◆**useful field of view**（UFOV）
有效視野
一個人可正確辨識刺激之存在的視野範圍大小。通常測量方式是請參與者固定盯著螢幕中間某個符號，同時在與這個符號各種不同距離的位置呈現刺激。參與者能正確辨識的刺激距離符號越遠，有效視野就越大。

V

◆ **VaD** 血管型失智
即*血管型失智*（**vascular dementia**）。

◆ **vascular dementia**（**VaD**）血管型失智症
因腦部血管受損而導致的*失智症*。

◆ **verbal span** 語文記憶廣度
對單詞的*記憶廣度*。

◆ **view from the bridge** 臨橋望景
Arthur Miller的一部劇作名稱，而在**Levinson**的理論中，則是用來描述老年人能夠面對過去的理想狀態。

◆ **viscera** 內臟
腸。

◆ **visual agnosia** 視覺失認症
無法藉由視覺辨認物體。

◆ **visual marking** 視覺標記
視覺搜尋作業中，對於舊項目的抑制（可提升對目標物的搜尋速度）

◆ **visual search task** 視覺搜尋作業
*選擇性注意力*的測驗，參與者需要在分心項目中找到目標項目。

◆ **visuo-spatial** 視覺空間的
與視覺外觀與空間特徵有關（例如，彼此之項目陳列位置的相互關係）。

◆ **visuo-spatial memory** 視覺空間記憶
記得視覺與／或空間資訊的能力。

◆ **visuo-spatial sketchpad** 視覺空間寫生板
*工作記憶模式*的從屬系統之一，用以儲存視覺空間訊息。

◆ **voluntary memory** 自主記憶
指稱那些自發提取，或者在因事件的出現而促進其提取的記憶。與*非自主記憶*對比，後者是指經過要求而提取出來的記憶，可能是特定的（例如，以顛倒順序複誦你剛才聽到的數字）或者一般的（例如，告訴我一個你童年時的記憶）。

W

◆ **WAIS** 魏氏成人智力測驗
即*魏氏成人智力測驗*（**Wechsler Adult Intelligence Scale**）。

◆ **wandering**（**dementia**） 遊走（失智症）

籠統描述任何不適切的走動行為。可能是過度活動的部分表現，但也可描述明顯漫無目的的到處走動，或者在散步中沒有明顯的理由卻「走丟」的情形（亦可參見*日落症候群*）。

◆ **wear and tear theory** 損耗理論
老化理論之一，認為身體的某些部分因為用久了逐漸「耗損」。可與*細胞學理論*相互比較。

◆ **Wechsler Adult Intelligence Scale**（**WAIS**）魏氏成人智力測驗
涵蓋所有經常評估之智力面向的智力*測驗組合*。

◆ **Wechsler Memory Scale** 魏氏記憶測驗
*魏氏成人智力測驗*的記憶分測驗。

◆ **Werner's syndrome** 維爾納氏綜合症
這是一項非常罕見的疾病，初發在青春期（雖然最初的症狀可能需經過數年才會比較明顯），特徵是快速的身體老化，尤其皮膚、頭髮和心血管

系統。通常在**40**多歲時死亡。

◆ **Wernicke's aphasia** 威尼克氏失語症
因腦部受損而無法理解語言的一種失能。

◆ **Wernicke's dementia** 威尼克氏失智症
因為維他命缺乏（尤其是維他命**B**）而導致的失智症。通常會出現相關的動作障礙有關。

◆ **white matter** 白質
參見*灰質*。

◆ **Winston Churchill argument** 溫斯頓·邱吉爾論點
該論點認為有些人（如溫斯頓·邱吉爾）的生活型態，在現代醫學的觀點下雖然完全不健康，但他們的壽命卻又長又有不錯的品質。

◆ **Wisconsin Card Sorting Task** 威斯康辛卡片分類測驗
測量形成假設，以及拒絕或不固著於無效假設的能力。參與者必須從符合顏色與型態規則的卡片擺放中發現規則（例如，黃色卡片必須配上紅色卡片）。一旦參與者發現正確

規則，實驗者就會改換規則。而參與者能多快停止使用舊規則、尋求新的規則並解決新的問題，是測量重點。異常地固著於舊規則是腦部損傷的指標，尤其是額葉。

◆ **wisdom** 智慧

智慧是一個有些模糊的概念，不同研究者有不同定義。多數同意智慧的本質是指涉判斷與解決生活問題的能力，這個能力需要平衡邏輯上與務實的考量，更需要生活歷練的淬煉。然而，在這樣廣泛的定義下，不同作者在使用這個詞時都不太嚴謹，所運用之處從晶體智力的近義詞到精神分析理論都有。

◆ **word completion task** 字詞完成作業

給予字詞的第一個字母，要求參與者補完整個字詞的作業。

◆ **word span** 單詞記憶廣度

對單詞的記憶廣度。

◆ **working memory** 工作記憶

相當普及、也具影響力的短期記憶模型，最初是由**Baddeley**與Hitch（**1974**）提出。這個模式認為短期記憶是由*中央執行器*所控制，它將記憶作業的執行指派給專門的從屬系統，包含*語音迴路*與*視覺空間寫生板*。

◆ **wrap up** 打包

在讀完某個「語法上有意義」的片語之後，閱讀速度減慢的現象。

Y

◆ **Yngve depth** 英梵深度

為每個句子或片語的語法複雜度評分的一種分析技術。

◆ **young elderly** 年輕長者

最常見的定義是指年齡介於**60**至**75**歲之間的長者（雖然這個區間的年齡上下限並不確知）。參見*老年長者*。

◆ **young-old plot** 青年－老年圖繪

將年輕人與年長者在同一個作業上的表現對比繪製成圖表。最廣為人知的例子是*賓利圖*。

Z

◆ **zeitgeist** 時代精神

某個（歷史）時代的精神。

國家圖書館出版品預行編目資料

老人心理學導論／伊恩‧史托特-漢米爾頓
（Ian Stuart-Hamilton）著；何雪綾等譯.
－－二版.－－臺北市：五南, 2019.04
　　面；　公分
譯自：The psychology of ageing : an
introduction
ISBN 978-957-763-313-2 (平裝)
1.老年心理學
173.5　　　　　　　　　108002620

1BVD

老人心理學導論

作　　者 ― 伊恩‧史托特-漢米爾頓（Ian Stuart-Hamilton）

譯　　者 ― 何雪綾、陳秀蓉、陳晉維、彭大維、黃蕙靜

　　　　　 潘宣露（依姓名筆畫排序）

發 行 人 ― 楊榮川

總 經 理 ― 楊士清

副總編輯 ― 王俐文

責任編輯 ― 金明芬

封面設計 ― 姚孝慈

出 版 者 ― 五南圖書出版股份有限公司

地　　址：106台北市大安區和平東路二段339號4樓

電　　話：(02)2705-5066　　傳　　真：(02)2706-6100

網　　址：http://www.wunan.com.tw

電子郵件：wunan@wunan.com.tw

劃撥帳號：01068953

戶　　名：五南圖書出版股份有限公司

法律顧問　林勝安律師事務所　林勝安律師

出版日期　2008年8月初版一刷

　　　　　2019年4月二版一刷

定　　價　新臺幣580元